論点精解
民事訴訟法
―要件事実で学ぶ基本原理―〔改訂増補版〕

田中 豊 著

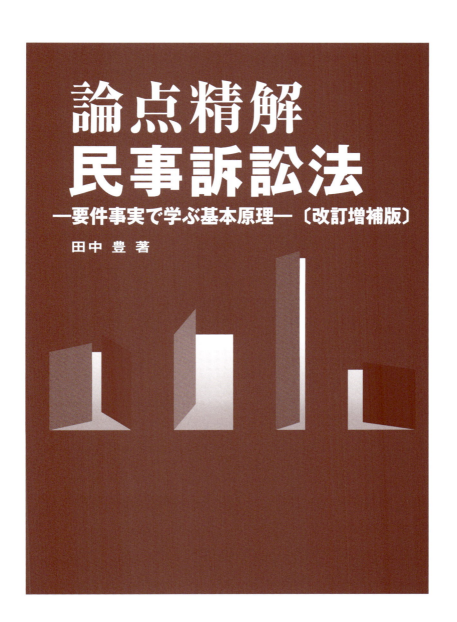

発行 民事法研究会

改訂増補版はしがき

　初版『民事訴訟の基本原理と要件事実』を上梓してから、7年半の時間が経ちました。この間、本書を法科大学院での授業の教材として使用してきました。法科大学院の直接の学生および本書の読者の方々から、「要件事実論を分析の道具とすることによって、訴訟の実際の場面で民事訴訟の基本原理がどのように機能するのかが初めてわかった。」との声が多数寄せられました。法律を学ぶ者や法律実務家であっても、民事訴訟法（民訴法）に関する議論を面白いと感ずる人は少なく、「眠訴」などという当て字をもって表現されることがあるのは、そこでの議論が地に足の着いた実際の機能を論ずるものが少なく、理論として抽象的なレベルで決め手に欠ける議論を交わしているものが多いからではないか、という漠然とした感想を抱いていました。上記の声は、この漠然とした感想を裏付けるものと考えることができます。

　ところで、初版の読者からは、上記のほかに、「民訴法の重要論点につき、残っているものもできるだけ早い時期にカバーしてほしい」との要望が寄せられていました。そこで、この要望に応えるために、初版では取り上げなかった重要論点をカバーすることにしました。証拠法（第5章）、訴訟承継（第9章）、判決によらない訴訟の終了（第11章）については新たに章を設けることにし、既判力の主観的範囲（第1章Ⅶ）については新たに節を設けることにしました。

　また、2020年4月1日施行予定の改正民法の条文中には、民事訴訟のあり方に直接影響を及ぼす規定（民法423条の5の規定はその典型例）もあります。裁判例の積み重ねや学説の議論が十分に成熟しているとはいえない状況ですが、その点にも目配りをしました。

　本書が初版にも増して、基本的読者層である法律実務家とこれを目指す方々のみならず研究者にとって、裨益するものであることを願っています。

　この改訂増補版の刊行には、初版に引き続き民事法研究会の安倍雄一氏に企画段階から最終校正まで大変ご尽力いただきました。深甚なる感謝の意を表させていただきます。

　平成30年8月

田　中　　豊

は　し　が　き

　新民事訴訟法（以下「新法」といいます）が平成10年1月1日に施行されてから10年を経過しました。新法は、いくつかの重要な改正点——たとえば、口頭弁論の手続として争点や証拠の整理を効率的に行うことを目的とする弁論準備手続を創設し（法168条以下）、証拠収集の手段である文書提出命令について文書提出義務を一般化し（同法220条4号）、最高裁判所への上告事件を憲法問題等の重要な法律問題を含むものに絞ることを目的として、当事者が権利として上告することのできる理由を憲法違反等に限定し（同法312条）、それ以外の法令違反については上告受理決定を経由することとする（同法318条）など——もあるものの、大勢からすると、民事訴訟の基本原理に関する判例理論を前提として、旧民事訴訟法（以下「旧法」といいます）下で行われていた裁判実務上の工夫を条文化したものといって間違いはないと思われます。

　新法は現代語化されていますから、民事訴訟の利用者にとって旧法よりも読みやすいものではあるのでしょうが、それ自体がわかりやすく利用しやすいものになっているかどうかには疑問があります。民事訴訟法（以下「民訴法」といいます）は訴訟という時間とともに進展する手続を動態としてコントロールしようとする規範ですから、一生に一度利用するかどうかという者が容易に理解することができるというわけにいかないにしても、専門的な代理人としてそのような利用者のために活動する者がそのような活動の規範をあらかじめ理解することができないというのでは困ります。

　しかし、筆者の裁判官または弁護士としての経験の中で、民事訴訟の基本原理を前提として、訴訟代理人としてどのように行動すべきであるのかまたは行動することが許されるのか、裁判官としてどのように訴訟指揮（判断）すべきであるのかまたは指揮（判断）することが許されるのかがしかく明確でない場面にしばしば遭遇してきました。そして、そのような不明確さの原因は、民事訴訟の基本原理が実際の訴訟の手続においてどのような意味を有していてどのような効果を導くことになるのかが、当該事件で問題とされている実体法上の争点とのかかわりにおいて正確に把握されていないところにあると感ずることが少なからずありました。

筆者は、平成16年の法科大学院の開設以来、法律実務家を目指す学生に対し、民事訴訟の基本原理を理解させることを目的とする科目を担当していますが、そこでは、上記のような問題意識に基づいて、要件事実論を分析の道具として利用することによって、民事訴訟の基本原理が訴訟手続上実際に果たしている機能を動態的かつ立体的に理解させる試みを続けてきました。法科大学院生から好評をもって迎えられるとともに、その経験は、初心者が理解しづらい点または誤解しやすい点の所在を明らかにしてくれました。本書は、そのような法科大学院での授業における経験を反映させたものでもあります。

　本書は、法律実務家（裁判官・検察官・弁護士・司法書士）と法律実務家を目指す司法修習生・法科大学院生とを基本的読者として想定していますが、1つでも新しい視点を提供するところがあって、研究者にも裨益するものであることを願っています。

　本書は、月報司法書士2008年4月号から2010年9月号まで2年半にわたって連載した「《講座》民事訴訟の基本原理と要件事実論」と題する原稿をまとめてでき上がったものです。本書執筆のきっかけをいただいた日本司法書士会連合会の各位、本書の刊行にご尽力いただいた民事法研究会の各位に深甚なる感謝の意を表します。

　平成22年のクリスマスに

田　中　　　豊

目　次

『論点精解　民事訴訟法〔改訂増補版〕』

目　　　次

第1章　既判力の意義と機能 ·················· 1

Ⅰ　既判力とは ·· 1
　1　既判力の意義 ·· 1
　2　既判力の根拠と本質 ·· 1
　3　既判力が問題になる3つの場面 ·· 2
Ⅱ　既判力か訴えの利益か ·· 2
　1　前訴が請求棄却判決の場合 ·· 3
　　(1)　基準時以前の事由と基準時後の事由 ································ 3
　　(2)　訴え却下判決か請求棄却判決か ···································· 5
　2　前訴が請求認容判決の場合 ·· 6
　　(1)　訴えの利益の問題であること ······································ 6
　　(2)　Xの主張し得る訴えの利益に関する反論 ···························· 8
　　(3)　後訴裁判所のすべき判決 ·· 8
Ⅲ　訴訟物の同一性 ·· 9
　1　最2小判平成9・3・14の事案の概要 ·································· 9
　2　原審（東京高判平成4・12・17判時1453号132頁）の判断の大要 ······· 11
　3　最2小判平成9・3・14の判断 ······································ 12
　4　最2小判平成9・3・14の提起した問題点とその検討 ·················· 13
　　(1)　既判力に関する主張の位置付けと遺産分割前の共有持分権の性質 ···13
　　(2)　訴訟物が同一であっても、既判力に抵触しないと解すべき例外を
　　　　肯定すべきか ·· 15
　　(3)　遺産分割前の共有持分権を主張できない相続人と遺産確認の訴え
　　　　の原告適格 ·· 18
Ⅳ　訴訟物の先決関係 ·· 19
　1　前訴の訴訟物が後訴の訴訟物の先決関係にある場合 ···················· 19

2　最1小判昭和55・10・23の事案の概要‥‥‥‥‥‥‥‥‥‥‥‥‥19

　　3　最1小判昭和55・10・23の判断の内容とその意義‥‥‥‥‥‥‥‥22

　　　(1)　最1小判昭和55・10・23の判断の内容‥‥‥‥‥‥‥‥‥‥‥‥22

　　　(2)　最1小判昭和55・10・23の意義‥‥‥‥‥‥‥‥‥‥‥‥‥‥‥22

　　4　本件訴訟（後訴）の主張・立証の構造と前訴確定判決の既判力の主

　　　張の位置付け‥‥‥‥‥‥‥‥‥‥‥‥‥‥‥‥‥‥‥‥‥‥‥‥‥23

　　5　後訴における訴訟物の選択と既判力の抵触‥‥‥‥‥‥‥‥‥‥‥‥25

　　　(1)　債権的登記請求権を後訴の訴訟物として選択した場合‥‥‥‥‥25

　　　(2)　物権変動的登記請求権を後訴の訴訟物として選択した場合‥‥‥28

　　6　前訴の先決問題についての判断と既判力‥‥‥‥‥‥‥‥‥‥‥‥‥29

　　　(1)　最1小判昭和30・12・1の事案の概要‥‥‥‥‥‥‥‥‥‥‥‥29

　　　(2)　最1小判昭和30・12・1の判断の内容とその意義‥‥‥‥‥‥‥31

Ⅴ　訴訟物の矛盾関係‥‥‥‥‥‥‥‥‥‥‥‥‥‥‥‥‥‥‥‥‥‥‥33

　1　前訴の訴訟物と後訴の訴訟物とが矛盾関係にある場合とは‥‥‥‥‥33

　2　一物一権主義を媒介にした矛盾関係‥‥‥‥‥‥‥‥‥‥‥‥‥‥‥33

　3　確定判決によってした給付と不当利得返還請求または不法行為に基

　　づく損害賠償請求‥‥‥‥‥‥‥‥‥‥‥‥‥‥‥‥‥‥‥‥‥‥‥36

　　　(1)　最1小判平成10・9・10の事案の概要‥‥‥‥‥‥‥‥‥‥‥‥36

　　　(2)　最1小判平成10・9・10の判断の内容‥‥‥‥‥‥‥‥‥‥‥‥39

　　　(3)　後訴の請求原因事実と前訴確定判決の既判力との関係‥‥‥‥‥43

Ⅵ　既判力の基準時‥‥‥‥‥‥‥‥‥‥‥‥‥‥‥‥‥‥‥‥‥‥‥‥45

　1　既判力の基準時が問題になる場合‥‥‥‥‥‥‥‥‥‥‥‥‥‥‥‥45

　2　基準時後における形成権の行使‥‥‥‥‥‥‥‥‥‥‥‥‥‥‥‥‥45

　　　(1)　最2小判平成7・12・15の事案の概要‥‥‥‥‥‥‥‥‥‥‥‥46

　　　(2)　最2小判平成7・12・15の判断の内容‥‥‥‥‥‥‥‥‥‥‥‥47

　　　(3)　後訴の請求原因事実と前訴確定判決の既判力の主張の位置付け‥‥49

　3　形成権の行使以外の基準時後に発生した事実と既判力‥‥‥‥‥‥‥50

　　　(1)　交通事故の被害者が他原因で死亡した場合‥‥‥‥‥‥‥‥‥‥50

　　　(2)　最1小判平成11・12・20の判断‥‥‥‥‥‥‥‥‥‥‥‥‥‥51

　　　(3)　死亡後の介護費用と前訴確定判決の既判力‥‥‥‥‥‥‥‥‥‥53

目　次

(4)　請求異議の訴え（後訴）の請求原因事実と既判力の主張の位置付け……………………………………………………………………54

Ⅶ　既判力の主観的範囲……………………………………………………57
　1　当事者相対効の原則………………………………………………57
　2　当事者以外の第三者に及ぶ場合についての論点………………57
　3　口頭弁論終結後の承継人…………………………………………58
　(1)　最1小判昭和48・6・21を素材にした設例…………………58
　(2)　最1小判昭和48・6・21の判断の概要……………………60
　(3)　前訴と後訴の訴訟物と主張・立証の構造……………………61
　(4)　前訴確定判決の既判力の拘束を受ける争点が後訴に存するか………63
　(5)　XはAの口頭弁論終結後の承継人に当たるか………………64
　(6)　前訴の口頭弁論終結後の承継人に当たるかどうかの判断枠組みと
　　民訴法115条1項3号の規定の意義…………………………66
　(7)　適格承継説（形式説・訴訟法説）の存在意義………………67
　(8)　民訴法115条1項3号の規定の意義………………………68
　(9)　おわりに…………………………………………………………70
　4　確定判決の反射的効力……………………………………………70
　(1)　反射的効力の意義………………………………………………70
　(2)　反射的効力という考え方と既判力本質論との関係…………71
　(3)　最1小判昭和51・10・21を素材にした設例…………………72
　(4)　最1小判昭和51・10・21の判断の概要……………………74
　(5)　Xの提起した請求異議の訴えの主張・立証の構造と反射的効力
　　の主張の位置付け………………………………………………76
　(6)　保証債務履行請求訴訟において主債務不存在とする確定判決の反
　　射的効力を主張することの許否………………………………77
　(7)　最高裁判例と反射的効力………………………………………81
　(8)　小　括……………………………………………………………83

第2章　処分権主義の意義と機能……84

6

I　処分権主義とは……………………………………………………84

　1　処分権主義の意義と根拠……………………………………84

　2　民訴法246条の位置付けと機能……………………………84

　3　処分権主義が問題になる3つの場合………………………85

II　訴訟物の異同が問題になる場合………………………………85

　1　訴訟物理論の相違が影響を及ぼす場合……………………85

　　(1)　最3小判昭和32・12・24を素材にした設例………………86

　　(2)　最3小判昭和32・12・24の判断……………………………87

　　(3)　合意解除に関する主張の意味と位置付け──不利益陳述と処分権

　　　　主義──……………………………………………………88

　2　訴訟物理論の相違が影響を及ぼさない場合………………91

　　(1)　最3小判昭和36・2・28を素材にした設例………………91

　　(2)　〈設例2-②〉における主張・立証の構造とYによる建物買取請求

　　　　権行使の意味…………………………………………………92

　　(3)　Yによって建物買取請求権が行使され、留置権または同時履行

　　　　の抗弁権のいずれかが行使された場合における判決主文──処分権

　　　　主義との整合性いかん──…………………………………94

III　権利保護形式の種類等が問題になる場合……………………96

　1　裁判所が原告の意思に拘束されることに争いのない事項………96

　2　裁判所が原告の意思に拘束されるかどうかに争いのある事項

　　　──一時金賠償方式と定期金賠償方式──…………………97

　　(1)　最2小判昭和62・2・6判時1232号100頁の立場…………97

　　(2)　東京高判平成15・7・29判時1838号69頁の立場…………98

　　(3)　一時金賠償方式か定期金賠償方式かは訴訟物についての処分権主

　　　　義の問題か……………………………………………………98

IV　権利保護の範囲が問題になる場合……………………………99

　1　一部認容判決をすべき場合…………………………………99

　2　原告が一部弁済受領額を控除して残額の請求をする場合…………100

　　(1)　最3小判昭和53・7・25判時909号45頁を素材にした設例…………101

　　(2)　最3小判昭和53・7・25の判断………………………………101

7

目　次

（3）　明示の一部請求における「外側説」と本最高裁判決との関係·······102

3　立退料の支払と引換えに建物の明渡請求を認容する判決·············105

（1）　最1小判昭和46・11・25の事案の概要·····························105

（2）　最1小判昭和46・11・25の判断とその意義······················106

（3）　立退料の提供と処分権主義·······································107

（4）　立退料の提供と主張・立証の構造·······························108

（5）　引換給付判決をするために被告による権利主張を要するか·········113

第3章　弁論主義の意義と機能 ······115

Ⅰ　弁論主義とは ···115

1　弁論主義の意義と根拠···115

2　弁論主義の内容をなす3つの規律···································116

Ⅱ　弁論主義の第1の規律の対象——要件事実（主要事実）—— ··· 117

1　主要事実と間接事実の区別···117

2　主要事実かどうかの区別を誤った最高裁判決·······················118

（1）　最2小判昭和25・11・10の事案の概要··························118

（2）　最2小判昭和25・11・10の判断の内容··························120

（3）　主張・立証責任の構造上の位置付け·······························120

（4）　本最高裁判決の判断の正否·······································122

（5）　その他の若干の最高裁判決·······································124

Ⅲ　弁論主義の第1の規律に関する最高裁判例の緻密化 ···125

1　所有権の移転経過の認定につき弁論主義違反とした最高裁判例の

出現···125

（1）　最3小判昭和41・4・12の事案の概要·····························125

（2）　最3小判昭和41・4・12の判断 ····································127

（3）　主張・立証責任の構造上の位置付け·······························128

（4）　最3小判昭和41・4・12の意味 ····································129

2　弁論主義の第1の規律についての最高裁判例の到達点·················130

（1）　最1小判昭和55・2・7の事案の概要·······························130

8

| | （2） 最 1 小判昭和55・2・7の判断の内容 | 132 |

（2） 最 1 小判昭和55・2・7の判断の内容……………………………………132

（3） Ｘらの主張した請求原因事実および原審認定事実の主張・立証
責任の構造上の位置付け……………………………………………………133

（4） 最 1 小判昭和55・2・7の意義……………………………………………136

（5） 差戻し後の控訴審判決とそれに対する上告審判決………………………136

Ⅳ　弁論主義の第 2 の規律──自白の拘束力── ……………………………138

1　はじめに………………………………………………………………………138

2　間接事実の自白と拘束力……………………………………………………138

（1） 最 1 小判昭和41・9・22の事案の概要…………………………………138

（2） 最 1 小判昭和41・9・22の判断…………………………………………140

（3） 自白の成立した事実と主張・立証の構造………………………………141

（4） 最 1 小判昭和41・9・22からのレッスン………………………………143

3　補助事実の自白と拘束力……………………………………………………144

（1） 最 2 小判昭和52・4・15の事案の概要…………………………………144

（2） 最 2 小判昭和52・4・15の判断…………………………………………148

（3） 自白の成立した補助事実と主張・立証の構造…………………………149

（4） 文書全体の成立の真正についての自白が成立したとみるべきであ
るのか…………………………………………………………………………151

（5） 最 3 小判昭和55・4・22からのレッスン………………………………152

Ⅴ　当事者と裁判所との間の役割分担
　　──いわゆる不利益陳述── ………………………………………………154

1　はじめに………………………………………………………………………154

2　不利益陳述と弁論主義………………………………………………………154

（1） 最 1 小判昭和41・9・8の事案の概要…………………………………154

（2） 最 1 小判昭和41・9・8の判断…………………………………………156

（3） 使用貸借契約成立の事実と両請求についての主張・立証の構造……158

（4） 最 1 小判昭和41・9・8の意義…………………………………………163

Ⅵ　処分権主義および弁論主義の例外 …………………………………………163

1　形式的形成訴訟とは…………………………………………………………164

2　境界確定の訴えと土地所有権との関係……………………………………165

目　次

3　境界確定の訴えの提起と係争地についての取得時効の中断効·········· 166

（1）　最 3 小判平成元・3・28の事案の概要·········· 166

（2）　最 3 小判平成元・3・28の判断·········· 168

（3）　所有権移転登記手続請求（後訴請求）における前訴境界確定訴訟
の提起についての主張・立証の位置付け·········· 170

第 4 章　釈明権の意義と機能·········· 174

Ⅰ　釈明権をめぐる問題の所在·········· 174

1　釈明権の意義と存在理由·········· 174

2　釈明権行使の対象、方法および類型·········· 175

3　釈明権の行使をめぐる 2 つの問題·········· 176

Ⅱ　釈明権限の範囲——釈明権の行使をめぐる第 1 の問題——·········· 177

1　別個の訴訟物にわたる釈明権限·········· 177

（1）　最 1 小判昭和45・6・11の事案の概要·········· 177

（2）　最 1 小判昭和45・6・11の判断·········· 179

（3）　当初の訴訟物と釈明の結果提出された訴訟物および請求原因事実
の異同·········· 181

（4）　最 1 小判昭和45・6・11の意義·········· 184

2　釈明権の行使が事実審裁判所の権限の範囲の逸脱とされることはあるか·········· 185

（1）　事実審裁判所の権限の範囲の逸脱とされることはあるか·········· 185

（2）　釈明権の行使のしすぎが判決破棄の理由となることはあるか·········· 187

Ⅲ　釈明義務違反となる場合
——釈明権の行使をめぐる第 2 の問題——·········· 188

1　釈明義務違反についての最高裁判例の変遷概要·········· 188

2　主張の不明瞭をただす釈明·········· 190

（1）　最 3 小判昭和44・6・24の事案の概要·········· 190

（2）　最 3 小判昭和44・6・24の判断·········· 192

（3）　予備的請求につき、Ｘの主張した請求原因事実と釈明権の行使

により主張され得る請求原因事実‥‥‥‥‥‥‥‥‥‥‥‥‥‥‥‥194

　　(4)　本最高裁判決が原判決を破棄することとした理由と本最高裁判決

　　　　の意義‥‥‥‥‥‥‥‥‥‥‥‥‥‥‥‥‥‥‥‥‥‥‥‥‥‥‥‥‥195

　　3　文書の成立に関する証拠の提出についての釈明‥‥‥‥‥‥‥‥‥‥196

　　(1)　最 1 小判平成 8・2・22の事案の概要‥‥‥‥‥‥‥‥‥‥‥‥‥197

　　(2)　最 1 小判平成 8・2・22の判断‥‥‥‥‥‥‥‥‥‥‥‥‥‥‥‥198

　　(3)　本件の主張・立証の構造と釈明権を行使すべき事項‥‥‥‥‥‥‥200

　　4　主張の補正と証拠の提出についての釈明‥‥‥‥‥‥‥‥‥‥‥‥‥202

　　(1)　最 1 小判平成17・7・14の事案の概要‥‥‥‥‥‥‥‥‥‥‥‥‥202

　　(2)　最 1 小判平成17・7・14の判断‥‥‥‥‥‥‥‥‥‥‥‥‥‥‥‥205

　　(3)　本件の主張・立証の構造と釈明権を行使すべき事項‥‥‥‥‥‥‥206

Ⅳ　釈明義務違反の判断枠組み‥‥‥‥‥‥‥‥‥‥‥‥‥‥‥‥‥‥‥‥209

　　1　釈明の類型と釈明義務の有無‥‥‥‥‥‥‥‥‥‥‥‥‥‥‥‥‥‥209

　　2　釈明義務違反の考慮要素‥‥‥‥‥‥‥‥‥‥‥‥‥‥‥‥‥‥‥‥210

　　3　まとめ‥‥‥‥‥‥‥‥‥‥‥‥‥‥‥‥‥‥‥‥‥‥‥‥‥‥‥‥212

第5章　証拠法の主要論点‥‥‥‥‥‥214

Ⅰ　争点整理と事実認定‥‥‥‥‥‥‥‥‥‥‥‥‥‥‥‥‥‥‥‥‥‥‥214

　　1　争点整理‥‥‥‥‥‥‥‥‥‥‥‥‥‥‥‥‥‥‥‥‥‥‥‥‥‥‥214

　　(1)　争点整理の意義と目的‥‥‥‥‥‥‥‥‥‥‥‥‥‥‥‥‥‥‥‥214

　　(2)　民訴法の用意する争点整理手続‥‥‥‥‥‥‥‥‥‥‥‥‥‥‥‥215

　　2　争点整理表作成の実践──主張と証拠との有機的関連の認識‥‥‥‥215

　　(1)　事案の概要‥‥‥‥‥‥‥‥‥‥‥‥‥‥‥‥‥‥‥‥‥‥‥‥‥216

　　(2)　争点整理表の作成例‥‥‥‥‥‥‥‥‥‥‥‥‥‥‥‥‥‥‥‥‥217

　　(3)　争点整理表作成時の検討‥‥‥‥‥‥‥‥‥‥‥‥‥‥‥‥‥‥‥218

　　〈資料〉　争点整理表（〈設例5-①〉）‥‥‥‥‥‥‥‥‥‥‥‥‥‥‥‥217

　　3　事実認定と経験則‥‥‥‥‥‥‥‥‥‥‥‥‥‥‥‥‥‥‥‥‥‥‥220

　　(1)　事実認定の意義‥‥‥‥‥‥‥‥‥‥‥‥‥‥‥‥‥‥‥‥‥‥‥220

　　(2)　民事訴訟における事実認定の特徴‥‥‥‥‥‥‥‥‥‥‥‥‥‥‥221

目　次

(3)　証明度の意義と最高裁判例の立場………………………………221

(4)　経験則の意義と機能…………………………………………………222

Ⅱ　証拠能力と証拠力………………………………………………………223

1　証拠能力……………………………………………………………………223

(1)　証拠能力の意義………………………………………………………223

(2)　反対尋問を経ない供述の証拠能力………………………………223

(3)　違法収集証拠の証拠能力……………………………………………225

2　証拠力………………………………………………………………………227

(1)　証拠力の意義…………………………………………………………227

(2)　文書の形式的証拠力と２段の推定…………………………………228

〔図１〕　２段の推定……………………………………………………229

(3)　文書の実質的証拠力…………………………………………………231

Ⅲ　主張・立証責任を負わない当事者の事案解明義務……………232

1　問題の背景──情報（証拠）偏在型訴訟…………………………………232

2　最１小判平成４・10・29民集46巻７号1174頁〔伊方原発訴訟判決〕
の出現………………………………………………………………………233

(1)　最１小判平成４・10・29の事案の概要……………………………233

(2)　最１小判平成４・10・29の判断の概要……………………………234

(3)　専門技術的裁量を伴う行政処分の取消訴訟における司法審査の
方法………………………………………………………………………235

(4)　裁量処分の違法性（評価根拠事実）の主張・立証責任……………237

3　主張・立証責任を負わない当事者の事案解明義務…………………238

(1)　事案解明義務という考え方…………………………………………238

(2)　我が国の民事裁判実務の工夫と事案解明義務との関係……………239

(3)　事案解明義務に違反したときの効果………………………………241

(4)　本判決と事案解明義務………………………………………………242

4　事案解明義務に係る判断の判決理由中の位置付け…………………242

Ⅳ　証拠提出義務………………………………………………………………243

1　はじめに……………………………………………………………………243

(1)　裁判所の事実認定の精度と証拠の質・量…………………………243

⑵　文書提出義務の一般義務化と最高裁への許可抗告制度の創設⋯⋯⋯243

　2　文書提出義務とその主張・立証責任⋯⋯⋯⋯⋯⋯⋯⋯⋯⋯⋯⋯⋯244

　3　銀行の保有する資料と自己利用文書⋯⋯⋯⋯⋯⋯⋯⋯⋯⋯⋯⋯⋯245

　⑴　最2小決平成19・11・30民集61巻8号3186頁〔八十二銀行事件〕

　　の事案の概要⋯⋯⋯⋯⋯⋯⋯⋯⋯⋯⋯⋯⋯⋯⋯⋯⋯⋯⋯⋯⋯⋯245

　⑵　最2小決平成19・11・30の判断⋯⋯⋯⋯⋯⋯⋯⋯⋯⋯⋯⋯⋯⋯247

　⑶　自己利用文書該当性の判断枠組み⋯⋯⋯⋯⋯⋯⋯⋯⋯⋯⋯⋯⋯248

　⑷　金融機関の貸出稟議書と自己利用文書該当性⋯⋯⋯⋯⋯⋯⋯⋯249

　⑸　自己査定資料と自己利用文書該当性⋯⋯⋯⋯⋯⋯⋯⋯⋯⋯⋯⋯250

　⑹　最2小決平成19・11・30の意義⋯⋯⋯⋯⋯⋯⋯⋯⋯⋯⋯⋯⋯⋯253

第6章　重複訴訟禁止の意義と機能⋯⋯254

Ⅰ　重複訴訟禁止の制度趣旨⋯⋯⋯⋯⋯⋯⋯⋯⋯⋯⋯⋯⋯⋯⋯⋯⋯⋯254

Ⅱ　禁止される重複訴訟の要件⋯⋯⋯⋯⋯⋯⋯⋯⋯⋯⋯⋯⋯⋯⋯⋯⋯255

Ⅲ　当事者の同一性⋯⋯⋯⋯⋯⋯⋯⋯⋯⋯⋯⋯⋯⋯⋯⋯⋯⋯⋯⋯⋯255

　1　原則形態──当事者双方が同一である場合──⋯⋯⋯⋯⋯⋯⋯⋯255

　2　例外形態──当事者が同一でなくても、同一性ありとされる

　　場合──⋯⋯⋯⋯⋯⋯⋯⋯⋯⋯⋯⋯⋯⋯⋯⋯⋯⋯⋯⋯⋯⋯⋯⋯256

　⑴　最3小判昭和48・4・24の事案の概要⋯⋯⋯⋯⋯⋯⋯⋯⋯⋯⋯256

　⑵　最3小判昭和48・4・24の判断⋯⋯⋯⋯⋯⋯⋯⋯⋯⋯⋯⋯⋯⋯258

　⑶　2つの問題──重複訴訟禁止の原則と当事者適格──の本件にお

　　ける位置付け⋯⋯⋯⋯⋯⋯⋯⋯⋯⋯⋯⋯⋯⋯⋯⋯⋯⋯⋯⋯⋯⋯259

　⑷　2つの問題についての本最高裁判決の解決策⋯⋯⋯⋯⋯⋯⋯⋯263

Ⅳ　審判対象の同一性⋯⋯⋯⋯⋯⋯⋯⋯⋯⋯⋯⋯⋯⋯⋯⋯⋯⋯⋯⋯265

　1　同一性判定の基準を訴訟物に求めるかどうか⋯⋯⋯⋯⋯⋯⋯⋯265

　2　債務不存在確認の訴えと給付の訴え⋯⋯⋯⋯⋯⋯⋯⋯⋯⋯⋯⋯266

　⑴　最1小判平成16・3・25の事案の概要⋯⋯⋯⋯⋯⋯⋯⋯⋯⋯⋯266

　⑵　最1小判平成16・3・25の判断⋯⋯⋯⋯⋯⋯⋯⋯⋯⋯⋯⋯⋯⋯268

　⑶　2つの問題──訴えの利益と重複訴訟禁止の原則⋯⋯⋯⋯⋯⋯269

目 次

（4） 本訴と反訴の主張・立証の構造‥‥‥‥‥‥‥‥‥‥‥‥‥‥‥‥ 269

V　訴訟係属の有無および後訴の提起‥‥‥‥‥‥‥‥‥‥‥‥‥‥ 271

1　相殺の抗弁と重複訴訟禁止の原則‥‥‥‥‥‥‥‥‥‥‥‥‥‥‥ 271

2　別訴先行型と重複訴訟禁止の原則‥‥‥‥‥‥‥‥‥‥‥‥‥‥‥ 272

（1）　最3小判平成3・12・17民集45巻9号1435頁の事案の概要‥‥‥‥ 272

（2）　最3小判平成3・12・17の判断とその意義‥‥‥‥‥‥‥‥‥‥ 275

（3）　2つの訴訟における主張・立証と重複訴訟禁止の原則の本件にお

ける位置付け‥‥‥‥‥‥‥‥‥‥‥‥‥‥‥‥‥‥‥‥‥‥‥‥ 276

3　別訴先行型であっても重複訴訟禁止の原則にふれない場合‥‥‥‥ 278

（1）　最2小判平成18・4・14の事案の概要‥‥‥‥‥‥‥‥‥‥‥‥ 278

（2）　最2小判平成18・4・14の判断とその意義‥‥‥‥‥‥‥‥‥‥ 280

（3）　相殺の抗弁と予備的反訴‥‥‥‥‥‥‥‥‥‥‥‥‥‥‥‥‥‥ 281

4　抗弁先行型と重複訴訟禁止の原則‥‥‥‥‥‥‥‥‥‥‥‥‥‥‥ 283

（1）　東京高判平成8・4・8の事案の概要‥‥‥‥‥‥‥‥‥‥‥‥ 284

（2）　東京高判平成8・4・8の判断とその意義‥‥‥‥‥‥‥‥‥‥ 285

（3）　仮定抗弁かそうでないかによって別訴提起の扱いを別異にすべ

きか‥‥‥‥‥‥‥‥‥‥‥‥‥‥‥‥‥‥‥‥‥‥‥‥‥‥‥‥ 287

第7章　一部請求訴訟の意義と機能‥‥‥‥ 289

Ⅰ　一部請求訴訟をめぐる問題のいろいろ‥‥‥‥‥‥‥‥‥‥‥ 289

1　一部請求訴訟の意義‥‥‥‥‥‥‥‥‥‥‥‥‥‥‥‥‥‥‥‥‥ 289

2　一部請求訴訟を受容すべき制度的必要性‥‥‥‥‥‥‥‥‥‥‥‥ 289

3　一部請求が問題になる主要な場面‥‥‥‥‥‥‥‥‥‥‥‥‥‥‥ 290

Ⅱ　一部請求訴訟後の残部請求の許否‥‥‥‥‥‥‥‥‥‥‥‥‥ 291

1　最2小判平成10・6・12の事案の概要‥‥‥‥‥‥‥‥‥‥‥‥‥ 291

2　最2小判平成10・6・12の判断とその意義‥‥‥‥‥‥‥‥‥‥‥ 294

3　後訴が信義則違反に当たるかどうかの争点の位置付け‥‥‥‥‥‥ 296

Ⅲ　一部請求の「明示」と残部請求が許される「特段の事情」‥‥ 298

1　最1小判平成20・7・10の事案の概要‥‥‥‥‥‥‥‥‥‥‥‥‥ 299

14

	目　次

2　最1小判平成20・7・10の判断とその意義 ……………………… 301

3　最2小判平成10・6・12にいう「特段の事情」の存否 ………… 303

Ⅳ　一部請求訴訟における主張・立証 ………………………………… 303

1　一部請求訴訟と相殺の抗弁 ……………………………………… 303

(1)　外側説、内側説、按分説 …………………………………… 303

(2)　最高裁による外側説の採用 ………………………………… 306

(3)　外側説と既判力 …………………………………………… 308

2　一部請求をする理由についての陳述の意味 ……………………… 309

第8章　多数当事者紛争と訴訟形態 …… 313

Ⅰ　はじめに …………………………………………………………… 313

Ⅱ　共同所有関係と訴訟形態 ………………………………………… 313

1　共有者の提起する訴訟 …………………………………………… 313

(1)　最1小判昭和46・10・7民集25巻7号885頁の事案の概要 ……… 313

(2)　最1小判昭和46・10・7の判断とその構成 ……………… 315

(3)　固有必要的共同訴訟かどうかの区別と実体法上の権利の性質 …… 316

(4)　訴えの取下げに関するYの主張の意味と位置付け ………… 319

2　共有持分権に基づく請求 ………………………………………… 321

(1)　所有権移転登記請求、抹消登記請求 ……………………… 321

(2)　返還請求 …………………………………………………… 321

(3)　共同訴訟の形態 …………………………………………… 321

3　共有者間の訴訟と共同訴訟の形態 ……………………………… 322

(1)　遺産確認の訴え …………………………………………… 322

(2)　遺産確認の訴えの意義 …………………………………… 323

(3)　他に相続人がいるとのYの主張の意味と位置付け ………… 324

(4)　固有必要的共同訴訟であること …………………………… 325

4　共有者を相手方とする訴訟 ……………………………………… 326

(1)　債権的登記請求権を行使した場合 ………………………… 326

(2)　物権的登記請求権を行使した場合 ………………………… 330

目　次

　　　(3)　所有権に基づく返還請求権を行使した場合······················333
　　　(4)　賃借権の確認を求める場合······················336
Ⅲ　共同訴訟についての審判······················340
　　1　通常共同訴訟と必要的共同訴訟······················340
　　2　共同訴訟人独立の原則──当然の補助参加を認めるか──······················342
　　　(1)　最1小判昭和43・9・12を素材とした設例の概要······················342
　　　(2)　最1小判昭和43・9・12の判断とその構成······················344
　　　(3)　主張・立証の構造······················345
　　　(4)　第1審と控訴審判決の問題点······················347
　　3　同時審判申出共同訴訟······················348
　　　(1)　民訴法41条創設の趣旨と機能······················348
　　　(2)　同時審判の申出をすることのできる共同訴訟······················349
Ⅳ　補助参加制度の意義と機能······················353
　　1　はじめに······················353
　　2　要件についての問題──「訴訟の結果について利害関係を有する」
　　　とは──······················354
　　　(1)　「訴訟の結果」と訴訟物との関係······················355
　　　(2)　法律上の利害関係と事実上の利害関係······················358
　　3　参加的効力の性質──既判力との異同──······················363
　　　(1)　最1小判昭和45・10・22を素材とした設例の概要······················363
　　　(2)　最1小判昭和45・10・22の判断の概要······················365
　　　(3)　主張・立証の構造······················367
　　　(4)　参加的効力の主張の位置付けと機能······················369
　　4　参加的効力の客観的範囲と主観的範囲······················370
　　　(1)　最3小判平成14・1・22の事案の概要······················371
　　　(2)　最3小判平成14・1・22の判断の概要······················372
　　　(3)　主張・立証の構造······················374
　　　(4)　Xの参加的効力の主張の意味と位置付けおよび後訴の控訴審の
　　　判断の正否······················375
Ⅴ　独立当事者参加制度の意義と機能······················377

1　独立当事者参加訴訟の特徴‥‥‥‥‥‥‥‥‥‥‥‥‥‥‥‥‥‥‥‥‥‥377

　　2　権利主張参加の要件‥‥‥‥‥‥‥‥‥‥‥‥‥‥‥‥‥‥‥‥‥‥‥‥‥378

　　（1）　最3小判平成6・9・27の事案の概要‥‥‥‥‥‥‥‥‥‥‥‥‥‥378

　　（2）　最3小判平成6・9・27の判断の概要‥‥‥‥‥‥‥‥‥‥‥‥‥‥381

　　（3）　参加の要件に係る争点の位置付けと独立当事者参加訴訟の構造‥‥382

　　（4）　不動産の二重譲渡事例における独立当事者参加の許否‥‥‥‥‥‥383

　　（5）　最3小判平成6・9・27における主張の構造と参加の要件‥‥‥‥386

　　（6）　本件参加の申出は詐害防止参加（法47条1項前段）の要件を満た

　　　　すか‥‥‥‥‥‥‥‥‥‥‥‥‥‥‥‥‥‥‥‥‥‥‥‥‥‥‥‥‥‥389

第9章　訴訟承継の意義と機能 ‥‥‥‥‥‥ 390

Ⅰ　法律関係（権利義務）の移動と訴訟手続 ‥‥‥‥‥‥‥‥‥‥‥‥390

　　1　はじめに‥‥‥‥‥‥‥‥‥‥‥‥‥‥‥‥‥‥‥‥‥‥‥‥‥‥‥‥‥390

　　2　訴訟承継の種類と問題点‥‥‥‥‥‥‥‥‥‥‥‥‥‥‥‥‥‥‥‥‥‥391

　　（1）　訴訟承継の種類‥‥‥‥‥‥‥‥‥‥‥‥‥‥‥‥‥‥‥‥‥‥‥‥391

　　（2）　訴訟承継の問題点‥‥‥‥‥‥‥‥‥‥‥‥‥‥‥‥‥‥‥‥‥‥‥391

Ⅱ　「係争物の承継」とは ‥‥‥‥‥‥‥‥‥‥‥‥‥‥‥‥‥‥‥‥‥392

　　1　「訴訟承継の承継人」と「口頭弁論終結後の承継人」‥‥‥‥‥‥‥‥392

　　2　訴訟承継の承継人の範囲‥‥‥‥‥‥‥‥‥‥‥‥‥‥‥‥‥‥‥‥‥‥393

　　（1）　最3小判昭和41・3・22を素材にした設例‥‥‥‥‥‥‥‥‥‥‥393

　　（2）　最3小判昭和41・3・22の判断の概要‥‥‥‥‥‥‥‥‥‥‥‥‥396

　　（3）　XのYに対する請求（訴訟物）とXのZに対する請求（訴訟

　　　　物）、各請求の主張・立証の構造‥‥‥‥‥‥‥‥‥‥‥‥‥‥‥‥398

　　（4）　Aの承継人としてZに対して訴訟引受けを命じることの正否‥‥401

　　（5）　「当事者適格の移転」または「紛争の主体たる地位の移転」とし

　　　　て定式化することの適否‥‥‥‥‥‥‥‥‥‥‥‥‥‥‥‥‥‥‥‥402

　　（6）　承継人は従前の訴訟状態に拘束される立場に立ってもおかしくな

　　　　い第三者であるか‥‥‥‥‥‥‥‥‥‥‥‥‥‥‥‥‥‥‥‥‥‥‥404

17

目　次

第10章　確認訴訟の意義と機能 ······ 406

Ⅰ　確認訴訟とは ······ 406
1　確認訴訟の意義 ······ 406
2　確認訴訟の機能 ······ 406
3　確認の利益 ······ 407

Ⅱ　確認対象の選択の問題その１──証書真否確認の訴え── ··· 408
1　民訴法134条の規定の存在意義 ······ 408
2　遺言書の真否確認の訴えが妥当する紛争の範囲 ······ 409
 (1)　事案の概要 ······ 409
 (2)　遺言書の真否確認訴訟の主張・立証の構造 ······ 410
 (3)　証書真否確認の訴えと意思無能力との関係 ······ 412

Ⅲ　確認対象の選択の問題その２──遺言無効確認の訴え── ··· 413
1　過去の法律行為の効力の確認と遺言無効確認の訴え ······ 413
2　遺言無効確認の訴えの適否 ······ 413
3　遺言無効確認の訴えと遺言書の真否確認の訴えの守備範囲の差 ······ 415

Ⅳ　紛争解決手段としての適切さの問題 ······ 417
1　補充性の原則 ······ 417
2　遺産確認の訴えと補充性の原則 ······ 418
 (1)　最１小判昭和61・3・13を素材にした設例 ······ 418
 (2)　最１小判昭和61・3・13の判断の概要 ······ 419
 (3)　共有持分確認の訴えになく遺産確認の訴えには存する紛争解決
 機能 ······ 421

Ⅴ　紛争の成熟性の問題 ······ 424
1　紛争の成熟性とは ······ 424
2　推定相続人の提起する遺言無効確認の訴えと紛争の成熟性 ······ 425
 (1)　最２小判平成11・6・11判時1685号36頁の事案の概要 ······ 425
 (2)　最２小判平成11・6・11の主張・立証の構造 ······ 426
 (3)　最２小判平成11・6・11の判断の概要 ······ 428

目　次

第11章　判決によらない訴訟の終了 ……… 431

Ⅰ　訴訟終了原因の全体像 ……………………………………………… 431

Ⅱ　訴訟上の和解 ……………………………………………………………… 432

　1　和解の種類 ………………………………………………………………… 432

　　(1)　裁判外の和解（私法上の和解）……………………………………… 432

　　(2)　裁判上の和解 ………………………………………………………… 432

　　〔図２〕　和解の種類 …………………………………………………… 433

　2　訴訟上の和解の性質 …………………………………………………… 433

　3　訴訟上の和解の効力 …………………………………………………… 434

　　(1)　「確定判決と同一の効力」とは？ ………………………………… 434

　　(2)　訴訟上の和解の瑕疵の主張方法 ………………………………… 436

　4　訴訟上の和解の解除と訴訟終了効 ………………………………… 437

　　(1)　最１小判昭和43・2・15民集22巻２号184頁を素材にした事案の概要… 437

　　(2)　最１小判昭和43・2・15の判断の概要 ………………………… 439

　　(3)　後訴におけるＹの重複訴訟に係る主張の意味と位置付け ……… 440

　　(4)　訴訟上の和解が解除された場合の主張方法 …………………… 441

　　(5)　意思表示の瑕疵と解除の双方を主張する場合の主張方法 ……… 443

Ⅲ　訴えの取下げ …………………………………………………………… 444

　1　訴えの取下げの意義・要件・効果 ………………………………… 444

　2　訴えの取下げと意思表示の瑕疵との関係 ………………………… 444

　3　終局判決後の訴えの取下げと再訴禁止効 ………………………… 445

　4　再訴が禁止される「同一の訴え」とは …………………………… 446

　　(1)　最３小判昭和52・7・19の事案の概要 ………………………… 446

　　(2)　最３小判昭和52・7・19の判断の概要 ………………………… 448

　　(3)　Ｙ₁に対する前訴と後訴の訴訟物および請求原因事実、前訴の控
　　　　訴審における訴えの変更の訴訟法上の性質 …………………… 449

　　(4)　民訴法262条２項にいう「同一の訴え」とは ………………… 452

Ⅳ　請求の放棄・認諾 …………………………………………………… 455

19

目　次

1　請求の放棄・認諾の意義と効果	455
2　請求の放棄・認諾の要件	455

第12章　司法権の限界と法律上の争訟 … 457

Ⅰ　司法権の限界 … 457

Ⅱ　法律上の争訟の意義 … 457

Ⅲ　宗教団体における紛争と法律上の争訟 … 458

　1　問題の所在 … 458

　2　最高裁判例の判断の枠組み … 459

Ⅳ　法律上の争訟の問題その1 ——訴訟物レベル—— … 460

　1　住職の地位は法律上の地位か … 460

　　(1)　最3小判昭和55・1・11民集34巻1号1頁の事案の概要 … 460

　　(2)　最3小判昭和55・1・11の判断の概要 … 462

　　(3)　法律上の争訟と主張・立証の構造 … 464

　2　檀徒の地位は法律上の地位か … 467

　　(1)　宗教法人における檀徒の地位 … 467

　　(2)　宗教上の地位としての檀徒の地位は確定されないこと … 469

Ⅴ　法律上の争訟の問題その2 ——争点レベル—— … 469

　1　贈与の意思表示の錯誤と信仰の対象の価値等の判断 … 469

　　(1)　最3小判昭和56・4・7民集35巻3号443頁の事案の概要 … 469

　　(2)　最3小判昭和56・4・7の判断の概要 … 471

　　(3)　主張・立証の構造その1 ——本件における多数意見と寺田裁判官
　　の意見との紛争解決上の相違—— … 474

　　(4)　主張・立証の構造その2 ——多数意見と寺田裁判官の意見とで紛
　　争解決の結論に大きな相違がある場合—— … 477

　2　宗教問題についてのその他の解決方法の提案 … 479

　・事項索引 … 482

　・判例索引 … 489

　・著者略歴 … 496

凡 例

〈法令等略語表〉

法、民訴法	民事訴訟法（平成 8 年 6 月26日法律第109号）
民訴規則	民事訴訟規則
公催仲裁法	公示催告手続及ビ仲裁手続ニ関スル法律（廃止）

〈判例集・定期刊行物略称表記〉

民録	大審院民事判決録
民集	最高裁判所（大審院）民事判例集
高民集	高等裁判所民事判例集
下民集	下級裁判所民事裁判例集
集民	最高裁判所裁判集民事
東高民時報	東京高等裁判所（民事）判決時報
裁判例	大審院裁判例（法律新聞別冊）
曹時	法曹時報
金判	金融・商事判例
判時	判例時報
判評	判例評論
判タ	判例タイムズ
民商	民商法雑誌
ジュリ	ジュリスト
金法	金融法務事情
最判解民	最高裁判所判例解説〔民事篇〕
重判解	重要判例解説（ジュリスト臨時増刊）
法セ	法学セミナー

〈文献略称表記〉

新堂	新堂幸司『新民事訴訟法〔第 5 版〕』（弘文堂・2011年）
伊藤	伊藤眞『民事訴訟法〔第 5 版〕』（有斐閣・2016年）
梅本	梅本吉彦『民事訴訟法〔第 4 版〕』（信山社・2009年）
中野ほか・講義	中野貞一郎＝松浦馨＝鈴木正裕編『新民事訴訟法講義〔第

凡　例

	3版』（有斐閣・2018年）
司研・紛争類型別	司法研修所民事裁判教官室編『改訂 紛争類型別の要件事実——民事訴訟における攻撃防御の構造——』（法曹会・2006年）
司研・要件事実第1巻	司法研修所民事裁判教官室編『増補 民事訴訟における要件事実〔第一巻〕』（法曹会・1986年）
司研・要件事実第2巻	司法研修所民事裁判教官室編『民事訴訟における要件事実〔第二巻〕』（法曹会・1992年）
判決起案の手引	司法研修所民事裁判教官室編『10訂 民事判決起案の手引』（法曹会・2006年）
田中・事実認定	田中豊『事実認定の考え方と実務』（民事法研究会・2008年）

I 既判力とは

第1章 既判力の意義と機能

I 既判力とは

1. 既判力の意義

　民事訴訟において終局判決が確定した場合に、その判決中の訴訟物（給付訴訟であれば、実体法上の請求権）についての判断[1]が以後当該訴訟の当事者間の法律関係を律する規準となり、当事者はこの判断に反する主張をすることが許されず、また、裁判所はこの判断に反する判断をすることが許されません。確定した終局判決に認められるこのような拘束力を既判力と呼びます。

2. 既判力の根拠と本質

　確定した終局判決にこのような拘束力が認められるのは、民事紛争の解決のために国家が税金によって訴訟という制度を創設し運営しているところ、その

1　民訴法114条1項は「確定判決は、主文に包含するものに限り、既判力を有する。」と規定しています。そして、給付訴訟におけるわが国の民事判決主文は、請求棄却判決の場合は、「原告の請求を棄却する。」というものであり、請求認容判決の場合は、例えば「被告は、原告に対し、1000万円及びこれに対する平成30年1月1日以降完済まで年5分の割合による金員を支払え。」と表現し、「被告は、原告に対し、貸金1000万円及びこれに対する平成30年1月1日以降完済まで年5分の割合による遅延損害金を支払え。」というように給付の実体法上の性質（すなわち、請求権の性質）を明らかにする表現を伝統的に使用しません。したがって、給付訴訟の場合、請求棄却判決はもちろんのこと請求認容判決であっても、判決主文の記載のみからは当該事件の請求権の性質を知ることはできないのですが、同項の規定をもって訴訟物についての判断に既判力が発生することを認めるものと読んでいます。なお、本書は、確定判例の採用しているいわゆる旧訴訟物理論によって説明することとしますが、いわゆる新訴訟物理論によるとしても、判決主文のみから訴訟物を知ることができないことに変わりはありません。

1

第1章　既判力の意義と機能

制度目的達成のためにこのような拘束力が不可欠の前提となるからであり、終局判決に至る過程で当事者に対して手続上の諸権能が付与されていることがこれを実質的に正当化する根拠となっていると説明されます。既判力の根拠に関するこのような考え方は、制度的効力・手続保障説と呼ばれています。

　既判力は、訴訟という制度目的達成のために不可欠の効力として構想されているのであり、終局判決中の訴訟物についての判断が神様の目からみての真実と合致していることを前提とするものではなく、原理的には真の実体法の状態と無関係であると考えられています。既判力の本質に関するこのような考え方は、訴訟法説と呼ばれています。これに対し、終局判決が確定することによって、当事者間の実体法上の関係が変更されるとする考え方もあり、実体法説と呼ばれていますが、判例によって受け入れられているとはいえませんし、通説の地位を占めているともいえません[2]。そこで、以下、既判力の本質に関する訴訟法説、既判力の根拠に関する制度的効力・手続保障説を前提に検討することにします。具体的な問題との関係で、必要に応じてこの問題に立ち戻ることにします。

3．既判力が問題になる3つの場面

　後訴において前訴の既判力の機能が問題になるのは、大別して、①前訴と後訴の訴訟物が同一である場合、②前訴の訴訟物が後訴の訴訟物と先決関係にある場合、③前訴の訴訟物が後訴の訴訟物と矛盾する関係にある場合の3つの場合です。

　そこで、これら3つの場合のそれぞれにつき、既判力がどのように機能するかを検討してみることにしましょう。

Ⅱ　既判力か訴えの利益か

　前訴と後訴の訴訟物が同一である場合には、前訴で請求棄却判決を受けた原告が再度同一の請求をするときと、前訴で請求認容判決を受けた原告が再度同

2　既判力の本質および根拠については、さしあたり、新堂679頁以下、中野ほか・講義494頁以下〔高橋宏志〕参照。

一の請求をするときとが考えられます。

1．前訴が請求棄却判決の場合

(1) 基準時以前の事由と基準時後の事由

〈設例1-①〉の設例によって考えてみましょう。

― 〈設例1-①〉 ―

　Xが Y に対して貸金1000万円（平成20年4月1日貸付け、弁済期平成25年3月31日）の支払を求めて貸金返還請求訴訟（前訴）を提起した。前訴裁判所は平成26年10月31日に口頭弁論を終結し、同年11月30日に請求棄却判決を言い渡し、同年12月17日に同判決が確定した。

(1)　XがYに対し、再度、同一の貸金返還請求訴訟（後訴）を提起した場合、Yはどのような主張をすることができるか。

(2)　後訴裁判所はどのような判断をすべきか。

　後訴の訴訟物（請求権）は、XのYに対する消費貸借契約に基づく貸金返還請求権です。

　その請求原因事実は、次のとおりです。

― 〈請求原因〉 ―

(ア)　Xは、Yに対し、平成20年4月1日、1000万円を弁済期平成25年3月31日と約して貸し付けた。

(イ)　平成25年3月31日は到来した。

　これに対し、Yとしては、以下のように「既判力に関する主張」をすることになります。

― 〈既判力に関する主張〉 ―

(a)　Xは、Yに対し、(ア)の貸金返還を求める前訴を提起した。

(b)　前訴事実審の口頭弁論終結日は平成26年10月31日であるところ、Xの請求を棄却する旨の前訴判決が同年12月17日に確定した。

第1章　既判力の意義と機能

　既判力に関するYの主張がどのような性質のものであるのかは、1つの問題です。前記I2のとおり、既判力の本質に関する訴訟法説を前提とする以上、「実体法上の主張」ということはできません。

　また、民事訴訟が対象とする権利関係は、訴訟の提起の前後を問わず時々刻々変化するものであるため、民事判決の既判力は事実審の口頭弁論終結時という基準時における X・Y 間の権利関係を確定するにとどまります。そうすると、既判力は、**裁判所としては、基準時において確定された権利関係についての判断に拘束されてその判断と同じ判断をするしかない（異なる判断をすることが許されない）し、当事者もその判断と同じ主張をするしかない（異なる主張をすることが許されない）という効力**ですから、後訴を不適法とする「本案前の主張」の性質を有するということもできません。

　その上、後訴に前訴の既判力が及ぶかどうかは裁判所の職権調査事項であり、その判断のための資料は裁判所が職権探知すべきであると解されていますから、既判力に関する主張を弁論主義の適用を前提とする「抗弁」ということもできません。

　すなわち、Yのこの主張は、裁判所の職権発動を促すという性質を有するものであり、「既判力に関する主張」とでも名づけるべきものということになります。

　さて、Xとしては、前訴の請求棄却判決の既判力が後訴に及ばないことを根拠付けるため、前訴の請求棄却判決の理由が前訴の基準時（事実審の口頭弁論終結時）との関係で意味のあるものであることおよびそれが基準時後に満たされたこと（期限の到来、停止条件の成就等）を主張・立証することが必要になります。この主張は、前訴の請求棄却判決の既判力が及ばないことを根拠付けると同時に後訴の請求原因事実の一部を構成することになります。例えば、以

3　厳密には、民事判決の既判力を一事不再理の原則によって説明することはできないということになります。

4　民訴法は、正面から既判力の基準時について定める条文を有していませんが、民事執行法35条2項が「確定判決についての異議の事由は、口頭弁論の終結後に生じたものに限る」と規定して、これを裏から表現しています。

5　ただし、裁判所の裁判でない仲裁判断や日本の裁判所の判決でない外国判決の既判力については、弁論主義の適用を認めるのが一般です（中野ほか・講義498頁〔高橋宏志〕参照）。

4

下のような主張です。

(c) 前訴判決は、X が Y に対し平成27年 3 月31日まで弁済を猶予したことを請求棄却の理由とする。

(d) 平成27年 3 月31日は到来した。

このうち、(c)の事実は職権探知によって判明する事実ですから、X が主張すべき後訴の請求原因事実の一部を構成する事実は、厳密には、(d)のみということになります。

(2) 訴え却下判決か請求棄却判決か

前記(1)のとおり、既判力の拘束力について、後訴の裁判所が前訴の基準時における権利関係についての前訴の判断に拘束されてその判断と同じ判断をするという性質のものであって、後訴を不適法とする本案前の問題ではないと考えられていますから、後訴が前訴の請求棄却判決の既判力に抵触する場合には、前訴判決に従い、後訴の請求を棄却するとの判決をするのであって、後訴を却下するとの判決をするのではありません。

前訴の請求棄却判決の確定後に後訴が提起されるという事態はめったに起きないのですが、請求棄却の仲裁判断がされた後に訴えが提起されるという事態は時に起きることがあります。

東京地判平成16・1・26判時1847号123頁は、そのような事件の 1 つです。これは、スポーツ関連商品に関するライセンスおよび販売店契約（本件契約）のライセンシー兼ディストリビューターであった X が契約の相手方であった Y に対し、Y のした更新拒絶が違法であるとして、損害賠償（債務不履行または不法行為に基づく）および不当利得の返還を求める仲裁を申し立てましたが、X の主張は全て理由がないとして X の請求を棄却する旨の仲裁判断がされました。X は、この仲裁判断を不服として、Y を被告として訴えを提起し、仲裁判断の取消しを求めるとともに[6]、再度、Y のした更新拒絶が違法であるとして、仲裁申立てと同一の損害賠償請求等をしました。

---

6 仲裁判断取消しの理由は、公催仲裁法801条 1 項 5 号の理由不備の違法があるというものです。平成16年 3 月 1 日施行の仲裁法44条は、理由不備を仲裁判断の取消事由としていません。

第1章　既判力の意義と機能

　東京地判平成16・1・26は、仲裁判断の取消請求を棄却した上、以下のとおり判断しました。

---

　①　仲裁とは、当事者間で締結された仲裁契約を基礎に、当事者間の一定の私法上の権利義務に関する争訟についての判断を、裁判所における通常の訴訟手続である裁判によることなく第三者である仲裁人による拘束力のある仲裁判断に委ね、これにより終局的な解決を図ろうとするものであり、それゆえに、法は、仲裁判断に確定判決と同一の効力を付与しているものである（公催仲裁法800条）。

　②　したがって、当事者間において仲裁契約が締結され、これに基づく仲裁判断がされた以上、当事者は、当該仲裁判断について取消理由が存するとしてこれを取り消す旨の判決が確定しない限りは、仲裁判断の既判力により、仲裁判断に反する主張をすることが許されず、当事者が仲裁判断で棄却されたのと同一の請求に係る訴えを裁判所に提起しても、裁判所も既判力に反した当事者の主張を排斥し（その点の審理に入らず）、したがって、請求を棄却すべきことになる。

　③　Ｘの本件契約の更新拒絶が違法であることを理由とする請求について、ＸとＹとの間の仲裁契約に基づき本件仲裁判断（請求棄却）がされていることは、当事者間に争いがないから、Ｘの上記請求は、本件仲裁判断の既判力により棄却を免れない。

　この東京地裁判決の上記②の判断部分は、前記Ⅰ1の既判力の意義と本質についての理解が相当程度実務に浸透していることを示すものということができます。[7]

2．前訴が請求認容判決の場合

(1)　訴えの利益の問題であること
　前記1と類似の〈設例1-②〉によって考えてみましょう。

7　ただし、東京地判平成元・2・16判時1334号211頁は、仲裁判断の既判力に抵触するとして訴えを却下しています。

Ⅱ　既判力か訴えの利益か

―――〈設例 1 -②〉――――

　XがYに対して貸金1000万円（平成20年 4 月 1 日貸付け、弁済期平成25年
3 月31日）の支払を求めて貸金返還請求訴訟（前訴）を提起した。前訴裁
判所は平成26年10月31日に口頭弁論を終結し、同年11月30日に請求認容判
決を言い渡し、同年12月17日に同判決が確定した。

(1)　XがYに対し、平成36年10月 1 日、再度、同一の貸金返還請求訴訟
　　（後訴）を提起した場合、Yはどのような主張をすることができるか。
(2)　後訴裁判所はどのような判断をすべきか。

　後訴の訴訟物（請求権）およびその請求原因事実は、前記 1 (1)のとおりです。
　これに対し、Yとしては、以下のように「訴えの利益に関する主張」をす
ることになります。

―――〈訴えの利益に関する主張〉――――

(a)　Xは、Yに対し、貸金1000万円（平成20年 4 月 1 日貸付け、弁済期平成
　　25年 3 月31日）の貸金返還を求める前訴を提起した。
(b)　前訴事実審の口頭弁論終結日は平成26年10月31日であるところ、X
　　の請求を認容する旨の前訴判決が同年12月17日に確定した。

　前記Ⅰ 1 のとおり、既判力は、当事者が確定した終局判決の判断に反する主
張をすることが許されず、裁判所もこの判断に反する判断をすることが許され
ないという拘束力であると理解しますから、上記(a)、(b)の主張は、Xの提起
した後訴が確定した前訴判決の既判力に抵触するとの主張でないことは明らか
です。そうではなくて、確定した勝訴判決を取得しているにもかかわらず、国
家の設営する訴訟制度を重ねて利用することは許されないとの趣旨の主張、す
なわち、後訴は訴訟要件の 1 つである訴えの利益を具備していないとの趣旨の
主張ということになります。
　ところで、訴訟要件の具備いかんは裁判所の職権調査事項であるところ、そ
の判断の基礎とすべき資料の収集方法につき、訴えの利益など公益性の強くな
い訴訟要件には弁論主義の適用を認めるというのが通説の立場です。この点か

7

第1章　既判力の意義と機能

らすると、Yのこの主張を「本案前の抗弁」と称してもおかしくはありません。

(2)　Xの主張し得る訴えの利益に関する反論

訴えの利益なしとのYの主張に対し、Xとしては、前訴の判決原本が滅失した、時効を中断するために必要である等の訴えの利益が認められる例外事由が存することを主張することができます。

時効中断のために必要であることを例外事由とする場合の要件につき、大判昭和6・11・24民集10巻12号1096頁が判示しています。これによると、例えば以下のように主張することになります。

(ア)　前訴判決の確定日である平成26年12月17日から10年が経過する日が接近している。

(イ)　Yの住所が不明である。

(ア)は、確定判決によって確定した権利の消滅時効期間である10年の期間（改正民法169条1項）が経過しようとしており、中断の措置をとる必要があることを示す事実です。

(イ)は、訴えの提起以外に時効中断の方法がないことを示す一例となる事実です。[9]

Xのこの主張は、Yの本案前の抗弁に対する「本案前の再抗弁」と名づけてもよいかもしれません。

このような例外事由が肯認される場合には、Xの提起した後訴に訴えの利益があることになります。この段階に至って初めて、両当事者は、前訴判決の判断に反する主張をすることが許されず、裁判所もこの判断に反する判断をすることが許されないということになり、既判力の問題となります。

(3)　後訴裁判所のすべき判決

後訴裁判所は、前記(1)のYの訴えの利益に関する主張（本案前の抗弁）に理

8　新堂237頁、中野ほか・講義462頁〔松本博之〕を参照。

9　本文に引用した大判昭和6・11・24は、消滅時効の中断目的でありさえすれば訴えの利益を認めるというのではなく、訴訟によるほか時効中断の方法がないことを要するとの立場に立っています。

8

由がある場合には、訴え却下判決をすることになります。これに対し、前記(2)のXの例外事由ありとの主張（本案前の再抗弁）に理由がある場合には、前訴判決の既判力に従って請求認容判決をすることになります。もちろん、Yが基準時後の弁済等の抗弁を主張しその立証に成功したときは、請求棄却判決をすることになります。

Ⅲ　訴訟物の同一性

　前訴で請求棄却判決を受けた原告の提起した後訴について前訴判決の既判力が実際に問題となるのは、訴訟物の同一性いかんが争われる場合か、訴訟物の同一性を前提にしつつも、何らかの理由から例外的に既判力が及ばないとして争われる場合であるかのいずれかであるといってよいと思います。

　最2小判平成9・3・14判時1600号89頁は、そのような好個の事例ということができます。そこで、この事例によって、訴訟物の同一性いかんの問題を具体的に検討してみることにしましょう。

1. 最2小判平成9・3・14の事案の概要

　共同相続人間で土地の所有権の帰属が争われた事件です。原審の確定した事実および訴訟経過の概要は、〈設例1-③〉のとおりです。

―― 〈設例1-③〉――――――――――――――――――――――

① 亡A（昭和37年4月23日死亡）の相続人は、妻X、長女Z、次女Yの3名である。

② 本件土地Lは、Aが所有者のBから賃借していた土地であるが、昭和30年10月5日にYに対して同日付け売買を原因として所有権移転登記がされている。

③ Xは、昭和46年、Yに対し、LにつきXが所有権を有することの確認およびXへの所有権移転登記手続を求める訴訟を提起し、その所有権取得原因事実として、XがBからLを買い受けた、そうでないとしても時効取得したと主張した。これに対し、Yは、Lを買い受けたのはAであり、AはYに対してLを贈与したと主張した。

9

第1章　既判力の意義と機能

④　Yは、昭和51年、L上の建物の所有者に対し、所有権に基づき建物収去L明渡しを求める訴えを提起した。この訴えは、Xの提起した訴えと併合して審理された（以下併合後の訴訟を「前訴」という。）。

⑤　前訴の控訴審判決（口頭弁論終結日昭和60年5月8日。以下「前訴判決」という。）は、ⓐLをBから買い受けたのは、XでなくAであると認められる、ⓑYがAからLの贈与を受けた事実は認められないと説示して、Xの所有権確認等の請求を棄却し、Yの地上建物所有者に対する請求も棄却すべきであるとした。前訴判決に対してXのみが上告したが、昭和61年9月11日の上告棄却判決により前訴判決が確定した。

⑥　前訴判決の確定後、Aの遺産分割調停においてYがLの所有権を主張し、Aの遺産であることを争ったため、XとZは、Yに対し、LがAの遺産であることの確認と相続により取得したLの共有持分各3分の1に基づく所有権一部移転登記手続を求めて、本件訴訟（後訴）を提起した。

⑦　これに対し、Yは、前訴と同様、AからLの贈与を受けたと主張し、また、Xは前訴判決の既判力によりLの共有持分の取得を主張し得ないから、遺産確認の訴えの原告適格を欠くと主張した。そして、Yは、XがLの3分の1の共有持分を有しないことの確認を求める反訴を提起した。

(1)　後訴の訴訟物と請求原因事実およびこれに対するYの抗弁事実を摘示した上、Yの既判力に関する主張の位置付けを検討せよ。

(2)　訴訟物が同一であっても、既判力に抵触しないと解すべき例外を肯定すべきであるかどうかを検討せよ。

(3)　上記⑦の「Xは遺産確認の訴えの原告適格を欠く」とのYの主張の正否を検討せよ。

Ⅲ　訴訟物の同一性

[関係図]

（前訴）X → Y　Lの所有権確認、所有権移転登記請求
（後訴）X・Z → Y　LがAの遺産であることの確認、Lの共有持分各
　　　　　　　　　1/3に基づく所有権一部移転登記請求（本訴）
　　　　Y → X　XがLの共有持分1/3を有しないことの確認請求（反訴）

2．原審（東京高判平成4・12・17判時1453号132頁）の判断の大要

　原審は、大要、以下のとおり判断して、XとZの遺産確認請求およびZの所有権一部移転登記請求を認容し、Xの所有権一部移転登記請求を棄却し、Yの反訴請求を認容しました。

ⅰ　Lは、AがBから昭和30年6月30日に買い受けてその所有に帰したものであるところ、Yに贈与されたとは認められない。したがって、LはAの遺産に属する。

ⅱ　Xは、Aの死亡によりLの3分の1の共有持分を取得した。しかし、Xは、前訴において、Lの所有権取得原因として相続の事実を主張しないまま敗訴の確定判決を受けたから、Yとの関係ではXがLの所有権を有しないことが確定している。したがって、Xが本件訴訟（後訴）において前訴の口頭弁論終結前に生じた相続による共有持分の取得の事実を主張することは、前訴判決の既判力に抵触して許されない。

　結局、Xが所有権一部移転登記手続を求める本訴請求は理由がなく、Xが共有持分権を有しないことの確認を求めるYの反訴請求は理由がある。

11

ⅲ　前訴判決は、ＬがＡの遺産であるかどうかを相続人全員の間で確定する効力を有するものではなく、前訴判決の既判力を理由として遺産帰属性の合一確定の途を閉ざしたり、Ｘを遺産確認の訴えの当事者から排除するのは相当でないから、ＸとＺの遺産確認の訴えは適法である。

３．最２小判平成９・３・14の判断

Ｘは原審の前記２ⅱの判断を、Ｙは同ⅲの判断を不満として、それぞれ上告しました。最高裁は、以下のとおり、原審の判断を正当として是認することができるとして、いずれの上告も棄却しました。以下(ⅰ)ないし(ⅳ)がＸの上告理由についての応答であり、(ⅴ)および(ⅵ)がＹの上告理由についての応答です。

(ⅰ)　所有権確認請求訴訟において請求棄却の判決が確定したときは、原告が同訴訟の事実審口頭弁論終結の時点において目的物の所有権を有していない旨の判断につき既判力が生じるから、原告がその時点以前に生じた所有権の一部たる共有持分の取得原因事実を後の訴訟において主張することは、確定判決の既判力に抵触する。

(ⅱ)　Ｘは、前訴において、Ｌにつき売買および取得時効による所有権の取得のみを主張し、事実審口頭弁論終結時以前に生じていたＡの死亡による相続の事実を主張しないまま、Ｘの所有権確認請求を棄却する旨の前訴判決が確定したというのであるから、Ｘが本訴において相続による共有持分の取得を主張することは、前訴判決の既判力に抵触し、許されない。

(ⅲ)　(ⅱ)の理は、前訴においてＡの共同相続人であるＸ、Ｙの双方がＬの所有権の取得を主張して争っていたこと、前訴判決が、双方の所有権取得の主張をいずれも排斥し、ＬがＡの所有である旨判断したこと、前訴判決の確定後にＹがＬの所有権を主張したため本訴の提起に至ったことなどの事情があるとしても、変わりがない。

(ⅳ)　これと同旨の見解に基づき、Ｘの所有権一部移転登記手続請求を棄却し、Ｙの反訴請求を認容した原審の判断は、正当として是認するこ

とができる。

(ⅴ)　遺産確認の訴えは、特定の財産が被相続人の遺産に属することを共同相続人全員の間で合一に確定するための訴えであるところ、(ⅱ)の確定判決は、Ｘ・Ｙ間においてＬにつきＸの所有権の不存在を既判力をもって確定するにとどまり、Ｘが相続人の地位を有することやＬがＡの遺産に属することを否定するものではないから、Ｘは、遺産確認の訴えの原告適格を失わず、共同相続人全員の間でＬの遺産帰属性につき合一確定を求める利益を有するというべきである。

(ⅵ)　これと同旨の原審の判断は、正当として是認することができる。

4．最2小判平成9・3・14の提起した問題点とその検討

⑴　既判力に関する主張の位置付けと遺産分割前の共有持分権の性質

最2小判平成9・3・14の前記3(ⅰ)および(ⅱ)の判断は、一見すると簡明なもののようですが、実は、以下のとおり、かなり複雑な思考経路をたどった末のものです。

第1に、本件訴訟（後訴）のうちＸとＺのした移転登記請求の訴訟物（請求権）は何かが問題です。〈設例1-③〉⑥によると、ＸとＺの各共有持分権各3分の1に基づく妨害排除請求権としての所有権一部（共有持分）移転登記請求権ということになります。[10]

第2に、既判力に関する主張の位置付けおよび判断の意味は、請求原因事実が何かを知ることによって初めて正確に理解することができます。ＸとＺの主張する請求原因事実は、次のとおりです。

―〈請求原因〉――――――――――――――――――――――――――

㋐　Ａ：Ｌもと所有

㋑　Ａ：昭和37年4月23日死亡

㋒　Ｘ：㋑の時点でＡの妻、ＹとＺ：いずれもＡの子。他にＡの相続人なし。

―――――――――――――――――――――――――――――――――

10　実質的に中間省略登記となるのですが、判例および登記実務は、真正な登記名義の回復を登記原因とする所有権移転登記としてこれを認めています（司研・紛争類型別63、67、82頁参照）。

第1章　既判力の意義と機能

(エ)　Y：Lの所有権移転登記の現名義人であり、LがAの遺産であること
　　を争っている。

　上記は、遺産確認の訴えと所有権一部移転登記請求の訴えの請求原因事実を
併せて摘示しています。(ウ)の「他にAの相続人なし」の主張は、遺産確認の
訴えが固有必要的共同訴訟である（本書第10章Ⅳ2(3)を参照）ため、Aの相続
人全員が原告または被告として訴訟当事者になっていることを示す必要がある
との観点からのものです。
　これに対し、Yの主張した実体法上の抗弁は所有権喪失の抗弁であり、そ
の抗弁事実は次のとおりです。

── 〈抗　弁〉──────────────────────────

(a)　A ─ Y　Aの死亡時前にLの贈与契約締結

　また、Yは、Xの後訴請求が前訴判決の既判力に抵触するとの主張をしま
したが、その主張事実は次のとおりです。

── 〈既判力に関する主張〉────────────────────

(b)　Xは、Yに対し、昭和46年、Lの所有権がXに属するとの確認を求
　　める前訴を提起した。
(c)　Xの請求を棄却する旨の前訴判決（口頭弁論終結日昭和60年5月8日）
　　が確定した。

　この既判力に関する主張は、Xの請求原因事実のうちXの共有持分権3分
の1の取得原因事実である(ア)、(イ)、(ウ)が前訴の口頭弁論終結日である昭和60年
5月8日よりも前に生じた事由であり、同日LがXの所有に属していなかっ
たとの前訴判決の既判力に反するから、Xはこれらの共有持分権取得原因事
実を主張することが許されず、同日以降の共有持分権取得原因事実を主張しな
いから、Xの共有持分権に基づく所有権一部移転登記請求は理由がない、と
の趣旨をいうものです。
　結局、Yの既判力に関する主張は、前訴確定判決の既判力を考慮するとき
はXの請求原因事実が主張自体失当に帰着することの理由を述べるものと位

14

置付けることができます。

そして、この既判力に関する主張は、前訴の訴訟物である X の L 所有権と後訴の請求原因事実㋐、㋑、㋒によって X が取得したと主張する X の遺産分割前の L 共有持分権 3 分の 1 とが同一の性質の権利（X の L 所有権の一部として包含される権利）であるとの実体法の理解が前提になります。

この点につき、最 3 小判昭和30・5・31民集 9 巻 6 号793頁は、分割前の相続財産の共有は民法249条以下に規定する共有とその性質を異にするものではないと判断しています[11]。また、最 1 小判昭和42・3・23集民86号669頁は、共有持分権は所有権の一部であるから、所有権確認請求訴訟において共有持分権につきその取得を認めることができる場合には、共有持分権確認の一部認容判決をすべきであるとしています。

このような立場に対し、分割前の相続財産の共有と民法249条以下に規定する共有とはその性質が異なるとする立場[12]を前提とすると、後訴の請求原因事実㋐、㋑、㋒によって X が取得したと主張する X の遺産分割前の L 共有持分権 3 分の 1 は、前訴判決の訴訟物である X の L 所有権とは別の権利ですから、X の主張は前訴判決の既判力に抵触するものではないということになります。

⑵ **訴訟物が同一であっても、既判力に抵触しないと解すべき例外を肯定すべきか**

次に検討すべきは、前訴の訴訟物である X の L 所有権と後訴において X の主張する X の遺産分割前の L 共有持分権とが同一の性質の権利であるとしても、X の主張が前訴判決の既判力に抵触するとはいえない例外的事情があるということができないかどうかです。

なぜなら、前訴は X・Y の双方が L の単独所有を主張して争った事件なのですが、前訴判決は、〈設例 1 -③〉⑤のとおり、X・Y のいずれの主張も排斥して、「L を B から買い受けたのは、X でなく A であり、Y が A から L の贈与を受けた事実は認められない」として、被相続人である A による L の所有

---

11 ただし、分割前の遺産共有の性質と物権法上の共有の性質との間に相違がないということは、2 つの共有をどのような場面でも異なる扱いをしないということを意味するものではありません（最 1 小判昭和61・3・13民集40巻 2 号389頁参照）。

12 川島武宜＝川井健編『新版注釈民法⑺』（有斐閣・2007年）431頁〔川井健〕参照。

15

第1章　既判力の意義と機能

権取得を認め、実質的にはLがAの遺産に属するとの判断をしたものとみることができるからです。

そうすると、Yが遺産分割調停の手続において前訴判決によって明確に排斥された「YがAからLの贈与を受けた」との主張に固執して、Lの遺産帰属性を争うというのですから、前訴判決によって決着のついた紛争を蒸し返しているのはYというべきであって、むしろ既判力の制度趣旨と抵触する行動をしているのはYではないかの疑念を払拭することができないからです。

最2小判平成9・3・14には、福田博裁判官が反対意見を述べていますが、その要点は以上の点にあります。すなわち、福田裁判官の反対意見は、Yの行動が信義則に反するものであり、後訴において相続による共有持分権取得の主張をXに許さないのは条理に反するというものです。

これに対し、根岸重治裁判官は、補足意見において、前訴で相続による共有持分権取得の主張をするようXに要求することは酷にすぎるとはいえず、Xが後訴を提起するに至ったことにつき、Yに非が全くなかったとはいえないとしても、Xの責めに帰すべきところが少なくないから、実質的にみてもX側に後訴の提起を正当化し得るほどの諸事情があるとは考えられないとして、福田裁判官の反対意見を批判しています。

これは、非常に興味深い論争です。確かに、前訴において相続による共有持分権取得の主張をするようXに要求するのが酷にすぎるとはいえないとの根岸裁判官の指摘は正しいのですが、筆者としては、後訴において相続による共有持分権取得の主張をXに許さないのは条理に反するという福田裁判官の反対意見の結論を支持したいと考えています。

その理由は、福田裁判官の反対意見ともやや異なります。両裁判官とも、相続によってXが共有持分権を取得したとの事実主張が前訴の口頭弁論に提出されなかったとの前提に立って議論をしています。しかし、筆者の立場は、この前提を疑うところに発しています。すなわち、Xの共有持分権3分の1の取得原因事実は、以下のとおりです。

㈠　B：Lもと所有
㈡　B―A　昭和30年6月30日　L売買契約締結

16

Ⅲ　訴訟物の同一性

(う)　Ａ：昭和37年 4 月23日死亡
(え)　Ｘ：(う)の時点で Ａ の妻、Ｙ と Ｚ：いずれも Ａ の子

　前訴において(あ)の事実については当事者間に争いがなく[13]、前訴判決は、(い)の事実を証拠によって認定しました。したがって、前訴において Ｘ・Ｙ のいずれの当事者からも主張されなかったのは、(う)(え)の各事実ということになります。しかし、(う)(え)の各事実は、Ｘ・Ｙ 間の紛争発生の原因ないし背景を理解する上での基本となる事実である上、Ｘ・Ｙ 間に全く争いのない事実ですから、前訴の口頭弁論に提出されなかったということはあり得ないことです。すなわち、(う)(え)の各事実は、Ｘ・Ｙ のいずれかから（可能性が最も高いのは、Ｘ・Ｙ の双方から）主張され、しかも当事者間に争いのない事実として扱われていたが、主要事実としては主張されなかったというにすぎません[14]。

　前訴の裁判所が、最 2 小判平成 9・3・14の法廷意見（原判決も）のように、遺産分割前の共有持分権が所有権と同一の性質の権利であって、所有権確認請求訴訟において共有持分権の取得を認めることができる場合には、共有持分権確認の一部認容判決をすべきであり、そうしないと後日共有持分権を主張することも既判力によって遮断されるという理解をしていたのであれば、前訴の裁判所としては、少なくとも、Ｘ に対し、(う)(え)の各事実を主要事実として主張しないものとして扱ってよいのかどうかを確認する釈明（不明瞭をただす釈明）をすべきであり、それをしないまま単に Ｘ の請求を棄却する判決をしたのは、釈明義務の行使を怠った違法があるものと考えることができます[15]。また、前訴の裁判所が上記のような理解をしていた場合において、釈明をしないまま、(う)(え)の各事実によって、Ｘ の共有持分権確認の一部認容判決をしたとしても、この判決に弁論主義違反の違法があるということはできないと思われます。格

13　前訴において、Ｘ は「Ｂ から買い受けて Ｌ の所有権を取得したのは Ｘ である」と主張し、これに対し、Ｙ は「Ｂ から買い受けたのは Ａ であり、Ｙ は Ａ からその死亡前に贈与を受けて Ｌ の所有権を取得した」と主張して争ったのです。

14　本件訴訟記録に接している根岸裁判官は、補足意見において「前訴においては、Ａ が死亡した事実及び Ｘ らがその相続人である事実については当事者間に争いがな(い)」と指摘しています。

15　釈明については第 4 章で詳しく検討しますが、釈明の制度趣旨につき最 1 小判昭和45・6・11民集24巻 6 号516頁を参照。

17

第 1 章　既判力の意義と機能

別 Y に対する不意打ちになることもなく、Y の立場を不安定にするともいえないからです。[16]

このように検討してくると、前訴判決の確定後に実施された遺産分割調停において Y が前訴でしたのと同一の主張に固執し、後訴の提起を誘発した原因の 1 つは、前訴の裁判所の訴訟指揮およびその結果としての判決にあるということになります。

そうすると、X と Y のいずれがより多く非難に値するかという観点を離れ、むしろ、**前訴確定判決が解決した紛争の範囲または前訴裁判所が X・Y 間の紛争解決に果たした役割（裏からいうと、「前訴の裁判所が X・Y 間の紛争解決に果たすべくして果たすことのできなかった役割」）という客観的な観点から、訴訟物が同一であっても、前訴確定判決の既判力が例外的に及ばない例外を肯定するのが既判力の制度趣旨に照らして相当である**ということになります。

(3)　**遺産分割前の共有持分権を主張できない相続人と遺産確認の訴えの原告適格**

X・Y 間の前訴判決の既判力により、X は Y との関係で相続による共有持分権の取得を主張することができないということになると、このような X は、遺産共有関係から離脱したことになって、遺産確認の訴えの原告適格と確認の利益を喪失したものとして扱われるのかどうかが、次に問題になります。

最 2 小判平成 9・3・14 は、前記 3(v) のとおり、遺産確認の訴えが遺産分割の前提問題である特定の財産の遺産帰属性を共同相続人全員の間で合一に確定することを目的とする訴えであるとの確定判例の立場を前提にして、前訴判決が相続人の地位や遺産帰属性についての判断をしたものでないことを理由に、[17] X の遺産確認の訴えにおける原告適格と確認の利益とを肯認しました。

この点の判断についてはほぼ異論のないところと思われますが、この後の A の遺産分割の手続において L の権利関係をどのようなものとして扱うべきかについて本最高裁判決は言及していません。X・Y・Z の三者を当事者とす

16　最大判昭和45・6・24民集24巻 6 号712頁は、原告が連続した裏書のある手形を所持して、その手形に基づいて手形金の請求をしている場合、明示の主張がないときであっても、当然に手形法16条 1 項の適用の主張があるものと解するのが相当であるとしました。その理由は、これによって、被告に格別の不意打ちを与え、被告の立場を不安定にするとはいえないことにあります。

17　前掲（注11）最 1 小判昭和61・3・13、最 3 小判平成元・3・28民集43巻 3 号167頁参照。

18

る遺産分割の手続においては、X・Y間の前訴判決は何らの拘束力を有しない[18]という立場をとるのであれば、本最高裁判決のうち前訴判決の既判力に関する判断部分は、本件の当事者に大きな影響を及ぼすものではなく、今後生起する別の事件に対してのみ判例としての影響を及ぼすものということになります。このような立場に対し、本件土地以外に遺産がないと仮定した場合には、Xは、Yに対しては持分を主張することができないが、Zに対しては持分を主張することができるから、Xの本来の持分3分の1の2分の1に当たる6分の1がYに加算され、結局、X6分の1、Y2分の1、Z3分の1の割合で分割されるという見解もあります。[19]

Ⅳ 訴訟物の先決関係

1．前訴の訴訟物が後訴の訴訟物の先決関係にある場合

前訴の訴訟物が後訴の訴訟物の先決関係にある場合の典型例としては、前訴の訴訟物がある特定不動産の所有権であり、後訴の訴訟物が当該不動産の所有権に基づく妨害排除請求権としての所有権移転登記抹消登記請求権である場合[20]をあげることができます。

そこで、この典型例を扱った最1小判昭和55・10・23民集34巻5号747頁を素材として、前訴の既判力が後訴の訴訟手続上どのような機能を果たすことになるのかを検討してみることにしましょう。

2．最1小判昭和55・10・23の事案の概要

国有地の払下げを背景にして当該土地の所有権の帰属が争われた事件です。原審の確定した事実および訴訟経過の概要は、〈設例1-④〉のとおりです。

---

18 野崎薫子「遺産分割における前提問題の確定」岡垣學＝野田愛子編『講座 実務家事審判法(3)相続関係』（日本評論社・1989年）99頁を参照。
19 小林秀之編『判例講義民事訴訟法〔第3版〕』（悠々社・2016年）268頁〔髙地茂世〕を参照。
20 前訴の訴訟物がある特定不動産の所有権であり、後訴の訴訟物が当該不動産の所有権に基づく返還請求権としての明渡請求権である場合も、同様に考えることができます。

第1章　既判力の意義と機能

──〈設例1-④〉──────────────────

① 昭和43年12月13日当時、国が本件土地Lを所有していた。

② 昭和43年12月13日、Xは、Yとの間で、Xが国からLの払下げを受けると同時に払下額と同一価額をもってYに対してLを売り渡す旨の売買契約（本件売買契約）を締結した。

③ 昭和43年12月27日、Xは、国からLの払下げを受けたが、Yに売買契約条項違反があるとして、Lの所有権移転登記に応じなかった。

④ そこで、昭和45年、Yは、Xを被告として、LにつきYが所有権を有することの確認およびYへの所有権移転登記手続を求める訴訟（前訴）を提起したところ、Yの請求を全て認容する判決が確定した。Yは、昭和49年8月27日、Lにつき所有権移転登記を経由した。

⑤ その後、Xは、Yを被告として、Lにつき所有権移転登記の抹消登記手続を求める訴訟（後訴）を提起した。Xは、本件売買契約につき、「LはXの所有地にはさまれた土地であるところ、Xは自らの経営する病院を拡張するためにLの払下げを受けたのであるが、住民の一部に反対の動きがあり紛議が生じたために、その弥縫策として締結したのであり、Xには病院の拡張に最小限必要な土地を含むL全体を売却する意思はなく、Yもこのような事情を知っていた」などとして、これを通謀虚偽表示による無効、心裡留保による無効、Yの詐欺による取消し、条件不成就による失効等と構成して主張した。

⑥ 1審は、Xのした後訴につき、その先決問題であるLの所有権の帰属は前訴判決の主文に包含されるものであり、Xの主張は前訴判決の既判力に抵触し許されないと判断して、後訴請求を棄却した。

⑦ Xは、控訴して、大判大正14・3・20民集4巻141頁を引用して、X

───────────────────────────────

21 Yは、前訴当時、T村であり、後訴提起時までに合併してY市になったのですが、この間の経緯を省略して単にYと表示しています。

22 後訴には、XとYとの間でLにつき再売買の予約がされたことを理由として、XからYへの2万4000円の支払と引換えの所有権移転登記手続請求も含まれていましたが、さしあたりのテーマと関係がないので、省略しています。

23 津地判昭和54・3・7（民集34巻5号752頁に収録）。

24 未成年者が法定代理人の同意を得ないでした裏書行為の取消しにつき、大判明治42・5・28民録15輯528頁を踏襲したもの。

20

が詐欺を理由とする取消しの意思表示をしたのは後訴の訴状においてであるから、少なくとも詐欺の主張は前訴判決の既判力に抵触しないと主張した。

⑧ 　原審（控訴審）は、Xの引用に係る大審院判例は最 3 小判昭和36・12・12民集15巻11号2778頁によって実質的に変更されたものと解されると判示して、Xの控訴を棄却した。[25]

⑨ 　そこで、Xは、最 2 小判昭和40・4・2 民集19巻 3 号539頁が形成権の 1 つである相殺権について口頭弁論終結後の相殺を認めていること、実体法上取消しの意思表示がされるまで取消権が消滅せず、取消しの意思表示をするかどうかは取消権者の自由であることからすれば、詐欺による取消権についても口頭弁論終結後の行使を認めるべきであって、原判決には民訴法199条（現行民訴法114条 1 項）の解釈を誤った違法があると主張し、原判決の取消しを求めて上告した。

(1)　後訴につき、訴訟物を指摘し、既判力に関するYの主張および詐欺取消しのXの主張の位置付けを検討せよ。

(2)　上記⑨のXの主張の正否を検討せよ。

(3)　Xが債権的登記請求権を後訴の訴訟物として選択した場合、前訴確定判決の既判力が後訴に及ぶかどうかを検討せよ。

[関係図]

```
国
│   昭和43・12・27
↓   L 売買契約締結
X ─────────→ Y　昭和49・8・27付け所有権移転登記
    昭和43・12・13
    L 売買契約締結
```

（前訴請求）Y → X　Lの所有権確認および所有権移転登記手続
（後訴請求）X → Y　Lの所有権移転登記抹消登記手続

25　名古屋高判昭和55・3・27（民集34巻 5 号760頁に収録）。

第1章　既判力の意義と機能

3．最1小判昭和55・10・23の判断の内容とその意義

⑴　最1小判昭和55・10・23の判断の内容

　最高裁は、以下のとおり、原審の判断を正当として是認することができるとして、Xの上告を棄却しました。

（ⅰ）　売買契約による所有権の移転を請求原因とする所有権確認訴訟が係属した場合に、当事者が右売買契約の詐欺による取消権を行使することができたのにこれを行使しないで事実審の口頭弁論が終結され、右売買契約による所有権の移転を認める請求認容の判決があり同判決が確定したときは、もはやその後の訴訟において右取消権を行使して右売買契約により移転した所有権の存否を争うことは許されなくなるものと解するのが相当である。

（ⅱ）　原審が適法に確定したところによれば、Yを原告としXを被告とする前訴事件においてYがXから本件売買契約によりLの所有権を取得したことを認めてYの所有権確認請求を認容する判決があり、右判決が確定したにもかかわらず、Xは、右売買契約は詐欺によるものであるとして、右判決確定後にこれを取り消した旨主張するが、前訴においてXは、右取消権を行使し、その効果を主張することができたのにこれをしなかったのであるから、本訴におけるXの主張は、前訴確定判決の既判力に抵触し許されないものといわざるを得ない。

（ⅲ）　これと同旨の原審の判断は正当であって、原判決に所論の違法はなく、所論引用の判例は、事案を異にし、本件に適切でない。

⑵　最1小判昭和55・10・23の意義

　大審院は、行為無能力または意思表示の瑕疵に基づく取消しにつき、一貫して、取消しの意思表示がされるまでは法律行為の効力を有するから、事実審の口頭弁論終結後に初めて取消しの意思表示をし当該法律行為が無効に帰した場合には、旧民訴法545条2項（現行民事執行法35条2項）にいう口頭弁論終結後に異議の原因を生じたるものに当たるとしていました。[26]

22

IV　訴訟物の先決関係

　しかし、最高裁になってから、本件原判決の依拠する最3小判昭和36・12・12が現れ、書面によらない贈与の撤回につき、当事者が民法550条による取消権を行使することなく事実審の口頭弁論が終結し、贈与による権利の移転を認める判決が確定したときは、既判力の効果として、取消権（撤回権）を行使して贈与による権利の存否を争うことは許されない旨を判示しました。ところが、この最高裁判決は、大審院判例を変更するのかどうかを明示することをしませんでした。

　他方、Xが上告理由中で引用する相殺権の行使に関する最2小判昭和40・4・2は、相殺は当事者双方の債務が相殺適状に達した時において当然にその効力を生ずるものではなくて、その一方が相手方に対し相殺の意思表示をすることによってその効力を生ずるものであるから、当該債務名義たる判決の口頭弁論終結前には相殺適状にあるにすぎない場合、口頭弁論の終結後に至って初めて相殺の意思表示がされたことにより債務消滅を原因として異議を主張するのは旧民訴法545条2項の適用上許されるとする大判明治43・11・26民録16輯764頁を改める必要はない旨判示しました。

　そこで、最高裁が、意思表示の瑕疵に基づく取消しにつき、書面によらない贈与の撤回に関する最3小判昭和36・12・12の立場に立つのか、相殺権の行使に関する最2小判昭和40・4・2の立場に立つのかが注目されていたのですが、前記(1)(ⅲ)のとおり、本最高裁判決は、後者の判決は事案を異にし本件に適切でないと判断して、前者の立場に立つことを宣明しました。

　これは、「形成権の行使と既判力」という問題の一部ですが、後に詳しく検討することにします（Ⅵ2参照）。

4．本件訴訟（後訴）の主張・立証の構造と前訴確定判決の既判力の主張の位置付け

　〈設例1-④〉⑥の1審の判断および前記3(ⅰ)(ⅱ)の判断を前提とすると、Xの選択した後訴の訴訟物（請求権）は、本件土地の所有権に基づく妨害排除請求権としての所有権移転登記抹消登記請求権です。

26　前掲（注24）大判明治42・5・28、大判大正14・3・20、大判昭和8・9・29民集12巻2408頁等。

第1章　既判力の意義と機能

Xの主張すべき後訴の請求原因事実は、さしあたりは、次のように考えることができます。

---〈請求原因〉---

(ア)　Xは、Lをもと（昭和43年12月27日当時）所有していた。

(イ)　Yは、現在（後訴事実審の口頭弁論終結時）Lの所有権移転登記を経由している。

Yとしては、後訴の請求原因事実(ア)、(イ)のいずれについても、認める（自白する）筋合いなのですが、ここで、同(ア)の「もと」の時点よりも後の時点を基準時とする前訴確定判決が存在しているため、その点を主張することになります。これが、本件における「既判力に関する主張」ということになります。[27]

---〈既判力に関する主張〉---

(a)　Yは、昭和45年、Xを被告として、Lの所有権がYに帰属することの確認を求める前訴を提起した。

(b)　前訴事実審の口頭弁論終結日は昭和48年○月○日であるところ、昭和49年△月△日、Lの所有権がYに帰属することを確認する旨の判決が確定した。

この既判力に関するYの主張は、前訴確定判決の存在を指摘することによって、後訴において(ア)、(イ)の事実を主張するのでは、職権探知事項である前訴確定判決の存在を前提とすると請求原因事実として不十分であること（すなわち、主張自体失当であること）を主張するものと理解することができます。

Xとしては、前訴事実審の口頭弁論終結日である昭和48年○月○日に本件土地の所有権がYに帰属していたことを前提として、請求原因事実を再構成しなければならないということになります。そこで、Xは、次のように請求原因事実を再構成しました。ここでは、最高裁における判断の対象となった「詐欺による取消し」の主張のみを整理しておくことにします。

27　前掲（注23）津地判昭和54・3・7は、その判決中に、既判力に関する主張を「本案前の主張」と性格づけていますが、このような性格づけが不正確であることにつき、本章Ⅱ1(1)参照。

24

IV 訴訟物の先決関係

┌─〈X主張の代替請求原因〉─────────────────────
│ (ア)-1　Yの昭和48年○月○日（前訴事実審の口頭弁論終結日）のLの所有
│　　権帰属は、X・Y間の昭和43年12月13日のLを目的とする売買契約（当
│　　時の所有者である国からXが買い受ける代金額と同一額でYに対して売り渡
│　　す旨の売買契約）の締結に基づく。
│ (ア)-2　Xが本件売買契約について承諾の意思表示をしたのは、Yが「売
│　　買の対象とするのは、L全体ではなくその一部分のみである」と告げて
│　　Xを欺き、信じさせたためである。
│ (ア)-3　Xは、Yに対し、前訴事実審の口頭弁論終結後の日に本件売買契
│　　約におけるXの承諾の意思表示を取り消す旨の意思表示をした。
│ (イ)　Yは、現在（後訴の事実審口頭弁論の終結時）Lの所有権移転登記を経
│　　由している。
└───────────────────────────────────

　Xは、前訴確定判決の存在を前提として、前訴事実審の口頭弁論終結後の
詐欺による取消しの意思表示（(ア)-2）を主張したのですが、この主張によっ
て前訴判決（本件の場合は、Yの所有権を確認する旨の請求認容判決）の既判力が
後訴に及ばないことを根拠付けることができるのかどうか（換言すると、この
主張もなお既判力によって遮断されるのではないか）が問題となったのです。
　そして、最1小判昭和55・10・23は、前訴事実審の口頭弁論終結後の詐欺に
よる取消しの意思表示（(ア)-2）の主張も、なお先決関係にある前訴判決の既
判力に抵触することを明らかにしたのです。

5．後訴における訴訟物の選択と既判力の抵触

　Xの選択した後訴の訴訟物（請求権）は、本件土地の所有権に基づく妨害排
除請求権としての所有権移転登記抹消登記請求権ですが、Xが債権的登記請
求権または物権変動的登記請求権を選択した場合に、前訴確定判決の既判力が
後訴に及ぶかどうかについては、別に検討すべき問題です。

(1)　債権的登記請求権を後訴の訴訟物として選択した場合

　Xの選択した後訴の訴訟物（請求権）が債権的登記請求権──すなわち、
X・Y間の本件売買契約におけるXの承諾の意思表示をYの詐欺を理由とし

25

第1章　既判力の意義と機能

て取り消したことに基づき取得した登記請求権——[28]である場合における後訴の
請求原因事実は、次のとおりになります。

〈請求原因〉

(ア)　X は、Y との間で、昭和43年12月13日、L につき、当時の所有者であ
る国から X が買い受ける代金額と同一額で Y に対して売り渡す旨の売
買契約（本件売買契約）を締結した。

(イ)　L についての Y 名義の所有権移転登記は、本件売買契約に基づくも
のである。

(ウ)　X が本件売買契約について承諾の意思表示をしたのは、Y が「売買
の対象とするのは、L 全体ではなくその一部分のみである」と告げて X
を欺き、信じさせたためである。

(エ)　X は、Y に対し、前訴事実審の口頭弁論終結後の日に本件売買契約
における X の承諾の意思表示を取り消す旨の意思表示をした。

　このうち、(ウ)の事実については争いがありますが、その他の(ア)、(イ)、(エ)の各
事実については争いがありません。

　さて、この後訴において、Y は、前訴確定判決の既判力に抵触すると主張
することができるでしょうか。

　まず、この後訴の訴訟物は、本件売買契約における X の承諾の意思表示を
Y の詐欺を理由として取り消したことから発生するものであり、前記4と異
なり、本件土地所有権を X が有していることを前提としていませんから、前
訴確定判決のうちの Y の本件土地所有権を確認する部分の既判力に抵触する
ことはありません。

　そこで、さらに検討すべきは、前訴確定判決のうちの Y への所有権移転登
記手続を命ずる部分についての既判力に抵触するのかどうかです。Y が前訴
においてこの請求部分の訴訟物として何を選択したかが問題ですが、〈設例1-
④〉②のとおり、Y が X との間で本件売買契約を締結した旨を主張している
ところからすると、本件土地の売買契約に基づく債権的登記請求権を選択した

28　訴訟物の性質は、不当利得返還請求権としての所有権移転登記抹消登記請求権ということになり
ます。

26

Ⅳ　訴訟物の先決関係

ものと考えるのが訴訟行為の合理的解釈としては相当だと思われます。そうすると、Ｙとしては、次のような「既判力に関する主張」をすることになります。

─〈既判力に関する主張〉─────────────────────────

(a)　Ｙは、昭和45年、Ｘを被告として、Ｌにつき、(ア)の売買契約に基づく債権的登記請求権を訴訟物として所有権移転登記手続を求める前訴を提起した。

(b)　前訴事実審の口頭弁論終結日は昭和48年○月○日であるところ、昭和49年△月△日、Ｘに対してＬの所有権移転登記手続を命ずる判決が確定した。

(c)　(イ)の所有権移転登記は、(b)の前訴確定判決に基づくものである。

　　この既判力に関する主張に理由があるでしょうか。

　　Ｘの後訴の請求原因事実のうちの(ウ)は、(ア)の売買契約に付着する意思表示の瑕疵の主張ですから、前記3(1)(ⅱ)の最1小判昭和55・10・23の判示するところを、「Ｙを原告としＸを被告とする前訴事件において、<u>ＹとＸとの間の本件売買契約の成立を認めてＹの所有権移転登記請求を認容する判決</u>があり、右判決が確定したにもかかわらず、Ｘは、右売買契約は詐欺によるものであるとして、右判決確定後にこれを取り消した旨主張するが、前訴においてＸは、右取消権を行使し、その効果を主張することができたのにこれをしなかったのであるから、本訴におけるＸの主張は、前訴確定判決の既判力に抵触し許されないものといわざるを得ない」と修正すればよいのであり、Ｙのする「既判力に関する主張」は認められる（すなわち、前訴確定判決のうちのＹへの

───

29　物権的登記請求権または物権変動的登記請求権を選択することも可能ですが、これらの登記請求権を訴訟物として選択した場合には、その請求原因事実として、債権的登記請求権を訴訟物として選択した場合の請求原因事実を全て包含してさらに余分な事実を主張する必要がありますから、これらを選択しないのが通常であるということができます。これは、複数の訴訟物間で選択の余地がある場合において、請求原因事実がいわゆる「aプラスb」の関係に立つときに、いずれの訴訟物を選択するのが当事者として賢明であるか、または訴訟行為の合理的解釈としていずれの訴訟物を選択したものとみるのが相当であるかの問題です。後に、詳しく検討する機会を設けたいと思います。さしあたり、司研・紛争類型別84頁参照。なお、前訴において物権的登記請求権または物権変動的登記請求権を選択したものと仮定しても、本文の論理の大筋に変わりはありません。各自で確認してみてください。

27

第1章　既判力の意義と機能

所有権移転登記を命ずる部分の既判力に抵触する）ことになります。

　前訴の訴訟物は、YのXに対する本件土地の売買契約に基づく債権的登記請求権としての所有権移転登記請求権であり、後訴の訴訟物は、XのYに対する本件土地の売買契約が取り消されたことに基づく不当利得返還請求権としての所有権移転登記抹消登記請求権ですから、前後の各訴訟の訴訟物は異別であり、先決関係にもありません。これは、後記Ⅴで検討する「訴訟物の矛盾関係」の類型に属するものの一場合ということができます。

⑵　**物権変動的登記請求権を後訴の訴訟物として選択した場合**

　Xの選択した後訴の訴訟物（請求権）が物権変動的登記請求権──すなわち、X・Y間の本件売買契約におけるXの承諾の意思表示をYの詐欺を理由として取り消したことに基づき、XからYへと流出した所有権が再度YからXへと戻ってきたという物権変動の過程に即応して発生しXの取得した登記請求権──である場合は、どうでしょうか。

　念のために、その請求原因事実とYのする「既判力に関する主張」を確認しておくことにしましょう。

　後訴の請求原因事実は、次のとおりです。

┌─〈請求原因〉─────────────

　⑴の㋐から㋓まで

　㋔　Xは、Lをもと（昭和43年12月27日当時）所有していた。

　これに対するYの「既判力に関する主張」は、前記4と同様、次のとおりになります。要するに、この場合は、YからXへの所有権の移転原因事実を前訴の口頭弁論終結後の取消しの意思表示に求めることになるから、前記4の場合と同様に、前訴確定判決のうちのYの本件土地所有権を確認する部分の既判力に抵触するというのであり、訴訟物の先決関係の問題として指摘することになります。

┌─〈既判力に関する主張〉─────────────

　⒜　Yは、昭和45年、Xを被告として、Lの所有権がYに帰属することの確認を求める前訴を提起した。

　⒝　前訴事実審の口頭弁論終結日は昭和48年○月○日であるところ、昭和

28

Ⅳ　訴訟物の先決関係

49年△月△日、Ｌの所有権がＹに帰属することを確認する旨の判決が
確定した。

6．前訴の先決問題についての判断と既判力

　以上１ないし５で検討してきたのは、前訴の訴訟物が後訴の訴訟物の先決関
係にある場合です。これと似て非なるものとして、前訴において先決問題とし
て判断された法律関係が後訴の訴訟物となる場合があります。

　最１小判昭和55・10・23は、前訴の訴訟物が特定の土地のＹの所有権であ
り、後訴の訴訟物が同土地のＸの所有権に基づく妨害排除請求権としての所
有権移転登記抹消登記請求権であるという事案における判断でした。

　これに対し、最１小判昭和30・12・１民集９巻13号1903頁は、前訴の訴訟物
が特定の土地のＸの所有権に基づく妨害排除請求権としての所有権移転登記
抹消登記請求権であり、後訴の訴訟物が同土地のＸの所有権に基づく返還請
求権としての土地明渡請求権（本訴）および同土地のＹの所有権（反訴）とい
う事案を扱ったものです。

　最１小判昭和55・10・23と最１小判昭和30・12・１とを対比して検討してお
くと、問題点を明瞭に理解することができます。

(1)　最１小判昭和30・12・１の事案の概要

――〈設例１-⑤〉――

①　Ｘは、昭和24年、Ｙを被告として、本件土地ＬのＹ名義の昭和23年
　11月９日付け所有権移転登記（登記原因は昭和23年９月５日贈与）の抹消
　登記手続を求める前訴を提起した。その訴訟物は、所有権に基づく妨害
　排除請求権としての所有権移転登記抹消登記請求権である。Ｘの主張
　は、「昭和19年10月27日、Ｌのもと所有者ＡからＸがＬを買い受け、
　その旨の所有権移転登記を経由していたところ、Ｙは、Ｘの名を冒用
　して上記所有権移転登記を実現した」というものであった。なお、Ｘ
　は、Ｙの養子の妻である。

②　前訴判決は、Ｘの主張を認め、その理由において、Ｌの所有権がＸ
　にあることを確認した上で、Ｘの物権的請求権としての所有権移転登

29

第1章　既判力の意義と機能

記抹消登記請求権を認容すべきものであると説示したが、その主文において、所有権確認の点にはふれることなく、Y に対して所有権移転登記の抹消登記手続を命じた。その後、この前訴判決は確定し、同所有権移転登記は抹消された。

③　X は、昭和26年、Y を被告として、L 上に所有する建物を収去して L を明け渡すべきことを求める後訴（本訴）を提起した。その訴訟物は、所有権に基づく返還請求権としての土地明渡請求権である[30]。

④　これに対し、後訴の係属中に、Y は、L の所有権が Y にあることの確認および L の所有権移転登記手続を求める反訴を提起した。その訴訟物は、それぞれ Y の L 所有権および L 所有権に基づく妨害排除請求権としての所有権移転登記請求権である。Y の主張は、「昭和19年10月27日、L のもと所有者 A から L を買い受けたのは Y である。その旨の所有権移転登記を X に委任したところ、X はほしいままに自己名義に所有権移転登記をしてしまった。Y は、昭和23年9月5日にこの事実を知ったので、贈与の形式で X から Y への所有権移転登記をしたのである。前訴判決によりこの所有権移転登記を抹消しなければならないとしても、L の所有権は依然として Y に属する」というものであった。

⑤　1審[31]および原審[32]は、判決がその理由中において所有権の存在を確認し、これを前提として登記請求権の存在を認めた場合には、所有権の確認と登記請求権の認定とは不可分の関係にあるから、当事者が訴状の請求の趣旨において所有権の確認を求めると否とにかかわらず、その訴訟全体の趣旨としては、まず所有権の確認を求め、さらにその所有権に基づく物権的請求権としての登記請求権を主張しているものと解すべきであるとし、したがって、所有権に基づく登記手続請求の訴えにおいて、登記請求権が判決の主文において確認された場合には、その裏面の訴訟物たる所有権についても既判力を生ずると解するのが相当であると判示した。

30　建物収去土地明渡しの訴訟物をどのように理解すべきかにつき、さしあたり、司研・紛争類型別58頁以下参照。

31　名古屋地判昭和27・9・17（民集9巻13号1910頁に収録）。

32　名古屋高判昭和28・3・30（民集9巻13号1915頁に収録）。

Ⅳ 訴訟物の先決関係

⑥ そして、原審は、前訴確定判決の既判力の効果として、後訴においてもＬはＸの所有と認めるべきであるとして、Ｘの本訴請求（建物収去土地明渡請求）を認容し、Ｙの反訴（所有権確認および所有権移転登記請求）を棄却すべきものとした。

⑦ そこで、Ｙは、前訴確定判決の既判力はＬの所有権移転登記の抹消登記請求権についてのみ及ぶものであって、Ｌの所有権の所在に及ぶことがないのに、この点の判断を誤った違法があるとして、原判決の取消しを求めて上告した。

[関係図]

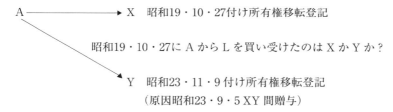

（前訴請求）Ｘ→Ｙ　Ｌについての所有権移転登記の抹消登記手続
（後訴請求）Ｘ→Ｙ　建物収去Ｌ明渡し（本訴）
　　　　　　Ｙ→Ｘ　Ｌについての所有権確認および所有権移転登記手続（反訴）

(2) **最１小判昭和30・12・1の判断の内容とその意義**

最高裁は、以下のとおり、原審の判断を失当として、原判決を破棄し事件を原審に差し戻しました。最高裁の既判力についての考え方の基本を余すところなく表現しているので、ここに整理しておくことにしましょう。

(ⅰ) 本案判決の主文とは、裁判所が当事者によって訴訟物として主張された法律関係の存否に関してした判断の結論そのものを外形上他の記載ことに理由の記載から独立分離して簡明にしかも完全に掲記するものをいう。

(ⅱ) 法律がこのような形態の主文を判決の必要的記載事項とした理由は、

31

第1章　既判力の意義と機能

旧民訴法199条（現行民訴法114条1項）等の規定と相まって、判決書を一見して訴訟物たる法律関係についていかなる裁判がされたかを明確にし、その判決が既判力等いかなる効力をいかなる範囲において有するかを一見明瞭ならしめようとしたにほかならないから、判決の既判力は主文に包含される訴訟物とされた法律関係の存否に関する判断の結論そのものについてのみ生ずるのであり、その前提にすぎないものは、大前提たる法規の解釈適用はもちろん、小前提たる法律事実についての認定その他一切の間接判断中に包含されるにとどまるものは、それが法律関係の存否に関するものであっても同条2項のような特別の規定がある場合を除き既判力を有するものではない。

(iii)　いかなる法律関係が訴訟物として主張されているかは、原告が訴えを提起するにあたり請求の趣旨において明確にすべきである。けだし、法律が請求の趣旨をその原因のほかに訴状の必要的記載要件として規定した理由は、これによっていかなる法律関係を訴訟物として、いかなる範囲で、いかなる判決を求めるかを明確にしようとしたのであり、このような形式的要件を定めた法規は、厳正に解釈され適用されなければならないのであって、これを緩和して形式的規制を乱すことによって、既判力を有すべき場合、その範囲等を不明確にすることは許されない。

(iv)　原判決が、所有権に基づく物上請求権による訴えにおいて、Xがその基本となる所有権をも訴訟物とする意思をその請求の趣旨で表明せず、裁判所もまた前訴確定判決の主文においてその存否について裁判をすることを表明していないのに、Lの所有権の存在についてまで既判力を有するものとしたことは失当である。

　最高裁は、所有権と所有権に基づく妨害排除請求権としての登記請求権という2つの権利が独立した別個の権利であることを大前提として、2つの権利の表裏一体論（ないし不可分一体論）を採用した原判決につき、民訴法が請求の趣旨を訴状の必要的記載事由とした理由[33]、主文を判決書の必要的記載事由とし

33　兼子一『判例民事訴訟法』（弘文堂・1950年）100事件の評釈に依拠したもの。
34　現行民訴法133条2項2号参照。

32

V 訴訟物の矛盾関係

た理由といった基本にまで立ち返った説示をして、これを破棄しました。この[35]
最高裁判例は、現在の民事裁判実務に生きているものですから、訴訟物の先決
関係についての理解をするときに、併せて理解しておくとよいと思います。ま
た、初学者にとって熟読玩味する価値のある判例でもあります。

前記4のような詳しい説明は省略しますが、要するに、前訴の訴訟物がある
不動産の所有権に基づく登記請求権である場合は、前訴確定判決の理由中で所
有権の所在という法律関係についての判断がされているときであっても、前訴
確定判決の既判力は、同一不動産の所有権または所有権に基づく返還請求権
（明渡請求権）を訴訟物とする後訴には及ばず、後訴におけるそのような前訴確
定判決の既判力の主張は、主張自体失当であるということになります。

Ⅴ 訴訟物の矛盾関係

1．前訴の訴訟物と後訴の訴訟物とが矛盾関係にある場合とは

前訴の訴訟物と後訴の訴訟物とが同一とはいえず、先決関係にあるともいえ
ないけれども、一定の実体法上の原則を媒介にして、前訴の既判力が後訴に及
ぶと解されている場合があります。

これに当たるとされている典型例の第1は、物権法における一物一権主義の
原則に基づくものであり、第2は、一定額の給付訴訟において敗訴しこれを支
払った者が当該一定額について不当利得返還請求または不法行為を理由とする
損害賠償請求をするといったものです。[36]

そこで、これら2つの典型例につき、前訴確定判決の既判力が後訴において
どのように働くのかを具体的に検討してみることにしましょう。

2．一物一権主義を媒介にした矛盾関係

物権法における「一物一権主義」の用語には、一般に、次の2つの内容を有
する原則が含まれるものと理解されています。第1は、所有権の客体は独立し

---

35 現行民訴法253条1項1号参照。
36 中野ほか・講義497頁〔髙橋宏志〕参照。

第1章 既判力の意義と機能

た1つの物でなければならないという原則であり、第2は、1つの物の所有権の主体は1人でなければならないという原則です[37]。ここで、問題になるのは、第2の原則のほうです。次のような簡単な事例によって考えてみましょう。

――〈設例1-⑥〉――――――――――――――――――――――――

　Yは、本件土地Lの所有権を有するとして、これを争うXに対し、平成26年1月にLの所有権確認請求訴訟（前訴）を提起したところ、同年10月31日に口頭弁論が終結し、Yの請求を認容する判決がされた。Xの控訴がなく、同年12月17日、右判決が確定した。

　その後、Xは、Yに対し、「Xは、Lのもと所有者であるAから、平成26年11月10日にLを代金3000万円で買い受けた」と主張して、Lの所有権確認請求訴訟（後訴）を提起した。

⑴　Yは、Xの提起した後訴においてどのような主張をすることができるか。

⑵　後訴裁判所は、どのような判断をすべきか。

　前訴も後訴も本件土地の所有権の帰属をめぐる紛争ですから、訴訟物が同一である場合に当たるのではないかという疑問をもつかもしれません。前訴と後訴の各訴訟物を明確に理解しておくことが、議論のスタート・ポイントになります。

　前訴の訴訟物は、Yの本件土地の所有権（確認請求）です。これに対し、後訴の訴訟物は、Xの本件土地の所有権（確認請求）です。したがって、本件土地の所有権の帰属をめぐる紛争ではあっても、厳密には、前訴と後訴の訴訟物は異なることになります。

　そこで、ここに民法の一物一権主義の第2の原則が登場することになります。すなわち、1筆の特定された土地については1人の所有権しか成立しませんから、前訴判決がその基準時における本件土地の所有権が前訴原告のYにあるものと判断し、その判決が確定したときは、前訴被告のXは、この判断と異

――――――――――――――――――――――――――――――――――――

37　加藤雅信『物権法（新民法大系Ⅱ）〔第2版〕』（有斐閣・2005年）252頁参照。

V　訴訟物の矛盾関係

なる主張をすることが許されないことになります。このように、前訴と後訴とで訴訟物が同一でない場合であっても、一物一権主義の第2の原則から、前後矛盾するときは、これも既判力に抵触するものと扱うことにするのです。

　したがって、Yとしては、以下のように「既判力に関する主張」をすることになります。

┌─〈既判力に関する主張〉─────────────────────────┐
│ (a)　Yは、平成26年1月、Xを被告として、Lの所有権がYに帰属する
│　　　ことの確認を求める前訴を提起した。
│ (b)　前訴事実審の口頭弁論終結日は平成26年10月31日であるところ、同年
│　　　12月17日、Lの所有権がYに帰属することを確認する旨の判決が確定
│　　　した。
└─────────────────────────────────────┘

　Xは、後訴において、本件土地を前訴確定判決の基準時の後に所有者であるAから取得したと主張していますが、この主張によっては前訴確定判決の既判力が及ばないことを根拠付けることはできません。なぜなら、この主張は、前訴確定判決の基準時においてYが本件土地を所有していたという権利関係を前提とした主張になっていないからです。すなわち、Yの「既判力に関する主張」は、現在のXの請求原因事実の主張が主張自体失当であることの理由をいうものと理解することができます。

　そこで、Xとしては、前訴確定判決の基準時においてYが本件土地を所有していたことを起点にして、請求原因事実を構成しなければなりません。例えば、以下のように主張することができるのであれば、前訴確定判決の既判力は及びません。

┌─〈既判力に抵触しない請求原因〉───────────────────┐
│ (ア)　Yは、もと（平成26年10月31日）Lを所有していた。
│ (イ)　Aは、Yから、平成26年11月3日、Lを代金2500万円で買い受けた。
│ (ウ)　Xは、Aから、平成26年11月10日、Lを代金3000万円で買い受けた。
│ (エ)　Yは、現在、XがLを所有することを争っている。
└─────────────────────────────────────┘

35

第1章　既判力の意義と機能

3．確定判決によってした給付と不当利得返還請求または不法行為に基づく損害賠償請求

　確定判決に基づく債務の弁済として支払った金員について不当利得返還請求をするまたは不法行為に基づく損害賠償請求をするということが稀に起こります。これが、前訴の訴訟物と後訴の訴訟物とが矛盾関係にある場合として前訴確定判決の既判力に抵触するかどうかが議論される第2の場合です。前記Ⅳ5(1)において、前訴で売買契約に基づく債権的登記請求権としての所有権移転登記請求権が行使され、これに敗訴したために前訴原告に対して所有権移転登記手続をした前訴被告が後訴を提起して、不当利得返還請求権としての所有権移転登記抹消登記請求権を行使するという事例を検討しました。

　ここでは、後訴で不法行為に基づく損害賠償請求をした最1小判平成10・9・10判時1661号81頁の事例を素材にして、具体的に検討することにしましょう。

⑴　最1小判平成10・9・10の事案の概要

　違法に前訴の訴状等が付郵便送達されたため、訴訟手続に関与する機会がないまま敗訴判決が確定し、損害を被ったなどと主張して、前訴被告が前訴原告を相手方として不法行為を理由とする損害賠償を求める後訴を提起したという事件です。[39]

　原審の確定した事実および訴訟経過の概要は、〈設例1-⑦〉のとおりです。[40]

──〈設例1-⑦〉──

　①　信販会社Yは、Xに対し、昭和61年3月、Xの妻がX名義のクレジットカードを利用したことによる貸金および立替金残元金34万円余の支払を求める訴訟（前訴）を札幌簡易裁判所に提起した。[41]

38　これは、Xに確認の利益が存することをいう主張であり、実体法上の請求原因事実ではありませんが、便宜上ここに摘示しています。

39　本件には、Xが国を被告として、前訴の担当書記官が付郵便送達を実施したことに過失があり、担当裁判官にもこれを看過した過失があるとして、国家賠償法1条1項に基づく損害賠償を求める訴えが併合されていますが、既判力の問題とは関係がないので、本文ではこの部分を省略しています。

40　東京高判平成5・3・3判時1456号101頁。

V 訴訟物の矛盾関係

② X不在の理由で訴状等の送達ができなかったため、受訴裁判所の担当裁判所書記官がYに対してXの就業場所等についての調査回答を求める照会書を送付したところ、Yの担当者は、就業場所とはXが現実に就労している場所をいうものと理解し、昭和61年4月、Xの就業場所が不明であり、Xは出張中であるが、同月20日ころ帰ってくる予定であり、家族が訴状記載の住所に居住する旨回答した。

　当時、Xは、A社に勤務していたが、釧路市内から東京都内に長期出張をしており、昭和60年秋にYの担当者に対し、X宛ての郵便物は自宅ではなく勤務先に送付してほしい旨要望していた。

③ 担当裁判所書記官は、Yの回答から、Xの就業場所が不明であると判断し、旧民訴法172条（現行民訴法107条1項）に基づき、訴状等をXの住所宛てに付郵便送達したが、X不在のため配達できず、訴状等は留置期間経過により裁判所に還付された。

④ 前訴の第1回口頭弁論期日は、X欠席のまま弁論が終結され、昭和61年5月下旬、Xにおいて請求原因事実を自白したものとして、Yの請求を認容する旨の判決が言い渡され、その後、Xの住所に送達され、Xの妻が受領したが、これをXに手渡さなかったため、Xにおいて控訴することなく、前訴判決は確定した。

⑤ Xは、Yに対し、前訴判決に基づく債務の弁済として、昭和61年7月29日に20万円、同年10月から昭和62年4月までの間に8万円の合計28万円を支払った。

⑥ Xは、昭和62年11月2日、札幌簡易裁判所に前訴判決についての再審の訴えを提起し、同年10月5日に前訴判決の存在とその訴訟経過を知ったと主張したところ、同簡易裁判所は、前訴における訴状等の付郵便送達が無効であり、旧民訴法420条1項3号（現行民訴法338条1項3号）所定の事由があるとしたものの、上訴の追完が可能であったから、同項ただし書により再審の訴えは許されないとして、再審の訴えを却下する

41　実際には、貸金返還請求訴訟と立替金請求訴訟とは、別訴として提起されましたが、本文ではこれら2つの訴訟全体を指して前訴として説明しています。

42　民訴法103条2項の規定する就業場所送達に係る情報を収集しようとしたものと思われます。

37

第1章　既判力の意義と機能

旨の判決を言い渡した。この判決は、Xの控訴、上告を経て、その後、確定した。

⑦　そこで、Xは、「Yには、前訴の受訴裁判所からの照会に対してXの就業場所不明という誤った回答をしたことに故意または重過失があり、前訴における訴状等の付郵便送達が違法無効であったため、訴訟に関与する機会が与えられないままX敗訴の判決が確定し、損害を被った」と主張して、Yを相手として、不法行為（民法709条）に基づき、損害賠償を求める訴え（後訴）を提起した。Xは、その損害として、XがYに対して支払った⑤の28万円およびXが前訴の訴訟手続に関与する機会を奪われたことによる精神的苦痛に対する慰謝料100万円等を主張した。

⑧　1審[43]は、前訴の担当裁判所書記官に過失があるとはいえず、前訴判決はXの妻が送達を受けた日から2週間の経過により確定したものとし、XがYに対して支払った⑤の28万円につき損害賠償を求める部分は前訴確定判決の既判力ある判断と実質的に矛盾するものであり、前訴の第1審手続を受けられなかったということ自体によっては賠償を求め得るほどの精神的損害を被ったとは認めがたいとして、Xの請求を全て棄却した。

⑨　Xの控訴を受けて、原審は、Yには、裁判所からの照会に対してXの就業場所不明と回答したことに重大な過失があり、前訴における訴状等の付郵便送達は違法無効であったとし、有効に訴状の送達がされず、それゆえに被告とされた者が訴訟に関与する機会を与えられないまま判決がされた場合には、旧民訴法420条1項3号の事由があるものと解すべきであるとした上、XがYに対して支払った⑤の28万円はYの不法行為と因果関係のある損害であるとして、これを損害賠償として認容し、Xの慰謝料請求については、Xが精神的苦痛を受けたとしても、28万円を損害賠償として請求しうるとすれば十分であって、それ以上に精神的損害の点まで賠償請求を認める必要はないとして、これを棄却すべき

43　東京地判平成3・5・22判時1400号84頁。

V 訴訟物の矛盾関係

ものとした。
⑩ この原判決に対し、XとYの双方が上告した。

(1) 付郵便送達とは何か。裁判所書記官のした付郵便送達は有効か。
(2) Xの提起した後訴の請求原因事実を摘示せよ。後訴の請求原因事実と前訴確定判決の既判力との関係を検討せよ。
(3) Xの提起した後訴につき、前訴確定判決に従って支払った金員の損害賠償請求部分と慰謝料請求部分とに分けて、前訴確定判決の既判力に抵触するかどうかを検討せよ。

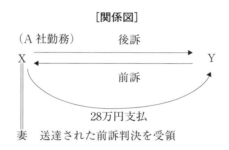

（前訴請求）Y → X　貸金および立替金残元金 34 万円余の支払請求
（後訴請求）X → Y　不法行為を理由として前訴確定判決に基づいて支払った
　　　　　　　　　28 万円および慰謝料 100 万円の損害賠償請求

(2) 最1小判平成10・9・10の判断の内容

最高裁は、以下のとおり判示して、Y敗訴の部分を破棄して、同部分に関するXの控訴を棄却し、Xの慰謝料請求部分を破棄して、同部分につき本件を原審に差し戻しました。

(i) 前訴の担当裁判所書記官は、Xの就業場所が不明であると判断して、本来の送達場所であるXの住所宛てに訴状等の付郵便送達を実施したものであるところ、Yからの回答書の記載内容等にも格別疑念を抱かせるものはないから、認定資料の収集につき裁量権の範囲を逸脱し、あ

39

第1章　既判力の意義と機能

るいはこれに基づく判断が合理性を欠くものとはいえないから、本件の付郵便送達は適法である。[44]したがって、前訴の訴訟手続および前訴判決には何ら瑕疵はない。

(ⅱ)　当事者間に確定判決が存在する場合に、その判決の成立過程における相手方の不法行為を理由として、確定判決の既判力ある判断と実質的に矛盾する損害賠償請求をすることは、確定判決の既判力による法的安定を著しく害する結果となるから、原則として許されるべきではなく、当事者の一方が、相手方の権利を害する意図の下に、作為または不作為によって相手方が訴訟手続に関与することを妨げ、あるいは虚偽の事実を主張して裁判所を欺罔するなどの不正な行為を行い、その結果本来ありうべからざる内容の確定判決を取得し、かつ、これを執行したなど、その行為が著しく正義に反し、確定判決の既判力による法的安定の要請を考慮してもなお容認し得ないような特別の事情がある場合に限って、許されるものと解するのが相当である。

(ⅲ)　Xが前訴判決に基づく債務の弁済としてYに対して支払った28万円につき、Yの不法行為により被った損害であるとして、その賠償を求めるXの請求は、確定した前訴判決の既判力ある判断と実質的に矛盾する損害賠償請求であるところ、前記事実関係によれば、前訴において、Yの担当者が、受訴裁判所からの照会に対して回答するに際し、前訴提起前に把握していたXの勤務先会社を通じてXに対する連絡先や連絡方法等についてさらに調査確認をすべきであったのに、これを怠り、安易にXの就業場所を不明と回答したというのであって、原判決の判示するところからみれば、原審は、Yが受訴裁判所からの照会に対して必要な調査を尽くすことなく安易に誤って回答した点において、Yに重大な過失があるとするにとどまり、それがXの権利を害する意図

44　この判断の前提として、最高裁は、民事訴訟関係書類の送達事務が受訴裁判所の裁判所書記官の固有の職務権限に属し、受送達者の就業場所の認定に必要な資料の収集が担当裁判所書記官の裁量に委ねられていること、担当裁判所書記官において受送達者の就業場所が不明であると判断して付郵便送達を実施した場合には、事後に受送達者の就業場所が判明したときであっても、その認定資料の収集につき裁量権の範囲を逸脱し、あるいはこれに基づく判断が合理性を欠くなどの事情がない限り、当該付郵便送達は適法であるとの判断を示しています（判時1661号91頁参照）。

40

の下にされたものとは認められないとする趣旨であることが明らかである。そうすると、本件においては、前示特別の事情があるということはできない。

　したがって、Xの前記請求を認容した原審の判断には、法令の解釈適用を誤った違法があり、この違法は原判決の結論に影響を及ぼすことが明らかである。

(iv)　Xの慰謝料請求は、確定した前訴判決の既判力ある判断と実質的に矛盾する損害賠償請求には当たらない。

　〈設例1-⑦〉⑨の理由付けをもってXの慰謝料請求を棄却すべきものとした原審の判断には、法令の解釈適用を誤った違法があり、この違法は原判決の結論に影響を及ぼすことが明らかであるから、Xの慰謝料請求に関する部分は破棄を免れず、損害発生の有無を含め、請求の当否についてさらに審理を尽くさせる必要があるから、これを原審に差し戻すこととする。

　本件に含まれる問題点の第1は、前訴の担当裁判所書記官のした訴状等の付郵便送達が旧民訴法172条（現行民訴法107条1項）の要件を満たすものであったかどうかにあります。付郵便送達は、受送達者の住居等が判明しているのに住居等での交付送達が奏功せず、就業場所での交付送達ができない場合等に認められる送達方法であり、書留郵便発送の時点で送達の効力が発生し（旧民訴法173条、現行民訴法107条3項）、その後留置期間満了により送達文書が返戻され、受送達者が送達文書を受領しないばかりか、付郵便送達の実施すら知らない場合であっても、送達の効力に影響を及ぼすことはないため、各裁判所で運用基準が策定され慎重な運用がされています。[45]本最高裁判決は、裁判所書記官による認定資料の収集がその裁量権の範囲を逸脱し、またはこれに基づく判断が合理性を欠くなどの事情がない限り、付郵便送達は適法であることを明言したものです。当然の判断ではありますが、最高裁によるものであり、現在の実

---

[45]　本件においても、札幌簡易裁判所の昭和58年4月21日付け「民事第一審訴訟の送達事務処理に関する裁判官・書記官との申し合わせ協議結果」に従って、実施されたことが本最高裁判決に判示されています。

第1章　既判力の意義と機能

務はこの判断枠組みによって運営されています。[46]

　問題点の第2は、前訴確定判決に基づいてした弁済を損害として構成して不法行為を理由とする賠償を求める後訴が提起された場合に、前訴確定判決の既判力との関係をどのように考えるかにあります。これが、ここで取り扱う問題です。

　本最高裁判決は、前記(ii)のとおり、**後訴請求を「確定判決の既判力ある判断と実質的に矛盾する損害賠償請求」と把握し、前訴原告の判決取得またはこれに基づく強制執行等の行為につき、「著しく正義に反し、確定判決の既判力による法的安定の要請を考慮してもなお容認し得ないような特別の事情がある場合に限って許される」との判断枠組み**を宣明しました。

　そして、「特別の事情」を構成する要素を、**①相手方の権利を害するなど一方当事者の意図の不当性、②相手方が訴訟手続に関与することを妨げるような作為・不作為、虚偽の事実を主張して裁判所を欺罔する不正行為が存在するなど前訴手続における行為の不当性、③これらの結果による前訴判決内容の不当性**、の3つに分けて説示しています。この判断は、最3小判昭和44・7・8民集23巻8号1407頁の判断を踏襲するものであるため、民集登載判例とはなりませんでしたが[47]、約30年を経て、判断枠組みおよび「特別の事情」の構成要素についての説示を踏襲することを明らかにした上で、事例に即した適用判断を示しており、参考になります。

　問題点の第3は、「確定判決の既判力ある判断と実質的に矛盾する損害賠償請求」というべき後訴請求の範囲についてです。本最高裁判決は、前記(iv)のとおり、前訴被告が前訴の訴訟手続に関与する機会を奪われたことによって被った精神的苦痛についての慰謝料請求が「確定判決の既判力ある判断と実質的に矛盾する損害賠償請求」に当たらないことを明らかにしました。主張されている損害の性質に照らして当然の判断と思われますが、このような形の後訴請求が容易に認容されるわけではありません。[48]

46　訴状が有効に送達されないまま判決が確定した場合に、それを再審事由として再審の訴えを提起することができるかどうかを扱った判例として、最1小判平成4・9・10民集46巻6号553頁があります（田中豊「解解」最判解民〔平成4年度〕318頁参照）。

47　最3小判昭和44・7・8につき、千種秀夫「判解」最判解民〔昭和44年度〕736頁参照。

42

（3）　後訴の請求原因事実と前訴確定判決の既判力との関係

　　Xが後訴請求の訴訟物（請求権）として選択したのは、Yに対する不法行為を理由とする前訴確定判決に基づいて支払った28万円および慰謝料100万円の損害賠償請求権です。

　　Xの主張した後訴の請求原因事実を整理すると、概要、次のとおりになります。

┌─〈請求原因〉─
│
│　㋐　Yは、Xに対し、昭和61年3月、貸金および立替金残元金34万円余
│　　の支払を求める訴訟（前訴）を札幌簡易裁判所に提起した。
│　㋑　Yは、XがA社に勤務しており、釧路市内から東京都内に長期出張
│　　中であることを知っており、またXから郵便物を自宅ではなく勤務先
│　　に送付してほしい旨の要望を受けていながら、昭和61年4月、前訴担当
│　　の裁判所書記官からの照会に対し、Xの就業場所が不明である等の回
│　　答をしたのは、欠席判決を得るため故意に虚偽の回答をしたものであり、
│　　そうでないとしても、A社を勤務先と回答しなかったことに過失があ
│　　る。
│　㋒　Yによる㋑の虚偽の回答に基づき、前訴の訴状等はXの住所宛てに
│　　付郵便送達されたが、X不在のため配達されず、Xは前訴第1回口頭
│　　弁論期日に出頭することができないまま同期日に弁論が終結され、昭和
│　　61年5月下旬、Yの請求を認容する旨のいわゆる欠席判決が言い渡さ
│　　れ、同判決はXの自宅住所に適法に送達され確定した。
│　㋓　Xは、Yに対し、前訴判決に基づく債務の弁済として、昭和61年7
│　　月29日に20万円、同年10月から昭和62年4月までの間に8万円の合計28
│　　万円を支払った。

48　藤井正雄裁判官は、判決の結論にかかわりなく訴訟手続への関与を妨げられたとの一事をもって、当然に不法行為として慰謝料請求権が発生するということはできず、また、第1審手続に関与できなかったこと自体による精神的損害を考える必要はないところ、本件において、Xが上訴の手続をとる時機を逸したのはXの支配領域内における事情によるものであり、さらに、記録によれば、前訴判決の結論が本来存在しないはずの権利を存在するとした不当なものであったと認めるに足りないとし、原判決がXの慰謝料請求を棄却したのは結論において正当であるとの反対意見を述べています。

第1章　既判力の意義と機能

㈱　Y は、前訴の手続に関与することができなかったことにより精神的
　　苦痛を受けたが、その苦痛を慰謝するには金100万円が相当である。

　㈰㈪が Y の加害行為（故意・過失を含む）を示す事実、㈫㈬㈱が X の権利が
侵害され、X に損害が発生したこととその数額を示す事実、および Y の加害
行為と X の被った損害との間に因果関係があることを示す事実です。
　本件の特徴は、後訴のうち28万円の損害賠償を求める部分については、請求
原因事実そのものから前訴確定判決と実質的に矛盾する請求であること（すな
わち、前訴判決の既判力に抵触すること）が明らかになっていることです。そこ
で、X としては、本最高裁判決の判断枠組みによる以上は、前記⑵①、②およ
び③の不当性要素を主張し、「特別の事情」ありとの規範的評価を導くに足
りる具体的事実を主張することが必要になります。すなわち、**前訴確定判決の
存在が請求原因事実の一部となっていることから、そのままでは主張自体失当
になってしまうため、「特別の事情」ありを請求原因事実に「せり上げて」主
張しなければならなくなる**というわけです。[49]
　このように検討してきますと、㈰㈪㈫㈬には、前記⑵③の不当性要素にかか
る事実主張がありませんから、「特別の事情」ありの主張としては主張自体失
当とされるおそれがあります。したがって、X としては、この点の主張を補
充する必要があるということになります。
　他方、後訴のうち100万円の慰謝料の支払を求める部分については、請求原
因事実そのものから前訴確定判決と実質的に矛盾する請求であることが明らか
になるという関係はありません。ただし、㈰㈪㈫㈱の事実主張で慰謝料債権発
生の請求原因事実として十分であるかどうかという問題は、別にあります。

49　いわゆる「せり上がり」（攻撃防御方法の避けられない不利益陳述）につき、司研・要件事実第1
　巻62頁、291頁参照。

44

Ⅵ　既判力の基準時

1．既判力の基準時が問題になる場合

　民事判決の既判力が、事実審の口頭弁論終結時という基準時における当事者間の権利関係を確定するというものであることは、本章Ⅱ1(1)で説明したとおりです。また、本章Ⅳ3で「意思表示の瑕疵（詐欺）による取消しと既判力」の問題を具体的に取り上げました。

　このように、前訴確定判決の既判力の問題は、常に基準時がいつであるかを念頭において検討することが必要です。そして、既判力の基準時が問題になる場合としては、大別して2つの場合があります。第1が形成権の行使が問題になる場合（前記の「意思表示の瑕疵（詐欺）による取消しと既判力」の問題はその1つです）であり、第2がそれ以外の基準時後に発生した事実が問題になる場合（前記の本章Ⅱ1(1)の〈設例1-①〉はその1つです）です。

　そこで、2つの場合につき、既判力の基準時がどのように問題になるのかを具体的に検討してみることにしましょう。

2．基準時後における形成権の行使

　本章Ⅳ3において、書面によらない贈与の撤回についての最3小判昭和36・12・12、相殺権の行使についての最2小判昭和40・4・2および詐欺による取消しについての最1小判昭和55・10・23にふれて説明しました。

　また、最3小判昭和57・3・30民集36巻3号501頁は、白地手形による手形金請求を棄却する前訴判決の確定後に白地部分を補充してする手形金請求の後訴につき、特段の事情のない限り前訴判決の既判力によって遮断されるとしたものです。手形補充権は形成権ですから、この最高裁判決も基準時後における形成権の行使の問題を扱ったものです。

　ここでは、建物買取請求権の行使についての最2小判平成7・12・15民集49巻10号3051頁を素材にして、検討してみることにしましょう。

45

第1章　既判力の意義と機能

⑴　**最2小判平成7・12・15の事案の概要**

　土地の所有者である賃貸人から土地の賃借人と転借人に対する建物収去土地
明渡請求を認容する判決が確定した後に、建物の所有者である土地の転借人が
借地法4条2項[50]の規定に基づく建物買取請求権を行使した場合、それを民事執
行法35条2項にいう「口頭弁論の終結後に生じた事由」として前訴確定判決に
基づく強制執行の不許を求めることができるかどうかが争われた事件です。

　建物買取請求権の行使と前訴確定判決の既判力との関係いかんという問題を
検討するという観点から、事案を少し簡略にして説明することにします。事実
経過の概要は、〈設例1-⑧〉のとおりです。

〈設例1-⑧〉

① 　本件土地Lの所有者Yは、AおよびX₂を被告として、Aに対し、A
との間の建物所有を目的とするLの賃貸借契約（本件賃貸借契約）が昭
和55年3月31日に期間満了により終了したとして、L上にある本件建物
Hを収去してLを明け渡すことを求め、Lの転借人でありHの所有者
であるX₂に対し、Lの所有権に基づき、Hを収去してLを明け渡すこ
とを求める訴訟（前訴）を提起した。

② 　前訴は昭和60年2月6日に口頭弁論が終結し、同年9月27日に判決が
言い渡され、同判決はその後確定した。前訴確定判決は、ⓐ本件賃貸借
契約が昭和55年3月31日に期間満了により終了したことを理由として、
AがYに対してHを収去してLを明け渡すことを命じ、ⓑLの所有権
に基づき、X₂がYに対してHを収去してLを明け渡すことを命ずる
ものである。

③ 　Aは昭和61年11月13日に死亡し、X₁がAの相続人である。

④ 　X₁とX₂は、Yを被告として請求異議の訴え（後訴）を提起し、X₂
が平成元年12月1日に借地法4条2項の規定に基づいて建物買取請求権
を行使した上、HとLを既にYに明け渡したと主張して、前訴確定判
決に基づく強制執行の不許を求めた。

⑤ 　Yは、後訴の提起は前訴確定判決の既判力に抵触して許されないと

50　借地法4条2項の規定は、平成4年8月1日に施行された借地借家法13条1項に引き継がれてい
ます。

46

主張した。

⑥　1審および原審とも、請求異議の訴えを認容すべきものとした。原審は、その理由として、建物買取請求権が借地人保護の見地から投下資本の回収方法として特別に認められたものであること、前訴の1審判決において本件賃貸借契約の更新が肯定されたから、X_2 が前訴の口頭弁論終結前に建物買取請求権を行使しなかったことを非難することができないこと、建物買取請求権の行使は、建物の所有権の変動を生じさせるが、本来の土地明渡義務自体の変動を生じさせるものではないことを指摘する。

⑦　この原判決に対し、Y が上告した。

(1)　X_1・X_2 の提起した後訴の訴訟物を指摘し、請求原因事実を摘示せよ。

(2)　上記⑤の Y の主張の正否を検討せよ。

[関係図]

（前訴請求）Y → A・X_2　H 収去 L 明渡請求
（後訴請求）X_1・X_2 → Y　前訴確定判決に基づく強制執行の不許

(2)　最 2 小判平成 7・12・15 の判断の内容

最高裁は、以下のとおり判示して、原判決の判断を正当として是認し、Y の上告を棄却しました。

(ⅰ)　建物買取請求権は、前訴確定判決によって確定された賃貸人の建物収

47

第1章　既判力の意義と機能

　　去土地明渡請求権の発生原因に内在する瑕疵に基づく権利とは異なり、
　　これとは別個の制度目的および原因に基づいて発生する権利であって、
　　賃借人がこれを行使することにより建物の所有権が法律上当然に賃貸人
　　に移転し、その結果として賃借人の建物収去義務が消滅するに至る。
(ii)　したがって、賃借人が前訴の事実審口頭弁論終結時までに建物買取請
　　求権を行使しなかったとしても、実体法上、その事実は同権利の消滅事
　　由に当たるものではなく、訴訟法上も、前訴確定判決の既判力によって
　　同権利の主張が遮断されることはない。
(iii)　そうすると、賃借人が前訴の事実審口頭弁論終結時以後に建物買取請
　　求権を行使したときは、それによって前訴確定判決により確定された賃
　　借人の建物収去義務が消滅し、前訴確定判決はその限度で執行力を失う
　　から、建物買取請求権行使の効果は、民事執行法35条2項所定の口頭弁
　　論の終結後に生じた異議の事由に該当する。

　本最高裁判決が(ii)において判断した内容のうち、賃借人が前訴の事実審口頭
弁論終結前に建物買取請求権を行使しなかった場合であっても、建物買取請求
権が実体法上消滅することはないとの点については、すでに、最2小判昭和
52・6・20集民121号63頁が、「借地上の建物の譲受人が、地主から提起された
右建物の収去及び明渡しを請求する訴訟の事実審口頭弁論終結時までに、借地
法10条の建物買取請求権のあることを知りながらその行使をしなかったとして
も、右事実は実体法上建物買取請求権の消滅事由にあたるものではなく、した
がって、建物譲受人はその後においても建物買取請求権を行使して地主に対し
建物の代金を請求することができる」と判示して、解決していました。
　ですから、本最高裁判決の意義は、前訴の事実審口頭弁論終結後に建物買取
請求権を行使したことを請求異議の事由とすることができるかどうかについて
積極説をとることを明らかにした点にあります。消極説をとる場合には、賃貸
人の自己所有建物を賃借人の費用負担によって収去するという不合理な結果を
認めるということになるから、最2小判昭和52・6・20の判断を前提とする限
り、本最高裁判決の判断は当然のものということができます。
　そして、本最高裁判決は、その理由として、(i)のとおり、**建物買取請求権が**

48

前訴確定判決によって確定された賃貸人の建物収去土地明渡請求権の発生原因に内在する瑕疵に基づく権利ではないこと、および賃借人がこれを行使することにより建物の所有権が法律上当然に賃貸人に移転するという賃借人の負担を伴うものであることを指摘しています。最高裁は、これら２点において、建物買取請求権の行使が相殺権の行使に類似しており、意思表示の瑕疵を理由とする取消権の行使とは性質を異にすると考えているのです。

(3) 後訴の請求原因事実と前訴確定判決の既判力の主張の位置付け

X₁・X₂ が後訴請求の訴訟物としたのは執行法上の異議権ですが、その請求原因事実は、以下のとおりです。

〈請求原因〉

(ア) A・X₂ と Y の間には、昭和60年９月27日に言い渡された前訴の確定判決があり、同判決は、ⓐ X₁ の被相続人である A に対し、L についての Y と A との間の建物所有目的の本件賃貸借契約が終了したことを理由として、H を収去して L を明け渡すことを命じ、ⓑ L の転借人であり H の所有者である X₂ に対し、L の所有権に基づき、H を収去して L を明け渡すことを命ずるものである。A は、昭和61年11月13日に死亡し、X₁ が A の相続人である。

(イ) X₂ は、Y に対し、(ア)の事件の事実審口頭弁論終結日である昭和60年２月６日の後である平成元年12月１日、H につき建物買取請求権を行使する旨の意思表示をした。

(ウ) X₁・X₂ は、Y に対し、平成元年12月１日ころ、L を明け渡した。

　　　よって、X₁・X₂ は、(ア)の確定判決の執行力の排除を求める。

この後訴の特徴は、後訴が前訴確定判決の執行力の排除を求める請求異議訴訟であることから、当事者間に既判力を有する前訴確定判決が存在することを示す事実(ア)が請求原因事実の一部に組み込まれていることです。

したがって、後訴が前訴確定判決の既判力に抵触して許されない旨の Y の主張は、前訴基準時後に建物買取請求権の行使をしたという(イ)の主張が民事執行法35条２項にいう「口頭弁論の終結後に生じたもの」に当たらないとの法律

49

第1章　既判力の意義と機能

上の主張をし、その結果、X1・X2 の主張する請求原因事実が主張自体失当であるとの指摘をするものと位置付けることができます。すなわち、Y の既判力に関する主張には、職権探知事項であるかどうかを問わず、新たな事実主張はありません。

　そして、本最高裁判決は、前記(2)のとおりの理由から、Y の既判力に関するこの主張を失当として退けたのです。

3．形成権の行使以外の基準時後に発生した事実と既判力

　前訴の基準時後に発生した事実としては、形成権の行使以外にも種々の事実があります。ここでは、交通事故の被害者が他原因で死亡したという事例によって検討してみることにしましょう。

(1)　交通事故の被害者が他原因で死亡した場合

　以下のような設例によって考えてみましょう。〈設例1-⑨〉は、最1小判平成11・12・20民集53巻9号2038頁を素材として事案をやや簡略にし、被害者の死亡時を前訴の口頭弁論終結後に移動したものです。

┌─〈設例1-⑨〉
│　①　平成3年9月18日の交通事故によって脳挫傷等の傷害を負い、日常生
│　　　活の全ての面で他人の介護を要する状態になった被害者 A（事故時62
│　　　歳）は、加害者 X を被告として、総額約1億8000万円に上る損害賠償
│　　　請求訴訟（前訴）を提起した。
│　②　前訴の事実審の口頭弁論は平成9年9月5日に終結され、同年11月28
│　　　日に判決が言い渡され、同判決は確定した。前訴判決は、総額約1億円
│　　　の損害賠償請求を認容した。その内容は、①の症状固定時は平成6年8
│　　　月31日であったところ、症状固定時において A の取得したであろう年
│　　　収を約287万円、労働能力喪失期間を症状固定時から6年間として逸失
│　　　利益約1300万円を、要介護期間を症状固定時から12年間として将来の介
│　　　護費用約5200万円を認定し、後遺症慰謝料等それ以外の損害費目を含め
│　　　て、総額約1億円の損害を認めるものであった。
│　③　ところが、A は、前訴判決言渡しの約3か月後である平成10年2月
│　　　28日に、本件交通事故とは全く関係のない胃がんにより死亡した。Y

は、Aの妻であり、唯一の相続人である。
④ そこで、Xは、Yを被告として、請求異議の訴え（後訴）を提起した。その要旨は、Aは症状固定時の3年6か月後に死亡したのであるから、6年分の逸失利益として認容した約1300万円のうちの3年6か月分に当たる760万円を超える部分、12年分の将来の介護費用として認容した約5200万円のうちの3年6か月分に当たる1520万円を超える部分につき、前訴確定判決に基づく強制執行の不許を求めるというにある。

(1) Xの提起した後訴の訴訟物を指摘し、請求原因事実を摘示せよ。
(2) Yは、「後訴の提起は、前訴確定判決の既判力に抵触して許されない。」と主張した。この主張の正否を検討せよ。逸失利益と介護費用とを別異に解することに理由があるかどうかを検討せよ。
(3) 前訴確定判決に基づき、XがAに対して弁済をした場合に、その直後のAの死亡を理由として、Yに対して不当利得返還請求訴訟を提起したときはどうか。

[関係図]

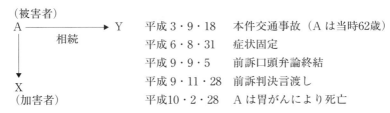

（前訴請求）A → X　不法行為による損害賠償請求（約1億8000万円）
（後訴請求）X → Y　前訴確定判決に基づく強制執行の一部（逸失利益と介護費用の一部）不許

(2) 最1小判平成11・12・20の判断

最1小判平成11・12・20は、〈設例1-⑨〉とは異なり、被害者Aが前訴の口頭弁論終結前に死亡したというケースについてのものですが、逸失利益と将来の介護費用につき、以下のとおり判断しました。

第1章　既判力の意義と機能

（i）　逸失利益については、交通事故によって労働能力の一部を喪失した被害者がその後に別の原因により死亡したとしても、当該交通事故の時点でその死亡の原因となる具体的事由が存在し、近い将来における死亡が客観的に予測されていたなどの特段の事情がない限り、死亡の事実は就労可能期間の認定上考慮すべきものではないと解するのが相当である。

（ii）　介護費用の賠償は、被害者において現実に支出すべき費用を補てんするものであり、判決において将来の介護費用の支払を命ずるのは、引き続き被害者の介護を必要とする蓋然性が認められるからにほかならない。ところが、被害者が死亡すれば、その時点以降の介護は不要となるのであるから、もはや介護費用の賠償を命ずべき理由はなく、その費用をなお加害者に負担させることは、被害者ないしその遺族に根拠のない利得を与える結果となり、かえって衡平の理念に反することになる。交通事故の被害者が事故後に別の原因により死亡した場合には、死亡後に要したであろう介護費用を交通事故による損害として請求することはできない。

　この最1小判平成11・12・2は、逸失利益と介護費用との性質の違いに着目[51]して、別異の扱いをすべきことを判示したものです。

　交通事故によって後遺障害を負った被害者が症状固定後に当該交通事故と関係のない病気等の原因で死亡した場合に、当該交通事故の加害者において負担すべき後遺障害による逸失利益の範囲につき、死亡時までの期間分に限定されるという考え方と、死亡時までの期間分に限定されず、当該交通事故時に予想された稼働可能期間全体に及ぶという考え方とが対立していました。一般に、

51　本最高裁判決の担当調査官は、「逸失利益は、遺族の扶養利益に転化されるものであるから、事故後にたまたま別の原因で被害者が死亡したからといって加害者の負担を免れさせるのは、加害者に不当な利得を与えると同時に、被害者ないしその遺族に不測の損害を及ぼすことになろう。これに対し、介護費用については、現に被害者が死亡したことにより介護が不要となるから、その費用を加害者に負担させなくとも、加害者に不当な利得を与えるものではなく、被害者側に不測の損害を及ぼすことにもならない。」と説明しています。河辺義典「判解」最判解民〔平成11年度〕1044頁を参照。

前者の考え方を「切断説」と、後者の考え方を「継続説」と呼んでいます。逸失利益に関する(i)の判示部分は、すでに、最1小判平成8・4・25民集50巻5号1221頁、最2小判平成8・5・31民集50巻6号1323頁が明らかにしていたところです。要するに、最高裁は、逸失利益について「継続説」によることを、介護費用について「切断説」によることを宣明したということになります。本書は、このような考え方の正否について検討することを目的とするものではありませんので、この点に立ち入ることはせず、この最高裁判決を前提にして先に進むことにします。

逸失利益について、継続説によると、前訴の口頭弁論終結前にAが死亡し、その事実が主張されていてもなお逸失利益の算定にあたって考慮しないのが原則であるというのですから、前訴の口頭弁論終結後にAが死亡したとしても、それを請求異議事由にすることはできないのは当然の帰結ということになります。したがって、〈設例1-⑨〉④のXの主張のうち、逸失利益に関する部分はこのままでは主張自体失当であることは明らかです。[52]

そこで、次に、介護費用について切断説によった場合における、Xの主張の可否について検討してみましょう。

(3) 死亡後の介護費用と前訴確定判決の既判力

最1小判平成11・12・20の介護費用に関する前記(2)(ii)の判断は、前訴の口頭弁論終結前にAが死亡し、かつその事実が当事者によって主張・立証されたことを前提としています。本最高裁判決の判断は、前訴の口頭弁論終結後にAが死亡した場合に、その事実を民事執行法35条2項にいう「口頭弁論の終結後に生じたもの」に当たると解すべきであるかどうかの問題に及ぶものではありません。[53]

一時金賠償方式による場合、介護費用は、「a（単位期間当たりの介護に要する

52　逸失利益について継続説を採用した本文に掲げた2つの平成8年最高裁判決（本最高裁判決も踏襲）の説示するところによると、Yが前訴において「特段の事情」の存在（Aが交通事故当時すでに末期がんに罹患していたなど）を主張・立証した場合には、逸失利益の算定にあたって、前訴の口頭弁論終結前のAの死亡が考慮されることになります。しかし、これらの最高裁判決も、Aが前訴の口頭弁論終結後に死亡した場合に、「特段の事情」の存在をもって異議事由とすることができるかどうかを明らかにしているわけではありません。

53　井嶋一友裁判官は、本最高裁判決の補足意見において、この問題について「別途検討されるべき問題である」と明言しています。

第1章　既判力の意義と機能

費用の現在価額）× b（被害者の要介護期間）」の算式によって算定されます。〈設
例1-⑨〉に即してみますと、ここでの問題は、前訴判決はbを12年と認定し
たが、前訴の口頭弁論終結後に、実際の要介護期間が3年6か月であることが
判明したというものです。そうすると、問題の本質は、bの点の事実認定の誤
りであるということになります。

　そして、bの点の主張・立証責任について、被害者は、請求原因事実として
「平均生存期間」を主張・立証すればよく、加害者において、抗弁事実として
「当該被害者に平均生存期間を下回る一定の期間しか生存し得ない特段の事情
が存すること」を主張・立証しなければならない（被害者の現実の死亡の事実は、
特段の事情が存することの典型であると考える）という考え方もできないではあ
りません[54]。しかし、このように考える立場に立ったとしても、主張・立証責任
の所在によって前訴の既判力に抵触するかどうかを決することができるわけで
はありません[55]。それは、取消権や相殺権の行使等の事例を通してすでに検討し
たとおりです。

　結局のところ、bの点の事実認定の誤りは、原則として前訴確定判決の既判
力によって治癒されると解するしかないと思われます。そうすると、前訴の口
頭弁論終結前に被害者が死亡した場合と前訴の口頭弁論終結後に被害者が死亡
した場合とは、同一に考えることはできません。すなわち、前訴判決の認定し
た要介護期間満了前に被害者が死亡したことそれ自体を請求異議事由とするこ
とはできないということになります[56]。

(4)　請求異議の訴え（後訴）の請求原因事実と既判力の主張の位置付け

　それでは、被害者の死亡が前訴の口頭弁論終結後の場合には、およそ請求異
議の訴えは理由がないとされるのでしょうか。

　症状固定後長期にわたって要介護状態が継続することを前提として相当高額
の一時金による介護費用の賠償が命じられた場合において、被害者が認定され
た要介護期間の数分の1程度の期間経過後に死亡し、その結果、実際に支出し

54　本最高裁判決についての民事法情報162号42頁のコメント参照。

55　本章Ⅱ1(1)でみたように、条件の未成就や期限の未到来を理由に請求棄却判決を受けても、条件
　　が成就しまたは期限が到来した後に再度訴えを提起することができますが、これらの事由について
　　は前訴確定判決の理由中で明らかにされているものです。

56　河辺・前掲判解（注51）1052頁参照。

た介護費用も認容額の数分の1程度であるといった事態が発生したときは、前訴確定判決に従った執行を認めるのは著しく衡平の理念に反するものと思われます。このようなときは、信義則違反または権利濫用に当たることを理由として、請求異議の訴えによる執行の不許を認めるべきでしょう。すなわち、前訴判決の認定した要介護期間満了前に被害者が死亡したことは、信義則違反または権利濫用という規範的評価を導く評価根拠事実の1つということになります。[57]

　交通事故の被害者Aが前訴確定判決の基準時後に死亡した事実と介護費用に関する請求異議事由との関係をこのように考えることができるとした場合、請求異議の訴えにおける請求原因事実は以下のようになります。[58]

〈請求異議の訴えの請求原因〉

(ｱ)　AとXとの間には、平成9年11月28日に言い渡された前訴の確定判決があるところ、同判決は、平成3年9月18日に発生した交通事故の被害者Aが症状固定の日である平成6年8月31日から12年にわたって要介護状態が継続するものと認定し、その間の介護費用を約5200万円と算定して、同交通事故の加害者Yに対してこれを支払うよう命ずるものである。Aは、平成10年2月28日に死亡し、YがAの相続人である。

(ｲ)　前訴確定判決の介護費用に係る認容金額約5200万円につきYが1520万円を超えて強制執行することは、以下のとおり、信義則違反または権利濫用に当たり許されない。

ⓐ　Aは、前訴の口頭弁論終結日の平成9年9月5日からわずか6か月弱で本件交通事故とは全く無関係の胃がんにより死亡した。

ⓑ　前訴判決は、(ｱ)のとおり、本件交通事故によって負った後遺障害の症状固定後12年にわたってAの要介護状態が継続することを前提として約5200万円に上る介護費用を算定したものであるが、実際にはAの要介護状態は3年6か月しか継続しなかったため、Aはどんなに多く見積もっても1520万円を超える介護費用を支出することはなかった。

57　最1小判昭和37・5・24民集16巻5号1157頁（荷馬車牽き事件判決として著名なもの）は、このような論理構成によるものと考えられます。

58　規範的要件とその要件事実については、司研・要件事実第1巻30頁以下を参照。

第1章　既判力の意義と機能

> よって、Ｙは、㋐の確定判決のうち介護費用に係る1520万円を超える部分の執行力の排除を求める。

　最1小判平成11・12・20は、「被害者死亡後の介護費用が損害に当たらないとすると、被害者が事実審の口頭弁論終結前に死亡した場合とその後に死亡した場合とで賠償すべき損害額が異なることがあり得る」と述べています。ここ[59]に述べた私見のように、信義則違反または権利濫用という規範的評価を導く程度に現実の要介護期間が短く、実際に支出した介護費用が少ないという場合であって初めて請求異議事由になり得ると考えれば、最高裁が被害者の死亡の時期によって「賠償すべき損害額が異なることがあり得る」と述べた理由を理解することができます。

　また、加害者が前訴確定判決に基づいて弁済した場合には、その後の被害者の死亡を理由に死亡後の期間分の介護費用について不当利得返還請求をすることはできません。これは、本章Ⅴ3において「確定判決によってした給付と不当利得返還請求または不法行為に基づく損害賠償請求」として検討した問題に帰着します。

　後訴が前訴確定判決の既判力に抵触して許されない旨のＹの主張は、いわゆる継続説に立って、前訴基準時後のＡの死亡の事実が民事執行法35条2項にいう「口頭弁論の終結後に生じたもの」に当たらないとの法律上の主張をし、逸失利益についてであれ介護費用についてであれ、Ｘの主張する請求原因事実が主張自体失当であるとの指摘をするものと位置付けることができます。しかし、私見のように考える立場に立てば、介護費用について前記のように整理した請求原因事実をもって主張自体失当であるということはできないということになります。

59　民集53巻9号2042頁参照。

Ⅶ 既判力の主観的範囲

1．当事者相対効の原則

前記Ⅰ2に説明したように、既判力は、私人間の紛争解決のために国の設営する民事訴訟制度の目的達成のために不可欠なものとして、確定した終局判決中の訴訟物についての判断に認められる拘束力であり（訴訟法説、制度的効力説）、そのような制度的効力が認められる正当化根拠は、終局判決に至る過程で当事者に対して訴訟手続上の諸権能が付与されていることに求められます（手続保障説）。

その論理的帰結として、既判力は訴訟の当事者のみに及び第三者には及ばないという「当事者相対効の原則」が導かれます。

2．当事者以外の第三者に及ぶ場合についての論点

しかし、当事者相対効の原則をあまりに杓子定規に徹底すると、紛争解決のためにした確定判決に至るまでの当事者と裁判所の努力が無駄になるという事態も考えられます。

民訴法115条1項は、民事訴訟制度の実効性を確保するという観点から、その2号から4号までに確定判決の既判力を当事者以外の第三者に及ぼす場合を規定しています。2号が「訴訟担当の被担当者」、3号が「口頭弁論終結後の承継人」、4号が「請求の目的物の所持者」についての規定であり、これらの第三者に既判力が拡張されることとしています。民訴法以外にも、法律関係を画一的に確定させる必要がある場合につき、広く第三者一般に既判力を拡張する（いわゆる「対世効」を認める）こととした条項が用意されています[60]。

民訴法115条1項2号から4号までのうち、2号の「訴訟担当の被担当者」

---

[60] 例えば、人事訴訟法24条1項は「人事訴訟の確定判決は、民事訴訟法第115条第1項の規定にかかわらず、第三者に対してもその効力を有する。」と、会社法838条は「会社の組織に関する訴えに係る請求を認容する確定判決は、第三者に対してもその効力を有する。」とそれぞれ規定し、確定判決が対世効を有することとしています。

57

第1章　既判力の意義と機能

および4号の「請求の目的物の所持者」については、既判力が拡張される根拠に相違があり、それを反映して、学説上、既判力が拡張されるための要件をどう考えるかについての争いが残ってはいるものの、既判力が及ぶとされる「被担当者」または「所持者」とは誰を指すのか、既判力が拡張される場合の効果（判決の結論の有利・不利を問わず、第三者に効果が及ぶのかどうか）といった大枠については、ほぼ異論がない状況にあります。

　ところが、民訴法115条1項3号については、現在でも、「口頭弁論終結後の承継人」とは誰を指すのか、すなわち、「口頭弁論終結後の承継人」に当たるかどうかをどのような判断枠組みで識別するのか、さらに、既判力が拡張されるというのはどのような効果が及ぶことを意味するのかといった基本的な点につき、共通の理解が成立しているとはいえない状態にあります。

　また、紛争の統一的解決に資するという点に着目して「確定判決の反射的効力」を肯定するという考え方があります。最高裁判例にこの考え方を採用したものはありませんが、学説においては現在も議論の収束していない論点です。

　そこで、項を改めて、口頭弁論終結後の承継人、確定判決の反射的効力の順に検討することにします。

3．口頭弁論終結後の承継人

　口頭弁論終結後の承継人の典型例としては、所有権に基づいて土地の明渡しを請求された被告が事実審の口頭弁論終結後に当該土地の占有を第三者に移転した場合を挙げることができます。

　以下の〈設例1-⑩〉は、最1小判昭和48・6・21民集27巻6号712頁の事案をやや簡略にしたものです。この設例は、占有を移転したのではなく、所有権移転登記を経由したというものですが、口頭弁論終結後の承継人の典型例の1つです。この設例によって、既判力の当事者相対効の原則と既判力を及ぼすべき口頭弁論終結後の承継人の問題を考えてみましょう。

(1)　**最1小判昭和48・6・21を素材にした設例**

―〈設例1-⑩〉――――――――――――――――――――――――――

①　本件土地は、登記簿上A所有名義のものであった。Yは、Aに対し、本件土地はYの所有に属しており、A名義の所有権移転登記は通謀虚

偽表示によるもので無効であると主張して、本件土地につき、真正な登記名義回復を原因とする所有権移転登記手続を求める訴え（前訴）を提起した。A 欠席のまま、昭和43年 4 月17日に口頭弁論が終結し、同月26日に Y の請求を認容する判決が言い渡され、そのころ前訴判決は確定した。

② X は、①の事情を知らずに、昭和43年 6 月27日に A に対する強制競売手続において本件土地を競落し、同年 7 月22日にその旨の所有権移転登記を経由した。そうしたところ、Y は、A に対する前訴確定判決に基づき、X に対する承継執行文の付与を受け、X から Y への所有権移転登記を経由した。

③ これに対し、X は、Y を被告として、本件土地の所有権確認と真正な登記名義回復を原因とする所有権移転登記手続とを求める訴え（後訴）を提起した。

④ 第 1 審は、X は A から本件土地を前訴の口頭弁論終結後に買い受けた者である以上、承継人として前訴判決の既判力を受ける者であるが、口頭弁論終結後の承継人は、口頭弁論終結時における前主と相手方の権利関係について確定判決の内容に抵触するような主張ができないだけであって、その時以後に生じた新たな事実に基づく主張はできるとし、したがって、Y が本件土地について登記を経由する前に第三者である X が前訴の口頭弁論終結後に権利を取得しその登記を経由した場合には、Y は X に対抗できなくなると解するのが相当であると判断し、X の各請求を認容した。Y の控訴につき、控訴審（原審）は控訴棄却。Y が上告。

⑤ Y の上告理由は、原判決は、本件を民法177条の対抗要件の問題として扱っているが、X と Y との関係は対抗関係に立たず、X の競落による所有権移転登記は無効であり、原判決には同条の解釈適用を誤った違

---

61 前訴は、実際には、Y の破産管財人が法定訴訟担当として追行したものですが、その点を簡略にしてあります。

62 名古屋地判昭和46・5・11（民集27巻 6 号715頁に収録）。

63 名古屋高判昭和46・11・25（民集27巻 6 号723頁に収録）。

59

第1章　既判力の意義と機能

法がある、というものである。

(1)　前訴および後訴につき、各訴訟物を明らかにした上で、各主張・立証
　　の構造を検討せよ。
(2)　(1)を前提にして、前訴確定判決の既判力の拘束を受ける争点が後訴に
　　存するかどうかを検討せよ。
(3)　(1)、(2)を前提にして、XがAの「口頭弁論終結後の承継人」に当た
　　るかどうかを検討せよ。

[関係図]

売買（通謀虚偽表示）

Y ────────────→ A

前訴

昭和43・6・27
競落

後訴

X

（前訴）Y → A　所有権に基づく所有権移転登記手続請求
　　　　　　　　（昭和43・4・17弁論終結）
（後訴）X → Y　所有権確認・所有権に基づく所有権移転登記手続請求

(2)　**最 1 小判昭和48・6・21の判断の概要**

(i)　以上の事実関係の下においては、Yは、本件土地につきA名義でな
　　された前記所有権取得登記が、通謀虚偽表示によるもので無効であるこ
　　とを、善意の第三者であるXに対抗することはできないものであるか
　　ら、Xは本件土地の所有権を取得するに至ったものであるというべき
　　である。このことはYとAとの間の前記確定判決の存在によって左右
　　されない。
(ii)　そして、XはAのYに対する本件土地所有権移転登記義務を承継す
　　るものではないから、Yが、右確定判決につき、Aの承継人としてX

60

に対する承継執行文の付与を受けて執行することは許されないといわなければならない。

(ⅲ)　Ｙの右行為は違法であって、右登記の無効であることは前説示に照らし明らかである。結論において右と同趣旨に帰する原審の判断は正当であって、原判決に所論の違法はなく、論旨は理由がない。

　最高裁は、以上のように説示して、Ｙの上告を棄却しました。このうち、(ⅰ)は所有権確認請求についての判断であり、(ⅱ)は所有権に基づく所有権移転登記手続請求についての判断です。

　上記のとおり、本判決の判断は、極めて簡潔なものであるので、〈設例1－⑩〉に検討項目にした3つの論点につき、順に検討することによって、本判決の採用した前訴の口頭弁論終結後の承継人に当たるかどうかの判断枠組みがどのようなものであるかを理解することにしましょう。

(3)　前訴と後訴の訴訟物と主張・立証の構造

(Ａ)　ＹのＡに対する前訴

　ＹとＡとの間の前訴の訴訟物は、登記請求権についての判例・通説である多元説を前提にすると、ＹのＡに対する本件土地所有権に基づく妨害排除請求権としての所有権移転登記請求権です。

　前訴の主張・立証の構造は、以下のとおりです。

〈請求原因〉
(ア)　Ｙは、本件土地をもと所有していた。
(イ)　Ａは、本件土地につき現在所有権移転登記を経由している。

64　〈設例1－⑩〉②のように、前訴確定判決に基づいてＸに対する承継執行文の付与を受けて所有権移転登記を経由したことを指します。

65　登記請求権についての多元説につき、差し当たり、司研・紛争類型別63～64頁を参照。

66　高橋宏志『重点講義民事訴訟法(上)〔第2版補訂版〕』（有斐閣・2013年）694頁は、「通謀虚偽表示という属性を持った請求を訴訟物とする」と説明しています。しかし、第1審判決の理由説示（民集27巻6号720頁）による限り、前訴の訴訟物は本文記載のとおりです。

67　「もと」とは、抗弁事実であるＹとＡとが本件土地の売買契約を締結した時を指します。

68　「現在」とは、前訴の事実審口頭弁論終結時を指します。

第1章　既判力の意義と機能

┌─〈抗弁（所有権喪失）〉─────────────────────────
│ (a)　ＹとＡは、ＹがＡに対して本件土地を売る旨の売買契約を締結した。
└───

┌─〈再抗弁（通謀虚偽表示）〉───────────────────────
│ (ウ)　ＹとＡは、(a)の契約締結に際していずれも売買の合意をする意思が
│　　ないのに、その意思があるもののように仮装することを合意した。[69]
└───

　(B)　ＸのＹに対する後訴

　後訴において、Ｘは、本件土地についての所有権確認と所有権に基づく所
有権移転登記手続を求めました。したがって、訴訟物は、Ｘの本件土地所有
権およびＸのＹに対する本件土地所有権に基づく妨害排除請求権としての所
有権移転登記請求権です。

　後訴の主張・立証の構造は、以下のとおりです。

┌─〈請求原因〉───────────────────────────────
│ (ア)　Ｙは、本件土地をもと所有していた。
│ (a)　ＹとＡは、ＹがＡに対して本件土地を売る旨の売買契約を締結した。
│ (b)　Ｘは、昭和43年6月27日、Ａに対する不動産強制競売手続おいて本
│　　件土地を競落し、その代金を支払った。
│ (c)　Ｙは、本件土地につき現在所有権移転登記を経由し、Ｘが本件土地[70]
│　　を所有することを争っている。
└───

┌─〈抗弁（通謀虚偽表示）〉───────────────────────
│ (ウ)　ＹとＡは、(a)の契約締結に際していずれも売買の合意をする意思が
│　　ないのに、その意思があるもののように仮装することを合意した。
└───

69　通謀虚偽表示の要件事実をどのように考えるかは問題ですが、本書はその点を議論するものでは
　ないので、一応、判決起案の手引中の事実摘示記載例集36頁によっておくことにします。なお、実
　際の事件では、通謀虚偽表示の類推適用が主張されたようですが、主張事実の詳細が明らかでない
　ので、本文では類推適用ではなく純正適用の主張として整理しておきます。
70　「現在」とは、後訴の事実審口頭弁論終結時を指します。

62

〈再抗弁（善意）〉

　(d)　Xは、(b)の競落に際して(ウ)を知らなかった。

(4)　前訴確定判決の既判力の拘束を受ける争点が後訴に存するか

　まず、前訴の訴訟物は上記(3)(A)のとおりですから、前訴確定判決の既判力は、主観的にはYとAとの間に及び、客観的には基準時である昭和43年4月17日においてAがYに対して本件土地所有権に基づく所有権移転登記義務を負うことに及ぶということになります。

　そして、後訴の各訴訟物は上記(3)(B)のとおりですから、後訴の各訴訟物が前訴の訴訟物と同一でないことは、一見して明らかです。また、後訴の主張・立証の構造に照らし、前訴の訴訟物についての判断（AがYに対し、昭和43年4月17日の時点で、Yの本件土地所有権に基づく所有権移転登記義務を負うとの判断）が、後訴の訴訟物についての判断の先決関係に立つといえないこともまた明らかです。

　次に、前訴の争点についての判断——①前訴確定判決の基準時である昭和43年4月17日において本件土地所有権がYに帰属する、②YとAとの間で本件土地の売買契約が締結された、③同売買契約が通謀虚偽表示であったとの判断——は、いずれも判決理由中の判断であって、争点効を否定する判例の立場を前提とする限り、これらの判断部分に既判力が及ばないことは明らかです[71]。すなわち、新旧訴訟物理論のいずれを採ろうと、これら①ないし③の判断部分に既判力が及ばないことに違いはありません[72]。

　ところで、③のYとAとの間の売買契約が通謀虚偽表示であったかどうかの争点は、前訴と後訴とで攻守所を替えたために、前訴では再抗弁、後訴では抗弁になっていますが、この点についての前訴確定判決の判断に既判力が及ばないことは上述のとおりです。

　なお、本件における後訴は、Yが前訴の既判力の拡張を主張して（すなわち、

71　最1小判昭和30・12・1民集9巻13号1903頁は、所有権の帰属に既判力が及ばないことを明らかにしています。最1小判昭和44・6・24判時599号48頁は、明示に争点効を否定しています。

72　高橋・前掲書（注66）684頁は、旧訴訟物理論による場合には通謀虚偽表示に係る判断部分に既判力が及ぶというのですが、その理由は判然としません。

第1章　既判力の意義と機能

XはAの前訴口頭弁論終結後の承継人であると主張して）Xを被告としたもので
はありません。しかし、本件における後訴をそのような単純な形態に置き換え
てみても（すなわち、YがXを被告としてYの本件土地所有権に基づく妨害排除請
求権としての所有権移転登記抹消登記請求をしたと仮定してみても）、所有権に基
づく妨害排除請求権は妨害状態が存する限り当該所有権から不断に発生するも
のであるとの実体法の理解を前提とする限り、Xが前訴の基準時後に本件土
地を競落し、その所有権移転登記を経由したという事実（Xが新たに独自の妨
害状態を作り出したこと）を前提とすると、Xが前訴の訴訟物（YのAに対する
本件土地所有権に基づく妨害排除請求権としての所有権移転登記請求権）である権
利義務の主体になった者ということはできませんし、Xが前訴の訴訟物を先
決関係とする権利義務の主体になった者ということもできません。[73]

(5)　XはAの口頭弁論終結後の承継人に当たるか

前訴と後訴の各訴訟物および各主張・立証の構造につき、上記(4)のように把
握すべきことを理解することができれば、XがAの口頭弁論終結後の承継人
に当たるかどうかの結論を導くのに大きな困難はないと思われます。

(A)　前訴確定判決に拘束される判断がないこと

上記(4)のとおり、YとAとの間の前訴確定判決の既判力のゆえに、XとY
との間の後訴において、後訴裁判所が職権調査し職権探知すべき権利義務関係
があるわけではありませんし、Yが主張・立証責任を負わないでよい事実が
あるわけでも、前訴確定判決の判断内容に抵触するためにXが後訴において[74]
主張することができない主張があるわけでもありません。

後訴の原審は、まず、もとY所有の本件土地につきされていたA名義の登
記がYとAとの間の通謀虚偽表示による無効のものであること、その結果前
訴確定判決の基準時である昭和43年4月17日において本件土地所有権がYに
帰属していたこと、Xがこれらの事情を知らずに前訴の基準時後に本件土地
を競落して所有権移転登記を経由したことにつき、自ら審理判断をしました。

---

[73]　山本克己「判批」民事訴訟法判例百選〔第4版〕（2010年）189頁は、同趣旨をいいます。

[74]　Yは、XがAの口頭弁論終結後の承継人であるから、Aの経由していた登記が通謀虚偽表示であ
ることを主張・立証する必要はないと主張しましたが、原判決がこの主張を容れず、本最高裁判決
も原判決を是認していることは本文のとおりです。

そして、最高裁は、そのような後訴の原審の審理判断を適法なものとして摘示しています。

このような最高裁の態度は、これらの点についての前訴確定判決の事実認定と法律判断とに後訴裁判所は拘束されることがないとの立場に立つことを明らかにしたことを意味しています。

上記(4)の分析からすれば、当然の帰結であると考えることができます。それでは、XがYに対してした2つの請求に即して再検討することにしましょう。

(B) Xの所有権確認請求──前記(2)(i)の判断

最高裁は、Yが善意の第三者であるXに対して通謀虚偽表示による無効を主張することができない結果、Xが本件土地の所有権を取得したと判断しました。

これは、上記(3)(B)のとおりの後訴の主張・立証の構造を前提にして、証拠によってXの主張する再抗弁事実を認定することができるという理屈によって、Xの本件土地の所有権確認請求を認容すべきものとした原判決の結論を肯認した判断です。

また、最高裁は、Xの所有権帰属は前訴確定判決の存在によって左右されないと付言していますが、前記(3)のような前訴と後訴の各訴訟物の把握からすれば、ごく当然の判断であると理解することができます。

(C) Xの所有権移転登記手続請求──前記(2)(ii)の判断

最高裁は、Xが前訴確定判決におけるAのYに対する所有権移転登記義務を承継するものではないから、Xに対する承継執行文の付与を受けて執行することは許されないと判断した上、Yが事実上承継執行文の付与を受けて所有権移転登記を実現したところでそのような登記は無効であるとしました。

この論理展開からすると、最高裁は、Xが確定判決の既判力の及ぶ「口頭弁論終結後の承継人」（現行民訴法115条1項3号）に当たらないことを理由にして、Xが執行力の及ぶ「口頭弁論終結後の承継人」（現行民事執行法23条1項3号）にも当たらないとの結論を導いていると理解することができます[75]。すなわち、最高裁は、既判力の及ぶ範囲と執行力の及ぶ範囲との間に相違がないとの

---

[75] 新堂幸司「判批」民事執行・保全判例百選（2005年）22頁、高橋・前掲書（注66）682頁も同旨。

第1章　既判力の意義と機能

立場に立っているものと思われます。

(6)　前訴の口頭弁論終結後の承継人に当たるかどうかの判断枠組みと民訴法
115条1項3号の規定の意義

上記(5)のとおり、最高裁は、所有権に基づく真正な登記名義の回復のための不動産の所有権移転登記請求の前訴において通謀による虚偽の登記名義であることを理由とする被告敗訴判決の確定判決は、前訴の口頭弁論終結後に被告から当該不動産を善意で譲り受けた第三者に対してその効力を有しないことを明らかにしました。

そして、**本件事案における X が A の口頭弁論終結後の承継人に当たるかどうかは、X が実体法に従って固有の攻撃防御方法を有しているかどうか、それを主張・立証することができるかどうかによって決せられるという論理によって支えられています。**

一般に、このような考え方を「実質説」と呼んでいますが、実体法を適用した結果初めて既判力の及ぶ口頭弁論終結後の承継人に当たるかどうかが判明するというのですから、「実体法説」と呼ぶのが適切であると思われます[76]。

ところで、最1小判昭和41・6・2判時464号25頁（昭和41年最高裁判決）は、要旨、「不動産買受人甲が売渡人乙に対し所有権移転登記履践の請求訴訟を起こし、甲勝訴の判決が確定した場合において、乙から同一不動産の二重譲渡を受けた丙が右訴の事実審の口頭弁論終結後にその所有権移転登記を経たとしても、丙は前示確定判決について、民訴法201条1項（現行民訴法115条1項）の承継人に当たらない。」と判断しました。

この事件に即して、前訴と後訴の各訴訟物、各主張・立証の構造を一々摘示することはしないので、丙が前訴の訴訟物（甲の乙に対する売買契約に基づく所有権移転登記請求権）である権利義務の主体になった者ということができるわけでも、丙が前訴の訴訟物を先決関係とする権利義務の主体になった者ということができるわけでもないこと、および前訴の争点であった甲乙間の売買契約の成立についての事実認定に係る判断部分に既判力が及ばないこと等を各自検討してみてください。

76　ただし、最1小判昭和48・6・21は、「口頭弁論終結後の承継人」に当たるかどうかの判断枠組みとして「実体法説」によることを一般的に宣明した法理判例ではありません。

Ⅶ 既判力の主観的範囲

(7) 適格承継説（形式説・訴訟法説）の存在意義

(A) いわゆる適格承継説（形式説・訴訟法説）とは

第三者が口頭弁論終結後の承継人に当たるかどうか（既判力の拡張を受けるかどうか）は、前訴の当事者適格を承継した者[77]ないし紛争の主体たる地位を承継した者であるかどうか[78]（適格承継説）によって形式的に判断するが、当該第三者の有する固有の攻撃防御方法は遮断されず、当該第三者はこれを主張・立証して争うことは妨げられないとする考え方があり、一般に「形式説」と呼ばれています。

形式説は、論者の掲げる形式的基準を満たす場合には、第三者をいったんは口頭弁論終結後の承継人に当たるとして扱う（すなわち、既判力の及ぶ承継人であると観念する）が、前訴の基準時後の事由を主張・立証することができるかどうかによって、当該第三者が最終的に保護されるかどうかを決する（すなわち、既判力の及ぶ承継人ではあっても執行力の及ぶ承継人ではないという範疇を認める）[79]というもののようです。

上記の説明から明らかなように、形式説は、既判力が拡張される承継人を専ら訴訟法の概念を使って定義しようとする試みですから、「訴訟法説」と呼ぶのが適切であると思われます。

(B) いわゆる適格承継説――形式説の検証

この試みが成功しているかどうかは、次の2点の判断に係るものと思われます。第1に、形式的に判断するための上記の基準が明確であって誤りなく適用することができるようなものであるかどうか、第2に、上記のような2段階による論理操作をするのが既判力についての一般的説明と整合するかどうか、の2点です。

第1に、適格承継説は、一般に、「移転登記手続請求の被告適格は、現に登記名義を有する者（ママ）であるから、本件不動産の登記がYからZに移転すること

---

[77] 山木戸克己「訴訟物たる実体法上の関係の承継」法セ30号（1958年）44頁、小山昇『判決効の研究』（信山社・1990年）168頁を参照。

[78] 新堂661頁を参照。なお、「紛争の主体たる地位を承継した者」という表現は、旧民訴法74条1項（現行民訴法50条1項）の義務承継人に当たるかどうかを判断した最3小判昭和41・3・22民集20巻3号484頁にもみられる。

[79] 長谷部由起子『民事訴訟法〔新版〕』（岩波書店・2017年）283頁を参照。

67

第1章　既判力の意義と機能

によって、Ｚに被告適格が承継されたことになる。」などと説明されます。[80]し
かし、被告が現に登記名義を有するかどうかは、被告適格の問題ではなく、請
求が認容されるかどうかの本案の問題です。[81]したがって、既判力が拡張される
承継人を「当事者適格」という訴訟法の概念を借用して説明しようという試み
は、その出発点において疑問があります。これを、紛争の主体たる地位の承継
と言い換えてみても、問題が解決されたわけでも基準がより明確になったわけ
でもありません。

　第2に、前訴確定判決の既判力が前訴の基準時における訴訟物のみに及ぶこ
とは、口頭弁論終結後の承継人が現れるかどうかにかかわりのないことです。
口頭弁論終結後の承継人に当たるかどうかを議論するときには、基準時の問題
を考慮に入れないで既判力が及ぶ承継人の範囲を確定した上で、基準時の問題
を既判力の外側の問題として扱う（執行力の問題として扱う）というのが既判力
についての整合的な説明であるのかどうかについても疑問が残ります。

　そして、形式説（訴訟法説）は、もともと、基準時後に登場した第三者のう
ち、前訴の既判力の及ぶ者の外延を決するための基準を提供する目的のもので
あったはずなのですが、これまでの分析から明らかなとおり、前訴の訴訟物で
ある権利義務そのものまたはそれと先決関係にある権利義務の主体になったの
でないＸをも前訴の既判力の及ぶ者の範疇に含めるという結果を導いており、
当初の目的を実現するための道具概念になっているかどうかについて疑問がぬ
ぐえません。

(8)　民訴法115条1項3号の規定の意義

　最1小判昭和48・6・21の事案から明らかであるのは、前訴の口頭弁論終結
後に係争物の所有名義または占有を承継する第三者が現れた場合であっても、
当該第三者が前訴確定判決の訴訟物についての判断と訴訟法的な観点における
関係を有する者であるとはいえないときがあるという現実です。

　前記(5)(A)のとおり、後訴の主張中に、前訴確定判決の訴訟物についての判断

80　長谷部由起子＝山本弘＝笠井正俊『基礎演習民事訴訟法〔第3版〕』（弘文堂・2018年）184頁〔本
　間靖規〕を参照。

81　本文(3)(A)、(B)に整理したとおり、被告名義の登記が経由されていることは、前訴および後訴にお
　ける請求原因事実であって、被告適格の問題ではありません。

VII 既判力の主観的範囲

と矛盾するものはありませんし、前訴確定判決の訴訟物についての判断を先決問題とするものもありません。

そこで、例えば、後訴の請求原因に対し、Y が通謀虚偽表示の抗弁を主張・立証したのに、X において善意の再抗弁を主張しなかった場合またはその立証に失敗した場合には、X の後訴請求はいずれも棄却されることになるのですが、そのような X を「A の口頭弁論終結後の承継人」と呼ぶのかどうかが問題になります。

この場合の X を A の口頭弁論終結後の承継人と呼ぶことにしても、これまでの分析から明らかなように、後訴の訴訟手続において前訴確定判決の訴訟物についての判断に拘束される何物もないのですから、本来的には、既判力の拡張とは何らの論理的関係もないのです。単に、Y が承継執行文の付与を受けて、Y を所有名義人とする登記を事実上実現させた場合に、その登記手続を当初から適法であったと評価することができるというにすぎません。

そうすると、民訴法115条 1 項 3 号は、①前訴確定判決の訴訟物である権利義務自体を承継した者、②訴訟物である権利義務を先決関係とする権利義務を承継した者のみならず、③上記①または②のいずれにも当たらなくても、前訴の口頭弁論終結後に係争物の所有名義または占有を承継するなどした第三者が現れたときに、実体法を適用した結果、前訴の当事者の地位に依存する関係に立つ者と判断された者を「口頭弁論終結後の承継人」と呼ぶことにするという規定であるということになります。

このうち、①と②の場合は既判力の拡張として説明するのが既判力論と整合するのですが、③の場合は既判力の拡張として説明するのは既判力論とは整合しません。そして、実際に紛争になる場合としては、①は極少、②もそう多くはなく、③が多数なのです。

そうすると、現行民訴法115条 1 項 3 号の規定は、既判力の拡張として説明することのできる①と②の場合だけでなく、論理的には既判力の拡張として説明することのできない③の場合を含めて、「口頭弁論終結後の承継人」と呼ん

82　形式説（訴訟法説）に立つ論者は当然にそう考えているのでしょうし、実質説（実体法説）に立つ判例もおそらくそう考えているのでしょう。

83　現に、本判決のみならず、昭和41年最高裁判決も、③の場合に当たる事案です。

第1章　既判力の意義と機能

で前訴確定判決の既判力が及ぶこととするという立法的割切りをしたものと説明するしかないということになります。

(9)　おわりに

実体法説（実質説）を採ろうが訴訟法説（形式説、適格承継説）を採ろうが、本判決の事案についての結論は同じところに帰着するものと思われます。訴訟法の理屈が実体法上の権利義務を変容させることになるという結論を容認することはできないからです。

そうすると、実体法上の権利義務を実効あらしめる（適正迅速に実現する）ための手続法上の判断枠組みをどのように構成するのが、手続法上のその他の理屈とよりよく整合し使い勝手がよいかを検証することが肝要です。

そのような検証には、具体的に、そこで問題になっている訴訟物を確認し、主張・立証の構造を確認することによって、「既判力によって拘束される判断」なるものが存在するのかしないのかを明確化することが必須です。例えば、訴訟法説（形式説、適格承継説）を採ることを前提として、相手方と被承継人との間でされた前訴判決中の既判力ある判断とはどのようなものを指しているのか、その結論が既判力についての一般理論と整合しているかどうかを検証する必要があります。

4．確定判決の反射的効力

(1)　反射的効力の意義

前記2のとおり、民訴法115条1項2号ないし4号が当事者以外に確定判決の効力が及ぶ第三者の範囲を規定していますが、そのほかに、**当事者の一方と実体法上従属または依存関係にある第三者に対して有利または不利に確定判決の効力が及ぶことを肯定する考え方**があり、そのような効力を「反射的効力」と呼んでいます。

実体法上の従属関係があるとされる典型例として、主債務者に対する保証人の地位が挙げられます。そして、主債務者が主債務の不存在を理由として債権者との間の訴訟で勝訴した場合には、保証債務の附従性（民法448条）により、保証人から主債務者勝訴の確定判決を援用されたときは、債権者は保証人に対する訴訟において主債務の存在を主張することができない、といった説明がさ

れます。[84]

(2) 反射的効力という考え方と既判力本質論との関係

反射的効力という考え方と既判力本質論との間には、深い関係があります。

すなわち、既判力について、判決が確定することによって訴訟物として争われた権利が実体法上変動すると考える（実体法説）のであれば、主債務と保証債務との関係を反射的効力によって説明する必要はないと考えられています。

例えば、主債務者と債権者との間の主債務の履行請求訴訟において主債務者勝訴の判決が確定したときは、実体法上、当該主債務は自然債務の性質を有することになる（訴求不可能な態様の債務に性質が変化する）ので、保証債務の附従性によって、債権者は保証人に対しても保証債務の履行請求をすることができない（提起した場合には、請求が棄却される。）と説明することになるようです。[85]

これに対し、現在の学説の圧倒的多数説は、既判力を実体法から切り離し、後訴裁判所に対する訴訟法上の拘束力と考える（訴訟法説）ので、上記のような説明をすることはできません。そこで、上記の結論が常識に合致すると考える一部の学説は、既判力とは異なる反射的効力という考え方を採用し、保証債務の附従性といった実体法上の原則を媒介にして、当事者の一方と実体法上従属または依存関係にある第三者に対して有利または不利に確定判決の効力が及ぶとの結論を導こうとしたのです。これが反射的効力を肯定する伝統的見解です。

---

[84] 高田裕成「判決の反射的効力」民事訴訟法の争点〔新版〕（1988年）300頁、高橋・前掲書（注66）748頁を参照。

[85] 山本和彦『民事訴訟法の基本問題』（判例タイムズ社・2002年）183頁、伊藤眞＝加藤新太郎＝山本和彦『民事訴訟法の論争』（有斐閣・2007年）93～95頁を参照。伊藤ほか・前掲書（本注）95頁〔山本和彦発言〕は、債権者の敗訴判決が確定した場合の債務は自然債務（不完全債務）になると解するのが実体法学説の多数説であると述べています。しかし、ここでの問題は、「債務者が獲得した勝訴判決の確定によって、当該債務が対世的に自然債務（不完全債務）に変性する」と解することに正当な根拠があるかどうかにあるのではないかと思われます。そうであるとすると、この問題が実体法の領域に専属するといってよいのかにも疑問があります。

[86] 川口冨男「判解」最判解民〔昭和51年度〕387頁は、反射的効力を肯定する見解につき、「確定判決によって主債務者に支払義務がないとされているのに保証人に支払義務を課するのは『常識的にもおかしい』との感覚に導かれているといえよう」と指摘しており、また、新堂740頁は、反射的効力を肯定する第1の根拠として、「関連紛争の解決方法として常識的であり妥当であるとの考慮が働いている」と述べていますが、これも同旨をいうものです。

第1章　既判力の意義と機能

この見解は、反射的効力の既判力と異なる特性として、①既判力は職権調査事項であるが、反射的効力はこれにより利益を受ける者が訴訟において援用（主張）して初めて顧慮すれば足りる、②既判力は再審によって取り消されない限り不可抗争性を有するが、反射的効力は馴合訴訟等の信義則違反がある場合には効力が否定される、③既判力を受ける者は共同訴訟的補助参加することができるが、反射的効力を受ける者は補助参加することができるにとどまる、④既判力は判決主文中の判断のみに生ずるが、反射的効力は判決理由中の判断についても生ずるといった点を挙げます。[87]

ところが、現在では、上記の訴訟法説に立った上で、既判力の主観的範囲の拡張の1場合にすぎず、反射的効力という考え方を採る実益はないとする見解[88]や、そもそも反射的効力を肯定することが常識に合致すると考えるのが誤りであるとする否定説[89]が有力に唱えられるに至っており、その結果、反射的効力を肯定する伝統的見解は、現在では「少数説に転落した感すらある」といわれています。[90]

(3)　最1小判昭和51・10・21を素材にした設例

それでは、最1小判昭和51・10・21民集30巻9号903頁を素材にして、保証人による反射的効力援用の許否の問題を検討してみましょう。

――〈設例1-⑪〉―――――――――――――――――――――――――――

①　Yは、「Aは、Yから、昭和38年1月6日に150万円を借り受け、Xはその連帯保証をした」と主張して、Aの相続人BとXとを共同被告として同金員の支払を求める訴訟を提起した。Bは請求原因事実を否認して争ったが、Xは口頭弁論期日において請求原因事実を全て認めたので、Xに関する弁論が分離され、昭和41年10月26日に請求認容の判

―――――――――――――――――――――――――――――――――――

87　鈴木正裕「判決の反射的効果」判タ261号（1971年）4頁、高田・前掲論文（注84）300頁、川口・前掲判解（注86）382頁を参照。
88　鈴木・前掲論文（注87）17頁、竹下守夫「判決の反射的効果についての覚え書」一橋論叢95巻1号（1986年）37頁を参照。
89　上村明広「確定判決の反射効と既判力拡張」中村宗雄先生古稀祝賀記念論文集『民事訴訟の法理』（敬文堂・1965年）381頁、後藤勇「確定判決の反射的効力」判タ347号（1977年）11頁、上野泰男「既判力の主観的範囲に関する一考察」関西大学法学論集41巻3号（1991年）429頁、伊藤眞『民事訴訟法〔第4版補訂版〕』（有斐閣・2014年）565頁以下を参照。
90　山本（和）・前掲書（注85）173頁を参照。

72

決がされ、同年11月12日に同判決は確定した。

② Bとの関係では、証拠調べの結果、YのAに対する貸付けの事実が否定され、昭和44年12月3日に請求棄却の判決がされ、昭和45年8月26日に同判決は確定した。

③ そこで、Xは、Yを被告として請求異議訴訟を提起し、上記①の確定判決は連帯保証債務の履行を命ずるものであるところ、B・Y間の上記②の確定判決により、その主債務が不存在であると確定したから、保証債務の附従性に基づき、Xに対する上記①の確定判決の執行力の排除を求めると主張した。

④ 第1審は、「主たる債務者と債権者との間において判決の既判力により主たる債務の不存在が確定し、もはや主たる債務者が債権者に対して右債務を履行する必要がなくなった場合においては、保証人は、保証債務の附従性から、債権者に対し、主たる債務者が獲得した右勝訴判決を援用して、その保証債務の履行を拒絶しうべきものであり、そして、本件のように保証人が敗訴の確定判決を受けた場合においては、右履行拒絶の事由が右判決の基礎となった事実審の口頭弁論終結後に生じたものであるときは、右事由を原因とする請求異議の訴により、自己に対する右確定判決の執行力の排除を求めうるものと帰するのが相当である。」として、Xの請求を認容した。[91] Yが控訴。

⑤ 控訴審（原審）は、「債権者と主たる債務者との間において、主たる債務が存在しない旨の確定判決がなされても、これによって、債権者と主たる債務者との間において主たる債務の存在しないことが確定されるに止まり、債権者と保証人との間においてまで、主たる債務の存在しないことが確定されるわけのものではないから、右の如き主たる債務者に対する確定判決がこれより先に保証人に対してなされた確定判決に影響を及ぼすものではない。」と判断し、第1審判決を取り消し、Xの請求を棄却した。[92]

⑥ Xは、保証債務には附従性があるから、既判力の拡張または反射的

---

[91] 松山地大洲支判昭和49・2・27高民集27巻3号326頁、金判513号12頁。

[92] 高松高判昭和49・7・29高民集27巻3号319頁、判時763号53頁。

効力により、主債務者の勝訴確定判決の効力が保証人に及ぶものと解すべきであり、原判決には法令の解釈を誤った違法があると主張し、上告した。

(1) Xの提起した請求異議の訴えにつき、その主張・立証の構造を明らかにし、反射的効力の主張の位置付けを検討せよ。
(2) YのBに対する主債務の履行を求める訴訟についての請求棄却判決が、YのXに対する保証債務の履行を求める訴訟の係属中に確定した場合に、XがBの獲得した請求棄却判決を援用して、反射的効力の主張をすることが許されるかどうかを検討せよ。
(3) 債権者・主債務者・保証人間の紛争を統一的に解決するのが相当であるとの考え方と相対的に解決するのが相当であるとの考え方につき、それぞれの長短を検討せよ。

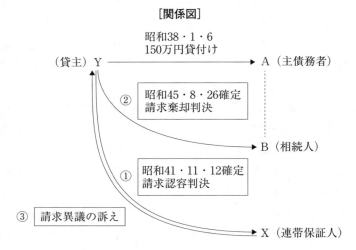

[関係図]

(4) 最1小判昭和51・10・21の判断の概要

(i) 一般に保証人が、債権者からの保証債務履行請求訴訟において、主債務者勝訴の確定判決を援用することにより保証人勝訴の判決を導きうる

と解せられるにしても、保証人がすでに保証人敗訴の確定判決を受けているときは、保証人敗訴の判決確定後に主債務者勝訴の判決が確定しても、同判決が保証人敗訴の確定判決の基礎となった事実審口頭弁論終結の時までに生じた事実を理由としてされている以上、保証人は右主債務者勝訴の確定判決を保証人敗訴の確定判決に対する請求異議の事由にする余地はないものと解すべきである。

(ii)　けだし、①保証人が主債務者勝訴の確定判決を援用することが許されるにしても、これは、右確定判決の既判力が保証人に拡張されることに基づくものではないと解すべきであり、また、②保証人は、保証人敗訴の確定判決の効力として、その判決の基礎となった事実審口頭弁論終結の時までに提出できたにもかかわらず提出しなかった事実に基づいてはもはや債権者の権利を争うことは許されないと解すべきところ、保証人敗訴判決の確定後において主債務者勝訴の確定判決があっても、その勝訴の理由が保証人敗訴判決の基礎となった事実審口頭弁論の終結後に生じた事由に基づくものでない限り、この主債務者勝訴確定判決を援用して、保証人敗訴の確定判決に対する請求異議事由とするのを認めることは、実質的には前記保証人敗訴の確定判決の効力により保証人が主張することのできない事実に基づいて再び債権者の権利を争うことを容認するのとなんら異なるところがないといえるからである。（①、②の付番は、筆者による。）

　最高裁は、概略以上のように説示して、Xの上告を棄却しました。最高裁は、(i)において、主債務者勝訴の確定判決をもって保証人敗訴の確定判決に対する請求異議事由とすることが許されないとの結論を採ることを明らかにし、(ii)において、請求異議事由とすることが許されない理由を説示しました。

　それでは、〈設例1-⑪〉に検討項目として挙げた3つの観点から、民事訴訟の実際における反射的効力という考え方の意義と機能とを検討することにしましょう。

第1章　既判力の意義と機能

(5)　Xの提起した請求異議の訴えの主張・立証の構造と反射的効力の主張の位置付け

(A)　請求異議の訴えの主張・立証の構造

Xの提起した請求異議の訴えの訴訟物は、執行法上の異議権です。その主張・立証の構造は、以下のとおりです。

〈請求原因〉

(ア)　XとYとの間には、AがYから昭和38年1月6日に借り受けた150万円の借受債務につき、Xがその保証をしたことを理由として、150万円の支払を命ずる旨の昭和41年11月12日に確定した判決がある。

(イ)　Aの相続人であるBは、Yの提起した貸金請求訴訟において、YのAに対する貸付けの事実が認められないことを理由として請求を棄却する旨の判決を獲得し、同判決は昭和45年8月26日に確定した。
　　よって、Xは、(ア)の確定判決の執行力の排除を求める。

これに対する抗弁や再抗弁は、ありません。

XのYに対する後訴がY・X間の前訴確定判決の執行力の排除を求める請求異議訴訟であるため、Xは、(イ)において、前訴の基準時後に生じた事由として、主債務の履行請求が棄却されたY・B間の判決の確定を主張したのです。

昭和38年1月6日に貸付けの事実がないことが昭和41年10月ころの基準時後に生じた事由でないことは明らかであるので、Xは、昭和45年8月26日に確定したY・B間の判決を持ち出したのです。

そして、Xは、この(イ)が主張自体失当であるとされないための理由付けのために、Y・B間の確定判決の反射的効力という訴訟法上の理屈を援用したのです。

本件の第1審はXのこの主張を採用したのですが、控訴審と最高裁はXのこの主張を主張自体失当として排斥したのです。

(B)　最高裁の判決理由

最高裁は、前記(4)(i)の結論部分および(ii)の理由付け部分のいずれにおいても、反射的効力という考え方を採用するかどうかを明らかにせず、反射的効力の考え方を仮定しての論理的帰結を示すという珍しい手法を採用しています。

最高裁は、当事者が手続保障を受けたがゆえに拘束される既判力の効力を尊重し、基準時以前の事実をもって自らの受けた確定判決に対する請求異議事由とすることは、反射的効力を肯定する立場に立ったとしても許されないとの判断をしたのです。

なお、最高裁は、「主債務者勝訴の確定判決の理由が保証人敗訴の確定判決の基準時後に生じたものであれば、主債務者勝訴の確定判決自体をもって請求異議事由とすることが許される」との判断をしたのでもありません。あくまでも、反射的効力を肯定する立場に立つことを仮定しての説示であることを正確に理解する必要があります。

ところで、前記(2)の既判力についての実体法説によれば、基準時後に主債務履行請求訴訟において主債務の不成立を理由とする請求棄却判決が確定した場合には、基準時後に主債務の態様が変化したものとみて、この請求棄却判決をもって請求異議事由にすることができると考えるようです。そうだとすると、**最高裁は、本判決によって既判力についての実体法説に立たないことを示した**と理解することができます。

さらに、最高裁は、前記(4)(ii)①のとおり、「これは、右確定判決の既判力が保証人に拡張されることに基づくものではないと解すべきであ（る）」と説示していますから、**反射的効力という考え方につき、既判力の主観的範囲の拡張の1場合とする立場に立たないことを明らかにした**と理解することができます。

(6)　**保証債務履行請求訴訟において主債務不存在とする確定判決の反射的効力を主張することの許否**

保証債務履行請求訴訟において主債務不存在とする確定判決の反射的効力を主張することが許されるかどうかという問いは、最1小判昭和51・10・21の事案をひとまず離れて、紛争の統一的解決という観点から、確定判決の反射的効力を肯定すべきであるかどうかという問題に答えようとするものであり、結局、確定判決の反射的効力という議論を支えている「紛争の統一的解決」という常識がよく考えられた賢明なものであるのかどうかを検討するというところに帰着します。

93　山本（和）・前掲書（注85）184頁、川口・前掲判解（注86）383～384頁を参照。

第1章　既判力の意義と機能

(A)　紛争の統一的解決と相対的解決との優劣

　債権者、主債務者および保証人の3者間の紛争についてみると、主債務が不成立とされているのに保証債務ありとするのは常識に合致しないとか、債権者との間で勝訴判決を獲得した主債務者が保証人から求償されることによってその地位が不安定になるのは落着きが悪いと感ずる者は、民法448条に規定する保証債務の附従性を持ち出し、紛争を統一的に解決するための民訴法上の道具として確定判決の反射的効力という考え方を肯定しようとします。[95]

　これに対し、我が国の民訴法が紛争の相対的解決を原則とする以上、債権者、主債務者および保証人の3者間の紛争において、主債務の発生・存続について訴訟上の判断が区々になることは様々要因から起こり得ることであり、やむを得ないし、むしろそのような解決こそが望ましいものとして、立法的な割り切りをしたと考える者は、反射的効力という理屈の基礎にある常識とか落着きといったものに確かな根拠がないと考えます。また、債権者と保証人との間の訴訟で、債権者と主債務者との間の確定判決における主債務についての判断に債権者が拘束されることを肯定するのは、様々な事情を勘案して訴訟への対処方法を決する当事者の自由（裁量）を否定するものであって、訴訟における当事者の権限に対する制約が合理的な範囲に収まっているとはいえないと考えます。

(B)　紛争の実態の多様性と反射的効力

　反射的効力という理屈が、「債権者と主債務者との間の主債務履行請求訴訟の確定判決の理由中の主債務の存否に関する判断は、債権者と保証人との間の保証債務履行請求訴訟において、保証人の有利に影響を及ぼす。同保証債務履行請求訴訟に係る判決が主債務履行請求訴訟に係る判決に先立って確定した場

94　野村秀敏「判決の反射的効力」新堂幸司監修『実務民事訴訟講座［第3期］3巻民事訴訟の審理・裁判』（日本評論社・2013年）377頁以下は、同旨をいうものと思われます。

95　しかし、保証債務の附従性とは、債権者が保証人に対して保証債務の履行請求をするためには、主債務の発生を主張・立証しなければならず、債権者において主債務の発生原因事実の主張・立証に成功しなかった場合、または保証人において主債務の発生障害事由、消滅事由もしくは阻止事由の主張・立証に成功した場合には、保証債務の履行請求が棄却されることを意味するにすぎず、債権者と主債務者との間の主債務履行請求訴訟における判決が何らかの効力を及ぼすことを意味するものではありません。伊藤・前掲書（注89）565頁、山本（弘）「判批」民事訴訟法判例百選〔第5版〕（2015年）191頁を参照。

78

合も同様である（すなわち、主債務履行請求訴訟の確定判決の理由中の主債務の不成立または消滅の判断は当然に請求異議事由になる。）。」という考え方であるとしますと、そのような考え方はものの見方が一面的にすぎて現実の世界で生起する紛争の実態を掬い取ることができていないのではないかとの疑問が生じます。

　例えば、本件第1審判決がYの主張として摘示するように、Xと並ぶもう1人の連帯保証人Cが主債務者Aの代理人としてY・A間の消費貸借契約を締結している事案であって、XとCは、C・A間の従前の関係からして少なくとも表見代理が成立する場合であることは争うことができないと考え、連帯保証人の責任を認め、請求原因事実を全て自白した上、「現在手許不如意で全額を一時に支払うことができない。」と陳述したことが契機になって、受訴裁判所が、Aの弁論からXとCの弁論を分離して、Y勝訴の判決をし、同判決が確定したものとしましょう。

　この場合のXは、共同被告であるB（Aの相続人）が主債務の成立を争っていることを知悉しながら、表見代理による主債務の成立認定が確実なものであるとの自らの判断に基づき、請求原因事実を自白するという訴訟行為をすることを選択したわけです。Y・B間の訴訟における判決が、訴訟追行への熱心さ、巧拙、証人になることにつき関係者の協力が得られたかどうかといった様々な理由により、Yの請求棄却という結論で終わったからといって、Xが手続保障を受け、自らの責任でした訴訟行為の結果として受けたY・X間の確定判決を覆すことを容認するのは、手続的正義の観念と整合しないというべきでしょう[96]。これを容認するというのは、当事者の機会主義的行動を訴訟手続において容認することであり、結局のところ、紛争解決における各当事者の自由（裁量）を軽視するという態度のように思われます。前記脚注95のとおり、民法の規定する保証債務の附従性の原則は、論理的な関連がありません。

　自らの得た確定判決に従って債権者Yに対して保証債務の履行をしたXが主債務者Bに対して求償するという場面を想定してみても、Xは主債務の成立を主張・立証しなければならないので、保証債務の附従性の観点からBに不都合が生ずるということはありません。X・B間の訴訟において、Bは、

96　川口・前掲判解（注86）384頁は、主債務者勝訴の確定判決を請求異議事由として認める考え方につき、「われわれの感覚にはにわかになじまない」と述べる。

第1章　既判力の意義と機能

Y・B間の訴訟においてBの勝訴した確定判決を証拠として提出して争うことができますから、Y・B間の訴訟におけるBの努力を無にするものではありません。また、Bは、それ以前にXを被告として求償債権の有無の確認を求める訴訟を提起し、判決を得ることができたのですから、保証債務の履行をしたXから求償に係る訴訟を提起されても文句をいう筋合いはありません。Bは、主債務の成立を否認するまたは主債務の発生障害・消滅の抗弁を主張するなどして争うことになります。Y・B間の確定判決が十分な主張・立証を経たものであって説得力のあるものであれば、X・B間の訴訟の判決をする裁判所も同じ判断をすることになるでしょうし、Bにめぼしい資産がないなど様々な理由からYが十分な主張・立証をすることを怠ったといった場合には、X・B間の訴訟の判決をする裁判所は同じ認定判断をしないことになるかもしれません。しかし、XはY・B間の訴訟において手続保障を受けていないのですから、XがYによる訴訟行為の結果によるY・B間の確定判決に拘束されるいわれはありません。

　このようにして、債権者Yが保証人Xから債権を回収し、Xが主債務者Bに対する勝訴判決を得たとしても、XがBから求償債権を現実に回収することができるかどうかは、Bの資産に対する執行可能性次第ということになります。仮にXがBから求償債権を現実に回収することができたとしても、YがXから回収した金員をBに対して返還しなければならない理由はありません[97]から、Y・B・X間の紛争はこれで収束します。

　そして、以上の検討は、本件事案と異なり、主債務者Bが債権者Yとの間の訴訟で勝訴した判決が、Yの保証人Xに対する訴訟提起に先立って確定していた場合でも大きな相違はありません。ただし、ここでは、Yが自らの訴訟行為の結果主債務者Bに敗訴したのであれば、保証人Xとの間においても、そのような訴訟行為の結果受けた敗訴確定判決に拘束されても仕方がないという考え方に全く理由がないとはいえないかもしれません。

---

[97]　高橋宏志「判批」重判解〔昭和51年度〕143頁は、「2つの後続訴訟を経由して最終的にはYは得た金を吐き出さなければならないことが実体法的に高い蓋然性をもって予想されるときには、理由付けはともかく、本件でXの請求異議を容れておく方が訴訟制度の運営としては効率的というべきであろう。」というが、主債務者BがYに対してどのような請求権を行使するのか不明です。本判決は、「最終的にはYは得た金を吐き出さなければならない」と考えていないものと思われます。

80

しかし、この考え方は、手続保障というものを極めて抽象的なレベルで捉えるものです。すなわち、この考え方は、債権者Yが資産の乏しい主債務者Bとの間の訴訟に金と時間を注がず、資産があって回収可能性の高い保証人Xとの間の訴訟に金と時間を注ぐといった訴訟行為の自由（裁量）を認めないという立場に立つものですし、また、主債務者Bとの間の訴訟では協力の得られなかった証人の協力が保証人Xとの間の訴訟では得られることになったというような実際の訴訟で日常的に直面する証拠収集の問題を無視または軽視するという立場に立っているのではないかとの疑問があります。

このような訴訟の実態ないし動態をも考慮するために、Y・B間の訴訟が真摯かつ真剣に追行され、証拠収集上の問題もないような場合であることを条件にして反射的効力を肯定するとの考え方を採るのなら、Xに、Bの勝訴したY・B間の確定判決を証拠として提出して争うことを認めるのが、このような条件を最も正確に反映させる実際的な方法であると考えられます。

結局、確定判決の反射的効力という考え方は、抽象的な観点からの「紛争の統一的解決」に資するようにみえますが、紛争の実態または当事者の訴訟における争い方の多様性を軽視したものであって、現実に生起する紛争を総体として適正に解決する方策というには疑問の残る考え方であると思われます。

⑺ **最高裁判例と反射的効力**

ここで、最1小判昭和51・10・21以外の最高裁判決を検討し、最高裁の反射的効力についての受け止め方の傾向を理解しておくことにしましょう。

(A) **最2小判昭和31・7・20民集10巻8号965頁**

土地賃借人の賃貸人に対する土地明渡義務が判決で確定した場合において、土地の転借人および土地の転借人所有の地上建物の賃借人に対して同確定判決の効力が及ぶことはなく、土地賃貸人に対して土地賃借権の存在を主張することができるとしたものです。

この最高裁判決は、適法な土地転借人等に対し、土地賃借人の受けた「確定判決が当然に原判示の如き効果を及ぼすものと解すべき法理上の根拠に乏し（い）」と判断し、賃借人の受けた判決の反射的効力が転借人等に及ぶことを明確に否定しました。

第1章　既判力の意義と機能

　(B)　最1小判昭和37・4・12集民60号167頁

　債権者と主債務者との間で主債務の存在を認める判決が確定しても、その判決の効力が保証人に及ぶものではないとしました。[99]

　(C)　最1小判昭和53・3・23判時886号35頁

　交通事故の被害者Xが衝突車の運行供用者Y1と道路管理者Y2とを共同被告とする損害賠償請求訴訟において、第1審でY1が同一の交通事故によって被った損害についての賠償債権を自働債権として相殺の抗弁を主張したところ、相殺の抗弁を容れた第1審判決が確定したという事案におけるものです。[100] Y2は、控訴審に至って、Y1とY2とはXに対して不真正連帯債務を負う関係にあるから、Y2のXに対する賠償義務も相殺額の範囲で消滅したと主張しました。控訴審は、Y2のこの主張を容れて第1審判決を変更し、Y1と同額の損害賠償を命じました。

　最高裁は、「不真正連帯債務者中の1人と債権者との間の確定判決は、他の債務者にその効力を及ぼすものではなく、このことは、民訴法199条2項（筆者注：現行法114条2項）により確定判決の既判力が相殺のために主張された反対債権の存否について生ずる場合においても同様であると解すべきである。……他の債務者と債権者との訴訟においてこの債務消滅を認めて判決の基礎とするためには、右相殺が実体法上有効であることを認定判断することを要し、相殺の当事者たる債務者と債権者との間にその相殺の効力を肯定した確定判決が存在する場合であっても、この判決の効力は他の債務者と債権者との間の訴訟に及ぶものではないと解すべきであるから、右認定判断はこれを省略することはできない。」と判断しました。

　上記の判決文から明らかなように、この最高裁判決は、反射的効力という考え方自体についての態度決定はしなかったのですが、不真正連帯債務者中の1

98　学説は、この最高裁判決の結論に賛成します。山本（和）・前掲書（注85）187頁、高橋・前掲書（注66）752頁を参照。

99　反射的効力否定説はもちろん、反射的効力肯定説も、第三者の手続保障を損なうおそれがあることを理由に、第三者に不利に反射的効力を及ぼすことを原則として否定するのが多数説ですから、大方の学説は昭和37年最高裁判決の結論に異論がないものと思われます。竹下・前掲論文（注88）44頁、山本（和）・前掲書（注85）191頁、高橋・前掲書（注66）752頁を参照。

100　最3小判昭和49・6・28民集28巻5号666頁は、同一事故の損害賠償債権相互間での相殺が許されないことを再確認しましたが、本文の第1審判決はその前に言い渡されたものです。

82

人と債権者との間の訴訟において相殺を認めた確定判決が他の債務者に対して反射的効力が及ぶことを明確に否定しました[101]。

(8) 小 括

前記(7)にみたとおり、最高裁判例には、確定判決の反射的効力を認めたものはなく、将来的にこの理屈が肯定されるであろうとの展望もない状況にあります。

確定判決の反射的効力という問題を起点として、「紛争の統一的解決が望ましい」という通念ないし常識につき、実体法的観点および手続法的観点の双方から、読者それぞれが考えられることを期待したいところです。

---

101 大方の学説は、既判力の実体法説に立てば、連帯債務または不真正連帯債務につき、一定の債務消滅原因に絶対効が認められている範囲で反射的効力を認める余地はあるとしながら、この最高裁判決の結論に賛成しています。山本（和）・前掲書（注85）187頁、高橋・前掲書（注66）767頁を参照。

第 2 章　処分権主義の意義と機能

第2章 処分権主義の意義と機能

Ⅰ 処分権主義とは

1．処分権主義の意義と根拠

　民事訴訟手続の開始、そこにおける審理・判断（これを簡略に「審判」ということもあります）の対象の特定、訴訟の終了等につき、訴訟当事者の自主的な決定権限と責任とを認め、裁判所はその決定に拘束されるという原理・原則を、処分権主義と呼びます。

　我が国の民事訴訟が処分権主義によって運営されることになったのは、民事訴訟の対象である私人間の権利関係は私的自治に委ねられているから、そのような私人間の権利関係の紛争解決のシステムである民事訴訟においては、訴訟当事者の自主的な決定権限と責任とを認めるべきであるとの考え方によるものであると理解されています[1]。

　ただし、民事訴訟によって解決することとされている紛争の中にも、裁判所が当事者のした申立事項に拘束されない例外があります。境界確定訴訟、共有物分割訴訟といった形式的形成訴訟といわれるものがそれですが、これらの訴訟が処分権主義の例外とされる理由等については後に検討することにします。

2．民訴法246条の位置付けと機能

　民訴法246条は「裁判所は、当事者が申し立てていない事項について、判決

1　伊藤215頁、中野ほか・講義29頁〔徳田和幸〕参照。

をすることができない。」と規定していますが、この規定は、審判対象の特定という処分権主義の内容のうちの重要な一部を、判決事項という観点から表現したものということができます。

まず、原告は、民事訴訟によって解決を図る紛争につき、①訴訟物、②権利保護形式の種類・順序、③権利保護の範囲の３つの事項を決定することにより、それ以外の事項が判決対象とされることがなくなるため、敗訴した場合における不利益の外延を画定することができます。次に、被告も、原告と同様に敗訴した場合における不利益の外延を画定することができますし、訴訟における防御の対象を知ることができます。さらに、裁判所にとっても、訴訟の開始時に審判の対象を認識することができ、判断遺脱等を心配せずに手続に臨むことができます。

3．処分権主義が問題になる３つの場合

処分権主義——具体的には、申立事項と判決事項の一致いかん——が問題になるのは、前記２の①ないし③に対応して、ⓐ訴訟物の異同が問題になる場合、ⓑ権利保護形式の種類・順序が問題になる場合、ⓒ権利保護の範囲が問題になる場合の３つの場合です。

そこで、これら３つの場合のそれぞれにつき、処分権主義がどのように機能するかを検討してみることにしましょう。

Ⅱ　訴訟物の異同が問題になる場合

訴訟物の異同が問題になる場合としては、実務を支配している旧訴訟物理論によるために問題になる場合と、訴訟物理論の新旧のいずれによるかに関係なく問題になる場合とがあります。これらを順に検討してみることにしましょう。

1．訴訟物理論の相違が影響を及ぼす場合

以下の〈設例２-①〉は、最３小判昭和32・12・24民集11巻14号2322頁の事案に時的因子を変える等の修正を加えたものです。この設例では、訴訟物理論の新旧のいずれによるかによって結論が違ってきます。

85

第2章　処分権主義の意義と機能

⑴　最3小判昭和32・12・24を素材にした設例

〈設例②-1〉

① 　Xは、Yから、平成23年4月1日、当時Yから賃借りしていた宅地のうち建物の敷地部分（本件土地L）を約60坪として代金3000万円で買い受ける契約を締結し、同日、内金300万円を支払った。ただし、売買目的土地の範囲については、地形等の関係から若干の変動があり得ることを前提として約60坪と約定した。

② 　その後、XとYとの間に土地の範囲等をめぐって紛争が起き、Xは、YのLの移転登記義務の不履行を理由に本件売買契約を解除したと主張して、民法545条に基づく原状回復請求として内金300万円の返還を求め、併せて地価が急騰したとして得べかりし利益6000万円の損害賠償を求めた。

③ 　Xは、②の解除につき、平成28年6月3日、Yに対し、同月10日に最寄りの甲登記所においてXが残代金を支払うのと引換えにLの所有権移転登記手続をするよう求め、Yが同日所有権移転登記手続をしないときは本件売買契約を解除する旨通知し、同日、Xが残代金を携帯して甲登記所に出向いたのに、Yは甲登記所に現れず、Lの所有権移転登記手続をしなかった、と主張した。

④ 　Yは、Xの主張のうち、①の売買契約締結の事実を認めたが、③の解除に関する事実は否認した上、本件売買契約は平成23年6月25日にすでに合意解除されていたと主張した。しかし、Xは、この合意解除の主張を否認した。

⑤ 　1審は、Xの請求をいずれも棄却した。原審も、Xの主張を排斥し、本件売買契約が平成23年6月25日に合意解除されたとのYの主張事実を認定し、合意解除によりYは本件売買契約上の履行義務を負担することがないのはもちろんであるから、その不履行による契約解除を前提とする原状回復と損害賠償を求めるXの請求は失当であるとして、Xのした控訴を棄却した。

⑥ 　Xは、「本件売買契約が合意解除された事実を認定しながら、XがYに交付した内金300万円の返還を命じなかった原判決には、理由不備等

II　訴訟物の異同が問題になる場合

の違法がある。」と主張して、上告した。

⑴　内金300万円の返還請求につき、請求原因事実を摘示した上で、合意
　解除に係るYの主張の本件訴訟における位置付けを検討せよ。
⑵　不利益陳述の意義を説明せよ。本件に即して、処分権主義と不利益陳
　述との関係を説明せよ。
⑶　上記⑥のXの主張は、処分権主義の観点からすると、どのような問
　題があるか。訴訟物理論いかんにより結論に相違を来すか。

[関係図]

X（買主）

平成23・4・1　X─Y　Lを代金3000万円で売買、X → Y　内金300万円交付
平成23・6・25　X─Y　L売買契約を合意解除？
平成28・6・3　X → Y　平成28・6・10を期限とするL所有権移転登記手続の
　　　　　　　　　　　　催告と停止期限付きのL売買契約解除の意思表示？

Y（売主）

（本件請求）内金300万円の返還請求（民法545条に基づく原状回復請求）＋
　　　　　　逸失利益6000万円の支払請求（債務不履行に基づく損害賠償請求）

⑵　**最3小判昭和32・12・24の判断**

最3小判昭和32・12・24は、Xの上告論旨に対し、以下のとおり判断しま
した。

（ⅰ）　契約の一部履行があった後、当該契約が合意解除された場合、民法
　　703条以下の規定による不当利得返還義務の発生するのは格別、当然に
　　は民法545条所定の原状回復義務が発生するものではない。
（ⅱ）　しかも、Xは、原審において合意解除の事実を否認していて合意解
　　除に基づく不当利得の返還を請求しなかったことが記録上明白であるか
　　ら、原判決が内金300万円の返還を命じなかったのは当然である。

87

第2章　処分権主義の意義と機能

　(i)は、民法545条の規定する原状回復請求権と民法703条等の規定する不当利得返還請求権とは別個の訴訟物であるとの判断をしているものと理解することができます。両者が本質を異にする請求権であるとの見解によれば、最高裁の判示するところは理解しやすいのですが、通説は、原状回復請求権を不当利得返還請求権の特別の場合であると説明していますから、このような通説によると、本最高裁判決の判断は必ずしも理解しやすいものではありません。ただ、最高裁が、原状回復請求権と不当利得返還請求権の本質が同一であるとしても、**民法上別個の条項に根拠をおくものであって、発生要件を異にし、効果を異にする場合は、訴訟物としては別個のものである**と考えていることを理解することはできます。このような考え方は、いわゆる旧訴訟物理論を前提とすることが明らかです。

　(ii)は、別個の訴訟物であることを前提にすると、Ｘが原状回復請求のみをし、不当利得返還請求をしなかった以上、旧民訴法186条（現行民訴法246条）の規定により、Ｘの申し立てなかった事項（訴訟物）について判決することは許されないから、原審がそうしなかったのは当然であるとの判断をしているのです。

　これに対し、新訴訟物理論によると、売買契約を解消することとした原因が法定解除であれ合意解除であれ、売買契約に基づき交付された内金の返還を求める法的地位ないし受給権は１つである（すなわち、訴訟物は同一である）というのでしょうから、原審が合意解除の事実を認定した以上、ＸがＹに交付した内金の返還を認容すべきであるし、もちろん、そうすることが訴訟物についての処分権主義違反になることはないという結論になるものと思われます。

(3)　合意解除に関する主張の意味と位置付け──不利益陳述と処分権主義──

　それでは、Ｙのした合意解除に関する主張は、本件訴訟においてどのような意味を有し、どのように位置付けられるべきものなのでしょうか。

　最３小判昭和32・12・24の採用する旧訴訟物理論によると、Ｘの選択した訴訟物は、本件売買契約の解除に基づく原状回復請求権としての内金返還請求

2　我妻榮『債権各論上巻（民法講義Ⅴ₁）』（岩波書店・1954年）194頁参照。
3　土井王明「判解」最判解民〔昭和32年度〕296頁以下参照。

権です。

　その請求原因事実は、次のとおりです。

──〈請求原因〉────────────────────────

　㋐　Ｘは、Ｙとの間で、平成23年4月1日、Ｌを代金3000万円で買い受け
　　る契約を締結し、Ｘは、Ｙに対し、同日、内金300万円を支払った。

　㋑　Ｘは、Ｙに対し、平成28年6月3日、同月10日に甲登記所において
　　Ｘが残代金を支払うのと引換えにＬの所有権移転登記手続をするよう
　　催告し、併せて、同日が経過したときは本件売買契約を解除する旨の意
　　思表示をした。

　㋒　Ｘは、平成28年6月10日、残代金を携帯して甲登記所に出向いた。[4]

　㋓　平成28年6月10日は、経過した。
────────────────────────────────

　Ｙは、㋐の事実を認め、㋑と㋒の事実を否認しました。㋓は、公知の事実
です。その上で、Ｙは、以下のように、抗弁として合意解除の主張をしたの
です。〈設例2-①〉⑤の原審の判断のとおり、本件売買契約が平成23年6月25
日に合意解除されてしまえば、Ｙの本件売買契約に基づく債務は消滅します
から、Ｘの主張する契約解除の主張はつぶれることになります。

──〈抗　弁〉──────────────────────

　(a)　ＸとＹとは、平成23年6月25日、㋐の売買契約を解除する旨合意し
────────────────────────────────

4　請求原因事実㋐において売買契約の締結を主張することによって、その目的物であるＬの所有権
移転登記義務に同時履行の抗弁権（民法533条）が付着していることが現れるところ、同時履行の抗
弁権の存在それ自体が履行遅滞の違法性阻却事由に当たるので、売買契約の解除を主張するＸは、
同時履行の抗弁権の発生障害事由または同時履行の抗弁権の存在効果の消滅事由を主張することが
必要になります。いわゆる「せり上がり」の一例です。請求原因事実㋒は、同時履行の抗弁権の存
在効果の消滅事由として、Ｘの売買代金支払債務の履行の提供を主張するものと理解することがで
きます。ところで、Ｘの主張する解除の意思表示は、催告と同時にするいわゆる停止期限付解除の
意思表示ですが、この場合に、同時履行の抗弁権の存在効果をいつまでに消滅させておかなければ
ならないかが問題になります。催告以前に消滅させておかなければならないという立場（司研・紛
争類型別20頁）によれば、Ｘのした㋒の主張では主張自体失当であるということになります。これ
に対し、催告後相当期間内に消滅させれば足りるという立場（最1小判昭和36・6・22民集15巻6号
1651頁参照）によれば、Ｘのした㋒の主張が主張自体失当とはいえないということになりそうです。
いずれにしても、Ｘは後者の立場に立って解除の主張を構成しています（いわゆる「せり上がり」
については、司研・要件事実第1巻62頁参照）。

89

第 2 章　処分権主義の意義と機能

> た。

　X は(a)の事実を否認しましたが、X のこの訴訟行為には 2 つの意味があります。

　第 1 は、字義どおり、Y の主張する抗弁事実(a)を否認するというものです。

　第 2 は、Y の主張する抗弁事実(a)を否認することによって、(a)を請求原因事実とする本件売買契約の合意解除に基づく不当利得返還請求権を訴訟物とする意思がないことを表明するというものです。前記(2)(ii)の最 3 小判昭和32・12・24の判断は、この点をいうものと理解することができます。

　ところで、抗弁事実(a)を否認しながら、この事実が認定される場合を慮って、合意解除に基づく不当利得返還請求権をも訴訟物としておきたいと考えるときに、X としてはどうしたらよいでしょうか。X は、主位的に法定解除に基づく原状回復請求権を、予備的に合意解除に基づく不当利得返還請求権を訴訟物として提示するという方法をとることができます。1 つの訴えにおいて順位をつけて複数の請求をするということになり、請求の併合（民訴法136条）の態様の 1 つです。

　このように、X としては、内金の返還を求める訴訟物として、法定解除に基づく原状回復請求権と合意解除に基づく不当利得返還請求権の双方を提示することもできたのですが、訴訟物に関する処分権主義という訴訟の根幹にかかわる事柄ですから、相手方当事者も裁判所も誤解することのないよう明確にすることが必要です。抗弁事実(a)を単純に否認しておきながら、後になって、(a)を請求原因事実とする合意解除に基づく不当利得返還請求権をも訴訟物としていたと主張することは許されません。

　したがって、この判例は、不利益陳述[5]と処分権主義との関係を明確にするものでもあります。

　すなわち、相手方当事者に主張責任がある要件事実を他方当事者が主張した場合において、相手方当事者がこれを争ったときであっても、弁論主義の観点からすると、当該要件事実は訴訟資料になります。そして、このような他方当

　5　いわゆる「不利益陳述」については、司研・要件事実第 1 巻18頁参照。

90

事者の主張を一般に「不利益陳述」と呼びます。この事例において Y の主張した抗弁事実(a)は、合意解除に基づく不当利得返還請求の請求原因事実に当たるのですが、**本最高裁判決は、Y のした潜在的な不利益陳述が、X のすべき訴訟物の提示に代替されることはないことを明らかにしたものと理解することができます。これを裏から説明しますと、不利益陳述はあくまでも処分権主義の範囲内で発生するということになります。**

2．訴訟物理論の相違が影響を及ぼさない場合

　以下の〈設例2 -②〉は、最3 小判昭和36・2・28民集15巻2 号324頁の事案に時的因子を変更する等の修正を加えたものです。この設例の提起する問題は、訴訟物理論の新旧のいずれによるかによって結論が左右されることはありません。

(1)　**最3 小判昭和36・2・28を素材にした設例**

── 〈設例2 -②〉 ──

①　X は、A に対し、平成10年4 月1 日、所有する本件土地 L を建物所有を目的とし、賃料月額10万円、期間平成45年3 月31日までとして賃貸した。A は、平成10年10月1 日、L 上に本件建物 H を建築してその保存登記を備え、平成18年10月1 日、H と L の賃借権を Y に贈与した。Y は、H の所有権移転登記を経由した。

②　X は、Y に対し、A から Y への L 賃借権の譲渡を承諾していないとして、所有権に基づき H 収去 L 明渡しを求める訴えを提起した。賃借権譲渡の承諾の立証に失敗して1 審において敗訴した Y は、控訴審係属中の平成20年5 月15日、X に対し、借地借家法14条に基づき建物買取請求権[6]を行使した。しかし、X が売買代金相当額を支払わないため、Y はその後も H に居住して占有している。X は、Y による建物買取請求権の行使後も、取得した H の所有権に基づき、H の明渡しを求めることはしなかった。

③　原審（控訴審）は、建物買取請求権の行使の結果 H の所有権が X に

───────
6　建物買取請求権の行使については、第1 章Ⅵ2 の説明参照。

移転したことにより、LについてのYの妨害は止んだとして、Xの請求を棄却した。

(1) Yによる建物買取請求権の行使は、本件訴訟の主張・立証の構造上どのように位置付けられるか。
(2) Yによって建物買取請求権が行使され、留置権または同時履行の抗弁権のいずれかが行使された場合、裁判所はどのような主文をもって判決するのが適切か。原審の判断に問題はないか。

[関係図]

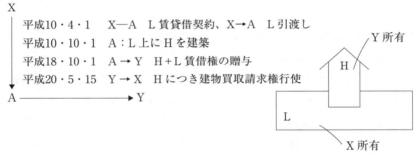

（本件請求）X→Y　所有権に基づくH収去L明渡請求

(2) 〈設例2-②〉における主張・立証の構造とYによる建物買取請求権行使の意味

　土地の所有者が、当該土地上に建物を所有するという形態で当該土地を占有する者に対し、建物収去土地明渡しを求める場合の訴訟物をどのように構成するかについては争いがあり、大別して1個説と2個説とが対立しています（いずれの見解も、旧訴訟物理論を前提にしています）。

　1個説は、建物を所有するという形態で建物の敷地である土地の所有権が侵害されている場合に土地所有者に発生する物権的請求権は土地の返還請求権のみであり、判決主文に「建物を収去して」との文言を記載するのは、建物を土地から独立した別個の不動産とする我が国において、「土地を明け渡せ」との債務名義によって当該土地上に存する建物を収去する強制執行ができないとい

う執行法上の制約があるために執行方法を明示しているにすぎず、土地の返還請求権と別個の請求権が発生するためではないと説明します。

これに対し、2個説は、土地所有権に基づく返還請求権としての土地明渡請求権とは別個に、土地所有権に基づく妨害排除請求権としての建物収去請求権が発生すると説明します。

明確な最高裁判例はないのですが、実務は1個説によっているものと理解されています。1個説によると、Xの選択した訴訟物は、Lの所有権に基づく返還請求権としての土地明渡請求権です。

請求原因事実は、以下のとおりです。

---〈請求原因〉---

(ア)　Xは、Lを現在（控訴審の口頭弁論終結時）所有する。

(イ)-1　HがL上に現在（控訴審の口頭弁論終結時）存在する。

(イ)-2　Yは、Hをもと（平成20年5月15日当時）所有していた。

Yは、請求原因事実を全て認めて、主位的抗弁として、以下のとおり占有正権原の抗弁を主張しました。

---〈主位的抗弁——占有正権原〉-------------------------------

(a)　XとAは、平成10年4月1日、Lにつき、建物所有を目的とし、賃料月額10万円、期間平成45年3月31日までの約で賃貸借契約を締結した。

(b)　Xは、Aに対し、(a)の契約に基づきLを引き渡した。

(c)　Aは、平成10年10月1日、L上にHを建築した。

(d)　Aは、Yに対し、平成18年10月1日、HとLの賃借権をYに贈与した。

(e)　Aは、Yに対し、(d)の契約に基づきHとLを引き渡した。

(f)　Xは、A（またはY）に対し、(d)の賃借権の譲渡を承諾する旨の意思表示をした。

7　以上につき、司研・紛争類型別58頁参照。

8　譲渡を受けた土地賃借権をもって占有正権原の抗弁を主張する場合の抗弁事実につき、司研・要件事実第2巻84頁参照。

第2章　処分権主義の意義と機能

　抗弁事実(a)ないし(e)については争いがなかったのですが、(f)については X によって争われ、1審において立証に失敗したため、Y は、控訴審において建物買取請求権を行使しました。しかし、X が売買代金相当額を支払わないため、Y は H に居住して占有を継続しているというのですから、Y としては、H の売買代金債権を被担保債権として L につき留置権を行使するか、同時履行の抗弁権を行使するのが最も合理的な訴訟行為であるということができます。[9]留置権の抗弁も同時履行の抗弁も、いわゆる権利抗弁であり、Y においてこれらを行使しない限り、裁判所はこれらを取り上げることはできません。Y がいずれかの権利を行使した場合の抗弁事実は、次のとおりです。

┌─〈予備的抗弁──留置権または同時履行の抗弁権〉─────────

(a)ないし(e)

(g)　Y は、X に対し、平成20年5月15日、H につき建物買取請求権を行使する旨の意思表示をした。

(h)　H の(g)当時の時価は500万円である。

(i)　Y は、X が Y に対して(h)の500万円を支払うまで、X に対する L の明渡しを拒絶する。

　〈設例2-②〉の基になった最3小判昭和36・2・28の事件において、Y は、(i)の権利主張を明示にすることはなかったのですが、最高裁は、「建物買取代金の支払があるまでは土地の明渡を拒絶する趣旨であると解すべきこと弁論の全趣旨に徴し明らかである。」と判示して、留置権または同時履行の抗弁権のいずれかを行使するものと善解すべきであるとしました。[10]

(3)　**Y によって建物買取請求権が行使され、留置権または同時履行の抗弁権のいずれかが行使された場合における判決主文──処分権主義との整合性いかん──**

　前記〈設例2-②〉③のとおり、本設例の基になった最3小判昭和36・2・28の原審は、建物買取請求権の行使の結果 H の所有権が X に移転したことによ

───────────────────────
9　建物買取請求権を行使した者が明渡しの履行を拒絶することができるのは、本来は売買の目的物である建物なのですが、その反射的効力として敷地である土地の明渡しをも拒絶することができるというのが大判昭和7・1・26民集11巻169頁以来の判例の立場です。

94

Ⅱ　訴訟物の異同が問題になる場合

りＬについてのＹの妨害は止んだとして、Ｘの請求を棄却しました。確かに、建物買取請求権の行使の結果、Ｈを所有してのＬの占有という形態での所有権侵害は止んだのですが、Ｈを占有してのＬの占有という形態での所有権侵害は依然として継続しています。したがって、単純にＸの請求を棄却した原判決が誤っていることは明らかです。

　それでは、Ｙによって建物買取請求権が行使され、留置権または同時履行の抗弁権のいずれかが行使された場合において、裁判所がこれらの主張を認めるときに、どのような判決をすべきでしょうか。これは、まさに訴訟物の選択についての処分権主義に係る問題です。

　判決主文の候補としては、以下の３つを挙げることができます。

①　Ｙは、Ｘから金500万円の支払を受けるのと引換えに、Ｘに対し、Ｈを明け渡せ。

②　Ｙは、Ｘから金500万円の支払を受けるのと引換えに、Ｘに対し、ＨおよびＬを明け渡せ。

③　Ｙは、Ｘから金500万円の支払を受けるのと引換えに、Ｘに対し、Ｈを退去してＬを明け渡せ。

ところで、最３小判昭和36・2・28は、「土地所有者からの建物収去土地明渡の請求において、建物所有者が借地法10条により建物の買取請求権を行使した場合、右明渡請求には建物の引渡を求める申立をも包含する趣旨と解すべきであることは所論のとおりである。されば本件建物の買取請求により右建物の所有権が上告人に移転したものであること原判決の確定したところであるから、右日時以後において上告人は被上告人に対して本件建物の引渡を求めているものというべきであ（る）」と判示しました。

10　本最高裁判決とは異なり、最１小判昭和27・11・27民集６巻10号1062頁は、釈明義務違反をいう上告論旨に答えて、「該権利（筆者注：留置権のこと）を行使した形跡のない以上、原審がこれを斟酌しなかったのはむしろ当然であり、原判決には所論第一点のような違法があるとはいえない」と判示した上、「当事者の一方が或る権利を取得したことを窺わしめるような事実が訴訟上あらわれたに拘わらず、その当事者がこれを行使しない場合にあっても、裁判所はその者に対しその権利行使の意思の有無をたしかめ、或はその権利行使を促すべき責務あるものではない。」としました。昭和27年から昭和36年までの９年程度の間に、当事者のする訴訟行為についての裁判所の受け取り方や釈明権の行使の仕方に関して、最高裁の態度ないし考え方にかなり大きな変化があったことをうかがうことができます（釈明権の行使をめぐる問題は、第４章参照）。

95

この説示からしますと、最高裁は、判決主文として①を念頭においているようにみえます。

しかし、主文例①は、旧訴訟物理論によれば、Hの所有権に基づく返還請求権としての建物明渡請求権または建物買取請求権行使の結果成立したHの売買契約に基づく目的物引渡請求権としての建物明渡請求権のいずれかということになるでしょうし、新訴訟物理論によっても、Hの明渡しを求め得る法的地位ないし受給権ということになります。いずれにしても、Lの所有権に基づく返還請求権としての土地明渡請求権（旧訴訟物理論の1個説）またはLの明渡しを求め得る法的地位ないし受給権（新訴訟物理論）というXの選択した訴訟物とは齟齬を来すことになります。

主文例②も、Hの明渡しを命じていることから、主文例①と同一の問題があります。

このように考えてくると、訴訟物の選択についての処分権主義と最もよく整合するのは、主文例③ということになります。「Hを退去して」の部分は、執行方法を明示するものです（旧訴訟物理論の1個説）。

最3小判昭和36・2・28の判示するところを意識して、Xが訴えの変更をし、Hの所有権に基づく返還請求権としての建物明渡請求権または建物買取請求権行使の結果成立したHの売買契約に基づく目的物引渡請求権としての建物明渡請求権のいずれかを訴訟物として提示した場合には、主文例①によることができます。Xがこのような訴えの変更を積極的にしない場合に、裁判所が主文例①によることが望ましいと考えるのであれば、釈明権を行使して、訴えの変更を促す必要があります。

Ⅲ 権利保護形式の種類等が問題になる場合

1．裁判所が原告の意思に拘束されることに争いのない事項

裁判所は、原告が訴状の「請求の趣旨」欄において表示する権利保護形式（給付、確認、形成のいずれの判決か）および順序に拘束されます。

例えば、原告が売買代金500万円の支払（給付判決）を求めているのに、そ

の弁済期が到来していないことを理由に、500万円の売買代金債権が存することの確認判決をすることは、民訴法246条に違反します。

　また、原告が主位的請求、予備的請求として2つの請求について順序をつけて審判を求めているのに、主位的請求の審判をしないで、いきなり予備的請求を認容する判決をすることも、民訴法246条に違反します。

　このあたりまでは、ほとんど異論をみません。

2．裁判所が原告の意思に拘束されるかどうかに争いのある事項 ──一時金賠償方式と定期金賠償方式──

　最近活発な議論がされているのが、損害賠償請求訴訟において原告が一時金による支払を求めている場合に、定期金による支払を命ずる判決をすることが許されるのかどうかについてです。

(1)　最2小判昭和62・2・6判時1232号100頁の立場

　この点については、すでに最高裁判例があります。すなわち、最2小判昭和62・2・6は、「損害賠償請求権者が訴訟上一時金による賠償の支払を求める旨の申立をしている場合に、定期金による支払を命ずる判決をすることはできないものと解するのが相当である」と判示して、定期金による支払を命じなかった原判決に不服をいう上告論旨を排斥しました。[11]これは、被告による履行確保を担保する制度も変更判決の制度もない我が国においては、定期金賠償方式の採用には慎重であるべきであるとの発想によるものです。[12]

　ところが、近時、この問題についての議論が再燃しているのですが、その要因としては、次の2点を指摘することができます。

　要因の第1は、その後、現行民訴法に「変更判決」の制度が導入されたことです。すなわち、民訴法117条は、「口頭弁論終結前に生じた損害につき定期金による賠償を命じた確定判決について、口頭弁論終結後に、後遺障害の程度、賃金水準その他の損害額の算定の基礎となった事情に著しい変化が生じた場合には、その判決の変更を求める訴えを提起することができる。」としています。

11　本文の最2小判昭和62・2・6の前に、最3小判昭和51・10・26週刊自動車保険新聞昭和52年5月18日号があります。

12　本最高裁判決についての判時1232号101頁のコメント参照。

変更判決の制度によって、被害者の介護状態の変化やインフレ等の事情の変更に一定程度対応することが可能になったため、定期金賠償方式を用いる基盤整備が図られたということができます。

要因の第2は、最1小判平成11・12・20民集53巻9号2038頁が将来の介護費用につき切断説をとることを宣明したことです。すなわち、第1章Ⅵ3で検討したように、一時金賠償方式によった場合には、要介護状態になった被害者の死亡時期が事実審の口頭弁論終結前か後かによって、加害者の支払うべき損害額にかなり大きな相違が生じ、均衡を失することになるからです。

(2)　東京高判平成15・7・29判時1838号69頁の立場

このような状況を背景にして、東京高判平成15・7・29が現れました。これは、交通事故の被害者である原告が一時金による賠償の支払を求めたのに対し、被告が定期金賠償方式によるべきことを主張したケースにおいて、逸失利益につき一時金賠償方式を、将来の介護費用につき定期金賠償方式を採用したものです。

逸失利益につき継続説を、将来の介護費用につき切断説を採用した最1小判平成11・12・20の判断[13]を下敷きにして、一時金賠償方式と定期金賠償方式とを使い分けるという判断をしたものと理解することができます。この東京高裁判決は、上告または上告受理の申立てがされることなく確定したため、最高裁が判例変更に踏み切るかどうかは他日を期することになりました。

(3)　一時金賠償方式か定期金賠償方式かは訴訟物についての処分権主義の問題か

将来の判例変更を確かに予測することは困難ですが、筆者としては、概要以下のように考えています。

そもそも、一時金賠償方式と定期金賠償方式との相違をもって原告の求める権利保護形式の相違であるというのは困難です。したがって、これを民訴法246条の規定する訴訟物についての処分権主義の問題であるとしてきたのは、賠償金を受け取る被害者（原告）とこれを支払う加害者（被告）との利益のバランスをとった場合に、同条の適用問題として考えることで合理的な解決が得

13　第1章Ⅵ3参照。

られるという配慮に基づくものと理解することができます。この問題が同条の規定の本質に根ざすものではないとの認識に立てば、変更判決の制度が導入され、将来の介護費用につき切断説によるべきことが明らかになった今日においては、個々の事件において裁判所の認識し得る事実関係——被害者（原告）の年齢と後遺障害の程度、それに基づく要介護状態の継続期間の長短、被告による賠償金支払能力の継続性の程度——によっては、裁判所の賢明な裁量による選択が許される、すなわち、原告の一時金賠償方式によるとの申立てに拘束されるものではないとするのが相当であると思われます。

Ⅳ　権利保護の範囲が問題になる場合

1．一部認容判決をすべき場合

　裁判所は、原告の申し立てた訴訟物の範囲に属する場合には、量的または質的に一部の認容判決をすることができますし、かつ、そのような場合には一部認容判決をしなければなりません。

　次のような簡単な設例で検討してみましょう。

――〈設例2-③〉――

① 　Ｘは、Ｙに対し、平成30年4月1日、Ｙが前方注視を怠ったため追突事故を起こし、Ｘの自動車が毀損されその修理に300万円を要したと主張して、300万円の損害賠償を求める訴訟を提起した。

② 　Ｙは、Ｘの主張する追突事故の発生と前方注視を怠ったことを認めたものの、修理費用の主張を否認した上、平成30年8月20日に本件損害賠償債務のうち100万円を支払ったとして一部弁済の抗弁を主張した。

③ 　Ｘは、この一部弁済の事実を認めた。

　裁判所は、証拠によってＸの主張する修理費用を認定した場合、どのような判決をすべきか。

　本件訴訟物は、不法行為に基づく300万円の損害賠償請求権です。その請求

第2章　処分権主義の意義と機能

原因事実は、次のとおりです。[14]

┌─〈請求原因〉───────────────────────
│ (ア)　Y は、平成30年 4 月 1 日、自動車を運転中、前方注視を怠った過失
│　　　により、自車を X 運転の自動車に追突させる事故（本件交通事故）を起
│　　　こした。
│ (イ)　X は、本件交通事故により、その所有する自動車が毀損され、その
│　　　修理費用として300万円を要した。
└──────────────────────────────

　これに対し、Y は、一部弁済の抗弁を主張しました。その抗弁事実は、次
のとおりです。[15]

┌─〈抗　弁〉────────────────────────
│ (a)　Y は、X に対し、平成30年 8 月20日、本件交通事故に基づく損害賠
│　　　償債務の履行として100万円を交付した。
└──────────────────────────────

　裁判所は、証拠によって認定した修理費用300万円から、自白の成立した一
部弁済100万円を控除して、200万円の支払を命ずる判決をすることになります
が、その判決主文の記載は、次のとおりです。

┌──────────────────────────────
│　1．Y は、X に対し、200万円を支払え。
│　2．X のその余の請求を棄却する。
└──────────────────────────────

　上記の主文第 2 項が必要であるのは、X の Y に対する本件交通事故による
不法行為に基づく損害賠償請求権200万円があることだけでなく、200万円を超
えては存在しないことを明確にして、既判力の及ぶ範囲を明確にするためです。

2．原告が一部弁済受領額を控除して残額の請求をする場合

　〈設例②-3〉のように、請求権の全てが訴訟物とされている場合には、弁論

──────────────────────────────
14　不法行為に基づく損害賠償請求をする場合の請求原因事実につき、さしあたり、司研・紛争類型
　　別51頁参照。
15　弁済の抗弁の要件事実については、司研・紛争類型別 9 頁参照。

100

主義の観点からすると、一部弁済は原告が自ら持ち出そうが被告が持ち出そうが、抗弁として位置付けられる主張です。この点については、後に弁論主義を取り上げる箇所（第3章）で詳しく検討することにします。〈設例2-③〉は、被告が一部弁済の抗弁事実を主張し、それを原告が認めたというものです。

(1) 最3小判昭和53・7・25判時909号45頁を素材にした設例

しかし、処分権主義という観点からすると、注意すべき場合があります。以下の〈設例2-④〉は、最3小判昭和53・7・25の事案を時的因子を変更した上で簡略にしたものです。

〈設例2-④〉

① Xは、平成29年4月1日、Aが所有し運転する自動車（本件車両）の後部座席に同乗していたが、Aが急停車したため、助手席背もたれが前方に倒れた拍子に顔面を助手席前部ボード部分に打ちつけ傷害を負った。Xは、本件車両の製造業者であるYを被告として、背もたれに前倒防止装置を取りつけなかった点に過失があると主張して、民法709条に基づく損害賠償請求訴訟を提起した。

② 訴訟提起後変遷を経たが、最終的に、Xは、本件事故によって治療費等合計800万円の損害を被ったが、平成29年10月1日に150万円の弁済を受けたとして、損害賠償金650万円の支払を求めた。しかし、Yは、弁済の抗弁を主張しなかった。

③ 原審（控訴審）は、Yの過失を認め、Xの被った損害額を430万円と認定した上、Yが弁済の抗弁を提出しなかったことを理由として、②でXの自認した弁済額のうちの一部である25万円のみを控除して、Yに対し、405万円の支払を命ずる判決を言い渡した。

(1) 原審の判断に処分権主義の観点から問題はないか。

(2) 上記②のXの申立ての趣旨をどのように解釈するのが合理的か。

---

(2) 最3小判昭和53・7・25の判断

最3小判昭和53・7・25は、大要、以下のとおり判断しました。

101

第2章　処分権主義の意義と機能

> (i) Xは、本件損害賠償債務に対する弁済として合計150万円を受領した
>   ことを自認し、Yに対する請求金額を算出するにあたっても、自らそ
>   の主張に係る損害額から弁済受領分の金額を控除した上、その残額をも
>   って本訴の請求金額としているのであるから、原審としては、Xの申
>   立ての趣旨に従い、その認定に係るYの損害賠償債務額から150万円の
>   全額を控除しなければならなかったものといわなければならない。
> (ii) 原審は、Yが弁済の抗弁を提出していないことを理由として、その
>   認定に係る損害賠償債務額からXの受領した弁済金額の一部にすぎな
>   い25万円を控除するにとどめ、Xに対しその支払を命じているのであ
>   って、これは、民訴法186条（現行民訴法246条）の解釈適用を誤った違
>   法をおかしたことに帰する。

(3) 明示の一部請求における「外側説」と本最高裁判決との関係

　〈設例2-③〉とは異なり、〈設例2-④〉のXは、いわゆる明示の一部請求
をしています。判例は、数量的に可分な債権の一部を機械的に分割してする請
求も請求の特定に欠けるところはなく、一部であることを明示して訴えを提起
するときは、その一部のみが訴訟物になるという立場を採っています。[16]

　この立場によると、本件の訴訟物は800万円の損害賠償債権全部ではなく、
そのうちの650万円分ですから、Xのした「150万円の弁済を受けた。」という
主張は、訴訟物外のことであり、訴状の提出段階では単なる事情（なぜ800万円
の損害賠償債権のうちの一部を請求することにしたかという背景ないし理由）を陳
述するものということになります。

　しかし、後にYが150万円の弁済以外の債務消滅事由の主張をするといった
事態が起きた場合には、Xのした150万円の弁済の主張が抗弁事実の一部を構
成することになります。例えば、Yが「他に平成29年12月20日に200万円を弁
済した。」と主張した場合の抗弁事実は、以下のとおりです。

16　最2小判昭和37・8・10民集16巻8号1720頁。

Ⅳ　権利保護の範囲が問題になる場合

─〈抗　弁〉─────────────────────
(a)　Yは、Xに対し、平成29年10月1日、本件交通事故に基づく損害賠償債務の履行として150万円を交付した。
(b)　Yは、Xに対し、平成29年12月20日、本件交通事故に基づく損害賠償債務の履行として200万円を交付した。

　これは、判例が、明示の一部請求がされた場合における債務消滅事由についていわゆる「外側説」を採っていることに起因しています[17]。外側説による場合には、訴訟物とされていない150万円分についての弁済（(a)弁済）を主張しないままに200万円の弁済（(b)弁済）のみを主張しても、訴訟物とされている650万円分に対する200万円の債務消滅の効果を導くことができないからです。次の［参考図］を参照すれば、簡単に理解できることでしょう。

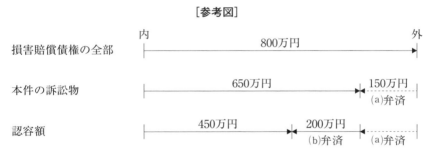

　以上のとおり、明示の一部請求におけるいわゆる「外側説」の問題は、あくまでも弁論主義の範疇での事柄です。すなわち、本件交通事故に起因してXの被った損害の額が800万円であること、150万円の(a)弁済、200万円の(b)弁済は、いずれも、当事者から主張された場合において、裁判所が証拠をもって認定するかまたは自白が成立して初めて、判決の基礎とされることになります。
　しかし、最3小判昭和53・7・25は、前記(2)(i)の説示からすると、本件の原告Xの申立てを、「本件交通事故に起因してXの被った損害の額につき、①裁判所が800万円以下であると認定する場合には、その認定額から弁済受領を

[17]　最3小判平成6・11・22民集48巻7号1355頁。

第2章　処分権主義の意義と機能

自認する150万円を控除した金員を請求し、②裁判所が800万円を超えると認定する場合であっても、原告としては800万円で我慢し、800万円から同様に150万円を控除した金員である650万円を請求する。」との趣旨に出るものとみるのが当事者の訴訟行為の合理的解釈であると判断しているようです。[18]

　そうすると、一定額の弁済受領を自認するとの原告の陳述には、次の2つの場合があり、そのいずれであるかによって効果に相違があるということになります。

　第1は、他の債務消滅事由の抗弁が提出されない限り、単なる事情としての付随的陳述にすぎず、他の債務消滅事由の抗弁が提出された場合であっても、抗弁事実の一部を構成するという弁論主義の範疇にとどまる場合です。

　第2は、本最高裁判決のいうように、裁判所による認定債権金額から常に当該金額を控除すべきものとして自らの申立ての上限を画するための陳述である場合です。原告の陳述の趣旨がこのような場合には、裁判所としては、証拠による認定ができるかどうかまたは自白が成立するかどうかにかかわらず、当該弁済金額を認定債権金額から常に控除しなければならず、そうしないと訴訟物についての処分権主義に違反するということになります。〈設例2-④〉では、Xの650万円の支払請求に対して405万円を支払うよう命じる旨の判決であっても、訴訟物についての処分権主義に違反するとされました。

　しかし、本最高裁判決の認めた第2の場合が実際に頻繁に現れると考えることには疑問があります。本最高裁判決の事例は、①不法行為を原因とする損害賠償債権に関するものであって、当事者が当該債権の全体額をあらかじめ正確に把握し、主張することに困難の伴う場合であり、かつ、②被告Yから弁済の抗弁が明示で主張されなかったものの、事実上当該弁済に争いのない場合（被告が当該弁済は他の債権に対するものであるとして争ったりした形跡はない場合）におけるものであることを前提に理解しておくべきでしょう。原告のする一部弁済受領の陳述は、原則として第1の場合であると考えておくのが安全であると思われます。

　そして、原告の陳述する一部弁済についての被告の主張が不明瞭である場合

18　本最高裁判決についての判時909号45頁のコメント参照。

には、裁判所は、被告に釈明してその点を確認すべきですし、その上で、原告に釈明して、原告のする一部弁済受領の陳述が第1の場合に当たるものであるのか第2の場合に当たるものであるのかを確認しておくことが肝要であると思われます。本最高裁判決は、事実審段階における当事者の主張の仕方と裁判所の訴訟指揮のいずれもが十全でなかったことを示すものと理解することができます。

3．立退料の支払と引換えに建物の明渡請求を認容する判決

前記1において、裁判所は、原告の請求と対比して質的に一部の認容判決をすることができると説明しましたが、質的な一部認容判決の例としては引換給付判決を挙げるのが一般です。そこで、最1小判昭和46・11・25民集25巻8号1343頁を素材にして、引換給付判決について検討しておくことにしましょう。

(1) 最1小判昭和46・11・25の事案の概要

――〈設例2-⑤〉――

① Xは、Yに対し、昭和28年8月1日、京都市内の繁華街に存する本件建物の1階部分約27坪（本件店舗）を賃貸し、Yは、そこで果実小売店を営んでいた。XとYは、昭和32年12月31日、本件店舗につき、期間を2年、賃料を1か月2万5000円と定めて更新する旨の契約を締結した。Xは、昭和34年8月、本件建物を取り壊して高層ビルを新築することを計画し、Yに対し、同年11月1日に到達の文書で本件賃貸借契約を解約する旨通知した。

② Xは、昭和38年6月5日、Yを被告として、本件店舗の明渡しを求めて訴訟を提起し、借家法1条ノ2の規定する「正当ノ事由」として、本件店舗を含む本件建物の老朽化、敷地の自己使用の必要等を主張したが、昭和39年6月15日の弁論期日において、Yに対して立退料300万円を提供し、予備的請求としてその支払と引換えに本件店舗の明渡しを求める旨記載された準備書面を陳述するに至った。これに対し、Yは、本件店舗における長年にわたる努力によって果物小売店として老舗の地位を築いたのであり、老舗としての価値は極めて高い上、京都という土地柄現在の実績を確保し得るような移転先は見当たらないと主張した。

105

第 2 章 処分権主義の意義と機能

③ 1 審は、X の主位的請求（無条件の明渡請求）を棄却し、予備的請求を認容した。[19]

④ 原審（控訴審）は、無条件の家屋明渡請求と立退料の提供を条件とする家屋明渡請求とは 1 個の請求であって、主位的請求と予備的請求との関係に立つものではないとした上、1 審判決を変更し、500万円の支払と引換えに本件店舗の明渡しを命じる旨の判決を言い渡した。[20]

⑤ Y は、上告し、立退料の金額が低きに失するとして原判決を非難した。

(1) X の明示の提供額を超える立退料の支払と引換えに本件店舗の明渡しを命じた原審の判断に処分権主義の観点から問題はないか。

(2) 本件訴訟の主張・立証の構造を明らかにし、立退料提供の主張の位置付けを検討せよ。

(3) 立退料支払との引換給付判決をするには、被告による権利主張を要するか。

[関係図]

X			
	昭和28・8・1	X—Y	本件店舗の賃貸借契約締結
	昭和32・12・31	賃貸借契約更新（期間 2 年、賃料月 2 万5000円）	
本件店舗	昭和34・10・31	X → Y	解約申入れ
明渡請求	昭和34・12・31	賃貸借契約期間満了	
	昭和38・6・5	X → Y	本件訴訟提起
Y	昭和39・6・15	X → Y	立退料（300万円）の提供

本件店舗
（1 階部分）

(2) **最 1 小判昭和46・11・25の判断とその意義**

最 1 小判昭和46・11・25は、大要、以下のとおり判断しました。

（ⅰ） 本件賃貸借契約が、期間満了前に X からの適法な更新拒絶の意思表示のなかったことにより、期間満了後は期間の定めのない賃貸借となっ

19　京都地判昭和40・1・21金判293号11頁。

20　大阪高判昭和41・5・31下民集17巻 5・6 号452頁。

た旨の原判決の判断に違法はない。

(ⅱ)　Xが本件賃貸借契約の更新後に提起した本件訴訟において解約申入れの主張を維持していることからして、〈設例2−⑤〉②の準備書面をもって黙示に解約の申入れをした旨の原判決の判断に違法はない。

(ⅲ)　原審の確定した諸般の事情の下においては、XがYに対して立退料として300万円もしくはこれと格段の相違のない一定の範囲内で裁判所の決定する金員を支払う旨の意思を表明し、かつその支払と引換えに本件店舗の明渡しを求めていることをもって、Xの(ⅱ)の解約申入れにつき正当事由を具備したとする原審の判断は正当である。

　(ⅰ)は、本件賃貸借契約の昭和35年1月1日以降の内容を確認する判示部分です。〈設例2−⑤〉①によると、Xは契約期間中の昭和34年11月1日到達の文書で解約する旨の通知をしましたが、借家法1条ノ2にいう「正当ノ理由」を備えた更新拒絶の意思表示でなかったため、昭和35年1月1日以降は期間の定めのない賃貸借となったことを確認したものです。この判断は、確定した最高裁判例に従ったものです。[21]

　次に、明示の解約申入れとしては昭和34年11月1日到達の文書でされた無効なものしかないので、(ⅰ)のとおりに期間の定めのない賃貸借となった本件賃貸借契約について、何をもってXによる解約申入れとして捉えるべきであるかが問題となります。原判決は、昭和39年6月15日の弁論期日以前にYに送達された準備書面（立退料300万円を提供し、予備的請求としてその支払と引換えに本件店舗の明渡しを求める旨記載されたもの）によって黙示に解約申入れがされたとしたのですが、(ⅱ)は、この原判決の判断を正当としたものです。

　(ⅲ)が判例とされた判断部分であり、訴訟物についての処分権主義との関係で意味のあるものですから、項を改めて詳細に検討することにしましょう。

(3)　立退料の提供と処分権主義

　第1に、本最高裁判決の(2)(ⅲ)の判断は、裁判所が立退料の支払との引換給付判決をすることのできる根拠が賃貸人であるXの意思に存することを明らか

21　最2小判昭和27・1・18民集6巻1号1頁、最2小判昭和28・3・6民集7巻4号267頁を参照。

107

にしています。したがって、**賃貸人であるＸが立退料の支払をする意思がな**
いことを明示して、無条件明渡しの請求をしている場合に、裁判所が立退料の
支払との引換給付判決をした場合には、旧民訴法186条（現行民訴法246条）の
規定に反することになります。このような判決を一部認容判決であるというこ
とはできません。また、立退料の提供をしたことは、借家法１条ノ２（借地借
家法28条）の規定する正当事由の評価根拠事実として主要事実ですから、弁論
主義違反の問題にもなります。

　第２に、本最高裁判決の(2)(ⅲ)の判断は、Ｘのした立退料300万円の提供とい
う行為につき、「ＸがＹに対して立退料として300万円もしくはこれと格段の
相違のない一定の範囲内で裁判所の決定する金員を支払う旨の意思を表明した
もの」とした原判決の解釈を正当としたものです。もちろん、Ｘが明示にそ
のような意思を表明したわけではありませんから、立退料の支払をする旨の賃
貸人の申出は通常そのようなものであると裁判所が解釈しているわけです。し
たがって、例えば「上限を300万円として立退料を支払う意思があるが、これ
を超える金額を支払う意思はない。」とＸが明示したのに、原判決が500万円
の立退料の支払と引換えに本件店舗の明渡しを命じる旨の判決を言い渡したと
すれば、旧民訴法186条（現行民訴法246条）の規定に反する判決ということに
なります。

　第３に、本最高裁判決は、(2)(ⅲ)の判断の直後に、立退料の提供につき、「そ
れのみで正当事由の根拠となるものではなく、他の諸般の事情と総合考慮され、
相互に補充しあって正当事由の判断の基礎となるものである」と判示して、立
退料の提供は、あくまでも正当事由の補完材料にとどまるものであって、賃借
人の建物使用の必要性の高さにかかわらず、その全損害をてん補するに足りる
金額の立退料を提供することによって正当事由を充足することができるという
立場を採らないことを明らかにしました。

(4) 立退料の提供と主張・立証の構造

　Ｘの選択した訴訟物は、賃貸借契約の終了に基づく目的物返還請求権とし
ての建物明渡請求権です。これは、賃貸借契約の効果として賃借物返還義務が
発生するのであり、債務不履行解除、解約申入れ、期間満了等の終了原因の効
果として賃借物返還義務が発生するのではないと考えるいわゆる「一元説」に

IV　権利保護の範囲が問題になる場合

よる訴訟物の把握の仕方です。また、本件賃貸借契約は更新されていますが、[22]
更新の前後で賃貸借契約の同一性は失われないことから、更新の前後にまたが
って複数の終了原因が主張される場合であっても、訴訟物が異別になることは
ないと考えられます。

　Xのする無条件の明渡請求に係る請求原因事実を整理すると、以下のとお
りです。

〈請求原因〉

(ア)-1　Xは、Yに対し、昭和28年8月1日、本件店舗を賃貸する旨の契
　　　約を締結し、そのころ本件店舗を引き渡した。

(ア)-2　Xは、Yとの間で、昭和32年12月31日、本件店舗につき、期間を
　　　2年、賃料を1か月2万5000円と定めて(ア)-1の賃貸借契約を更新する
　　　旨合意した。

(ア)-3　昭和34年12月31日は経過した。

(イ)　Xは、Yに対して昭和34年11月1日に本件賃貸借契約を解約する旨
　　　通知し、昭和38年6月5日にYを被告として本件店舗の明渡しを求め
　　　て本件訴訟を提起し、遅くとも昭和39年6月15日にYに送達された準
　　　備書面においても本件店舗の明渡しを求める旨の主張をしたから、X
　　　は、Yに対し、同準備書面の主張をもって本件賃貸借契約を解約する
　　　旨の黙示の意思表示をした。

(ウ)　Yに対する(イ)の準備書面の送達から6か月が経過した。

(エ)-1　本件店舗の存する本件建物は老朽化していて、本件建物を取り壊
　　　して高層ビルを新築するのが合理的であるし、Xにはその敷地を使用
　　　する必要があるから、(イ)の準備書面の送達から(ウ)の6か月の経過時点ま
　　　で、本件賃貸借契約を解約するについて正当事由が存在した。

　(ア)-1ないし(ア)-3は、(イ)のとおりXがYに対して解約の意思表示をした時
点において、XとYとの間に本件店舗につき期間の定めのない賃貸借契約が
存続していたことを根拠付ける事実です。

22　これに対し、賃貸借契約の終了原因ごとに訴訟物が異なるとの「多元説」もあります。司研・紛
　　争類型別90頁参照。

109

第2章　処分権主義の意義と機能

(イ)は、XがYに対して本件賃貸借契約につき黙示の解約の意思表示をした
ことを示す具体的事実です。前述したとおり、法律的には無効であるとはいえ
昭和34年11月1日に解約の通知をし、それを前提として昭和38年6月5日に
Yを被告として本件店舗の明渡しを求めて本件訴訟を提起したのですから、
理論的には、訴状の送達時点で解約の黙示の意思表示が成立したということが
できます。ただし、(イ)は、訴状の送達を捉えるのではなく、それよりも後の準
備書面（〈設例2-⑤〉②のとおり、立退料の支払を提案した準備書面）の送達を捉
えた摘示になっています。これは、原判決がそのように理解して判決し、〈設
例2-⑤〉②のとおり、それを本最高裁判決が正当として是認したため、それ
に従って整理したものです。

黙示の意思表示については、その成立を基礎づける個々の具体的事実をもっ
て主要事実であると考えるいわゆる「主要事実説」と、個々の具体的事実は間
接事実であって、それらとは別に意思表示が存在すると考えるいわゆる「間接
事実説」とがありますが、ここでは現在の民事裁判の実務に浸透している主要
事実説[23]によっています。

(ウ)は、借家法3条1項の要件の充足を主張するものです。

(エ)-1は、正当事由が存することの主張です。正当事由ありという要件は、
事実の有無を要件とするものではなく、規範的評価の成立を要件とするもので
あり、いわゆる規範的要件と呼ばれるものです。

規範的要件については、規範的評価の成立を根拠付ける個々の具体的事実
（これを「評価根拠事実」といいます）およびこれらの具体的事実と両立して規
範的評価の成立を障害する個々の具体的事実（これを「評価障害事実」といいま
す）をもって主要事実であると考えるいわゆる「主要事実説」と、個々の具体
的事実は間接事実であって、当該規範的評価自体を主要事実であると考えるい
わゆる「間接事実説」とがありますが、ここでは、黙示の意思表示についてと
同様、現在の民事裁判の実務に浸透している主要事実説[24]によっています。

そして、借家法3条1項の規定する6か月は解約の申入れがされた時点を起
算点とし、この時点から6か月間正当事由が継続して存在することが必要であ

23　黙示の意思表示の要件事実については、司研・要件事実第1巻37頁以下を参照。

24　規範的要件の要件事実については、司研・要件事実第1巻30頁以下を参照。

ると解されています。[25]

　Yは、請求原因事実のうち(エ)-1を否認し、その余の事実を認めました。そして、概要以下のとおり、抗弁として、正当事由につき評価障害事実を主張しました。

〈抗　弁――正当事由の評価障害事実〉
(a)　Yは、本件賃貸借契約の締結後、本件店舗において長年努力した結果、果物小売店として老舗の地位を築くに至ったのであるが、その老舗としての価値は極めて高い。
(b)　京都という土地柄からすると、Yが本件店舗を明け渡した場合、現在の実績を確保し得るような店舗に移転することは極めて困難である。

　Xは、このような抗弁事実の主張・立証に直面して、Yに対して立退料300万円を提供しました。その主張は、以下のとおりです。

(エ)-2　Xは、Yに対し、(イ)の準備書面をもって立退料300万円を提供し、その支払と引換えに本件店舗を明け渡すべき旨を求めたから、同準備書面の送達から(ウ)の6か月の経過時点まで、本件賃貸借契約を解約するについて正当事由が存在した。

　この立退料に関する主張をどのように位置付けるべきかは1つの問題です。無条件の家屋明渡請求と立退料の支払と引換えの家屋明渡請求とが、Xがそう考え1審判決がそう認めたように、主位的（第1次）請求と予備的請求という関係に立つ（すなわち、これらの請求の訴訟物は別であると考える）のであれば、Xのした立退料に関する主張が予備的請求原因事実であることは明らかです。しかし、本件の原判決は、これらの請求の訴訟物が1つであるとする立場に立つことを明言しました。本最高裁判決は、この点にふれていませんが、前述の一元説を前提とするのであれば、これらの請求の訴訟物は1つということになります。

25　最2小判昭和28・1・30民集7巻1号99頁、最3小判昭和42・10・24判時501号66頁を参照。

111

第2章　処分権主義の意義と機能

　また、立退料の提供をもって正当事由を具備した場合において、正当事由を具備した状態が立退料の提供時点から6か月間継続して存在しなければならないとの立場によると、無条件の解約申入れに正当事由ありとされる場合と立退料の提供によって正当事由が具備したものとされる場合とで当該賃貸借契約の終了時期が異なるから、Xのした立退料に関する主張が予備的請求原因事実であることは明らかです。しかし、最2小判平成3・3・22民集45巻3号293頁は、建物の賃貸人が解約申入れ後に立退料の提供を申し出た場合であっても、これを参酌して当該解約申入れの正当事由の有無を判断することができる旨判示して、正当事由が立退料の提供時点から6か月間継続して存在しなければならないとの立場に立たないことを明らかにしました。[26]

　そうすると、立退料に関する(エ)-2の主張を、正当事由の評価障害事実である(a)、(b)の抗弁に対する再抗弁に位置付けるという考え方もあり得ないわけではないということになります。

　しかし、訴訟物についての一元説に立ち、また、最2小判平成3・3・22の立場を前提にしてもなお、立退料に関する(エ)-2の主張は、予備的請求原因として位置付けるのが正しいと思われます。3つの異なった視点から検討してみましょう。

　第1は、立退料の提供という事実の性質です。最1小判昭和46・11・25が判示するとおり、立退料の提供は他の諸般の事情とともに総合考慮され、相互に補充し合って正当事由の有無の判断の基礎となるものです。すなわち、それのみで正当事由ありとの評価を導くことはできない事実ですが、あくまでも正当事由の評価根拠事実の一角を占めるものであって、評価障害事実と両立してその効果を減殺する再評価障害事実という性質の事実ということはできません。[27]

　第2は、立退料の提供と処分権主義との関係です。前述したように、裁判所が立退料の支払と引換えの建物明渡しを命ずることが許されるのは、原告の意思にその根拠を求めるしかないのであり、原告が立退料の提供をしないと明示

---

[26]　最2小判平成3・3・22は、無条件の家屋明渡請求の訴訟物と立退料の支払と引換えの家屋明渡請求の訴訟物は同一であるとの立場を前提とするものと思われます。

[27]　倉田卓次監修『要件事実の証明責任・契約法(下)』(西神田編集室・1998年) 664頁〔西野喜一＝高世三郎〕は、これと同旨をいうものと思われます。

しているまたはその最高額を明示している場合には、裁判所は立退料の支払と引換えの建物明渡しを命ずることは許されず、または当該最高額を超える立退料の支払と引換えの建物明渡しを命ずることは許されません。このように処分権主義に係る事実主張は、請求原因に位置付けることが素直な主張構造の理解であると思われます。本件の原告Ⅹは（1審判決も）、「主位的（第1次）請求」、「予備的請求」として請求の趣旨を書き分けたのですが、これは、訴訟物が同一かどうかという理屈の問題はともかく、民訴法246条の規定に違反する判決がされないための実務的な工夫として積極的に評価すべきことと思われます。

第3は、原告が立退料の支払と引換えの建物明渡しのみを請求する場合における主張構造との整合性です。原告が引換給付判決のみを求める場合には、当然のことながら、立退料の提供の事実主張は請求原因に位置づけられます。そうすると、無条件の建物明渡しを求めた上で、立退料の提供をした場合にのみ再抗弁になるとするのは無理があります。この無理の原因は、第1の点に帰着します。

(5) 引換給付判決をするために被告による権利主張を要するか

立退料の提供によって賃貸人が賃借人に対する立退料の支払義務を負担することになるのかどうかという困難な問題はあるのですが、最1小判昭和46・11・25[28]が是認したように、立退料の支払と引換えに建物の明渡しを命ずるという判決主文が実務に定着しています。

このように賃貸人である原告による立退料の支払と賃借人である被告による建物の明渡しとが同時履行の関係にあるとの処理が定着したことから、逆に、裁判所が引換給付判決をするために被告による権利主張（たとえば、「原告が立退料500万円の支払をするまで本件店舗の明渡しを拒絶する。」との権利主張）を要するかどうかが問題にされるに至っています[29]。

被告による権利主張を要するとの見解は、同時履行の抗弁が権利抗弁とされていることのアナロジーによるものです[30]。この見解によるときは、「立退料の

28　さしあたり、千種秀夫「判解」最判解民〔昭和46年度〕544頁を参照。

29　権利主張を要するとするものに、加茂紀久男「借家法1条ノ2の『正当事由』と立退料」判タ281号（1972年）22頁が、権利主張を不要とするものに、小川克介「立退料と正当事由」水本浩＝田尾桃二編『現代借地借家法講座(2)』（日本評論社・1986年）43頁があります。

30　同時履行の抗弁の要件事実については、司研・紛争類型別8頁を参照。

113

第2章　処分権主義の意義と機能

金額いかんにかかわらず、本件建物を明け渡すつもりはないから、仮定的にではあっても権利主張はしない。」と被告が明言した場合には、裁判所は引換給付判決をすることが許されないということになります。しかし、被告による権利主張を要するとの見解は、判決主文が引換給付の形になる場合は全て権利抗弁の性質を有する同時履行の抗弁の問題であるという思い込みによるものと思われます。

　立退料の支払との引換給付判決を命ずるのは、それなしでは正当事由ありとされない場合に、立退料の提供を補完的な正当事由の評価根拠事実として認知するとともに、明渡しを強制される賃借人に不利益が及ぶことのないようにするため、判決主文中に引換えを明示するという目的のものです。したがって、賃借人である被告が立退料の支払と引換えに建物を明け渡すことを明確に拒絶している場合であっても、賃貸人である原告による立退料の提供があり、それによって正当事由ありとされるときには、裁判所は一部認容判決として引換給付判決をすることが当然の前提になっているのです。**ここでの問題の本質は、原告の意思を無視して立退料の支払と建物の明渡しとを条件関係に立たせることはできないというところにあり、被告が立退料の支払との引換給付を求めるという権利主張をするかどうかにあるのではないのです。**このように立退料提供の問題のスタート・ポイントに立ち帰ってみれば、立退料の支払との引換給付判決をするのに被告による権利主張が必要でないことは明らかというべきでしょう。

114

第3章 弁論主義の意義と機能

I 弁論主義とは

1．弁論主義の意義と根拠

　民事訴訟は、複数の当事者の権利ないし利益が衝突している民事紛争につき、正当な権利ないし利益を実効的に保障するとともに、紛争解決のための制度を備え置き、当事者の利用に供することによって、法秩序を維持しようとするものです。そのような民事訴訟において、裁判所が当該事件の事案を解明し、その真相に合致した判決をするためには、当該事件に係る資料を検討する必要があります。そこで、判決に必要な資料の収集提出を誰がすることができるか、誰がするべきかが問題になります。

　「弁論主義」は、判決の基礎となる事実の確定のために必要な資料の提出を当事者の権能であり責任であるとする考え方をいい、当事者が訴訟における弁論という方法で提出することを必要とするという観点から、この名称が付されています。財産関係の紛争である通常民事訴訟は、弁論主義によって運営されています。

　これに対し、訴訟資料の収集提出を裁判所の権能であり責任であるとする考え方を「職権探知主義」と呼びますが、実際に採用されている職権探知主義は、裁判所が職権によって収集した資料を加味するというものであり、当事者による資料の収集提出を禁止するというものではありません。身分関係の紛争である人事訴訟や行政上の紛争である行政訴訟は、法秩序の基本にかかわり、訴訟当事者のみならず広く第三者の利害に影響を及ぼすような紛争類型であるため、

115

第3章　弁論主義の意義と機能

職権探知主義によって運営されています。

　弁論主義は、民事紛争の対象である私権自体が当事者によって自由に処分されるものであるから、その解決手続も当事者の意思を尊重したものとすることが望ましいという思想に裏付けられたものということができます。しかし、このような思想も当然のことながら歴史的な所産ということができますし、現在の我が国の民事訴訟について基本的に弁論主義に基づいた制度設計がされ運用がされているのは、真実の探求という目的のために合理的かつ効率的な手段であるという経験からくる合意が成立しているからであると考えられます。[1]

　第2章に取り上げた処分権主義も、当事者の私的自治に思想的な基盤をおくものですが、その発動の局面が異なります。すなわち、処分権主義は審判対象の特定とその処分とにかかわる原理ですが、弁論主義はそのようにして審判の対象とされた紛争についての判断をする前提として必要な資料の収集提出にかかわる原理です。

2．弁論主義の内容をなす3つの規律

　弁論主義は、次の3つの規律がその内容をなしています。

　第1は、裁判所は当事者の主張しない事実を判決の基礎としてはならない、という規律です。[2]この規律によって、主張と証拠とが区別されることになります。また、ここで、当事者の主張を要する事実とは、当事者の欲する法律効果の発生・消滅等を直接根拠付ける「要件事実」ないし「主要事実」を指すものと解されており、「間接事実」または「補助事実」と区別されることになります。

　第2は、裁判所は当事者間に争いのない事実はそのまま判決の基礎としなければならない、という規律です。この規律は、一般に「自白の拘束力」と呼ばれます。[3]ここでも、「要件事実」ないし「主要事実」と「間接事実」または「補助事実」とは区別されます。

1　弁論主義および職権探知主義の意義につき、梅本469、515頁、伊藤302頁、中野ほか・講義216頁〔鈴木正裕〕参照。

2　弁論主義の第1の規律を示す明文の規定は、ありません。

3　弁論主義の第2の規律については、民訴法179条が「裁判所において当事者が自白した事実及び顕著な事実は、証明することを要しない。」とし、自白の不要証効の観点から規定しています。

116

第3は、裁判所は当事者間に争いのある事実を認定するにつき当事者の申し出た証拠によらなければならない、という規律です。この規律は、一般に「職権証拠調べの禁止」と呼ばれます。

そこで、以下、弁論主義が民事訴訟においてどのように機能し、問題になるのかの実際を検討することにしましょう。

Ⅱ 弁論主義の第1の規律の対象
——要件事実（主要事実）——

1. 主要事実と間接事実の区別

前記Ⅰ2のとおり、裁判所は当事者の主張しない事実を判決の基礎としてはならないという弁論主義の第1の規律が対象とする「事実」とは、主要事実のみであって間接事実と補助事実（以下、原則として補助事実をも含めて間接事実といいます）はその対象とはならないと解されています。そこで、主要事実と間接事実とをどのようにして区別するかが重要な問題になります。

現在の民事訴訟の実務では、**権利の発生、障害、消滅等の法律効果の発生要件に該当する具体的事実を主要事実と呼び、経験則を利用することによって主要事実の認定に供される事実を間接事実と呼びます**。実体法の条文は、法律効果の発生要件を類型的な事実として記述しています。そこで、学説の多数は、条文上の類型的な事実を要件事実と呼び、個別の事件においてこれに該当する具体的事実を主要事実と呼んでいます。しかし、実務では、主要事実と要件事実とを同義に用いることもしばしばあります。そして、間接事実との区別または関係を議論する場面では、主要事実という用語が使用されることが多いということができます。

---

4 弁論主義の第3の規律は、第2次世界大戦後、民訴法から職権証拠調べの一般規定が削除され、民訴法207条1項の当事者本人尋問等限定された範囲でのみ職権証拠調べが可能となったことから、推知することができます。

5 最2小判昭和28・9・11集民9号901頁。

6 司研・要件事実第1巻3頁参照。

117

第3章　弁論主義の意義と機能

2．主要事実かどうかの区別を誤った最高裁判決

前記1のように定義しますと、主要事実と間接事実の区別は一見明瞭のようにみえますが、実際の事件では、そう簡単ではない場面が生じます。最2小判昭和25・11・10民集4巻11号551頁は、主要事実と間接事実の区別が困難なケースであり、最高裁が主要事実と間接事実の区別を誤った実例ということができます。

⑴　最2小判昭和25・11・10の事案の概要

親族間で建物の所有権の帰属が争われた事件であり、原審の確定した事実および訴訟経過の概要は、〈設例3-①〉のとおりです。

─〈設例3-①〉──────────

①　訴訟に登場する人物の関係は、［関係図］記載のとおりである。

②　Xは、本件建物Hの所有名義が家屋台帳上Yであったため、Yを被告として、Hの所有権がXに属することの確認を求めて訴えを提起したが、訴え提起後の昭和21年12月21日、YがHにつき所有権者をYとする所有権保存登記を経由したので、Hの所有権移転登記手続を求める訴えに変更した。

③　Xは、Y所有の土地上にあったY所有の旧建物をYの代理人Aの同意を得て、昭和5年5月14日に取り壊し、請負業者に請け負わせて新建物の建築に着手し、同年7月31日にHが完成したが、その保存登記をしないでいたところ、村役場と税務署の家屋台帳にY名義で登録された、と主張した。

④　Yは、旧建物を取り壊しHを新築したのは、XではなくAであるとして、Xの主張を争った。より具体的には、Aの養子X、五女Yを含むAの子らが孝養のためAに資金を提供し、Aは、その資金によってHを新築し、新築直後Yに対して売買名目でHを贈与し、自ら村役場と税務署の家屋台帳にY名義の登録手続をした、と主張した。

⑤　1審は、Hの所有権はXに属するとして、Xの請求を認容する判決を言い渡した。

⑥　原審は、A居住の旧建物が相当古くなっていたので、X、Yらが協議

118

して老父Aのために改築を企図し、A、X、Yが資金を拠出してHを新築の上、Aに贈与したところ、Aは、Aの財産を相続させることとしていたYに対し、自己の所有に帰したHを贈与し、自らYのため村役場と税務署に対する家屋台帳届出の手続をしたのであり、HはYの所有に属するものと認められるから、Xの請求は失当であると判断して、1審判決を破棄してXの請求を棄却した。[8]

⑦ そこで、Xは、A、X、Yが新築して共有に帰したHの所有権をAに贈与したとの主張がないのに、原判決が⑥のとおり認定したのは、当事者が主張しない事実に基づいて判断をした違法があると主張し、原判決の取消しを求めて上告した。

(1) 上記⑥の原審認定の事実を、請求原因→抗弁→再抗弁等の形で、主張・立証の構造を明らかにせよ。
(2) 原判決は、弁論主義違反の違法を犯したものというべきであるか。
(3) 「Aが、X・Yらから贈与された金銭によってHを建築した。」という主張と、「X・Yらが資金を拠出してHを建築し、Aに対して完成したHを贈与した。」という主張とは、法的観点を異にするだけであり、主要事実は当事者によって主張されているという見解の正否を検討せよ。

[関係図]

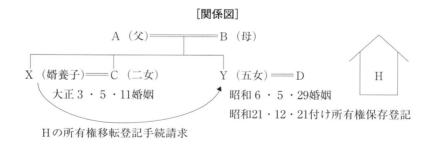

---
7 1審判決（判決年月日不明）の主文と事実欄は民集4巻11号561頁に収録。
8 福岡高判昭和24・4・27（民集4巻11号563頁に収録）。

第3章　弁論主義の意義と機能

(2) 最2小判昭和25・11・10の判断の内容

最高裁は、以下のとおり、原審の判断を正当として是認することができると
して、Xの上告を棄却しました。

(i) 裁判の基本となる事実は当事者の主張を基礎として確定しなければな
らないが、右事実の来歴等については、裁判所が証拠により当事者の主
張と異なる事実を認定することを妨げない。

(ii) 原判決認定の事実は、YにHを贈与したAがその所有権を取得する
に至った経過についての事実であるにすぎず、原判決が右の点につき
Yの主張と異なる認定をしていても、原判決は結局Yの主張に基づい
てYがAから贈与によりHの所有権を取得した事実を認定しているの
であるから、原判決には当事者の申し立てない事項について裁判した違
法があるとはいい得ない。

---

(3) 主張・立証責任の構造上の位置付け

〈設例3-①〉②によると、Xが訴えの変更後に選択した訴訟物（請求権）は、
所有権に基づく妨害排除請求権としての所有権移転登記請求権です。そして、
同③によると、Xは、請求原因事実として、次のとおり、Hの所有権取得原
因事実（承継取得ではなく原始取得の原因事実）を主張しました。

〈請求原因〉

(ア) Xは、昭和5年7月31日、Hを建築した。

(イ) Yは、現在HにつきY名義の所有権保存登記を経由している。

これに対し、〈設例3-①〉④によると、Yは、請求原因事実(ア)につき、「昭
和5年7月31日にHを建築したのは、Xではなく、Aである。」と積極否認の
事実を主張した上、その積極否認事実の裏付けとなる間接事実として、「その
建築費は、X、Yを含むAの子らがAに対して贈与した金銭によってまかな
われた。」と主張しました。Xが請求原因事実(ア)の立証に成功しない場合には、
Xの請求は棄却されることから、Yは、Hの所有権が自らに帰属することを
積極的に主張・立証する必要はないのですが、「Aは、Yに対し、昭和5年7

120

月ころ、Hを贈与した。」として、Hの所有権が自らに帰属するとの主張を付加してしました。

結局、**要件事実レベルの争点は、請求原因事実(ア)の成否のみ**ということになります。

このような中で、原判決は、次のとおりの認定をしました。

〈原判決の認定した事実〉

① X、Y、Aらは、昭和5年7月31日、共同してHを建築した。

② Aを除くX、Yらは、Aに対し、昭和5年7月ころ、①によって取得したHの各共有持分権を贈与した。

③ Aは、Yに対し、昭和5年7月ころ、Hを贈与した。

ここで、**最大の問題は、請求原因事実(ア)と原判決の認定した事実①とが、同一性を有する事実であるかどうか**にあります。より具体的に問題を設定すると、原判決の認定した事実①が請求原因事実(ア)の可分な一部であるのかどうかという点にあります。

請求原因事実(ア)と原判決の認定した事実①とが、同一性を有する事実とはいえないというのであれば、原判決は、請求原因事実(ア)と両立しない事実①を認定して、同(ア)を認定することができないとしたものと理解することができることから、Xの請求を棄却した原判決の判断は結論において正しいということになります。

しかし、第1章Ⅲ4(1)に紹介したように、共有持分権は所有権の一部であるから、所有権確認請求訴訟において共有持分権の取得を認めることができる場合には、共有持分権確認の一部認容判決をすべきであるとの最高裁判例の立場[9]を前提とすると、原判決の認定した事実①は請求原因事実(ア)の可分な一部であるというのが素直な考え方であろうと思われます。

そうすると、原判決は、Xの主張した請求原因事実の一部である「XがHの共有持分権を原始取得した。」との事実を認定しているのですから、原判決の認定した事実②は、「所有権(の一部である共有持分権)喪失の抗弁」事実で

---

9 最1小判昭和42・3・23集民86号669頁。

第3章　弁論主義の意義と機能

あり、当事者によって主張されない限り、判決の基礎とすることは許されないということになります。[10] なお、原判決の認定した事実(iii)は、本件訴訟の帰趨に影響を及ぼすことのない余分な事実です。

　この主張・立証の構造を要件事実論によって整理しますと、以下のとおりです。

〈原判決の認定した請求原因事実（Xの共有持分権の原始取得）〉

　(ア)　Xは、昭和5年7月31日、Y、Aらと共同してHを建築した。

〈原判決の認定した抗弁事実（Xの共有持分権の喪失）〉

　(a)　Xは、Aに対し、昭和5年7月ころ、(ア)によって取得したHの共有持分権を贈与した。

　(ア)の事実は、原判決の認定した事実(i)をXに着目して表現を整理したものです。また、(a)の事実は、原判決の認定した事実(ii)のうち、Xの共有持分権の喪失に係る事実のみを抜き出したものです。

　そうすると、**原判決の認定した事実(iii)は、Xの共有持分権喪失後の事情にすぎず、本件の主張・立証責任の構造の中に独自の位置を見出すことのできない事実である**ことが明らかになります。

(4)　本最高裁判決の判断の正否

　このように検討してくると、前記(2)の本最高裁判決の判断にいくつかの大きな問題があることがわかります。

　第1に、本最高裁判決の判断(i)のうち、「裁判の基本となる事実は当事者の主張を基礎として確定しなければならない」との部分は、弁論主義の第1の規律をいうものと理解することができますが、「右事実の来歴等については、裁判所が証拠により当事者の主張と異なる事実を認定することを妨げない」との部分は、不正確であって今日では通用しないものといって間違いがないでしょう。本最高裁判決は、「事実の来歴等」ということによって、当該来歴等が間

10　山木戸克己「当事者の申し立てない事項について裁判したことに当らない一事例」民商35巻3号（1957年）110頁は、本文と同旨の指摘をされていました。野田宏「所有権訴訟における立証責任」兼子一編『民事訴訟法上巻（実例法学全集）』（青林書院新社・1963年）174頁も同旨。

接事実にすぎないと考えているようですが、前記(3)のとおり、「事実の来歴等」というだけでは当該来歴等が要件事実（主要事実）であるかどうかを判別することはできません。

第2に、本最高裁判決の判断(ⅱ)のうち、原判決の認定した事実⑪を、「Aがその所有権を取得するに至った経過についての事実であるにすぎない」と性格付けている部分は、原判決の認定した事実①がXの主張した請求原因事実の一部を積極的に認定したものであること、および同⑪がその請求原因事実に対する抗弁事実を含んでいることを見逃した判断です。

第3に、本最高裁判決の判断(ⅱ)のうち、原判決の認定した事実⑬につき、「原判決は結局Yの主張に基づいてYがAから贈与によりHの所有権を取得した事実を認定している」として、これを原判決の判断に違法がないことの理由としている部分は、前述のとおり、同⑬が本件の帰趨に全く影響を及ぼすことのない事実であることを理解しないものであり、誤りというほかない判断です。

最高裁がこのような誤りに陥った原因は、本件の争点を「Hの現在の所有者は、XであるのかYであるのか。」という形で設定した上、請求原因事実を「Hの現在の所有者がXであること」と把握したところにあります。「Hの現在の所有者がXであること」は、事実ではなく権利関係ですから、Xが本件建物Hの所有権を取得した具体的原因事実こそが要件事実（主要事実）なのですが、このような権利関係をもって請求原因事実であると誤解したために、「Hの現在の所有者がXではなくYであるとの判断に至る所有権移転経過を示す具体的事実は、間接事実に当たる来歴にすぎない。」としてしまったものと考えることができます。

第4に、本最高裁判決の判断(ⅱ)のうち、「原判決には当事者の申し立てない事項について裁判した違法があるとはいい得ない」と結論している部分は、上告論旨が弁論主義違反を主張しているのに、最高裁がその論旨につき処分権主義違反をいうものと誤解したかのような印象を与える表現であり、適切とはいえません。

以上のとおり、本最高裁判決は、要件事実論による主張・立証の構造分析が未発達であった時代を象徴する判断になっています。

123

第3章　弁論主義の意義と機能

弁論主義の観点からすると、原判決および本最高裁判決の判断は誤ったものですが、結論までもが誤ったものかどうかは別の問題です。本件建物Hの所有権取得原因事実という観点からすると、「Aが、X、Yらから贈与された金銭によってHを建築した。」という事実と「X、Yらが、資金を拠出してHを建築し、Aに対してそのようにして完成したHを贈与した。」という事実とは、明らかに異なる事実なのですが、実際に生起した事実としては紙一重であるからです。

このような場合に、裁判所の認定に必要な事実主張は当事者によってなされており、裁判所のした事実認定は法的構成（評価）を異にするだけであるというような議論がされることも想定できます。しかし、**「AがHを建築した。」という事実と「X、YらがHを建築し、Aに対して完成したHを贈与した。」という事実とが要件事実レベルにおいて同一であって、異なるのは法的構成（評価）にすぎないというような議論は、それとして誤っているばかりか、弁論主義の第1の規律について明確な基準を失わせるものであって、訴訟の実際において使い勝手のよいものとも思われません。**実務的には、主張責任を負う当事者（本件ではY）が仮定的に所有権（共有持分権）喪失の抗弁を主張しておくことが期待され、当事者がその点を見過ごしている場合には、裁判所による釈明権の行使が期待されます。

(5)　その他の若干の最高裁判決

最高裁は、ほかにも、本人が意思表示をしたとの主張に対し、代理人がしたと認定すること[11]、代理人が意思表示をしたとの主張に対し、本人がしたと認定すること[12]は、いずれも弁論主義の第1の規律に反するものではないとしています。

しかし、現在の民事訴訟実務は、意思表示が代理人により代理行為としてされたことは、本人にその法律効果を直接帰属させるために必要な要件事実であるとする考え方によって運営されています[13]。これらの最高裁判決も、最2小判昭和25・11・10と同様、理屈の世界ではすでに乗り越えられた判決例といって

11　最3小判昭和33・7・8民集12巻11号1740頁、最2小判昭和39・11・13判時396号40頁。

12　最2小判昭和42・6・16判時489号50頁。

13　司研・要件事実第1巻17、67頁、司研・紛争類型別41頁を参照。

124

Ⅲ　弁論主義の第1の規律に関する最高裁判例の緻密化

よいと思われます。

Ⅲ　弁論主義の第1の規律に関する最高裁判例の緻密化

1. 所有権の移転経過の認定につき弁論主義違反とした最高裁判例の出現

前記Ⅱ1のとおり、所有権の移転経過を示す具体的事実を間接事実であるとした最2小判昭和25・11・10が下されたのですが、その後、主要事実と間接事実の区別についてより緻密な議論がされるようになり、所有権の移転経過の認定につき弁論主義違反と判断する最3小判昭和41・4・12民集20巻4号548頁が出現するに至りました。

(1)　最3小判昭和41・4・12の事案の概要

── 〈設例3-②〉──────────────────

① 　Xは、「本件土地LはXの所有に属するところ、所有権移転原因事実がないのに、Y_1に対して昭和29年12月10日付けの所有権移転登記（原因同年11月28日代物弁済）が経由され、次いでY_2に対して昭和30年12月14日付けの所有権移転登記（原因同日売買）が経由されている。」として、Y_1・Y_2に対し、各所有権移転登記の抹消登記手続を求める訴えを提起した。[14]

② 　Y_1・Y_2は、「Y_1は、Xに対し、昭和29年8月28日、弁済期を同年11月27日と定めて56万円を貸し付けたが、同貸付金についての停止条件付代物弁済契約の条件成就または代物弁済予約契約に基づく予約完結の意思表示により、XからLの所有権を取得し、X主張の登記を経由し、その後、Y_1は、Aに対してLを代金85万円で売り、Aの子であるY_2に対し、X主張の登記を経由した。」と主張した。

③ 　1審は、Xが、昭和29年8月28日、Y_1から56万円を借り受け、X所有のLにつき、Y_1のため代物弁済予約を原因とする所有権移転請求権

───────────
14　原審（控訴審）係属時に、Y_1に相続が発生し、相続人4名が受継したが、本文ではこの点を簡略化して説明しています。

125

第3章　弁論主義の意義と機能

保全の仮登記をしたこと、およびY₁が同年12月10日に同年11月28日代物弁済を原因とする所有権移転登記を経由したことについては当事者間に争いがないところ、証人Bの証言によると、Y₁・X間の貸付けに際し、弁済期を同年11月27日と定め、かつ、Xは、Y₁に対し、弁済ができないときは代物弁済としてLの所有権をY₁に移転する旨の停止条件付代物弁済契約をしたが、Xは右期日に弁済をしなかったことが認められるとした。そして、他にLがXの所有に属するとの主張・立証もないから、その余の点につき判断をするまでもなく、Xの請求は理由がないとした。[15]

④　原審は、1審のしたX・Y₁間の停止条件付代物弁済契約締結の認定に代え、X・Y₁間に代物弁済予約が成立し、Y₁がXに対して昭和29年12月10日に代物弁済予約完結の意思表示をし、あらかじめ交付されていたXの委任状により所有権移転の本登記を経由したと認定した。その上で、原審は、Xは、Y₁から、昭和30年2月ころ、Lを代金85万円で買い戻したものの、その資金の融通を受けたAに対し、2か月の期限内に代金95万円をもって買い戻すとの約定で売渡担保に供したが、その買戻期間を徒過したため、AはY₁から交付されていた書類によってAの子であるY₂名義の所有権移転登記を経由したと認定した。そして、原審は、Xはいったん取り戻したLの所有権を失ったことが明らかであるとして、控訴を棄却した。[16]

⑤　そこで、Xは、原判決には当事者の主張しない事実に基づいて判断した違法があるとして、原判決の取消しを求めて上告した。

⑴　Xの主張した請求原因事実およびY₁・Y₂の主張した抗弁事実を摘示せよ。

⑵　上記④の原審の「Xは、Y₁から、昭和30年2月ころ、Lを代金85万円で買い戻したものの、その資金の融通を受けたAに対し、2か月の期限内に代金95万円をもって買い戻すとの約定で売渡担保に供したが、

15　大阪地判昭和35・6・30（民集20巻4号553頁に収録）。
16　大阪高判昭和37・12・18（民集20巻4号557頁に収録）。

その買戻期間を徒過したため、AはY₁から交付されていた書類によってAの子であるY₂名義の所有権移転登記を経由した」との認定事実につき、主張・立証責任の構造上の位置付けを検討せよ。

(3) 原判決には弁論主義違背の違法があるか。

[関係図]

本件土地L

代物弁済契約？

X ────→ Y₁ 昭和29・8・28付け所有権移転請求権保全仮登記

売買契約？　　　昭和29・12・10付け所有権移転登記

売渡担保契約　　　　売買契約？

→買戻期間徒過？ ────→ A

子Y₂ 昭和30・12・14付け所有権移転登記

X→Y₁・Y₂ 各所有権移転登記の抹消登記手続請求

(2) 最3小判昭和41・4・12の判断

最高裁は、以下のとおり、原判決には弁論主義違背の違法があるとして、原判決を破棄しました。

(i) 原判決がXにおいてLをY₁から買い戻した旨を認定した以上、Xが現にL所有権を有しないのは、XがAにLを譲渡したという理由によるものであって、Y₁がXからLを代物弁済により取得したという理由によるものではない。

(ii) しかるに、XからAへのL譲渡の事実は、原審口頭弁論において当事者の主張のない事実であるから、原判決は、当事者の主張のない事実によりXの請求を排斥したものというべく、この違法は判決に影響があることにつき明らかであるから、原判決はこの点において破棄差戻しを免れない。

第3章　弁論主義の意義と機能

(3) 主張・立証責任の構造上の位置付け

原判決がどのように弁論主義違背の違法を犯したのかは、両当事者の主張・立証の構造を分析することによって、よく理解することができます。

〈設例3-②〉①によると、Xが選択した訴訟物（請求権）は、所有権に基づく妨害排除請求権としての各所有権移転登記の抹消登記請求権であり、請求原因は次のとおりです。

〈請求原因〉

(ｱ)　Xは、Lをもと（昭和29年11月28日当時）所有していた。

(ｲ)-1　Y₁は、Lにつき昭和29年12月10日付け所有権移転登記（原因同年11月28日代物弁済）を経由している。

(ｲ)-2　Y₂は、Lにつき昭和30年12月14日付け所有権移転登記（原因同日売買）を経由している。

これに対し、Y₁・Y₂は、〈設例3-②〉②のとおり、請求原因(ｱ)、(ｲ)-1、(ｲ)-2をすべて認め、大要、以下のとおり、所有権喪失の抗弁を主張しました。

〈所有権喪失の抗弁〉

(a)　Y₁は、Xに対し、昭和29年8月28日、弁済期を同年11月27日と定めて56万円を貸し付けた。

(b)-1　Xは、Y₁との間で、(a)の弁済期が経過したときは同借受金の弁済に代えてLの所有権を移転する旨の停止期限付代物弁済契約を締結した。[17]

(b)-2　Xは、Y₁との間で、(a)の弁済期が経過したときは同借受金の弁済に代えてLの所有権を移転する予約完結権をY₁に授与する旨の契約を締結した。

(c)-1　昭和29年11月27日は経過した。

(c)-2　Y₁は、Xに対し、昭和29年12月10日、(b)-2の契約に基づき代物弁済予約完結の意思表示をした。

17　本文の(b)-1、(c)-1は、停止期限付代物弁済契約の締結とその停止期限の経過を抗弁事実として摘示したものです。厳密には、停止期限付きであることが再抗弁事実になり、その経過が再々抗弁事実または予備的抗弁事実になります。

128

Ⅲ　弁論主義の第1の規律に関する最高裁判例の緻密化

(b)-1と(b)-2、(c)-1と(c)-2の各主張は、選択的なものであり、「(a)+(b)-1+(c)-1」が1つの抗弁であり、「(a)+(b)-2+(c)-2」がもう1つの抗弁です。

なお、〈設例3-②〉②のY₁・Y₂の主張のうち、Y₁が所有権移転登記を経由した事実、およびその後Y₁がAに対してLを代金85万円で売り、Aの子であるY₂が所有権移転登記を経由した事実は、いずれもいわゆる事情であって、抗弁事実ではありません。

原判決は、「(a)+(b)-2+(c)-2」の所有権喪失の抗弁を認定した上で、以下の事実を認定しました。

(ウ)　Xは、Y₁から、昭和30年2月ころ、Lを代金85万円で買い受けた。

さらに、原判決は、以下の事実を認定しました。

(d)　Xは、Aに対し、昭和30年2月ころ、Lを代金85万円で売り渡した。[18]

そこで、原判決の認定した(ウ)および(d)の各事実が主張・立証責任の構造上どのように位置づけられるものであるのかが問題となります。

(ウ)の事実は、請求原因(ア)と所有権喪失の抗弁事実「(a)+(b)-2+(c)-2」を前提とする予備的請求原因事実です。抗弁事実「(a)+(b)-2+(c)-2」と両立して、所有権喪失の抗弁の効果を消滅させる再抗弁であるかのようにみえますが、(ウ)の事実は、請求原因(ア)の「Xの昭和29年11月28日当時のL所有」を復活させることはなく、「Xの昭和30年2月ころのL所有」の効果を導くものですから、請求原因(ア)とは別の予備的請求原因事実ということになります。[19]

そして、**(d)の事実は、予備的請求原因事実(ウ)に対する所有権喪失の抗弁事実**ということになります。

(4)　最3小判昭和41・4・12の意味

以上の検討によると、原判決は、当事者の主張しない予備的請求原因事実(ウ)

18　本文の(d)は、原審の認定した契約が「2か月の買戻特約付売買」であると理解し、買戻特約部分を付款として摘示したものです。

19　いわゆる予備的主張については、司研・要件事実第2巻181頁以下を参照。

129

第3章　弁論主義の意義と機能

およびこれに対する抗弁事実(d)を証拠によって認定し、判決の基礎としたということになりますから、弁論主義の第1の規律に反するものであることは明らかです。

したがって、原判決に弁論主義違背の違法ありとした本最高裁判決の判断は正しいものであり、前述の最2小判昭和25・11・10と比較して弁論主義の第1の規律の適用が緻密になっていることがわかります。

ただし、本最高裁判決には、その判決文の表現からすると、専ら原判決が当事者の主張しない抗弁事実(d)を認定したことについて弁論主義違背の違法ありと考えているらしいところに問題があります。むしろ、原判決の基本的な問題は、当事者の主張しない予備的請求原因事実(ウ)を認定したところにあります。本最高裁判決は、この点の理解があいまいであり、過渡期的な判決と評価することができます。

2．弁論主義の第1の規律についての最高裁判例の到達点

前記1の最3小判昭和41・4・12からさらに14年近くが過ぎて、所有権の移転経過の認定につき弁論主義違反と判断する最1小判昭和55・2・7民集34巻2号123頁が現れました。この最高裁判決は、要件事実論に基づく弁論主義の第1の規律についての理解の定着を象徴するものということができますし、現在の判例の到達点を示すものですから、これを具体的に検討してみることにしましょう。

(1)　最1小判昭和55・2・7の事案の概要

─〈設例3-③〉

① ［関係図］記載のとおり、Xら3名、CおよびDはいずれもBの子であり、YはDの妻であり、Dの唯一の相続人である。Xらは、本件土地Lの所有名義人であるYに対し、「Bは、当時の所有者Aから、昭和28年7月31日、Lを買い受けたが、Dの所有名義に移転登記をしていた。Bの死亡により、Xら3名、CおよびDが各共有持分5分の1の割合をもって相続取得した。しかし、その後のDの死亡に伴い、その妻であるYが相続による所有権移転登記を経由した。」と主張して、その共有持分権に基づき各持分5分の1の移転登記手続を求める訴えを提

Ⅲ　弁論主義の第1の規律に関する最高裁判例の緻密化

起した。[20]

② これに対し、Yは、「Lは、Dが当時の所有者Aから買い受けて、所有権移転登記を経由し、Dの死亡によってYが相続取得したから、Xの請求は理由がない。」と主張した。

③ 原審は、証拠によって、Bが昭和23年ころ所有者AからLを代金1万6000円前後で買い受けたことを認定して、Xらの主張を採用しYの主張を排斥した。次いで、原審は、証拠によって、「Bは、昭和28年7月にLをD名義に登記する手続をしたものの、その当時もLの所有権をDに帰属させる意思を有していたとは認められないが、その後DがBの下に帰り家業を承継するようになったころからその意思に変化を生じ、遅くともBの死亡時にはDに対して死因贈与をしたため、Dは昭和34年5月26日のBの死亡によってLの所有権を取得した。さらに、Yは、昭和39年9月6日のDの死亡によってLの所有権を相続取得した。」と認定し、結局、Lの所有権をBから共同相続したことを前提とするXらの請求は理由がないとした。[21]

④ そこで、Xらは、原判決には当事者の主張しない事実に基づいて認定判断した違法があるとして、原判決の取消しを求めて上告した。

(1) Xらの選択した訴訟物を指摘し、請求原因事実を摘示せよ。

(2) 上記③の原審の「Bは、遅くともBの死亡時にはDに対して死因贈与をしたため、Dは昭和34年5月26日のBの死亡によってLの所有権を取得した。さらに、Yは、昭和39年9月6日のDの死亡によってLの所有権を相続取得した。」との認定事実につき、主張・立証責任の構造上の位置付けを検討せよ。

(3) Yが原審においてBからDに対する死因贈与を主張したところ、裁判所はBからDに対する生前贈与を認定した。この認定は、弁論主義

20　実際の本件訴訟では、Yに対して本件土地につき遺留分減殺請求として共有持分の移転登記手続を求める訴え、およびCに対して別土地につき共有持分権に基づき共有持分の移転登記手続を求める訴えが併合されていました。本最高裁判決は、これらの請求にかかわるものではないので、本文では、これらの請求に関する部分は省略しています。

21　名古屋高判昭和52・7・19（民集34巻2号134頁に収録）。

131

に反するか。

[関係図]

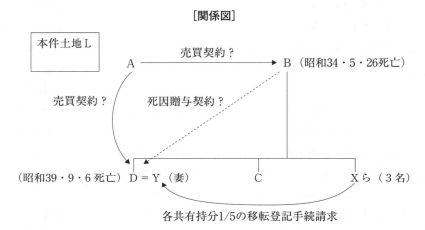

D名義の昭和28・7・31付け所有権移転登記（原因昭和28・7・31売買）
Y名義の昭和40・9・11付け所有権移転登記（原因昭和39・9・6相続）

(2) **最1小判昭和55・2・7の判断の内容**

最高裁は、以下のとおり、原判決には弁論主義違背の違法があるとして、原判決を破棄し、審理を尽くさせるため本件を原審に差し戻しました。

(i) 相続による特定財産の取得を主張する者は、ⓐ被相続人の右財産所有が争われているときは同人が生前その財産の所有権を取得した事実、およびⓑ自己が被相続人の死亡により同人の遺産を相続した事実の2つを主張・立証すれば足り、ⓐの事実が肯認される以上、その後被相続人の死亡時まで同人につき右財産の所有権喪失の原因となるような事実がなかったこと、および被相続人の特段の処分行為により前記財産が相続財産の範囲から逸出した事実もなかったことまで主張・立証する責任はなく、これら後者の事実は、いずれも前記相続人による財産の承継取得を争う者において抗弁として主張・立証すべきものである。

(ii) Xらにおいて、BがAからLを買い受けてその所有権を取得し、B

の死亡によりXらがBの相続人としてこれを共同相続したと主張した
のに対し、Yは、Xらの所有権取得を争う理由としては、単にLを買
い受けたのはBではなくDであると主張するにとどまっているのであ
るから（このような主張は、Bの所有権取得の主張事実に対する積極否認に
すぎない）、原審が証拠調べの結果AからLを買い受けてその所有権を
取得したのはBであってDではないと認定する以上、XらがBの相続
人としてその遺産を共同相続したことに争いのない本件においては、X
らの請求は認容されてしかるべき筋合いである。

(iii)　しかるに、原審は、Yが原審の口頭弁論において抗弁として主張し
ないDがBからLの死因贈与を受けたとの事実を認定し、したがって
XらはLの所有権を相続によって取得することができないとしてその
請求を排斥しているのであって、これは明らかに弁論主義に違反するも
のといわなければならない。[22]

(3)　Xらの主張した請求原因事実および原審認定事実の主張・立証責任の構造上の位置付け

前記1(3)におけると同様、本事案についても、両当事者の主張・立証の構造
を分析して、その問題点を検討してみることにしましょう。

〈設例3-③〉①によると、Xらが選択した訴訟物（請求権）は、各共有持分
権に基づく妨害排除請求権としての移転登記請求権であり、請求原因事実は次
のとおりです。

┌─〈請求原因〉─────────────────────────────

(ア)　Aは、Lをもと（昭和28年7月31日以前）所有していた。

(イ)　Bは、Aから、昭和28年7月31日、Lを代金1万6000円前後で買い受
けた。

(ウ)　Bは、昭和34年5月26日に死亡した。

(エ)　Xら3名、CおよびDは、Bの子である。[23]

(オ)　Yは、Lにつき昭和40年9月11日付け所有権移転登記（原因昭和39年

---

[22]　さらに、本最高裁判決は、原判決と同旨の判断をした大判昭和11・10・6民集15巻1771頁を変更
すべきことを明言しています。

第3章　弁論主義の意義と機能

　9月6日相続）を経由している。

　Yは、以上の請求原因事実につき、(イ)のみを否認し、その余をいずれも自白しました。その上で、Yは、「Lを買い受けたのは、BではなくDである。」と主張して争ったのです。

　このように**相手方の主張と両立しない事実を積極的に持ち出して相手方の主張を否認することを「積極否認」といいます**。この場合も、主張・立証責任の所在に変わりはありません。Xらが(イ)の事実を証明すべきなのであり、Yがこれに反する積極否認の事実を証明する責任を負うのではありません。したがって、Yが積極否認の事実を主張していなかった場合であっても、裁判所が証拠調べの結果、積極否認に当たる事実を認定し、Xらの主張する(イ)の事実についての証明がないとしてこれを排斥することが弁論主義の第1の規律に反するわけではありません。なぜなら、Xらが不利益を受けるのは、Xらの主張・立証責任に属する(イ)の事実を証明することができなかったためであって、積極否認に当たる事実が認定されたことの直接の結果ではないからです。[24]

　なお、本件におけるYの主張は、Aからの本件土地Lの買主がBかDかのいずれかであるという前提のものなので、請求原因事実(イ)の積極否認事実の主張であるということになるのです（前記(2)(ii)のとおり、本最高裁判決も、積極否認であることを明言しています。）が、Aから本件土地LをBが買い受けたかどうかにかかわらず、Aから本件土地LをDが買い受けたという趣旨の主張である場合には、不動産の二重譲渡を前提とする主張であり、抗弁を構成するということもあり得ますから、注意が必要です。

　以上の理解を前提として、原判決の認定事実が主張・立証責任の構造上どのように位置付けられるものであるかを検討してみましょう。原判決が判断の前

23　相続による権利承継を主張する場合に、相続人のすべてを主張しなければならない（すなわち、他に相続人が存在しないことまで主張しなければならない）とする「のみ説」と、自らが相続人であることを示す事実を主張すれば足り、他に相続人が存在することは被告において抗弁として主張すべきであるとする「非のみ説」とがあります。この点につき、判決起案の手引収録の「事実摘示記載例集」5頁参照。本章では「非のみ説」によることとします。なお、請求原因(エ)においてCとDとに言及しているのは、CとDとが相続人であることに争いがなく、Xらの相続分が各5分の1であることを理解しやすくするためです。

24　この点を明言するものとして、最3小判昭和46・6・29判時636号50頁があります。

134

提とした争いのない事実または認定事実を整理すると、以下のとおりです。

〈原判決の確定した事実〉

① Aは、Lをもと（昭和23年ころ）所有していた。

ⅱ Bは、Aから、昭和23年ころ、Lを代金1万6000円前後で買い受けた。

ⅲ-1 Bは、Dとの間で、遅くとも昭和34年5月26日のBの死亡前に、LをDに対して贈与する旨の契約を締結した。

ⅲ-2 ⅲ-1の贈与契約には、Bが死亡した時に効力が生ずる旨の停止期限が付されていた。

ⅲ-3 Bは、昭和34年5月26日に死亡した。

ⅳ Dは、昭和39年9月6日に死亡した。

ⅴ Yは、ⅳの当時、Dの妻であった。

　これらの事実等のうち、①およびⅱは、請求原因(ア)および(イ)と正確に一致するものではありませんが、これらと同一性のあるものといってよいでしょう。なお、主張事実と認定事実の同一性については、後記(5)を参照してください。

　ⅲ-1、ⅲ-2の各事実の位置付けが最も問題です。死因贈与契約の成立は、請求原因①およびⅱによってBに帰属した本件土地Lの所有権がDに移転する原因となる事実ですから、基本的に所有権喪失の抗弁となります。ただし、これをより厳密にみますと、死因贈与契約は、贈与契約に贈与者の死亡時に効力が生ずるとの停止期限（付款）の付いたものですから、ⅲ-1の事実が抗弁事実、ⅲ-2の事実が再抗弁事実、ⅲ-3の事実が再々抗弁事実または予備的抗弁事実という構造になります。[25] ただし、本件では、ⅲ-3の事実は、請求原因事実(ウ)と同一であり、かつ争いのない事実になっています。

　なお、ⅳおよびⅴの各事実は、Xらの請求に理由があるかどうかを判断するのに必要不可欠ではなく、Bの所有権喪失後の事情として位置付けられるものです。

　以上をまとめると、原判決は、当事者が主張していなかったにもかかわらず、

25　ⅲ-3の事実がⅲ-1の事実によって発生する（生前）贈与の効果を復活させるものでないことを理由に、ⅲ-3の事実を予備的抗弁事実と位置付ける考え方もあり得るでしょう。付款の主張・立証責任については、司研・要件事実第1巻48頁以下参照。

第3章　弁論主義の意義と機能

前記の請求原因に対する抗弁事実と位置付けられる⒤-1の事実を認定したということになります。原判決が弁論主義の第1の規律に違反したことは、明らかです。抗弁、再抗弁および再々抗弁の各要件事実を整理すると、以下のとおりです。

〈抗　弁（⒤-1）〉

(a)　Bは、Dとの間で、遅くとも昭和34年5月26日のBの死亡前に、LをDに対して贈与する旨の契約を締結した。

〈再抗弁（⒤-2）〉

(カ)　B・D間の贈与契約には、Bが死亡した時に効力が生ずる旨の停止期限が付されていた。

〈再々抗弁または予備的抗弁（⒤-3）〉

(b)　Bは、昭和34年5月26日に死亡した。

このように整理すれば、抗弁事実(a)も再抗弁事実(カ)も当事者の主張した事実ではありませんから、原判決が弁論主義の第1の規律に違反したことは明らかです。ただし、本件における再々抗弁事実または予備的抗弁事実(b)は、請求原因事実の一部をなす事実(ウ)であり、かつ争いのない事実ですから、原告としては再抗弁事実を主張しても意味がないので、抗弁事実が主張されたとしても、これを否認して争うだけで、あえて再抗弁事実を主張することはしないのが通常の訴訟当事者の訴訟行為であるということができます。

⑷　最1小判昭和55・2・7の意義

本最高裁判決の前記⑵の判断は、要件事実論による以上の分析をほぼ正確に反映させたものであり、前記Ⅱ2の最2小判昭和25・11・10（〈設例3-①〉）とほぼ同一の事案において、その誤りを修正して正しい判断をし、現在の裁判実務の基礎を築いた判例ということができます。

⑸　差戻し後の控訴審判決とそれに対する上告審判決

このようにして差戻しを受けた控訴審において、Yは、請求原因事実(イ)を否認しつつ、仮定抗弁として、死因贈与の主張をし、具体的には前記⑶の「(a)

136

＋(カ)＋(b)」の事実を主張しました。すると、差戻し後の控訴審は、「遅くとも昭和33年度に建築資材売買業の事業者名義をBからDに変更する時点において、BはDに対し、本件土地Lを贈与した」旨の認定をして、再度、Xらの請求を棄却しました。

そこで、Xらは、Yが主張したのは死因贈与であって生前贈与ではないから、差戻し後の控訴審の認定には弁論主義違反の違法があると主張して、上告しました。

しかし、前記(3)の検討から明らかなとおり、死因贈与は生前贈与と類型を異にする契約ではなく、生前贈与契約に停止期限という付款が付いているものですから、Xらの上告論旨はそれだけでは理由がありません。上告論旨に理由があるといえるためには、原判決の認定した「B・D間で昭和33年に本件土地Lの贈与契約が締結された」という事実が、Yの主張した「B・D間で遅くとも昭和34年5月26日までに本件土地Lの贈与契約が締結された」という事実とは社会観念上同一性がないということができる必要があります。

最2小判昭和32・5・10民集11巻5号715頁は、「当事者の主張した具体的事実と、裁判所の認定した事実との間に、態様や日時の点で多少の食い違いがあっても、社会観念上同一性が認められる限り、当事者の主張しない事実を確定したことにはならない。」と判断しています。**具体的事案における「社会観念上の同一性」の有無は、最2小判昭和32・5・10のいう当該事実の態様や日時についての相違の性質と程度のみならず、当該訴訟の経緯に照らして一方当事者に不意打ちとならないかどうか等の要素を勘案して判断することになります[26]。**

再度の上告審判決である最3小判昭和57・4・27判時1046号41頁は、差戻し後の控訴審の認定につき、「当事者の主張しないことを認定した違法があるとはいえない」として、上告を棄却しました。主張事実と認定事実との相違の性質と程度（契約締結時期の相違にすぎず、その相違も最大で1年程度のものであること）および事実審裁判所における当事者の争いの実状（差戻し後の控訴審における主要な争点が贈与契約の締結の有無であること）に照らして当然の判断であろうと思われますが、主張事実と認定事実の同一性に関する事例判断として参

26　主張事実と認定事実との同一性については、司研・要件事実第1巻13頁以下参照。

第 3 章　弁論主義の意義と機能

考になります。

Ⅳ　弁論主義の第 2 の規律——自白の拘束力——

1．はじめに

　本項では、弁論主義の第 2 の規律（自白の拘束力）との関係で、主要事実と間接事実との区別について検討してみることにしましょう。

　民訴法179条は、「裁判所において当事者が自白した事実及び顕著な事実は、証明することを要しない。」という文言をもって規定しており、当事者間に自白の成立した事実について証明責任を負う当事者が証明の必要から解放されることを規定しています。しかし、自白の効果は、それにとどまるものではなく、自白の成立した主要事実については裁判所がそれをそのまま判決の基礎としなければならないという裁判所に対する拘束力を有するものと考えられています。すなわち、当事者のした主要事実についての自白は、裁判所から事実認定権を剥奪するという効果を有するのです。また、自白をした当事者も自白に拘束され、その後自由に自白を撤回することはできないとされています。

　これを裏からいいますと、間接事実の自白には裁判所および当事者に対する拘束力を認めないというのが現在の判例の立場であるということになり、これを明らかにしたのが最 1 小判昭和41・9・22民集20巻 7 号1392頁であるとされています。しかし、この判例を検討してみると、自白された事実について裁判所の事実認定権の有無を決する主要事実と間接事実との区別が必ずしも簡単に決せられるものでないことがわかります。

2．間接事実の自白と拘束力

(1)　最 1 小判昭和41・9・22の事案の概要

　貸金の返還請求に対し、当該貸金債権が譲渡されたとの抗弁を提出して争う場合における抗弁の要件事実は何かが問題になった事件です。その事案の概要は、〈設例 3 –④〉のとおりです。

138

IV 弁論主義の第2の規律——自白の拘束力——

―― 〈設例 3 -④〉 ――――――――――――――――――――

① Xは、Yに対し、「Xの父AがYに対し、昭和29年12月24日に10万円を弁済期昭和30年1月22日の約で、同月12日に20万円を弁済期同年2月10日の約で貸し付けた。Aは、昭和37年4月17日に死亡し、XがAの権利義務を相続により承継した。」と主張して、貸金30万円の返還を求めて訴えを提起した。

② Yは、A・Y間の本件貸金契約の成立を認めた上で、「AはBから、昭和30年3月5日、本件建物Hを代金70万円で買い受け、代金の内金20万円を契約時に現金で支払い、内金20万円を1週間後払いとした。代金の残金30万円について、同日、代金決済の方法としてAのYに対する本件貸金債権30万円をBに譲渡した。Yは、この債権譲渡を承認した上、Bに対して有していた債権と相殺した。」と主張して争った。

③ Xは、第1審において、AがBからHを代金70万円で買い受けた事実を認めたが、AがBに対して本件貸金債権を譲渡した事実を否認した。そして、「仮に本件貸金債権を譲渡したとしても、その後Hの売買契約は合意解除されたから、本件貸金債権もAに復帰した。」と主張した。

④ 1審は、AがBからHを代金70万円で買い受けた事実は当事者間に争いがないとして判決の基礎とした上で、証拠によって、AがBに対して本件貸金の借用証書を交付したことなどを根拠に本件貸金債権のBへの譲渡を認定して、Xの請求を棄却した。[27]

⑤ 控訴審に至って、Xは、AがBからHを代金70万円で買い受けた事実を認めたのは、真実に反しかつ錯誤に基づくものであるから撤回すると主張した。Yは、この自白の撤回に異議をとどめた。なお、Xは、「真実は、AがBから40万円の借金を依頼され、その内金20万円を交付した際、Hを売渡担保としたためにその所有権移転登記を経由したのである。AがBに対して本件貸金の借用証書を交付したのは、Bに本件貸金債権の取立てを委任したからであるが、この取立委任はその後合

――――――――――――――――――――――――――――――――――――――
[27] 盛岡地花巻支判昭和39・1・13（民集20巻7号1399頁に収録）。

139

第 3 章　弁論主義の意義と機能

意解除された。」などと主張した。

⑥　原審は、上記の自白が真実に反しかつ錯誤に基づくものであることを認めるに足りないとして、X による自白の撤回の主張を排斥した上で、証拠によって本件貸金債権の A から B への譲渡を認定し、控訴を棄却した。[28]

⑦　そこで、X は、Y の主張する H 売買の事実は間接事実にすぎないから、これについての自白は自由に撤回し得るのに、撤回を許さなかった原判決には、自白に関する法令の解釈を誤り、理由不備の違法があると主張して、上告した。

(1)　X の選択した訴訟物を指摘し、請求原因事実および抗弁事実を摘示せよ。

(2)　X の自白した「A が B から本件建物 H を代金70万円で買い受けた。」という事実が主要事実であるか間接事実であるかは、どのような理屈によって決せられるのか。

[関係図]

(2)　最 1 小判昭和41・9・22の判断

最高裁は、以下の論理で原判決を破棄し、事件を原審に差し戻しました。

28　仙台高判昭和40・2・24（民集20巻 7 号1405頁に収録）。

IV　弁論主義の第 2 の規律——自白の拘束力——

(i)　Y の抗弁における主要事実は、「A が B に対して本件貸金債権を譲渡
　　したこと」である。

(ii)　X が自白した「A が B から本件建物 H を代金70万円で買い受けたこ
　　と」は、(i)の主要事実を認定するための資料となりうべき間接事実にす
　　ぎない。

(iii)　間接事実についての自白は、裁判所はもちろん自白した当事者をも拘
　　束するものではない。

(iv)　X のした自白に拘束されて、A が B から H を買い受けたという「事
　　実を確定」し、これを資料として(i)の主要事実を認定した控訴審判決に
　　は、証拠資料とすることが許されないものを事実認定に供したという違
　　法があり、この違法が原判決に影響を及ぼすことは明らかである。

　本最高裁判決の判断のうち判例として意味を有する部分は、(iii)の判示部分な
のですが、本最高裁判決は結論を述べるだけであって、そのような結論を採る
理由を一切述べていません。本最高裁判決の10年余り前に、最 2 小判昭和31・
5・25民集10巻 5 号577頁が間接事実の自白は裁判所を拘束するものではないと
判断しました。この立場によれば、間接事実の存否が不明な場合には、裁判所
は当該間接事実を主要事実認定の資料とすることはできない筋合いですから、
自白をした当事者の撤回の自由を否定してみても、証拠調べの結果当該間接事
実の認定に疑問を抱かせる場合には、裁判所は、当該間接事実を認定し、それ
を主要事実認定の資料とすることはできません。結局、間接事実の自白が裁判
所を拘束するものでないとするのであれば、当事者の撤回の自由を否定してみ
てもさしたる意味はないということになります。[29]

(3)　自白の成立した事実と主張・立証の構造

　ここでは、本最高裁判決が判例として扱われる前記(2)(iii)の判示部分の前提と
なっている同(i)および(ii)の判示部分について——すなわち、主要事実と間接事
実の区別に関する判断部分について——その正否を検討してみることにしまし

29　川嵜義徳「判解」最判解民〔昭和41年度〕379頁参照。

141

第3章　弁論主義の意義と機能

ょう。

　本件の訴訟物（請求権）は、A・Y間の消費貸借契約に基づく貸金返還請求権です。その請求原因事実は、以下のとおりです。[30]

　〈請求原因〉

　(ア)　Aは、Yに対し、昭和29年12月24日に10万円を弁済期昭和30年1月22日の約で、同月12日に20万円を弁済期同年2月10日の約で貸し付けた。

　(イ)　昭和30年1月22日と同年2月10日は到来した。

　(ウ)-1　Aは、昭和37年4月17日に死亡した。

　(ウ)-2　Xは、Aの子である。

　これに対し、〈設例3-④〉②のとおり、Yは、「Aは、Bに対し、Bから買い受けた本件建物Hの代金70万円のうちの30万円についての決済の方法として、本件貸金債権30万円を譲渡した。」と主張したのですが、この主張中の「AがBから本件建物Hを代金70万円で買い受けた。」という部分が抗弁の主要事実であるのか間接事実にすぎないのかが上告論旨において問題とされました。

　この問題は、債権譲渡とその原因行為との関係をどのように考えるか、すなわち債権の帰属の変更行為である準物権行為としての処分行為の独自性を肯定し、債権譲渡をその原因行為である売買契約や贈与契約から抜き出して債権譲渡の合意部分のみを主張することができるかどうか、の問題に帰着します。

　準物権行為の債権行為からの独自性を否定する立場に立つと、債権の帰属の変更の原因となる売買契約、贈与契約等の債権行為を主張・立証する必要があり、またそれで足ります。第1審および控訴審判決は、独自性否定説に立って、Yの抗弁事実（主要事実）を次のように整理したものと理解することができます。

　〈抗　弁――準物権行為の独自性否定説〉

　(a)　Aは、Bとの間で、昭和30年3月5日、Bから本件建物Hを代金70万円で買い受ける旨の契約を締結した。

30　貸金返還請求の請求原因事実については、司研・紛争類型別26頁以下参照。

142

IV　弁論主義の第2の規律──自白の拘束力──

(b)　Aは、Bとの間で、昭和30年3月5日、(a)の代金債務のうち30万円の支払のためまたは支払に代えて本件貸金債権を譲渡する旨の契約を締結した。[31]

　これに対し、準物権行為の独自性肯定説に立つと、売買契約、贈与契約等の債権行為の中から債権譲渡の合意部分のみを抜き出して主張・立証することができるし、またそうすべきであるということになります。最1小判昭和41・9・22の前記(2)の(i)および(ii)の判断は、準物権行為の独自性を肯定する立場に立って、Yの抗弁事実（主要事実）を次のように整理したものと理解することができます。

┌─〈抗　弁──準物権行為の独自性肯定説〉───────────
(c)　Aは、Bに対し、昭和30年3月5日、本件貸金債権を譲渡した。

---

(4)　最1小判昭和41・9・22からのレッスン

　このように検討してくると、〈設例3-④〉のようなケースにおいては、1つの具体的事実が主要事実であるのか間接事実にすぎないのかは、実体法の理解と密接に関連していて、実体法の議論を解明しないでは容易に決することができないことがわかります。

　準物権行為の独自性については、これを否定するのが通説・判例の立場であるといってよいでしょうし、現在の裁判実務も否定説によって運営されているといってよいでしょう。[32]そして、準物権行為の独自性を否定する通説・判例の立場によると、前記(3)の(a)および(b)の事実のいずれもが主要事実（要件事実）ですから、(a)の事実についての自白は裁判所および当事者を拘束するということになります。

　そうすると、最1小判昭和41・9・22は、主要事実と間接事実との区別につ

---

[31]　「売買代金債務中30万円についての決済の方法として本件貸金債権30万円を譲渡した。」とのYの主張は、必ずしも明快ではありません。支払に代える場合（代物弁済に当たる場合）と支払のためである場合（当然には売買代金債務が消滅しない場合）とがあるでしょうが、その合意の性質いかんがここでの直接の問題ではないので、本文の摘示の程度にとどめておきます。

[32]　司研・紛争類型別125頁以下、我妻榮『新訂債権総論（民法講義IV）』（岩波書店・1964年）526頁、最2小判昭和43・8・2民集22巻8号1558頁参照。

143

第3章　弁論主義の意義と機能

いての通説・判例の立場とは整合しない判断の上に形成された判例であったということになります。

いずれにしても、主張・立証について基本的責任を負っている当事者としては、相手方当事者の主張する事実について認否をするにあたって細心の注意を払う必要があることを示唆しています。たとえ、間接事実に当たる事実についてであっても、自白の撤回という訴訟行為は「口頭弁論の全趣旨」を構成し、裁判所はこれを事実認定の資料とすることができますから[33]、決して望ましいものではありません。さらに、本件におけるように主要事実の自白であるのか間接事実の自白であるのかに疑義が生ずる場合もあります。

3．補助事実の自白と拘束力

補助事実とは、証拠能力または証明力を明らかにするのに役立つ事実をいいます。補助事実の例としては、証人が偽証罪で有罪判決を受けたことがあるといった証人の属性や、証人と挙証者との利害関係等を挙げることができますが、自白の拘束力との関係で実務上最も重要であるのは、文書の成立の真正についてです。**ある文書が挙証者の主張する者の意思に基づいて作成されたものである場合、「文書が真正に成立した」といいます。**これは、証明力の一部をなす形式的証拠力の問題であり、補助事実の典型例です[34]。

補助事実の場合、事柄の性質上、主要事実との区別に困難を来すことはないといってよいのですが、民事訴訟における最重要の証拠方法が文書であることから、文書の成立の真正についての自白に拘束力を認めるべきであるかどうかが長く争われてきました。ここでは、文書の成立の真正についての自白は裁判所を拘束しないとした最2小判昭和52・4・15民集31巻3号371頁を素材にして、文書の成立の真正についての争いの実態を検討してみましょう。

(1)　最2小判昭和52・4・15の事案の概要

金銭消費貸借契約、土地への抵当権設定契約および停止条件付代物弁済契約の各契約を締結する代理権を授与したかどうかが争われ、その証拠として提出された委任状の成立の真正が問題になった事件です。その事案の概要は、〈設

33　民訴法247条。
34　証拠能力と証拠力、形式的証拠力と実質的証拠力については、田中・事実認定56頁以下参照。

144

IV 弁論主義の第2の規律——自白の拘束力——

例3-⑤〉のとおりです。

──〈**設例3-⑤**〉────────────────────────────

① X は、本件土地 L の所有権に基づき、本件建物 H を所有して L を占
有する Y に対し、H を収去して L を明け渡すこと等を求めた。

② L 所有権の取得についての X の主張は、次のとおりである。

  ⓐ T は、Y から、昭和29年2月19日以前に、次の法律行為をする代
  理権を授与された。すなわち、K から200万円を借り受け、その債務
  を担保するため当時 Y の所有していた L に抵当権を設定すること、
  弁済期に債務を履行しないときは代物弁済として L の所有権を移転
  するとの停止条件付代物弁済契約を締結すること、あわせて抵当権設
  定登記および所有権移転請求権仮登記申請をすることの代理権を授与
  された。

  ⓑ K は、Y の代理人である T との間で、昭和29年2月20日、200万円
  を弁済期同年3月21日の約で貸し付け、その債務担保のため L に抵
  当権を設定するとの契約を締結し、かつ、弁済期に債務を履行しない
  ときは代物弁済として L の所有権を移転するとの停止条件付代物弁
  済契約を締結した。そして、同年2月25日、抵当権設定登記および所
  有権移転請求権仮登記がされた。

  ⓒ T が Y から ⓐ の代理権を授与されていなかったとしても、K は、
  T から、Y が T に交付した白紙委任状、印鑑証明書および L の登記
  済権利証を提示されて、ⓑ の各契約を締結したから、民法109条の表
  見代理が成立する。

  ⓓ T が Y から ⓐ の代理権を授与されていなかったとしても、Y また
  はその代理人 S は、昭和29年3月18日ころ、T の無権代理行為を追
  認した。

  ⓔ 昭和29年3月21日に貸金が弁済されなかったため、翌22日、K は、
  Y の代理人 T との共同申請によって L につき ⓑ の仮登記の本登記を
  経由した。

  ⓕ X は、K から、昭和29年6月28日、L を200万円で買い受けた。

③ これに対し、Y は、下記のとおり主張して争った。

145

第3章　弁論主義の意義と機能

 ⓐ　②ⓒの白紙委任状、印鑑証明書およびLの登記済権利証は、Yの
関係するN社がIに対して負担する100万円の債務の担保の趣旨で、
YがIに交付しておいたものであるが、Iは、昭和29年2月19日ころ、
Yに無断で、自分が融資を受ける目的で各書類をTに交付した。T
がこのようにして白紙委任状等の書類を入手して所持していたからと
いって、YがTに代理権を授与した旨を表示したとはいえない。

 ⓑ　Tは、Kと共謀して各書類を利用して停止条件付代物弁済契約を
締結する等したものであり、YはXの主張する各登記がされている
ことも全く知らなかった。

 ⓒ　YまたはSがTの無権代理行為を追認した事実はない。

④　Xは、1審の第15回口頭弁論期日に、YがTに代理権を授与するに
ついて作成した文書として、甲第16号証の2および甲第18号証の2を提
出した。甲第16号証の2は、Y作成名義の昭和29年2月20日付け委任
状であり、YがTに対し、Kから200万円を借り受け、その担保のため
にLに抵当権を設定し、債務不履行のときはKが代物弁済としてLを
取得する旨の停止条件付代物弁済契約を締結するについての代理権を授
与した旨が記載されている。甲第18号証の2は、Y作成名義の昭和29
年3月22日付け委任状であり、YがTに対し、Lについて経由されて
いる同年2月25日付け所有権移転請求権仮登記の本登記手続をするにつ
いての代理権を授与した旨が記載されている。

⑤　Yは、甲第16号証の2および甲第18号証の2が提出された口頭弁論
期日にその各成立を認めると陳述した。しかし、Yは、それ以前から、
甲第16号証の2の委任状につき、③ⓐのとおり陳述しており、また、Y
が署名押印のみをしてIに交付した白紙委任状（代理人名・委任事項・日
付の各欄が空白）がIからTに対してYの知らないうちに交付され、T
またはKが勝手に空欄に記入したと主張していた。また、Yは、甲第
18号証の2の委任状につき、Lに停止条件付代物弁済契約を原因とする
所有権移転請求権仮登記がされたことを知らないでいたところ、Iが新
しい白紙委任状と印鑑証明書の交付を要求したので、前と同様Iの手元
に保管しておくものと信じてそれらを交付したのであり、Tが勝手に

146

Ⅳ　弁論主義の第2の規律──自白の拘束力──

空欄に記入したと主張していた。

⑥　1審は、YがTに対して代理権を授与したとは認められず、民法109条の表見代理は成立せず、追認の事実も認められないとして、Xの請求を棄却した[35]。

⑦　原審は、Xの控訴を棄却した。原審は、甲第16号証の2および甲第18号証の2の成立につき、まず、Yは、1審においてその成立を認める旨陳述したが、1審における弁論の過程でその自白を撤回したものと認められるところ、主要事実に対する自白と異なり、文書の成立の真正に対する自白は当事者が自由に撤回できると解するのを相当とするから、Yのした自白の撤回も許されるとした。その上で、甲第16号証の2の委任状につき、Yの代理人Sが、Iに対して他の目的で昭和28年12月中にLの登記済権利証、Yの印鑑証明書等とともに交付した白紙委任状を、Iの要求を受けて昭和29年1月16日に差し換えたところ、後日、Y以外の者が空白の代理人名・委任事項・日付の各欄を現状のように記入したものであると認定し、甲第18号証の2の委任状につき、IがSに対し、前に交付を受けた白紙委任状と印鑑証明書が古くなったので新しいものと取り替えるように要求し、Sが昭和29年3月12日に差し換えたところ、IがYに無断でこれらをTに交付し、後日、Y以外の者が空白の代理人名・委任事項・日付の各欄を現状のように記入したものであると認定した[36]。

⑧　そこで、Xは、甲第16号証の2および甲第18号証の2の成立の真正につき、Yが自白の撤回をしていないのに撤回をしたとして、Yのした自白に拘束力を認めなかった原判決の判断には理由齟齬・理由不備の違法があるとして、上告した。

⑴　処分証書とは何か。処分証書につき、成立の真正と証明力との関係を説明せよ。

⑵　Xが甲第16号証の2の委任状によって証明しようとする主要事実は

35　東京地八王子支判昭和48・8・7金判526号18頁。

36　東京高判昭和51・7・20判時839号76頁。

147

何か。
(3) 甲第16号証の2の成立の真正についての自白に拘束力を認めることと自由心証主義との関係を検討せよ。
(4) Yによる「甲第16号証の2の成立を認める。」との陳述の趣旨を検討せよ。

[関係図]

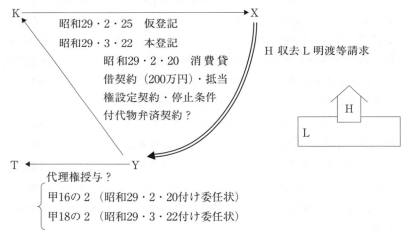

(2) **最2小判昭和52・4・15の判断**

最高裁は、以下のとおり判示してXの上告を棄却し、原判決を維持しました。

(i) 書証の成立の真正についての自白は裁判所を拘束するものではないと解するのが相当である。[37]

---

[37] 民訴法219条は、文書を閲読して、その作成者によって記載された意味内容を証拠資料とするための証拠調べを指して「書証」という用語を使っていますが、実務上、証拠調べの対象となる「文書」自体を指して使われることがあります。本最高裁判決も、実務上の慣用例によっています。「書証」という用語につき、田中・事実認定54頁を参照。

Ⅳ　弁論主義の第2の規律——自白の拘束力——

(ⅱ)　論旨は、自白の撤回を許した原審の措置を非難するが、(ⅰ)のように解
すると、原判決の結論に影響を及ぼさない点を非難するに帰し、失当で
ある。

(ⅲ)　甲第16号証の2および甲第18号証の2の成立の真正に関する原審の認
定判断は、原判決挙示の証拠関係に照らし正当として是認することがで
き、その過程に所論の違法はない。

　本最高裁判決の判断のうち判例として意味を有する部分は、(ⅰ)の判示部分な
のですが、前掲最1小判昭和41・9・22と同様、本最高裁判決も結論を述べる
だけであって、そのような結論を採る理由を一切述べてはいません。最高裁は、
裁判所に対する拘束力という観点からすると、間接事実についての自白と補助
事実についての自白とを区別する合理的な理由がないと考えているものと思わ
れます。主要事実の認定を裁判所の自由心証に委ねる以上、それを証明すべき
証拠の形式的証拠力に関する判断もまた裁判所の自由心証に委ねざるを得ない
ことは明らかでしょう。形式的証拠力についての自白に裁判所が拘束されるこ
とになると、この自白された事実を前提としてのみ経験則が適用されるという
ことになり、主要事実の認定に著しい不都合が生じ、主要事実の認定が裁判所
の自由心証に委ねられているとはいえない事態が生じることになります。[38]

(3)　自白の成立した補助事実と主張・立証の構造

　そこで、〈設例3-⑤〉を具体的に検討してみましょう。Xのした建物収去
土地明渡請求の訴訟物（請求権）は、本件土地Lの所有権に基づく返還請求権
としての土地明渡請求権1個です。[39]

　Xは、Tの有権代理、民法109条の表見代理およびYまたはその代理人Sに
よる追認を主張しました。Tの有権代理という構成による請求原因事実は、
以下のとおりです。

―〈請求原因〉

(ア)　Kは、Tに対し、昭和29年2月20日、200万円を弁済期同年3月21日
の約で貸し付けた。

38　東條敬「判解」最判解民〔昭和52年度〕166頁参照。
39　司研・紛争類型別58頁以下参照。

第3章　弁論主義の意義と機能

(イ)　Kは、Tとの間で、(ア)の契約の締結に際し、その弁済期が経過する
　　ときは、貸金返還債務の代物弁済としてLの所有権を移転するとの停
　　止期限付代物弁済契約を締結した。[40]

(ウ)　昭和29年3月21日は経過した。

(エ)　Yは、昭和29年3月22日当時、Lを所有していた。

(オ)　Tは、Kに対し、(ア)および(イ)の契約の締結に際し、Yのためにする
　　ことを示した。

(カ)　Yは、Tに対し、(ア)および(イ)の契約の締結に先立って、(ア)および(イ)
　　の契約を締結するについての代理権を授与した。

(キ)　Xは、Kから、昭和29年6月28日、Lを代金200万円で買い受けた。

(ク)　Yは、L上にHを所有してLを占有している。

　請求原因事実(カ)が本件における最重要の争点です。Xは、同(カ)を証明する
直接証拠として甲第16号証の2（Yが作成名義人になっているTを受任者とする
委任状）を提出しました。**委任状は、委任者が受任者に対し一定の法律行為を
することを委任する旨の意思表示が記載されている文書ですから、処分証書に
当たります。**処分証書の場合には、当該文書の全体が真正に成立したこと（形
式的証拠力があること）が確定したときは、当該意思表示がされたことは動か
ないことになります。[41]すなわち、甲第16号証の2の全体が真正に成立したとい
うことになれば、裁判所としては、「YがTに対し、(ア)および(イ)の契約の締結
に先立って、(ア)および(イ)の契約を締結するについての代理権を授与した」とい
う請求原因事実(カ)を認定せざるを得ず、そう認定しないのは経験則違反という

40　一般に「停止条件付代物弁済契約」といわれる契約は、その合意内容を合理的に解釈すると、「弁
　　済が経過したときは代物の権利（本件においては本件土地Lの所有権）を移転することによって
　　本来の弁済に代える。ただし、弁済期の経過以前に本来の弁済がされたときはこの限りでない。」と
　　いう契約──すなわち、停止期限付代物弁済契約──ということになります。そして、停止期限は
　　付款ですから、厳密には、「停止期限付きであること」が抗弁、「当該期限の経過」が再抗弁または
　　予備的請求原因ということになりますが、本件では、Xが「停止期限付きであること」を自認して
　　おり、「当該期限の経過」は公知の事実ですから、便宜、これらを一体として請求原因事実として摘
　　示しています。なお、代物弁済契約の要件事実につき、司研・紛争類型別113頁以下参照。

41　処分証書の意義およびその形式的証拠力と実質的証拠力との関係については、田中・事実認定55、
　　88頁を参照。

ことになります。

　そこで、甲第16号証の２の全体が真正に成立したという形式的証拠力についての自白に裁判所に対する拘束力を認めるとの立場に立つと、主要事実㈹の存否が争いの対象になっているにもかかわらず、その認定のために提出された証拠資料の形式的証拠力についての自白のゆえに、主要事実㈹の存否に関する裁判所の自由心証を制約するという結果を受け入れざるを得ないことになりますが、このような結果は本末転倒というべきでしょう。

　本最高裁判決は、文書の成立の真正についての自白に裁判所に対する拘束力を認めないとの結論を採る理由を全く明らかにしていませんが、おおよそ以上のとおりの考慮によるものとみて間違いがないと思われます[42]。

(4)　文書全体の成立の真正についての自白が成立したとみるべきであるのか

　このように検討してくると、そもそも、本件において、甲第16号証の２の全体が真正に成立したことについての自白が成立したのかに疑問が生じます。すなわち、Ｙは、請求原因事実㈹を終始争っていたのですから、１審の第15回口頭弁論期日におけるＹの「甲第16号証の２の成立を認める」との陳述は、甲第16号証の２の全体が真正に成立したことを認めるとの趣旨を述べるものであるのか疑問です。

　吉田豊裁判官は、Ｙが成立を認めると陳述したのは、「委任状の受任者名、委任事項、日付がＹ以外の者によって記入される以前の、右各欄が空白のままの委任状用紙に、Ｙが署名押印したことだけを認めた趣旨であ（る）」との意見を本最高裁判決に付していますが、正鵠を射た指摘であると思われます[43]。原審は、１審の第15回口頭弁論期日におけるＹの陳述を形式的にみて、甲第16号証の２等の文書の全体についての真正な成立を自白したものとし、その後のＹの陳述を自白の撤回としたのですが、Ｙの訴訟行為についてのこのような把握は、甲第16号証の２等の文書が提出されるまでのＹの陳述を全体として理解することをしなかったものであって的外れなものと評さざるを得ないと思われます。

　本最高裁判決は、事実審裁判所における書証（文書についての証拠調べ）に反

42　東條・前掲判解（注38）166〜167頁を参照。

43　民集31巻３号372頁。

第3章　弁論主義の意義と機能

省を迫るものでもあります。すなわち、**事実審裁判所は、当該事件の帰趨を決するような文書が提出される場合には、提出当事者にその作成者についての主張を明確にさせるとともに、その相手方当事者にその成立につき正確な認否をさせるべきです。また、成立の認否をする当事者としても、成立を争うのかどうか、争うとして文書全体の成立を争うのか、一部（例えば、押印以外の部分）を争うのか、成立については争うことをせず、証明力（実質的証拠力）を争うのかなどの諸点を明確に認識して、正確な認否をすべきです。**

　本最高裁判決の３年後にも、処分証書の成立についての不用意な自白が問題とされた最３小判昭和55・4・22判時968号53頁が現れました。この事件もまた、当事者またはその訴訟代理人として、文書の成立についての認否をおざなりにすべきでないことを示しています。

(5)　最３小判昭和55・4・22からのレッスン

　この事件は、本件土地 L の所有者である X が所有権に基づき、地上権設定登記を経由している Y_1 および競落によるその付記登記を経由している Y_2 に対し、各登記の抹消登記請求をしたものです。

　X の主張した請求原因事実は、以下のとおりです。

〈請求原因〉

(ア)　X は、L を現在所有している。

(イ)　L につき、Y_1 は地上権設定登記を経由しており、Y_2 はその付記登記を経由している。

　Y_1・Y_2 は、請求原因事実を全て認めた上、以下のとおり登記保持権原の抗弁を主張しました。

〈抗　弁〉

(a)　X は、Y_1 との間で、L につき Y_1 に対して地上権を設定する旨の契約を締結した。

(b)　X は、(a)の契約締結当時、L を所有していた。

　X が抗弁事実(a)を否認して争ったため、Y_1・Y_2 は、これを証明する文書として、乙第１号証（地上権設定契約書）および乙第２号証（地代領収書）を提出

152

しました。Ｘの訴訟代理人は、地上権設定契約締結の事実を争っていたのに、１審の第12回口頭弁論期日においてこれらの文書の成立の真正を認めてしまったのです。

　地上権設定契約書は、最２小判昭和52・4・15で問題となった委任状と同様、処分証書ですから、これが真正に成立したことが確定したときは、地上権設定契約が締結されたことは動かないことになります。

　１審判決は、この自白にふれずに地上権設定契約締結の事実を認めず、Ｘの請求を認容しました。Ｙ₁・Ｙ₂が控訴したところ、Ｘの訴訟代理人は、原審（控訴審）の第２回口頭弁論期日において、真実に反しかつ錯誤に基づくものであるとして自白を撤回しました。

　原審は、文書の成立についての自白は裁判所を拘束しないとして、証拠によって乙第１および第２号証の成立を否定した上、文書の成立についての自白は当事者も拘束しないとして、前記の自白が撤回されたものとしました。

　最３小判昭和55・4・22は、Ｙ₁・Ｙ₂の上告論旨に対し、最２小判昭和52・4・15を引用し、「原審は、これと同旨の見解のもとに、証拠に基づき所論の各書証の成立の真否について認定しており、その認定は肯認することができるから、原判決に所論の違法はない。」と応答して、上告を棄却しました。この判断は、最２小判昭和52・4・15が判例として存在する以上、当然のものです。

　しかし、最３小判昭和55・4・22もまた、当事者またはその訴訟代理人は、文書の（特に、処分証書の）成立の真正についての認否を疎かにしてはならないこと、事実審裁判所は、当事者またはその訴訟代理人の認否を漫然と聞き過ごしてはならないことを教えています。

　最２小判平成９・5・30判時1605号42頁は、文書の成立についての判断が判決書の必要的記載事項ではないと解すべきであるとしたのですが、この判例は文書の成立についての審理がこれまで以上に注意深くされるべきことを要請するものと理解すべきです。[44]

---

[44]　最２小判平成９・5・30の判示内容とその理解の仕方につき、田中・事実認定238頁以下を参照。

第3章　弁論主義の意義と機能

V　当事者と裁判所との間の役割分担
──いわゆる不利益陳述──

1．はじめに

　前記 I 1において、判決の基礎となる事実の確定のために必要な資料の収集提出を当事者の権能であり責任であるとする考え方を「弁論主義」と呼ぶことを説明しました。すなわち、民事訴訟の過程における事実関係の解明についての役割を両当事者に負わせ、法的判断についての役割を裁判所に負わせることがこの考え方の基本ですから、弁論主義は、原告と被告との間の主張・立証責任の分担とは直接の関係がないということになります。

　しかし、弁論主義を採用することを前提としても、当事者の一方が自己に不利益な事実を陳述し、相手方がこれを自己に有利な形で援用するということをしないで、むしろこれを否認して争うという態度を採った場合に、この事実をどのように取り扱うべきかについては、見解の対立がありました。

　「相手方の援用しない他方当事者の自己に不利益な事実の陳述」（実務上、さらに簡略化して「不利益陳述」と呼ばれています。）をどのように取り扱うべきかが争われたのが最 1 小判昭和41・9・8民集20巻 7 号1314頁です。この事案は決して特殊なものではなく、現在でもしばしば実際に問題となるものです。具体的に検討してみましょう。

2．不利益陳述と弁論主義

(1)　最 1 小判昭和41・9・8 の事案の概要

　兄妹間で土地の所有権の帰属が争われたものであり、互いに提起した訴訟が併合されたことから不利益陳述の問題が生じた事件です。その事案の概要は、〈設例 3 -⑥〉のとおりです。

──〈設例 3 -⑥〉────────────────────
　①　Xは本件建物Hの所有者であり、YはHの敷地である本件土地Lの
　　所有名義人である。Xが兄、Yが妹、A（昭和 8 年死亡）がX・Yの父

である。Xは、Yに対し、Lの所有者は自分であると主張して、Lの所有権移転登記手続を求めて訴えを提起した。また、Yは、Xに対し、H収去L明渡しを求めて訴えを提起した。

② Xは、Lの所有権移転登記手続請求事件において、「Aは、Bに対する150円の債務を担保するため、大正12年、Bに対してLを売り渡し、同年6月24日にその所有権移転登記手続をした。Aは、その後、Bに対して債務を弁済してLを買い戻したが、大正14年11月20日、他の債権者の強制執行を恐れてその所有権移転登記をY名義にした。昭和8年7月28日、Aが死亡し、Xは、家督相続をして、Lの所有権を承継取得した。そうでないとしても、Xは、A死亡の翌日以降Lを引き続き占有しているから、昭和28年7月28日にLを時効取得した。それなのに、Lの所有名義はYになっているから、所有権移転登記手続を求める。」と陳述した。

③ Yは、H収去L明渡請求事件において、「Aは、Bに対してLを単純に売り渡し、大正12年6月24日にBに対してその所有権移転登記手続をしたのである。Bから大正14年11月20日にLを買い受けたのは、Yである。XがLを使用しているのは、YがXに対して無償使用を許したことによるものであるから、Xの時効取得の主張は理由がない。そして、Xが昭和32年3月ころからYの所有権を否定するという信義則に反する行為をしたので、同年6月13日に本件訴状をもって使用貸借契約を解除した。そこで、同契約の終了に基づいて、仮に使用貸借契約が不存在とされるのなら、Lの所有権に基づいて、H収去L明渡しを求める。」と陳述した。

④ 1審は、XとYの2つの訴えの弁論を併合した。1審は、Xの請求を棄却し、Yの請求を認容した。[45]

⑤ 原審（控訴審）は、Xの控訴を棄却した。[46]原判決は、Aは、Bに対する150円の債務を担保するため、大正12年、Bに対してLを売渡担保としたことを認めることができるとし、これにより、Lの所有権はAか

---

45 盛岡地遠野支判昭和35・6・14（民集20巻7号1317頁に収録）。
46 仙台高判昭和38・7・19（民集20巻7号1318頁に収録）。

らBに移転したと判断した。また、原判決は、Yが他から金を借りてBからLを買い受けたこと、YがAおよびXに対してLの無償使用を許したことを、いずれも証拠によって認定した上、Xの取得時効は成立しないと判断した。そして、原判決は、XはLを占有するについてYに対抗しうべき権原を有することを認めることができないとし、使用貸借契約を解除したとのYの主張については全く判断しないまま、XはYに対してHを収去してLを明け渡すべき義務があるとした。

⑥ そこで、Xは、YがLの使用貸借契約の成立という自己に不利益な陳述をしたのであるから、Xがこれを援用するかどうかにかかわらず、弁論主義の下では当然に訴訟資料とすべきであるのに、原判決がこれに言及することなくYの請求を是認したのは弁論主義の原則に違反する違法があると主張して、上告した。

(1) XとYの提起した各訴訟につき、その主張の構造を明らかにした上で、原判決の問題点を論ぜよ。
(2) 訴訟当事者が主要事実について自己に不利益な陳述をした場合、裁判所は、証拠等によって認定することなく、直ちに当該事実を判断の基礎にすることが許されるか。

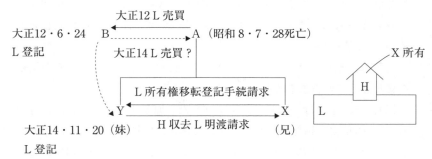

[関係図]

(2) 最1小判昭和41・9・8の判断

最高裁は、以下のとおり、原判決のうち、Xに対して本件建物Hを収去し

Ⅴ　当事者と裁判所との間の役割分担──いわゆる不利益陳述──

て本件土地Lを明け渡すことを命じた部分を破棄し、同部分について事件を
原審に差し戻しました。

(ⅰ)　原審で、YがYとXの各請求につき、YがBからLを買い受けてその所有権を取得した事実およびYがXに対してLの使用を許した事実を主張したこと、Xが相続によりまたは取得時効の完成によりLの所有権を取得した旨主張したことは記録上明らかであり、原審が、YはBからLを買い受けてその所有権を取得したが、Xに対してその使用を許した事実を確定し、Lの所有権に基づいてその明渡し等を求めるYの請求を認容したことは、判文上、明らかである。

(ⅱ)　Yの請求については、YがXに対してLの使用を許したとの事実は、元来、Xの主張・立証すべき事項であるが、Xにおいてこれを主張しなかったところ、かえってYにおいてこれを主張し、原審がYのこの主張に基づいて前記事実を確定した以上、XにおいてYの主張事実を自己の利益に援用しなかったにせよ、原審はYの請求の当否を判断するについては、この事実を斟酌すべきであると解するのが相当である。

(ⅲ)　したがって、原審は、使用貸借が終了したか否かについても審理判断した上、Yの請求の当否を判断すべきであったといわなければならない。

(ⅳ)　しかるに、原審が、このような措置をとることなく、右のように判示しているのは、審理不尽の違法を犯したものというほかない。そして、この違法が原判決の結論に影響を及ぼすおそれがあることは明らかである。

　本最高裁判決の判断のうち判例として意味を有する部分は、(ⅱ)の判示部分ですが、この時期の判例によくみられるように、結論を述べるだけであって、その理由を述べていません。

　しかし、問題になった事実の本件における主張・立証の構造上の位置付けを検討してみると、本最高裁判決は、「弁論主義は、訴訟資料の収集に関する両当事者と裁判所との間の役割分担に関する原理であって、当事者間の主張・立

157

第3章　弁論主義の意義と機能

証責任の分担とは関係がない。」という弁論主義についての伝統的な立場に立ち、かつ、その立場をかなりの程度形式的に適用するというものであることを理解することができます。[47]

(3)　使用貸借契約成立の事実と両請求についての主張・立証の構造

本件では、Ｘの提起した訴えとＹの提起した訴えの口頭弁論が１審において併合され、原審においても併合されたまま、審理判断されました。**弁論の併合とは、官署として同一の裁判所に別個に係属している数個の請求を結合させ、同一の訴訟手続で審理判断すべきこととする訴訟指揮上の裁判（決定）のこと**をいいます。[48]弁論の併合前にされた当事者の主張および証拠調べの結果は、併合後も審理判断の対象となる全ての請求との関係で当然に訴訟資料になるものと解されています。[49]これが本件の問題を考えるスタート・ポイントになります。それでは、Ｘの請求、Ｙの請求の順に検討してみましょう。

まず、Ｘの請求ですが、Ｘの請求の訴訟物（請求権）は、本件土地Ｌの所有権に基づく妨害排除請求権としての所有権移転登記請求権です。その請求原因事実は、以下のとおりです。[50]

―〈Ｘの請求原因〉―――――――――――――――――――――――――――
　(ア)　Ｂは、Ｌをもと所有していた。
　(イ)　Ａは、Ｂから、大正14年11月ころ、Ｌを代金約150円で買い受けた。[51]
――――――――――――――――――――――――――――――――――――

47　兼子一「相手方の援用せざる当事者の自己に不利なる陳述」同『民事法研究第１巻』（弘文堂書房・1940年）199頁以下を参照。

48　中野ほか・講義276頁〔池田辰夫〕を参照。

49　最３小判昭和41・４・12民集20巻４号560頁は、弁論の併合前にされた証拠調べの結果が併合後の事件において同一の性質のまま証拠資料となる旨判断したものです。なお、現行民訴法152条２項は、当然に証拠資料となることを前提として、尋問の機会のなかった当事者に尋問の機会を保障することとしています。

50　所有権に基づく妨害排除請求権としての所有権移転登記請求権を訴訟物とする場合の請求原因事実については、司研・紛争類型別67頁参照。

51　Ｘは、売渡担保によってＡからＢへとＬ所有権が移転し、ＡはＢに対して債務を弁済することによってＬ所有権を取り戻したと主張しました。本文(ア)、(イ)の請求原因事実の摘示は、「ＡはＢに対してＬ所有権を売り渡したが、Ｂに対する債務額に利息・遅延損害金を加算した金額を代金として支払うことによって買い戻すことができるとの合意をし、この合意に基づき買い戻した。」という主張であると理解するものです。これを担保権として構成するのであれば、(ア)としては「Ａは、Ｌをもと所有していた。」で足り、担保権の実行によりＢに所有権が移転したことがＹの抗弁になります。

158

V　当事者と裁判所との間の役割分担——いわゆる不利益陳述——

(ウ)-1　A は、昭和 8 年 7 月28日に死亡した。

(ウ)-2　X は、A の家督相続人である。[52]

(エ)-1　X は、昭和 8 年 7 月29日に L を占有していた。

(エ)-2　X は、昭和28年 7 月29日の経過時に L を占有していた。

(エ)-3　X は、Y に対し、時効援用の意思表示をした。[53]

(オ)　Y は、L につき、現在自己名義で所有権移転登記を経由している。

　これに対し、〈設例 3 -⑥〉③のとおり、Y は、「B から大正14年11月20日に L を買い受けたのは、Y である。X が L を使用しているのは、Y が X に対して無償使用を許したことによるものである。」と主張しました。この主張中の「B から大正14年11月20日に L を買い受けたのは、Y である。」という部分は、X の請求原因事実(イ)の積極否認の事実主張です。B を売主とするこの時期の本件土地売買契約は 1 つしかないことを前提とする主張ですから、この主張は積極否認ということになります。これに対し、Y の主張が、「B が A に対して本件土地を売ったとしても、B は Y に対して本件土地を売り、Y はこの売買契約に基づいて所有権移転登記を具備した」というものである場合には、二重譲渡を前提とする主張であり、抗弁になります。

　次に、Y の主張中の「X が L を使用しているのは、Y が X に対して無償使用を許したことによるものである。」という部分は、時効取得の請求原因事実(エ)に対する「他主占有」の抗弁の主張です。**民法162条 1 項は、「所有の意思」をもってする占有を取得時効の要件としていますが、民法186条 1 項が占有者に所有の意思を推定しているため、取得時効の成立を争う側においてその反対事実である「他主占有」を主張・立証しなければならないことになります。**[54]**民法186条 1 項のような主張・立証責任転換の立法技術を「暫定真実」といいま**

52　本文(ア)(イ)(ウ)(オ)と(エ)(オ)は、選択的な請求原因事実です。

53　X は、長期取得時効と短期取得時効を選択的に主張しましたが、本文(エ)は、長期取得時効の要件事実を摘示したものです。なお、取得時効の要件事実については、司研・紛争類型別68頁以下を参照。

54　枡田文郎「判解」最判解民〔昭和41年度〕406頁、河野正憲「判批」民事訴訟法判例百選 I 〔新法対応補正版〕（1998年）218頁等は、X 主張の取得時効完成の事実に対する積極否認になると説明していますが、正確とはいえません。

159

第3章 弁論主義の意義と機能

す。[55]

〈抗　弁——他主占有〉

(a)　Yは、Xとの間で、昭和8年7月29日に先立ってXにLを使用貸しする旨合意した。

(b)　Yは、Xに対し、(a)の合意に基づき、Lを引き渡した。

次にYの請求ですが、YはXに対して本件建物を収去しての本件土地明渡しを求めたのですが、〈設例3-⑥〉③のとおり、Yは、訴訟物（請求権）として、以下の2つを選択的に提示しました。1つは、使用貸借契約の終了に基づく目的物返還請求権としての建物収去土地明渡請求権であり、もう1つは、所有権に基づく返還請求権としての土地明渡請求権です。[56]

原審が取り上げて判断し、その結果、本最高裁判決が判断を示したのは後者の所有権に基づく返還請求権としての土地明渡請求権を訴訟物とするものですから、まずこれから検討することにしましょう。

その請求原因事実は、以下のとおりです。[57]

〈Yの請求原因——所有権に基づく返還請求〉

(c)　Bは、Lをもと所有していた。

(d)　Yは、Bから、大正14年11月20日、Lを相当額で買い受けた。

(e)　Xは、L上にHを所有してLを占有している。

(c)はXの請求における請求原因(ア)そのものであって争いはなく、(e)にも争いはありません。結局、両者の請求原因事実を比較してみると、争点は、「大正14年11月にBから本件土地を買い受けたのが、AなのかYなのか」——すなわち、(イ)が認定できるのか、(d)が認定できるのか——にあることがわかります。原審が、この点につき、(d)を認定することができ、(イ)を認定することはできないとしたところ、本最高裁判決は、この認定を「原判決挙示の証拠により、

55　暫定真実については、司研・要件事実第1巻27頁以下参照。

56　賃貸借契約の終了に基づき建物収去土地明渡しを求める場合の訴訟物の把握の仕方につき、司研・紛争類型別91頁、土地所有権に基づき建物収去土地明渡しを求める場合の訴訟物の把握の仕方につき、同58頁以下参照。

57　司研・紛争類型別58頁以下参照。

160

V 当事者と裁判所との間の役割分担——いわゆる不利益陳述——

肯認できないことはない。」として、Xのこの点についての上告論旨を排斥しました。

本件での問題は、その先にあります。すなわち、Yは、前記のとおり、Xの主張した取得時効の請求原因事実に対して「他主占有の抗弁」を提出し、(a)、(b)の事実を主張したのですが、これらの事実がYの請求との関係においても訴訟資料となるとすれば、以下のとおり、本来Xの主張・立証すべき「占有権原の抗弁」の抗弁事実そのものなのです。

┌─〈抗　弁——占有権原〉─────────────────
│ (a) Yは、Xとの間で、昭和8年7月29日に先立ってXにLを使用貸し
│　　する旨合意した。
│ (b) Yは、Xに対し、(a)の合意に基づき、Lを引き渡した。
└──────────────────────────────

XがYのこの主張を援用した場合には、Yは占有権原の抗弁事実を先行自白したということになるのですが、Xがこの主張を否認して争ったために問題が生じたのです。実際の訴訟では、このように「相手方の援用しない他方当事者の自己に不利益な事実の陳述」[58]がされるという事態が時に生じます。しかし、このような不利益陳述がされる場合には、その不利益陳述から生ずる効果を覆滅させる事実主張が併せてされるのが通例です。本件において、Yは、使用貸借契約解除の再抗弁を主張しました。

┌─〈再抗弁——使用貸借契約解除〉─────────────
│ (f) Xは、Yに対し、昭和32年3月ころ以降、LにつきYの所有権を否
│　　定する言動に出る等して、使用貸人と使用借人との間の信頼関係を破壊
│　　するに至った。
│ (g) Yは、Xに対し、昭和32年6月13日送達の本件訴状をもって使用貸
│　　借契約を解除する旨の意思表示をした。
└──────────────────────────────

前記(2)(iii)のとおり、本最高裁判決が、原審としては本件土地の使用貸借契約が終了したか否かについても審理判断すべきであると述べたのは、この使用貸

───────────────────────────────
58 Xがこの主張を否認したのは、Xの主張した取得時効の請求原因事実に対する「他主占有の抗弁」の抗弁事実であって、この主張を援用すると自分の首を絞めることになるからです。

161

第3章　弁論主義の意義と機能

借契約解除の再抗弁事実についての審理判断の必要性を指摘するものです。Xの主張・立証責任に属する抗弁事実を審理判断するのですから、これに対して主張されている再抗弁事実を審理判断すべきは理の当然です。[59]

　次に、原審が取り上げることをせず、したがって本最高裁判決の判断の対象にならなかった使用貸借契約の終了に基づく目的物返還請求権としての建物収去土地明渡請求権を訴訟物とするものについて検討してみましょう。

　その請求原因事実は、次のとおりです。[60]

┌─〈Yの請求原因──使用貸借契約の終了に基づく返還請求〉────

　(a)　Yは、Xとの間で、昭和8年7月29日に先立ってXにLを使用貸しする旨合意した。

　(b)　Yは、Xに対し、(a)の合意に基づき、Lを引き渡した。

　(f)　Xは、Yに対し、昭和32年3月ころ以降、LにつきYの所有権を否定する言動に出る等して、使用貸人と使用借人との間の信頼関係を破壊するに至った。

　(g)　Yは、Xに対し、昭和32年6月13日送達の本件訴状をもって使用貸借契約を解除する旨の意思表示をした。

　(h)　(b)の引渡し後(g)の解除の意思表示までの間に、L上にHが付属させられ、(g)の解除の意思表示時にHがLに付属していた。

　結局、所有権に基づく返還請求権としての土地明渡請求権を訴訟物とする場合の「抗弁事実＋再抗弁事実＋(h)」ということになります。原審は、選択的請求としてこの訴訟物が提示されていたところ、所有権に基づく請求を取り上げて認容したため、使用貸借契約の終了に基づく請求について全く判断を示さなかったのです。2つの請求についての原審の取扱いは、それとして誤ってはいないのですが、使用貸借契約の終了に基づく請求を取り上げなかったことが所

───────────────

59　枡田・前掲判解（注54）407頁は、原審の確定した事実によれば、Yの請求に理由がないことは明らかであるから、破棄自判することも考えられると解説していますが、本文で説明したように、Yは再抗弁事実を主張しているのですから、最高裁として、この点についての認定判断をさせるために（本文(2)(iii)の判断部分）Yの請求部分を原審に差し戻すのは当然というべきでしょう。

60　賃貸借契約の終了に基づき建物収去土地明渡しを求める場合の請求原因事実につき、司研・紛争類型別91頁以下を参照。

162

有権に基づく請求についての判断遺脱と審理不尽とを招いたということはできます。

(4)　最 1 小判昭和41・9・8の意義

第 1 に、本最高裁判決の意義は、訴訟当事者が自己に不利益な事実を陳述した場合、相手方当事者がこれを援用しないばかりか争うときであっても、その事実が訴訟資料となることを明確にしたところにあります。現在では、これを「主張共通の原則」と呼んでいます。

第 2 に、明確に判示しているわけではありませんが、本最高裁判決は、**訴訟当事者が自己に不利益な事実を陳述した場合において、相手方当事者がこれを争うときは、裁判所はその事実を証拠調べの結果または口頭弁論の全趣旨によって認定しなければならない**と考えているものと理解して間違いがないでしょう。すなわち、訴訟当事者が自己に不利益な事実を陳述した場合は、証拠等による認定をすることなく直ちにその事実を判断の基礎にしなければならないといった見解を排斥しているものと思われます。[61]

第 3 に、本件のように不利益陳述としての主張が実際にされた場合、要件事実論を基礎にした主張・立証の構造を正確に把握することが、当該事件における争点を顕在化させるのに必須であることを理解することができます。

Ⅵ　処分権主義および弁論主義の例外

以上のとおり、我が国の民事訴訟は、処分権主義および弁論主義を基本原則として運営されていますが、「例外のない原則はない」といわれるように、処分権主義および弁論主義の妥当しない民事訴訟もあり、しかも市民生活に定着しているものがあります。

その 1 つとして、「形式的形成訴訟」と呼ばれる訴え――具体的には、境界確定の訴え、共有物分割の訴え、法定地上権の地代確定の訴え、父を定める訴え――を挙げることができます。ここでは、境界確定の訴えを例にして、処分権主義および弁論主義の妥当する民事訴訟類型との異同を検討しておくことに

61　本文(2)(ii)のとおり、本最高裁判決は、原審が証拠によって使用貸借契約の成立を認定したことを是認して、「原審が Y のこの主張に基づいて右事実を確定した以上」と表現しています。

第3章　弁論主義の意義と機能

しましょう。

1．形式的形成訴訟とは

　形成訴訟の典型の1つである株主総会決議取消しの訴えについてみると、会社法831条1項が株主総会決議の取消原因を規定しており、判決はその存否を既判力をもって確定し、当該判決が請求認容判決の場合には、判決の確定によって当該決議を取り消すという法律関係を変動する効力（形成力）が発生します。

　境界確定の訴えの場合は、隣接する土地の公法上の境界を創設することを目的としていて、法律関係の変動を目指している点において他の形成訴訟とその性質を同じくしています。しかし、境界を創設するための形成要件を定める法の規定はなく、裁判所の合理的裁量に委ねられていて、原告は、隣接する土地の境界を確定すべきことを申し立てれば足り、確定を求める境界線を特定する必要はなく、原告が境界線を特定して訴えを提起しても、裁判所はその境界線よりも原告に有利となる境界を確定することが許されるし、当事者の合意により境界が変動することもありませんから[62]、処分権主義の原則は妥当しません[63]。控訴審における不利益変更禁止の原則も妥当しません[64]。また、形成要件を定める法の規定がない以上、要件事実についての真偽不明という事態は起こり得ず、境界についての心証を獲得できないとして請求棄却判決をすることは許されないし、境界に関する当事者間の認識が一致していることも、境界を確定するための一資料となるにすぎず、裁判所はそれのみで境界を確定することができるわけではなく[66]、弁論主義の原則も妥当しません。

　このように、境界確定の訴えを代表とする形式的形成訴訟は、要件事実の存否の認定をし、それに法の規定を適用して、裁断を下すという法的判断作業をするという訴訟とは著しく性質を異にします。**当事者の主張を参考にしつつ、訴訟手続の中で現れた一切の状況を斟酌して、合理的な裁量に基づく判断をす**

62　最2小判昭和41・5・20集民83号579頁。

63　最2小判昭和31・12・28民集10巻12号1639頁。

64　大連判大正12・6・2民集2巻345頁。

65　最3小判昭和38・10・15民集17巻9号1220頁。

66　最3小判昭和42・12・26民集21巻10号2627頁。

164

るという諸点からすると、本質的に非訟事件の性質を有するものなのですが、当事者の利害が鋭く対立することは通常の民事訴訟事件に勝るとも劣らないので、当事者の手続保障の観点から、古くから訴訟事件の一類型として扱われてきたのです。[67]

2．境界確定の訴えと土地所有権との関係

このように、境界確定の訴えは、隣接する土地の公法上の境界に争いがある場合に、裁判所が境界を新たに創設することを求める形式的形成訴訟であって、土地所有権の範囲の確認を求める訴訟ではないというのが確定判例の立場です。[68]

しかし、土地の境界紛争の背景に隣接する土地所有権の範囲をめぐる争いが存するという実態を反映して、形式的形成訴訟説を採る判例も、2つの場面で土地所有権との関連を認めています。

第1が当事者適格の問題であり、土地の境界に最も密接な利害関係を有するという政策的観点から、隣接する土地の所有者に当事者適格を認めることにしています。[69]そして、判例は、土地の境界が土地の所有権と密接な関係を有することおよび隣接する土地の所有者全員について合一に確定すべきものであることの2点を理由に、隣接する土地の一方または双方が共有に属する場合の境界確定の訴えは固有必要的共同訴訟と解すべきであるとしています。[70]固有必要的共同訴訟であるということになると、土地の共有者のうちの一部に訴えの提起に同意しない者がいる場合には、困ったことになるのですが、判例は、その場合には、その余の共有者は、隣接する土地の所有者と訴えの提起に同意しない者とを被告として境界確定の訴えを提起することができるとして便法を認めて

67　境界確定の訴えについては、裁判所構成法14条に法文上の根拠があったのですが、同法が廃止された現在では法文上の根拠はなく、判例と実務によって認められた訴訟類型です。なお、平成17年の不動産登記法の一部改正によって、登記官による筆界特定の手続が設けられましたが、この筆界特定は新たに筆界を形成する効力はなく、本文で説明した境界確定の訴えの制度は存続しています。

68　最2小判昭和43・2・22民集22巻2号270頁。判例・通説の採る形式的形成訴訟説に対し、境界確定の訴えと土地所有権の範囲確認の訴えとの間に何らかの関連性をもたせることを意図する学説の試みは続いていますが、いずれも大方の賛同を得るに至っていません。このような学説の試みにつき、梅本204頁以下参照。

69　最3小判昭和58・10・18民集37巻8号1121頁、最3小判平成7・7・18集民176号491頁。

70　最1小判昭和46・12・9民集25巻9号1457頁。

165

第3章　弁論主義の意義と機能

います。[71]

　第2が境界確定の訴え提起による係争地についての取得時効の中断効の問題です。大判昭和15・7・10民集19巻1265頁は、時効中断の事由としての裁判上の請求は民法の法意に照らして広義に解するのが相当であって、時効によって喪失することになる権利それ自体について裁判を求めた場合に限定すべきでないという基本的立場から、境界確定の訴えの提起は民法149条にいう「裁判上の請求」として係争土地についての所有権の取得時効を中断する効力を有する[72]としています。そして、最2小判昭和38・1・18民集17巻1号1頁も、この大審院判例の立場を踏襲するものと解されています。[73]境界確定の訴え提起と係争地についての取得時効の中断効についての判例の立場をこのようなものであると理解するとして、境界確定の訴えと所有権に基づく訴えとが併合審理された場合に、取得時効の中断効をどのように解すべきかが問題となります。最3小判平成元・3・28判時1393号91頁は、これが正面から争われたものです。項を改めて、詳しく検討してみることにしましょう。

3．境界確定の訴えの提起と係争地についての取得時効の中断効

⑴　最3小判平成元・3・28の事案の概要

　隣接する土地の一方の所有者が所有権に基づいて係争地の所有権移転登記手続請求をした場合において、それよりも前に同一の当事者間に境界確定の訴え（前訴）が係属していたときに、前訴の提起に伴う取得時効の中断効があるかどうかが争われた事件です。

───〈設例3-⑦〉───

①　Xは12番7の土地（甲地）を所有し、Yが12番1の土地（乙地）を所有しているところ、隣接する両地の境界がab線であるのかイロ線であ

───

71　最3小判平成11・11・9民集53巻8号1421頁。同じ問題は他の必要的共同訴訟においても起きるのですが、千種秀夫裁判官は、補足意見において、境界確定の訴えが本質的には非訟事件であるという特殊性に由来する便法であって、他の必要的共同訴訟に直ちに類推適用し得るものではないと付言しています。

72　2020年4月1日施行の改正民法は、「裁判上の請求」を時効の中断事由ではなく、完成猶予事由としました（改正民法147条1項1号）。

73　瀬戸正二「判解」最判解民〔昭和38年度〕5頁参照。

166

VI　処分権主義および弁論主義の例外

るのかが争われていた。ab ロイ a の各点を順次直線で結んだ範囲の土地が係争地（本件土地 L）である。

② Y の被相続人 B は、X の被相続人 A に対し、昭和41年に前訴を提起した。前訴は、両地の境界がイロ線であるとしてその確定を求めるものと、乙地の所有権に基づき L のうちイロハニイの各点を順次直線で結んだ範囲の土地部分（前訴土地部分）の明渡しを求めるものとからなっていた。

③ 前訴において、A は、両地の境界は ab 線であると主張した上、仮にイロ線であるとしても、前訴土地部分は昭和29年12月に A が甲地の一部として買い受けたものであって、A には占有開始時に自己の所有に属すると信じるにつき過失がなく10年の時効によってその所有権を取得したと主張した。

④ 前訴確定判決は、境界確定の訴えにつき、両地の境界をイロ線と確定し、前訴土地部分の明渡請求につき、A 主張に係る10年の取得時効の抗弁を容れて前訴土地部分の所有権は A に帰したとして、これを棄却した。

⑤ 昭和51年4月1日、A は、B に対し、所有権に基づき、L の所有権移転登記手続を求める訴え（後訴）を提起し、L の所有権取得原因事実として、10年の取得時効および20年の取得時効を主張した。後訴の提起後、A、B ともに死亡し、それぞれ X、Y が訴訟を承継した。

⑥ 原判決[74]は、占有開始時に A が無過失とは認められないとして10年の取得時効の主張を排斥した上、20年の取得時効の主張につき、B が時効期間満了前に前訴境界確定の訴えを提起し前訴確定判決を得たから前訴の提起により取得時効は中断されたとして、X の後訴請求を棄却すべきものとした。なお、原判決は、前訴確定判決中の10年の取得時効の抗弁を容れた認定判断部分につき、それが理由中のものであって後訴裁判所を拘束するものではなく、しかも後訴裁判所である原審としてはこれを否定する判断に達したから、前訴境界確定訴訟の提起に基づく取得時

---

[74] 大阪高判昭和57・11・26判例集未登載。

167

効の中断効を認めることの妨げにはならない、と判断した。
⑦　Xは、前訴のうちの境界確定の訴えの提起に取得時効の中断効を認めた原判決の判断に法令の解釈適用の誤りがあるなどとして上告した。

(1)　後訴の訴訟物は何か。
(2)　後訴につき、請求原因事実、抗弁事実、再抗弁事実を摘示した上、前訴境界確定訴訟の提起についての主張の位置付けを検討せよ。

[関係図]

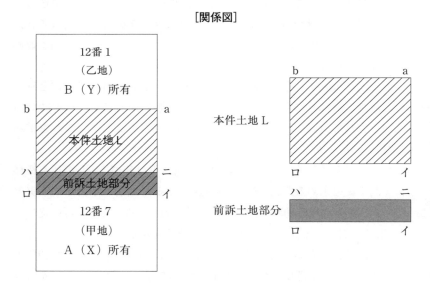

(前訴)　Yの先代B→Xの先代A　境界確定の訴え（B：イロ線主張、A：ab線主張）＋所有権に基づく前訴土地部分の明渡請求
(後訴)　Xの先代A→Yの先代B　所有権に基づくLの所有権移転登記手続請求

(2)　**最3小判平成元・3・28の判断**

最高裁は、以下のとおり判示して、原判決中、本件土地Lのうち前訴土地部分につきXの控訴を棄却した部分を破棄し、同部分について事件を原審に差し戻しました。

VI　処分権主義および弁論主義の例外

(i)　一般に、所有者を異にする相隣接地の一方の所有者甲が、境界を越えて隣接地の一部を自己の所有地として占有し、その占有部分につき時効により所有権を取得したと主張している場合において、右隣接地の所有者乙が甲に対して右時効完成前に境界確定訴訟を提起していたときは、右訴えの提起により、右占有部分に関する所有権の取得時効は中断するものと解される。

(ii)　しかし、土地所有権に基づいて乙が甲に対して右占有部分の明渡しを求める請求が右境界確定訴訟と併合審理されており、判決において、右占有部分についての乙の所有権が否定され、乙の甲に対する明渡請求が棄却されたときは、たとえ、これと同時に乙の主張するとおりに土地の境界が確定されたとしても、右占有部分については所有権に関する取得時効中断の効力は生じないものと解するのが相当である。

(iii)　けだし、乙の土地所有権に基づく明渡請求訴訟の提起によって生ずる当該明渡請求部分に関する取得時効中断の効力は、当該部分に関する乙の土地所有権が否定され右請求が棄却されたことによって結果的に生じなかったものとされるのであり、右訴訟において、このように当該部分の所有権の乙への帰属に関する消極的判断が明示的にされた以上、これと併合審理された境界確定訴訟の関係においても、当該部分に関する乙の所有権の主張は否定されたものとして、結局、取得時効中断の効力は生じないものと解するのが、境界確定訴訟の特殊性に照らし相当というべきであるからである。

(iv)　Xは、Aが本件土地Lを昭和29年12月10日以降20年間にわたり平穏公然に占有してきたとして、取得時効による所有権取得を主張するものであるところ、Bが右時効完成前の昭和41年に提起した前訴において、イロ線を甲地と乙地との境界と確定するとともに、Lの一部である前訴土地部分について、Aの10年の取得時効を肯定してBの所有権を否定し、右部分につき土地所有権に基づく明渡請求を棄却すべき旨の前訴確定判決がされたというのであるから、(ii)、(iii)の説示に照らし、前訴境界確定訴訟の提起による取得時効中断の効力は、Lのうち前訴土地部分を

169

第3章　弁論主義の意義と機能

　　除くその余の部分については生じているものの、前訴土地部分について
　　は生じていないものというべきである。
　(v)　以上によれば、前訴境界確定訴訟の提起によってＬについてのＡの
　　取得時効は中断しているとした原判決には、前訴土地部分に関する限り、
　　法令の解釈適用を誤った違法があり、右違法が判決に影響を及ぼすこと
　　は明らかというべきであるから、論旨は、前記の限度で理由があるもの
　　というべきである。

　本判決の判断のうち、(i)の部分は、最高裁が境界確定の訴えの提起に取得時
効の中断効を認めるべきことを説示するものであり、大判昭和15・7・10および
び最2小判昭和38・1・18を参照判例として引用する形で最高裁の立場を明ら
かにしています。

　本判決が判例として意味を有する部分は、(ii)の部分であり、その理由を(iii)の
部分に判示しています。

　それに続く(iv)の部分は、(ii)の判例法理の本件事案への適用関係を明らかにし
たものです。Ｂが所有権に基づく明渡請求をしたのが本件土地Ｌの全体では
なく、その一部である前訴土地部分のみであったため、(ii)の判例法理の適用を
受けることによって前訴境界確定訴訟の提起による時効中断効を否定されるの
は前訴土地部分のみであり、本件土地Ｌのその余の部分については、前訴境
界確定訴訟の提起による時効中断効が及ぶことになります。係争地の範囲と所
有権に基づく明渡請求をする土地の範囲に相違があったため、境界確定の訴え
の提起による時効中断効が及ぶ範囲に相違が生ずるというやや複雑なことにな
っています。

　そこで、後訴請求における前訴の境界確定の訴えおよび明渡請求の主張・立
証の構造上の位置付けを検討することにしましょう。

(3)　所有権移転登記手続請求（後訴請求）における前訴境界確定訴訟の提起
　　についての主張・立証の位置付け

　後訴の訴訟物（請求権）は、所有権に基づく妨害排除請求権としての所有権
移転登記請求権です。

　Ｘは、以下のとおり、選択的に2つの請求原因を主張しました。[75]

VI　処分権主義および弁論主義の例外

┌─〈請求原因①──20年の取得時効〉──────────────────────
│ ㈠　Aは、昭和29年12月10日にLを占有していた。
│ ㈡　Aは、昭和49年12月10日の経過時にLを占有していた。
│ ㈢　Aは、Bに対し、後訴の訴状をもって20年の時効援用の意思表示をし
│ 　　た。
│ ㈣　Bは、Lの所有権移転登記を経由している。
│ ㈤　Aは後訴係属後の昭和57年7月4日に死亡し、Xはその相続人であ
│ 　　る。
│ ㈥　Bは後訴係属後死亡し、Yはその相続人である。
└──

┌─〈請求原因②──10年の取得時効〉──────────────────────
│ ㈠　Aは、昭和29年12月10日にLを占有していた。
│ ㈦　Aは、昭和39年12月10日の経過時にLを占有していた。
│ ㈧　Aは、㈠の時点においてLの所有権が自己に帰属すると信ずるべき
│ 　　正当理由があった（無過失の評価根拠事実）。
│ ㈨　Aは、Bに対し、後訴の訴状をもって10年の時効援用の意思表示をし
│ 　　た。
│ ㈣　Bは、Lの所有権移転登記を経由している。
│ ㈤　Aは後訴係属後の昭和57年7月4日に死亡し、Xはその相続人であ
│ 　　る。
│ ㈥　Bは後訴係属後死亡し、Yはその相続人である。
└──

　〈請求原因①──20年の取得時効〉と〈請求原因②──10年の取得時効〉の
要件事実を比較してみると、10年の取得時効については、占有の終期が占有の
始期から10年後で足りる代わりに、占有の始期において無過失であるとの評価
を導くための根拠となる具体的事実を主張・立証することが必要であり、この
点が20年の取得時効を主張・立証する場合との最大の相違点であることがわか
ります。実際の訴訟においては、10年の取得時効が主張される場合には、必ず

───
75　取得時効の要件事実につき、司研・紛争類型別68頁以下参照。

第3章　弁論主義の意義と機能

といってよいほどこの点が最大の問題になります。

　本件においても、そのとおりの経過をたどり、前訴確定判決はＡの無過失を認定判断し、10年の取得時効の主張（前訴においては抗弁）を容れたのですが、後訴の原判決はＡが無過失であったとはいえないとして、10年の取得時効の主張（後訴においては請求原因）を排斥したのです。この点において、後訴の原判決は前訴確定判決と矛盾する内容の判断をしたのですが、前訴の訴訟物（請求権）は、所有権に基づく返還請求権としての土地明渡請求権であり、前記のとおりの後訴の訴訟物（請求権）とは異なりますから、後訴の原判決の判断が前訴確定判決の既判力に抵触するものということはできません。ここまでは、第1章Ⅳ6で詳しく検討したところです。

　〈請求原因②──10年の取得時効〉は理由がないということになると、残る問題は〈請求原因①──20年の取得時効〉の成否です。Ｂおよびその地位を承継したＹは、時効中断の抗弁を主張しました。その要件事実は、以下のとおりです。

┌─〈抗　弁──裁判上の請求による時効の中断〉──────────
│　(a)　Ｂは、Ａに対し、昭和41年、甲地と乙地の境界がイロ線であるとして
│　　　両地の境界確定の訴えを提起した。
└─────────────────────────────────────

　ところで、民法149条には「裁判上の請求は、訴えの却下又は取下げの場合には、時効の中断の効力を生じない。」と規定されていますが、同条にいう「訴えの却下」には請求が実質的な理由によって棄却された場合も含むというのが判例・通説の立場ですから、前訴の境界確定の訴えが却下された場合または前訴判決においてＢ主張のイロ線ではなくＡ主張のab線が境界として確定された場合は、Ｘとしては、これらのうちいずれかの事実を再抗弁として主張することができます。しかし、本件においては、Ｂ主張のイロ線が境界として確定されたため、Ｘはこれらのいずれをも再抗弁として主張することができなかったのです。そこで、Ｘは、これらに代わる再抗弁として、境界確

---

[76]　大判明治36・9・8民録9輯951頁、大判明治42・4・30民録15輯439頁、我妻榮『新訂民法総則（民法講義Ⅰ）』（岩波書店・1965年）461頁、四宮和夫＝能見善久『民法総則〔第9版〕』（弘文堂・2018年）461頁参照。

172

定の訴えとともに併合提起された所有権に基づく明渡請求訴訟において、前訴土地部分につきAに取得時効が成立したとしてBの所有権喪失を認定判断し、Bの明渡請求を棄却した前訴判決を持ち出したというわけです。

〈再抗弁——併合審理された請求棄却判決〉

(ロ)　Bは、Aに対し、境界確定を求める訴えに併合して、前訴土地部分の所有権に基づく明渡請求訴訟を提起したところ、前訴土地部分につきAに取得時効が成立したとしてBの所有権喪失を認定判断し、Bの明渡請求を棄却した判決がされ、同判決は確定した。

　本判決は、前記(2)(ii)(iii)のとおり、この再抗弁を理由ありとしたものです。元来、境界確定を求める訴えの提起に時効中断効を認めるという考え方は、土地の境界紛争の背景に所有権の範囲をめぐる争いが存するという実態を、所有権それ自体または所有権に基づく物権的請求権に係る紛争に反映させるというところにありますから[77]、境界確定を求める訴えのみならず所有権に基づく明渡請求訴訟が併合提起され、その判決理由中で所有権の所在に関する認定判断がされ、明渡請求の成否が判断された以上、時効中断効の成否もその判断によって決せられるとするのが当然の帰結と思われます。

　このように考えると、本判決の意味は、むしろ、所有権に基づく明渡請求訴訟を棄却する確定判決によって、境界確定の訴えの提起による時効中断効が覆滅されるのがあくまで当該明渡請求の対象土地に限られ、境界紛争の存する係争地全体に及ぶものでないとした点にあるということができます。判例は、境界確定の訴えの提起による時効中断効をかなり強度なものと考えているということができます。

---

[77]　最大判昭和43・11・13民集22巻12号2510頁は、土地所有権に基づく移転登記請求訴訟において、被告が所有権を主張して請求棄却を求め、それに成功した場合には、裁判上の請求に準じて取得時効の中断効を認めてよいとしています。

第4章　釈明権の意義と機能

第4章　釈明権の意義と機能

I　釈明権をめぐる問題の所在

1．釈明権の意義と存在理由

　釈明権とは、訴訟関係を明瞭にするため、事実上および法律上の事項に関し、当事者に対して問いを発しまたは立証を促すことのできる裁判所の権能をいいます（法149条1項）。このように、民訴法は、裁判所の有する訴訟指揮権の一環として釈明権を認めているのです。

　我が国の民訴法が処分権主義および弁論主義という原理に基づく当事者主義を基調とする訴訟システムを採用していることは、第2章I1および第3章I1において説明したとおりです。これらの原理は、私権をめぐる紛争の解決手続である民事訴訟は当事者の意思を尊重したものとすることが望ましいとの思想に裏付けられたものということができます。

　しかし、その解決手続が正当な権利ないし利益を実効的に保障することができ、市民法秩序が適正に維持することができるように、合理的かつ効率的に運営されるようにデザインされたものでなければ、そのような思想や原理も画餅に帰することになります。当事者から提起された事件について判決という形で最終判断を下すのが裁判所であることは動かしようがないのですから、**裁判所は、常に、当該事件の事案を解明しその真相に合致した判決をすることを目標として訴訟を運営する責任があります。民訴法は、裁判所がこの責任を果たすための手段の1つとして釈明権を認めている**と理解することができます。

　すなわち、釈明権は、種々の原因から生じる主張または立証上の不明瞭な状

174

態をそのままにして審判することは、当事者主義を基調とする訴訟システムを前提としても、事実審裁判所としての責任を果たすゆえんではないとの考え方に基づくものということができます。すなわち、当事者またはその訴訟代理人の訴訟行為の欠陥を後見的に補正するという性質のものではなく、事実審裁判所自らが負う本質的責任を十全に果たすために付与された権限であると性格付けるべきものです。

このように理解すると、後に詳しく検討しますが、当事者またはその訴訟代理人の訴訟行為に故意または過失に基づく欠陥があったかどうかという点は、事実審裁判所の釈明権の行使・不行使が違法かどうかまたは不当かどうかの判断に際して、大きな地位を占める要素とはいえないということになります。

2．釈明権行使の対象、方法および類型

まず、用語の使用法を確認しておきます。前記 1 のとおり、釈明権とは、当事者に対して問いを発する等してする裁判所の権能をいうのであって、当事者の権能をいうのではありません。裁判所がこの権能を行使するには、合議体においては裁判長によってし、陪席裁判官は裁判長に告げてすることができます（法149条 1 項・2 項）。

当事者は、直接相手方に対して問いを発することが許されるわけではなく、裁判所に対して必要な発問を求めることができることとされており（法149条 3 項）、当事者が裁判所に対してするこの行為を「求問権」ということがありますが、当事者は裁判所に対して裁判所の有する裁量権としての訴訟指揮権の発動を求めることができるにすぎず、厳密な意味で当事者の権利ということはできません。ですから、裁判所が当事者の求めに応じて釈明権を行使しない場合であっても、上告審において検討の対象となり得るのは、裁判所の釈明権の不行使が違法であるかどうかについてであるということになります。

民訴法149条 1 項の文言から明らかなように、裁判所のする釈明権行使の対象は、当該事件の事実論と法律論の双方に及び、主張と証拠の双方に及ぶことができます。また、裁判所は、口頭弁論の期日または期日外において釈明権を行使することができ、その方法として、149条 1 項は、「問いを発し」、「立証を促す」という 2 つの方法を挙げていますが、これらは方法についての例示であ

175

第4章　釈明権の意義と機能

って、制限的に列挙しているのではありません。主張について、問いを発する
ばかりでなく、その追加や整理を促すこともももちろん許されますし、現に、広
く実行されています。

　釈明権の行使をその内容によって分類する試みとしては、①不明瞭をただす
釈明、②不当を除去する釈明、③訴訟材料補完の釈明、④訴訟材料新提出の釈
明の4類型に分けるものや[2]、消極的釈明と積極的釈明の2類型に分けるものが[3]
あります。これらの類型ないし分類は、主に釈明義務違反とした最高裁判例に
おける釈明権の不行使事例の検討の中から抽出されたものですが、後に検討す
るように、これらの類型ないし分類のいずれに当たるかを決することによって、
検討すべき釈明権の行使・不行使の適法・違法または当・不当を決することが
できるわけではありません。したがって、このような類型論ないし分類学は、
判例等の分類・整理の指標として、または釈明権行使の態様をイメージする方
法論として、それなりの意義を見出すことはできますが、それ以上のものでは
ないことを認識しておくことが肝要です[4]。

3．釈明権の行使をめぐる2つの問題

　釈明権の行使をめぐっては、まず、裁判所のする訴訟指揮の実践として、ど
のような場合にどのような事項について釈明するのが適切かどうか（上手かど
うかまたは賢明かどうか）の問題がありますが、本章ではこの問題を取り上げ
ることはしません。

　次に、裁判所の釈明権の行使・不行使に違法というべき場合があるのか、違
法というべき場合があるとして、それはどのような場合であるかの問題があり
ます。本章では、この問題を取り上げます。

　さらに、この問題の中には、第1に、事実審裁判所の釈明権の行使につき、

1　口頭弁論の期日外における釈明権の行使は、旧民訴法127条に規定がなく、実務の工夫としてされ
　ていたものですが、現行民訴法において明文化されました。また、現行民訴法151条に規定する釈明
　処分も、裁判所の有する釈明権行使の一環ということができます。
2　奈良次郎「訴訟資料収集に関する裁判所の権限と責任」新堂幸司ほか編『講座民事訴訟4』（弘文
　堂・1985年）143頁を参照。
3　中野貞一郎「弁論主義の動向と釈明権」ジュリ500号（1972年）384頁を参照。
4　同旨の指摘をするものとして、中野ほか・講義230頁〔鈴木正裕〕を参照。

176

II 釈明権限の範囲──釈明権の行使をめぐる第1の問題──

その権限の範囲を逸脱した違法ありとされる場合があるのか、あるとしてそれはどのような場合であるかの問題と、第2に、事実審裁判所の釈明権の不行使につき、権限を行使しなかったのが不当というにとどまらず、権限を行使すべき義務に違反するとして違法とされる場合があるのか、あるとしてそれはどのような場合であるかの問題、の2つの区別すべき問題があります。

　そこで、これら2つの問題を順に検討することにしましょう。第1の問題（事実審裁判所の釈明権限の範囲）を扱った判例として、最1小判昭和45・6・11民集24巻6号516頁を挙げることができます。この判例の後、第1の問題を扱った最高裁判例はなく、貴重なものです。項を改めて詳細に検討してみましょう。

Ⅱ　釈明権限の範囲──釈明権の行使をめぐる第1の問題──

1. 別個の訴訟物にわたる釈明権限

　最1小判昭和45・6・11を素材にして、釈明権の行使をめぐる第1の問題を検討してみることにしましょう。

(1) 最1小判昭和45・6・11の事案の概要

　原告のした訴えの変更が、釈明権限の範囲を逸脱した釈明権の行使によるものということができるかどうかが争われたものです。その事案の概要は、〈設例4-①〉のとおりです。

── 〈設例4-①〉 ──────────────────

① 　Xは、A・Y₁会社・その代表者Y₂の3名を被告として、42万810円の支払を求める訴えを提起した。Xは、その請求原因として、概要、「Xは、従前、Aに農産物包装用木箱類を納入していたY₁会社から、Y₁会社に代わって納入してほしいとの依頼を受けて、昭和41年4月1日以降6月17日までに、Aとの間で、合計82万4810円相当の木箱類を売り渡す旨の契約を締結した。Y₁会社およびその代表者Y₂は、Xに対し、XがY₁会社名義でAに商品を納入する限り、その代金の支払を

177

第4章　釈明権の意義と機能

連帯して保証する旨約した。82万4810円中40万4000円の支払を受けたが、残額42万810円が未払である。」と主張した。

② 　1審判決は、XとAとの間に直接の契約関係が成立したとは認められず、Xによる木箱類の納入はAのY₁会社に対する注文に基づいてY₁会社の下請的立場でなされたものであると認定して、Aに対する請求を棄却した。しかし、Y₁会社・Y₂に対する請求については、Y₁会社・Y₂は、Xに対し、XがY₁会社の名でAから代金の支払を受けられることを保証したもので、Xの請求をそのような約束の履行を求める意味に解すれば正当であると判示して、Xの請求を全て認容した。

③ 　1審判決に対してXは控訴せず、Y₁会社・Y₂のみが控訴した。原審（控訴審）の第2回口頭弁論調書には、Xの陳述として、「本件取引において、木箱の納入は、Y₁会社名義でなし、Xに対する代金の支払義務は、Y₁会社において負担する約定であり、Y₂は右債務について連帯保証をした。よって、右約定に基づいて代金の支払を請求する。」との記載がある。

④ 　原判決は、Y₁会社およびY₂は、Y₁会社においてXを下請けとして使用することにより、Aに対する木箱類の納入を継続するため、代金はY₁会社がXに支払い、Y₂が個人保証をすることによって、Y₁会社の名義を用いてAに木箱類を納入する旨の契約を締結し、Xは、Aから注文を受けたY₁会社の指示により、木箱類をAに納入したと認定し、Xの請求を認容すべきものとし、Y₁会社・Y₂の控訴を棄却した。

⑤ 　Y₁会社・Y₂は、「Xは、1審では、XとAとの間の農産物包装用木箱の納入契約に基づく代金債務につき、Y₁会社・Y₂のした連帯保証契約の存在を主張してその履行を求めていたのに、原審は、Xに対し、第2回口頭弁論期日において③の陳述内容の釈明をさせ、Xの訴訟代理人は『そのとおりである』と陳述したにとどまる。原審は、この釈明に従ってY₁会社・Y₂敗訴の判決をしたのであるが、このような釈明権の行使は、著しく公正を欠き、釈明権限の範囲を逸脱したもので違法である。」旨主張して、上告した。

178

Ⅱ 釈明権限の範囲——釈明権の行使をめぐる第1の問題——

(1) Xが提出した当初の訴訟物と控訴審の釈明権の行使の結果提出された訴訟物の異同を説明せよ。各請求原因事実を摘示して比較せよ。
(2) 事実審裁判所の釈明権の行使のしすぎがその判決を破棄する理由になる場合があるかどうかを検討せよ。

[関係図]

(1審におけるXの主張)　　　　　（控訴審におけるXの主張）

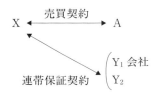 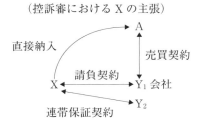

(2) **最1小判昭和45・6・11の判断**

最高裁は、以下のとおり、Xの陳述内容が上告論旨にいうような釈明の結果によるものと仮定しても、その釈明権の行使は相当であり、原審に釈明権の行使の範囲を逸脱した違法はないとして、本件上告を棄却しました。

(i) 釈明の制度は、弁論主義の形式的な適用による不合理を修正し、訴訟関係を明らかにし、できるだけ事案の真相をきわめることによって、当事者間における紛争の真の解決を図ることを目的として設けられたものである。したがって、原告の申立てに対応する請求原因として主張された事実関係とこれに基づく法律構成が、それ自体正当ではあるが、証拠資料によって認定される事実関係との間に喰い違いがあって、その請求を認容することができないと判断される場合においても、その訴訟の経過やすでに明らかになった訴訟資料、証拠資料からみて、別個の法律構成に基づく事実関係が主張されるならば、原告の請求を認容することができ、当事者間における紛争の根本的な解決が期待できるにかかわらず、原告においてそのような主張をせず、かつ、そのような主張をしないことが明らかに原告の誤解または不注意と認められるようなときは、その

第 4 章　釈明権の意義と機能

釈明の内容が別個の請求原因にわたる結果となる場合でも、事実審裁判所としては、その権能として、原告に対しその主張の趣旨とするところを釈明することが許されるものと解すべきであり、場合によっては、発問の形式によって具体的な法律構成を示唆してその真意を確かめることが適当である場合も存するのである。

(ii)　Xの主張は、当初、Y₁会社・Y₂がXとAとの間に成立した本件木箱類についての売買契約上の代金債務を連帯保証したものとして、Y₁会社・Y₂の負担する連帯保証債務の履行を求めるというにあったところ、原審第2回口頭弁論期日におけるXの陳述によって、その主張は、本件木箱類の売買契約はY₁会社とAを当事者として成立したことを前提とし、XとY₁会社との間で、右契約に基づきY₁会社がなすべき木箱類の納入をXが代わってなし、Y₁会社はその代金相当額をXに支払う旨の一種の請負契約が成立したものとして、Y₁会社に対しては右請負代金の支払を、Y₂に対しては右請負代金についての連帯保証債務の履行を求めることに変更されたものと解されるから、その間には請求原因の変更があったものというべきである。

(iii)　しかし、本件記録によると、第1審以来の訴訟の経過として、① Xは、本件でAをもY₁会社・Y₂の共同被告として訴えを提起し、Aが本件取引の相手方であることを主張して前示請求原因の下に売掛代金の支払を求めたところ、第1審は、XとAとの間に直接の契約関係が成立したことを否定し、Xによる木箱類の納入はAのY₁会社に対する注文に基づいてY₁会社の下請的立場でなされたものにすぎないものと認定し、Aに対する右請求を棄却したが、Xからの控訴はなく、第1審判決が確定したこと、②しかし、Y₁会社・Y₂に対する請求については、Y₁会社・Y₂は、Xに対し、XがY₁会社の名においてAから代金の支払を受けられることを保証したもので、Xの請求をそのような約束の履行を求める意味に解すれば正当であるとして認容したので、Y₁会社・Y₂は右第1審判決に対して控訴し、本件が原審に係属するに至ったこと、③ Y₁会社・Y₂の訴訟代理人は、原審第2回口頭弁論期日において、すでに事前に提出してあった証拠申請書に基づき、Y₂の本人

180

尋問を申請したが、その尋問事項の一には、「Y₂ が Y₁ 会社の保証人または連帯保証人になった事実のないこと」について尋問を求める旨の記載があり、Y₂ 自身においても、すでに自分が Y₁ 会社の負担する債務を保証したことをも積極的に争う態度に出ていたことがうかがわれることなどが認められる。

(iv) このような第 1 審以来原審第 2 回口頭弁論期日までの訴訟の経過に照らすと、右口頭弁論期日における X の陳述内容が原裁判所のした所論のような釈明の結果によるものであるとしても、その釈明権の行使は、事実審裁判所の採った態度として相当であるというべきであり、原審に所論釈明権行使の範囲を逸脱した違法はないものといわなければならない。それゆえ、右の違法を前提とする論旨は、採用することができない。

　本最高裁判決の判断のうち民集に判示事項および判決要旨として抽出されているのは、(i)の判示部分です。事実審裁判所の有する釈明権限の範囲についての最高裁の立場を明らかにしたものとして、今日においても生きている重要な判例ということができます。

　(ii)(iii)(iv)の判示部分は、(i)で明らかにした法理を本件の具体的訴訟経過に当てはめて、その適用判断を示したものであり、事例判例としての意味を有する部分です。

(3)　当初の訴訟物と釈明の結果提出された訴訟物および請求原因事実の異同

　X が自ら提起した訴えにおいて選択した実体法上の請求権（第 1 章 I 1 で説明したように、判例の採る旧訴訟物理論に従えば、これが訴訟物ということになります。そこで、以下「訴訟物」といいます。）が何なのかが必ずしも明瞭とはいえないことが、本件上告の一因になっています。釈明権の行使が問題になる事例の多くにみられる特徴です。

　〈設例 4 - ①〉①によると、X が訴え提起時に選択した訴訟物は、A に対して本件木箱類の売買契約に基づく代金支払請求権、Y₁ 会社・Y₂ に対して同代金債務の保証契約に基づく保証債務履行請求権、と理解することができます。

　1 審判決は、A に対する請求を棄却しました。それは、X と A との間に直接の売買契約が成立したと認めるに足りない（請求原因事実が証拠によっては、

第 4 章　釈明権の意義と機能

認定することができない）という理由によるのですから、この点に訴訟手続上
の問題はありません。

　次に、Y₁ 会社・Y₂ に対する請求原因事実ですが、それは以下のとおりです。[5]

─〈もとの請求原因事実〉───────────────────────
　(ア)　X は、A との間で、昭和41年 4 月 1 日から 6 月17日までの間に、合
　　　計82万4810円相当の木箱類を売り渡す旨の契約を締結した。
　(イ)　X は、Y₁ 会社・Y₂ との間で、(ア)の各契約締結に先立って、A が(ア)の
　　　各契約に基づき X に対して負担する代金支払債務を Y₁ 会社・Y₂ にお
　　　いて連帯して保証する旨の契約を締結した。
　(ウ)　よって、X は、Y₁ 会社・Y₂ に対し、保証債務の履行として、各自82
　　　万4810円のうち42万810円を支払うことを求める。

　(ア)は、主たる債務の発生原因事実を摘示するものです。

　(イ)は、保証債務の発生原因である保証契約の締結の事実を摘示するものです。
連帯保証契約は、保証契約に特約（保証債務の補充性を奪うとの特約）を付した
ものにすぎず、保証契約と同一類型に属する契約であるとするのが一般的な考
え方です。前記のとおり、Y₁ 会社・Y₂ に対する訴訟物を「保証契約に基づく
保証債務履行請求権」とし、「連帯保証契約に基づく連帯保証債務履行請求権」
としないのは、このような理由によるものです。この考え方によれば、連帯の
特約は、被告によって催告・検索の抗弁が主張された場合に、再抗弁として主
張すればよいのですが、本件では、Y₁ 会社と Y₂ を共同被告として各自に残
債務全額の支払を求めているところ、請求原因事実において民法456条に規定
する分別の利益の存在が明らかになっているので、請求の一部を主張自体失当
としないため、連帯の特約をここで主張しているのです。[6]共同被告としたため
に、一種の「せり上がり」が生じたものということができます。[7]

　(ウ)は、「よって書き」と呼ばれ、訴訟物を特定する、一部請求であることを
明示するなどの目的で記載されるものであり、請求原因事実の摘示ではありま

5　保証債務履行請求の請求原因事実については、司研・紛争類型別39頁を参照。
6　以上につき、司研・紛争類型別38〜40頁を参照。
7　「せり上がり」につき、司研・要件事実第 1 巻62頁以下、291頁以下を参照。

182

せん。

〈設例 4 -①〉③によると、X は、控訴審において訴えの交換的変更をし、その結果提示された訴訟物は、Y₁ 会社に対して本件木箱類を A に納入することに係る請負契約に基づく報酬請求権、Y₂ に対して同報酬債務の保証契約に基づく保証債務履行請求権になりました。

その請求原因事実は、以下のとおりです。

─〈変更後の請求原因事実〉──────────────────────

(エ)-1　X は、Y₁ 会社との間で、昭和41年 4 月 1 日から 6 月17日までの間に、A に対し、木箱類を報酬合計82万4810円で納入する旨の契約を締結した。

(エ)-2　X は、A に対し、(エ)-1 の各契約に基づき、昭和41年 4 月 1 日から 6 月17日までの間に木箱類を納入した。

(オ)　X は、Y₂ との間で、(エ)-1 の各契約締結に先立って、Y₁ 会社が(エ)-1 の各契約に基づき X に対して負担する報酬支払債務を Y₂ において保証する旨の契約を締結した。

(カ)　よって、X は、Y₁ 会社に対して請負報酬の支払として、Y₂ に対して保証債務の履行として、各自82万4810円のうち42万810円を支払うことを求める。

(2)(i)(ii)のとおり、本最高裁判決は、「釈明の内容が別個の請求原因にわたる」、「請求原因の変更」と表現していますが、以上から明らかなように、ここでの「請求原因」は民訴法133条 2 項 2 号または民事訴訟規則53条 1 項にいう「請求の原因」（すなわち、「請求を特定するのに必要な事実」としての請求原因）を指しているのであり、結局、異なる訴訟物を提示させることにつながる釈明を問題にしているのです。

そうすると、(2)(i)の簡にして要を得た釈明制度の説明における「弁論主義」は、処分権主義をも包含する趣旨で使用していますから、これを「当事者主義」と言い換えたほうがより正確な叙述になるものと思われます。すなわち、**「釈明の制度は、当事者主義の形式的な適用による不合理を修正し、訴訟関係を明らかにし、できるだけ事案の真相をきわめることによって、当事者間にお**

183

第4章　釈明権の意義と機能

ける紛争の真の解決をはかることを目的として設けられたものである。」とい

うことになります。

(4)　最1小判昭和45・6・11の意義

　本最高裁判決は、前記 I 3 に整理した問題のうち、事実審裁判所が釈明権を

行使した事例において、事実審裁判所の有する権限の範囲を逸脱した違法あり

というべきであるかどうかが争われたものです。

　旧訴訟物理論を前提とし、当事者主義の理念を最重要視する考え方に立つと

きは、A の負う売買代金債務の保証契約に基づく Y₁ 会社・Y₂ に対する保証

債務履行請求権を訴訟物とする訴訟において、X が敗訴しその判決が確定し

たところで、その確定判決の既判力が Y₁ 会社に対する請負契約に基づく報酬

請求権や、Y₂ に対する同報酬債務の保証契約に基づく保証債務履行請求権に

及ぶことはないのですから、X としては、別訴を提起することができるので、

決定的に困ったことになるわけではありません。この点を強調すれば、事実審

裁判所が新訴訟物を提示させる結果になるような釈明をすることは許されない

と考えることもできます。

　本最高裁判決の第1の意義は、このような考え方を採用せず、**国家が設営す**

る民事訴訟制度としては、現に係属する訴訟においてできる限り当事者間の紛

争を解決するのが合理的であるばかりでなく、適切であるとの立場に立つこと

を明らかにしたところにあります。[8]

　第2に、本最高裁判決は、原審のした積極的な釈明が事実審裁判所の有する

権能として許される範囲に属するものとされる理由を本件事案に即してかなり

詳しく説示しています。すなわち、本件事案は、X の主張が主張自体失当と

いうのではなく X の主張と証拠によって認定することのできる事実との間に

齟齬があり、証拠によって認定することのできる事実によるときは、別個の訴

訟物を提示し、要件事実を主張しない限り、X の請求を棄却するしかないと

いう場合に当たります。前記(2)のとおり、本最高裁判決は、本件において、①

両当事者の主張、証拠および弁論の全趣旨に照らして、別個の法律構成に基づ

く別個の訴訟物の提示および要件事実の主張がされれば、処分権主義および弁

　8　吉井直昭「判解」最判解民〔昭和45年度〕297頁を参照。

論主義の訴訟原則に背馳することなく、Xの請求を認容することができ、その結果、XとY₁会社・Y₂との間に存する紛争の根本的な解決が期待できることが明らかである、②Y₁会社・Y₂も、原審の釈明に応じてXが新訴訟物の提示および要件事実の主張をする以前に、Y₂の本人尋問を申請し、その尋問事項として「Y₂がY₁会社の保証人または連帯保証人になった事実のないこと」を挙げるなどしており、新訴訟物の提示とその要件事実の主張がされることを予期した訴訟行為をしており、原審の釈明権の行使とその結果としてのXの訴訟行為が相手方であるY₁会社・Y₂にとって不意打ちになっていないばかりか、積極的に争う態度に出ていた、という事情があることを説示しています。

第3に、本最高裁判決は、上告論旨のいうとおり、控訴審裁判所の具体的示唆に対してXが「そのとおりである」と述べたことによって、新訴訟物とその要件事実が弁論に表われたものであるとしても、そのような釈明権の行使（実務上「手渡し釈明」と呼ばれるもの）が事実審裁判所の権限の範囲を逸脱するものでないことを明らかにしました。この判断部分は、仮定的な説示なのですが、最高裁が事実審裁判所のするそのような釈明権の行使も本件においては相当であると考えていることを積極的に示す意図に出るものと理解することができます。[9]

2．釈明権の行使が事実審裁判所の権限の範囲の逸脱とされることはあるか

(1) 事実審裁判所の権限の範囲の逸脱とされることはあるか

最1小判昭和45・6・11は、当該事案において事実審裁判所のした釈明権の行使を相当としたものですから、釈明権の行使に権限の範囲の逸脱とされることがあるのかどうか、あるとしてそれを違法として判決破棄の理由とされることがあるのかどうかという問題を扱ってはいません。

ただ、最1小判昭和45・6・11は、事実審裁判所のする釈明権の行使が別個の訴訟物にわたる場合（すなわち、処分権主義にかかわる場合）であっても、事

9　吉井・前掲判解（注8）295頁を参照。

第4章　釈明権の意義と機能

実審裁判所の有する釈明権能の範囲を逸脱するものでないことを積極的に明らかにしたものですから、そもそも、釈明権の行使が権限の範囲の逸脱とされる場合を現実問題として想定するのは困難です。

　例えば、留置権の抗弁や同時履行の抗弁は、被告がその権利主張をしない限り裁判所においてこれらを取り上げることの許されない権利抗弁とされています。第2章Ⅱ2⑵で説明したように、最3小判昭和36・2・28民集15巻2号324頁は、建物収去土地明渡請求訴訟において、借地人である被告が建物買取請求権を行使した場合、被告が建物売買代金を被担保債権として当該土地につき留置権を行使するか、同時履行の抗弁権を行使するのが合理的な訴訟行為であるのですが、被告が明示にその権利主張をしなかったときに、留置権または同時履行の抗弁権のいずれかを行使するものと善解すべきであるとしました。これに対し、最1小判昭和27・11・27民集6巻10号1062頁は、「当事者の一方が或る権利を取得したことを窺わしめるような事実が訴訟上あらわれたに拘わらず、その当事者がこれを行使しない場合にあっても、裁判所はその者に対しその権利行使の意思の有無をたしかめ、或はその権利行使を促すべき責務あるものではない。」と判示して、釈明義務違反をいう上告論旨を排斥しました。これら2つの最高裁判決を比較してみると、昭和27年から昭和36年までの間に、当事者のする訴訟行為についての裁判所の受け取り方や釈明権の行使の仕方に関し、最高裁の態度ないし考え方にかなり大きな変化があったことをうかがうことができます。**当事者による明示の主張がないときに、その主張があるものと善解するという最3小判昭和36・2・28のいう手法は、実務上「判決釈明」と呼ばれるものですが、事実審裁判所における審理のあり方としては、判決釈明によるよりも、主張・立証責任を負う当事者に釈明して、権利主張をするかどうかを確認し、権利主張をするという場合には、相手方当事者にそれを前提として攻撃防御方法を提出する機会を与えるのが望ましいことは明らかです。**

　〈設例4-①〉②のとおり、最1小判昭和45・6・11の1審判決は、Y₁会社とY₂に対する請求の訴訟物についてまで判決釈明をして、Xの請求をすべて認容したのですが、これを許される判決釈明の範囲に属するとするには無理があります。そこで、控訴審が口頭弁論期日においてXに対して釈明権を行使したのです。

186

Ⅱ　釈明権限の範囲——釈明権の行使をめぐる第1の問題——

　そうすると、権利抗弁と性質付けされる主張についても、事実審裁判所の有する釈明権限の範囲に属するということになります。

　時効の援用についての釈明権の行使のあり方がよく問題にされますが、これまでの議論と特に異なるところはないと考えられます。事実審裁判所の有する釈明権限の範囲に属すると解することに特段の問題はないでしょう。[11]

(2)　釈明権の行使のしすぎが判決破棄の理由となることはあるか

　最も問題になるのは、公平・中立な裁判官像と矛盾するような釈明権の行使でしょうが、実際の裁判においては、事実審裁判所のした釈明のみでは当該事件の帰結に影響を及ぼすことはなく、当事者が事実審裁判所の釈明に応じてした何らかの訴訟行為が当該事件の帰結に影響を及ぼすことになります。したがって、単に、事実審裁判所の有する釈明権能にも一定の限界があるといってみても、その限界線をどのように引くのか、その限界線を超えたときにどのような効果が発生するのかを明らかにしないと、生産的な議論ということはできません。すなわち、実体法的にみて問題のない判決が、事実審裁判所の釈明権の行使が権限の範囲を逸脱したことを理由として破棄されることがあるのかどうかを検討する必要があります。

　当事者主義（処分権主義・弁論主義）の形式的適用による不合理を修正する目的で行使されるのが釈明権であり、釈明権の行使を受けて処分権主義・弁論主義に合致した当事者の訴訟行為がどうしても必要なのですから、当事者による当該訴訟行為が何らかの理由で（例えば、民訴法2条にいう信義則違反で）無効として排斥される場合でない限りは、当事者による当該訴訟行為を前提とした判決が破棄されることはないというほかないでしょう。

　また、釈明権の行使を受けて一方当事者が新たな攻撃防御方法を提出したのに、事実審裁判所は、他方当事者がそれに対する攻撃防御方法を提出する機会を与えないという訴訟指揮をするようなことがあれば、訴訟手続の違法は、釈明権の行使自体にあるのではなく、その後の訴訟指揮権の行使にあるというべきでしょう。

　結局、事実審裁判所の釈明権の行使がその権限の範囲を逸脱したとされる事

10　吉井・前掲判解（注8）297頁を参照。

11　梅本510頁は、同旨をいうものと思われます。

187

第 4 章　釈明権の意義と機能

態を想定することは実際上困難であり、仮にそう考えられるとしても、そのような釈明権の行使自体を違法として判決破棄の理由とすることはできないということになります。[12]

Ⅲ　釈明義務違反となる場合──釈明権の行使をめぐる第 2 の問題──

1．釈明義務違反についての最高裁判例の変遷概要

前記Ⅱにおいて、事実審裁判所が釈明権を行使した場合に、その権限行使が違法とされるときがあるかどうかの問題を検討しました。

次に、事実審裁判所が釈明権を行使しなかった場合に、その権限不行使が違法とされるときがあるかどうかの問題を検討することにしましょう。

前記Ⅱ2にふれたように、旧民訴法の施行後しばらくの間は、当事者主義の考え方が強調され、事実審裁判所のする釈明権の行使に消極的な考え方が支配的であり、最高裁もまた事実審裁判所の釈明権の不行使を理由に判決を破棄することに消極的でしたが、最 1 小判昭和45・6・11が言い渡されたころには、事実審裁判所のする釈明権の行使を積極的に評価する考え方が一般的になり、最高裁が事実審裁判所の釈明権の不行使を理由に判決を破棄することも稀ではなくなりました。[13]

最 2 小判昭和39・6・26民集18巻 5 号954頁は、不法行為に基づく損害賠償請求訴訟において、事実審裁判所がそれまでの証拠調べ等の結果形成した責任論についての心証によって、原告のすべき損害論の立証の要否が決せられるという事案において、「従来の証拠のほかに、さらにあらたな証拠を必要とする場合には、これについて全く証拠方法のないことが明らかであるときを除き、裁判所は当該当事者にこれについての証拠方法の提出を促すことを要するものと

12　奈良次郎「新民事訴訟法と釈明権をめぐる若干の問題(下)」判時1614号（1997年）10〜14頁は、同旨をいうものと思われます。

13　松田二郎「最高裁判所より見た民事裁判」司法研修所論集45号（1970年）7 頁、判時600号（1970年）5 頁を参照。

Ⅲ　釈明義務違反となる場合──釈明権の行使をめぐる第2の問題──

解するのが相当であり、このような措置に出ることなく、漫然証拠がないとして請求を棄却することは、釈明権の行使を怠り、審理不尽の違法を犯すものというべきである。」としました。

また、最3小判昭和44・6・24民集23巻7号1156頁は、民訴法が事実審裁判所に釈明権を付与した趣旨を「事案の真相をきわめ、当事者の真の紛争を解決することが公正を旨とする民事訴訟制度の目的にも合するもの」であると最高裁が考えていることを明らかにした上、事実審裁判所の釈明権の不行使がこのような趣旨に反する場合には、釈明権の不行使が違法とされ、ひいて審理不尽の違法があるとして判決破棄の理由になるとしたものです。この最高裁判決は、前記Ⅱで取り上げた最1小判昭和45・6・11と並んで、現在の最高裁の立場を理解するために必須の判例ということができるので、項を改めて具体的に検討してみることにしましょう。

なお、最大判昭和45・6・24民集24巻6号712頁は、「原告が、連続した裏書の記載のある手形を所持し、その手形に基づき手形金の請求をしている場合には、当然に、手形法16条1項の適用を求める主張があるものと解すべきである。」と判断しました。この最高裁大法廷判決は、約束手形のYのAに対する振出交付およびAのXに対する裏書譲渡を主張して、XがYに対して約束手形金等の支払を請求した事案において、Aの裏書を認めるに足りないとしてXの請求を棄却した原判決を破棄したものです。

すなわち、同最高裁判決の多数意見は、手形法16条1項に規定する「裏書の資格授与的効力」の適用を主張するには、連続した裏書の記載のある手形を所持する事実を主張する必要があることを当然の前提とした上で、「およそ手形上の権利を行使しようとする者は、その所持する手形の裏書の連続が欠けているような場合は格別、裏書が連続しているかぎり、その連続する裏書に基づき権利者となっていることを主張するのが当然であって、この場合、立証が必ずしも容易でない実質的権利移転の事実をことさらに主張するものとは、通常考えられない」との立場に立つものです。そして、「これにより、被告がその防御方法として同法16条1項の推定を覆すに足りる事由を主張立証しなければな

14　最2小判昭和41・3・4民集20巻3号406頁。

第4章　釈明権の意義と機能

らない立場におかれるとしても、原告の所持する手形に連続した裏書の記載が
あることは容易に知りうるところであるから、被告に格別の不意打ちを与え、
その立場を不安定にするおそれがあるとはいえない」と述べました。[15]

　この多数意見は、事実審裁判所が原告に対して手形法16条１項の規定の適用
を主張する趣旨であるかと質問をした場合に、肯定する答えしか期待できない
ときは、明示にその主張をしていなくても、常に必ず黙示にその主張をしてい
るものとして扱わなければならず、その主張に対する判断をしないと判断遺脱
の違法を犯すことになるというものです。[16]

　しかし、事実審裁判所は争点を顕在化させた上で双方当事者に主張・立証を
尽くさせる使命を負っていますから、連続した裏書の記載のある手形を所持し
ていてその手形に基づき手形金の請求をする事案についての訴訟指揮をする事
実審裁判所としては、この多数意見の立場に従うとしても、まず、原告に対し
て手形法16条１項の規定の適用を主張する趣旨であることを確認し、次に、被
告に対し、同項の法律上の権利推定を覆すための主張・立証をする意思がある
のかどうかを釈明するのが望ましい釈明権行使のあり方であろうと思われます。

2．主張の不明瞭をただす釈明

　それでは、前記１の最３小判昭和44・6・24を素材にして、当事者のした主
張の不明瞭をただす釈明権の不行使が違法とされる場合を検討しましょう。

(1)　最３小判昭和44・6・24の事案の概要

　農地の取引をめぐる紛争において、原告の請求原因事実の主張が不明瞭な場
合に、それをそのままにして請求を排斥した原審の措置が問題になったもので
す。その事案の概要は、〈設例４-②〉のとおりです。

――〈設例４-②〉――――――――――――――――――――――――――

　① 　Ｘは、本件農地Ｌをもと所有していたが、昭和22年12月２日、自作
　　　農創設特別措置法（以下「自創法」という。）３条に基づき国に買収され
　　　た。Ｌについて登記がされないでいたが、昭和30年12月14日にＹ名義

――――――――――――――――――――――――――――――――――――

15　松本正雄裁判官は、原告が手形法16条１項の権利推定の規定の適用を主張したとは認めがたいと
　　し、原判決に違法はないとの立場に立っています。

16　小倉顕「判解」最判解民〔昭和45年度〕246頁以下を参照。

190

Ⅲ　釈明義務違反となる場合——釈明権の行使をめぐる第2の問題——

に売渡しを原因とする所有権保存登記がされた。Ｘは、国とＹに対し、主位的請求として、Ｌの所有権確認と同保存登記の抹消を求め、Ｙに対し、予備的請求として、Ｌにつき知事に対する農地法5条による所有権移転許可申請手続をすべきことおよび同許可があったときはＸに対しＬの所有権移転登記手続をすべきことを求めて、本件訴えを提起した。

②　Ｘは、1審において、「Ｘがもと所有していたＬは、国に買収され、農地委員会においてＹに売り渡されることとされていたところ、Ｙは、Ｌを売却して住宅資金を得ようとした。しかし、その売却につき農地委員会の承認が得られる見通しがつかなかったので、Ｙは、Ｘに対し、Ｘ所有の別の甲地を国に買収してもらい、その代金を自分にくれれば、ＬをＸの保有地とするよう取り計らうとの申入れをした。Ｘは、この申入れを了承し、農地委員会に働きかけたところ、農地委員会は、昭和24年12月25日、甲地を買収し、ＬのＹへの売渡予約を取り消してＸに売り渡す旨の議決をした。そして、甲地は国に買収され、その代金はＹが受領し、これをＹの建築資金に充てた。したがって、Ｌについては、Ｘの所有名義のままにしておかれるべきところ、国は誤って昭和30年12月14日にＹ名義に売渡しを原因とする所有権保存登記をした。」と主張した。1審は、Ｘの国およびＹに対する請求をいずれも棄却した。[17]

③　Ｘは、控訴し、予備的請求につき、「Ｙは、Ｘに対し、昭和32年8月23日、ＬがＸに対して売り渡されるべき土地であったことを承認し、ＬをＸに返還することを誓約した。」との主張を付加した。原審（控訴審）は、Ｘの控訴を棄却した。まず、原審は、主位的請求につき、ＬがＸの所有に属するものとはいえず、国がＸに対してＹ名義の所有権保存登記を抹消すべき義務があるとはいえないと判断して、これを排斥した。次に、原審は、予備的請求につき、Ｘの1審での主張事実からして当然にＹに対しＸ主張のごとき請求権が発生するとは認め難く、またＸとＹとの間の返還合意の事実も証拠上これを認めるに足りないと判断して、これをも排斥した。[18]

17　名古屋地判昭和42・8・22（民集23巻7号1166頁に収録）。
18　名古屋高判昭和43・9・25（民集23巻7号1171頁に収録）。

第 4 章　釈明権の意義と機能

④　X は、原判決は X が自創法により売渡しを受けたと主張するかのごとく誤解し、また自創法によらなければならないという前提に立って法の適用を誤っている、X は L と甲地を交換したと主張していたなどと主張して、上告した。

⑴　予備的請求につき、X が 1 審および控訴審において主張した請求原因事実と事実審裁判所が釈明権を行使すれば主張されたであろう請求原因事実とを摘示せよ。

⑵　当事者間における紛争の真の解決を図るという観点からすると、原審の判断にどのような問題があるか。

[関係図]

（L について）　　　　　　　　　　　　　　（甲地について）

X ──昭和22・12・2──→ 国　　　　　X ──昭和24・12・25──→ 国
　　　　買収処分　　　　　　　　　　　　　　　　　買収処分
　　　　　　　　　　│ 昭和23・10・2　　　　　　　　　　　　　　　│ 代金交付
　　　　　　　　　　│ 売渡処分　　　　　　　　　　　　　　　　　│
　　　　　　　　　　↓　　　　　　　　　　　　　　　　　　　　　↓
　　　　　　　　　　Y　　　　　　　　　　　　　　　　　　　　　Y
　　　　　　　昭和30・12・14
　　　　　　　所有権保存登記

⑵　**最 3 小判昭和44・6・24の判断**

　最高裁は、X の国および Y に対する主位的請求についての原審の判断は正当であるとして、その部分の上告を棄却しましたが、以下のとおり、X の Y に対する予備的請求についての原審の審理判断は、釈明権の行使を怠り、ひいて審理不尽の違法を犯したものであるとして、原判決のうちの予備的請求に関する部分を破棄し、原審に差し戻しました。

⑴　弁論の全趣旨および証拠調べの結果からは、X と Y が親族関係にあり、L を含む財産の帰属について親族間で協定を結び、その際関係者間

192

Ⅲ 釈明義務違反となる場合——釈明権の行使をめぐる第2の問題——

においてYが保有地および自作地を売却して家屋を新築することを了承していたところ、その売却について支障が生じたため、関係者が所轄農地委員会とも協議した結果、Lに関するいわば交換的買収ともいうべき措置をとろうとしたものである事情がうかがわれるのであって、その背景をなす当事者の意思はこれを了解するに難くない。

(ⅱ) かような事情を考慮した上、Xの主張事実を合理的に解釈するなら[20]ば、そのいわんとするところは、Yは甲地の買収代金を対価として、後に売渡しによって取得すべきLの所有権をXに移転することを約した旨、換言すれば、将来売渡しを受けることを条件としたLの売買契約を締結したことを主張し、これに基づいて右移転のためにする農地法所定の知事に対する許可申請手続および右許可のあった場合におけるLについての所有権移転登記申請手続を訴求しているものと解することができる。

(ⅲ) 当事者の主張が、法律構成において欠けるところがある場合においても、その主張事実を合理的に解釈するならば正当な主張として構成することができ、当事者の提出した訴訟資料のうちにもこれを裏付けうる資料が存するときは、直ちにその請求を排斥することなく、当事者またはその訴訟代理人に対してその主張の趣旨を釈明した上、これに対する当事者双方の主張・立証を尽くさせ、もって事案の真相をきわめ、当事者の真の紛争を解決することが公正を旨とする民事訴訟制度の目的にも合するものというべく、かかる場合に、ここに出ることなく当事者の主張を不明確のまま直ちに排斥することは、裁判所のなすべき釈明権の行使において違法があるものというべきである。

(ⅳ) したがって、原審は、前記説示の点において釈明権の行使を怠り、ひ

---

19 法律審である上告審は、自ら証拠による事実認定をすることができません。本最高裁判決が「事情がうかがわれる」と表現し、「事情を認めることができる」と表現しなかったのは、最高裁が自ら事実認定をしているのではないとの趣旨を明らかにするものと理解することができます。この判示部分は、本文(ⅱ)の判断の前提としての説明です。最高裁判決の使用する「うかがわれる」の意義につき、田中・事実認定80頁を参照。

20 当事者の主張を合理的に解釈する作業を、実務上、「善解」と呼びます。「善解」される当事者の主張には、事実論と法律論の双方を含みます。

193

> いて審理不尽の違法を犯したものというべく、この違法は原判決の結論
> に影響することが明らかであるから、論旨はこの点において理由があり、
> 原判決は、XのYに対する予備的請求に関する部分については、破棄
> を免れない。

　本最高裁判決の判断のうち民集に判示事項および判決要旨として抽出されて
いるのは、(ⅲ)の判示部分です。事実審裁判所が当事者の主張の不明瞭をただす
釈明をする義務を負う場合があり、その義務違反が上告審における原判決破棄
の理由となることを明らかにしたものであり、最１小判昭和45・6・11と並ん
で重要な判例です。

(3)　予備的請求につき、Xの主張した請求原因事実と釈明権の行使により主張され得る請求原因事実

　予備的請求についてのXの主張は、どのような法律構成によるのか不明瞭
ですが、まず、文言どおりのものとしてその請求原因事実を整理してみること
にしましょう。

　〈設例４-②〉②によると、１審におけるXの主張は、以下のとおりです。

─〈１審におけるXの主張〉───────────────────
　(ア)　農地委員会は、昭和24年12月25日、本件農地LのYへの売渡予約を
　　取り消してXに売り渡す旨の議決をした。

　原判決が判示するように、(ア)の事実の存在を仮定しても、(ア)の事実から、本
件土地Lについて知事に対する農地法５条による所有権移転許可申請手続を
すべき旨の請求権および同許可があったときの本件農地Lの所有権移転登記
請求権が発生することはありませんから、これでは主張自体失当であることが
明らかです。

　次に、〈設例４-②〉③によると、控訴審において付加したXの主張は、以
下のとおりです。

─〈控訴審において付加したXの主張〉───────────────
　(イ)　Yは、Xに対し、昭和32年８月23日、本件農地LがXに対して売り
　　渡されるべき土地であったことを承認し、LをXに返還することを約

した。

　原判決は、(イ)の事実主張を主張自体失当であるとはしないで、証拠上これを認めるに足りないと判断し、事実認定の問題として処理しました。しかし、原判決のこの判断からは、(イ)の事実主張をどのような法律構成のものと理解して証拠を検討したのか明らかでありません。

　本最高裁判決は、弁論の全趣旨と証拠によってうかがわれる事情を勘案すると、以下のとおりの主張として理解することができると説示しています。[21]

─〈最高裁の理解したXの主張〉──────────────────

　(ウ)　Yは、Xとの間で、甲地の買収代金を対価として、本件農地Lを売り渡す旨の売買契約を締結した。

　Xの主張を(ウ)のように把握すれば、上記の予備的請求の発生原因事実の主張として適切であることが明らかです。最高裁は、Xのした(イ)のような不明瞭な事実主張について、事実審裁判所がXに対し適切に釈明権を行使すれば、予備的請求の発生原因事実の主張として適切な(ウ)のような事実主張がされることになると考えています。

(4)　**本最高裁判決が原判決を破棄することとした理由と本最高裁判決の意義**

　前記(2)(iii)のとおり、本最高裁判決は、民事訴訟制度の目的が「事案の真相をきわめ、当事者の真の紛争を解決する」ところにあると判示していますが、この判示部分は、最高裁が原判決の判断とその結論をこのような民事訴訟制度の目的に背くものと考えていることを明らかにするものと理解することができます。

　すなわち、原判決をそのままにするときは、一方で、Yが本件農地Lの所有者であることが確定し、他方で、Yが甲地の買収代金をも取得していることを許す結果になります。もちろん、Yが甲地の買収代金の取得権限を有す

───────────────────────────────────

21　本最高裁判決は、本文(ウ)の売買契約がいつ締結されたと理解しているのかは必ずしも明らかではありません。「後に売渡によって取得すべき本件農地の所有権をXに移転することを約した」という表現からすると、昭和23年10月2日のYに対する売渡処分よりも前の時点を想定しているようです。しかし、甲地の買収代金をもって本件農地Lの売買代金としたというのですから、昭和24年12月25日の甲地の買収処分の後の時点を想定しているようでもあります。

第4章　釈明権の意義と機能

ることが原判決の既判力によって確定されるわけではないのですが、原判決が
「当事者の真の紛争を解決する」ことに結び付かず、後に紛争を残すことにな
るのも明らかです。また、場合によっては、XのYに対する甲地の買収代金
の返還債権について消滅時効が成立することなどによって、Yの二重取りを
修正することができない事態もあり得るところです。Xの法律構成が拙劣で
あったのですから、自業自得であるとして放置するという選択肢もないではな
かったのですが、最高裁としては、それでは、「公正を旨とする民事訴訟制度
の目的」に反すると考えたわけです。

そもそも、Xの主張した「本件農地Lの返還約束」の原因事実を、事実審
裁判所がそれまでのXの主張の趣旨と証拠とを勘案して、「XとYとの間の
本件農地Lの売買契約（その代金額は甲地の買収代金相当額であって、Xの代金
の支払は甲地の買収代金をYが直接受領するという方法による）」と解釈し、その
ような解釈によって判断したとしても、弁論主義に違反するとはいえないと思
われます。本件における釈明権の行使は、Xの主張の真意を確認した上で、
この点について当事者双方に攻撃防御を尽くさせるという性質のものです。

本最高裁判決は、予備的請求についてのXのした請求原因の法律構成ない
し事実主張が明瞭とはいえないものであったため、予備的請求についての請求
原因事実を証拠上認めるに足りないとした原判決の事実認定を経験則違反と
して破棄するという方法をとらなかったのですが、原判決の審理判断は、釈明権
不行使の違法と事実認定上の経験則違反の違法の2つの性質を有する違法を犯
したものと評価することもできます。[22]

3．文書の成立に関する証拠の提出についての釈明

最1小判平成8・2・22判時1559号46頁を素材にして、当事者に訴訟材料の
新提出を促す釈明権の不行使が違法とされる場合について検討してみることに
します。

---

[22]　千種秀夫「判解」最判解民〔昭和44年度〕927頁は、「本判決が釈明権に関する判例として判例集
に登載されたのも、釈明権不行使の違法について一つの類型を示すとともに、民事裁判のあり方に
対する反省の資を提供せんが為であったかと思われる。」と指摘していますが、本文と同旨をいうも
のと思われます。

Ⅲ　釈明義務違反となる場合──釈明権の行使をめぐる第２の問題──

(1)　最１小判平成８・２・22の事案の概要

　抵当権順位変更登記抹消登記手続請求事件において、被告の提出した抵当権順位変更契約証書（乙第１号証）の成立の真正について立証方法の釈明が問題になったものです。その事案の概要は、〈設例４-③〉のとおりです。

〈設例４-③〉
---

①　A所有の不動産につき、X社が２番抵当権者、Yが３番抵当権者であったが、２番抵当権と３番抵当権の順位変更の登記がされた。X社は、Yに対し、順位変更登記の抹消登記手続を求めて本件訴えを提起した。

②　Yは、抗弁として、X社とYとの間の順位変更の合意（民法374条）を主張し、その点の証拠として「抵当権順位変更契約証書」（乙１）を提出した。X社は、X社作成名義部分の成立を否認したものの、X社代表者B名下の印影がBの印章によって顕出されたことは認めた。

③　YはBの署名についての筆跡鑑定の申出をしたが、第１審は、これを採用することなく、X社代表者B名下の印影がBの印章によって顕出されたことは当事者間に争いがなく、反証のない限り同印影はBの意思に基づいて顕出されたものと推定すべきところ、推定に対する反証とするに足りる証拠はないとして、X社作成名義部分が真正に成立し[23]たものと認定し、上記②の抗弁事実を認めて、X社の請求を棄却した。X社が控訴。

④　第１審で勝訴したYは、原審（控訴審）であらためて筆跡鑑定の申出をしなかったものの、原審第２回口頭弁論期日において陳述した準備書面によって、原審が乙１のX社作成名義部分の成立に疑問があるとする場合には、Yが第１審において筆跡鑑定の申出をした事情を考慮して釈明権の行使に十分配慮されたい旨を求めていた。しかし、原審は、筆跡につき特段の証拠調べをすることなく、人証等の証拠により、X社作成名義部分が真正に成立したものとは認められないとして、Y主張の抗弁を排斥し、第１審判決を取り消してXの請求を認容する旨の

23　第１審の認定については、同事件の上告理由（判時1559号48頁）を参照。

197

第4章　釈明権の意義と機能

判決をした。

⑤　Yは、原審の釈明義務違反、審理不尽を主張して、上告した。

(1)　請求原因事実および抗弁事実を摘示し、乙1（抵当権順位変更契約証書）の立証上の位置付けを説明せよ。

(2)　原審（控訴審）の審理および判断にどのような問題があるかを論ぜよ。

[関係図]

(2)　**最1小判平成8・2・22の判断**

最高裁は、Yの上告論旨指摘のとおり、原審がYに対して筆跡鑑定の申出をするかどうかについて釈明権を行使しなかったのは、釈明権の行使を怠り、審理不尽の違法を犯したものであるとして、原判決を破棄し、乙1のX社作成名義部分の成立についてさらに審理を尽くさせるため、本件を原審に差し戻しました。

(i)　本件の主要な争点は、YとX社が抵当権の順位を変更する旨の合意をしたとのY主張の抗弁事実が認められるかどうかの点にある。そして、この抗弁事実の認定については、乙1（抵当権順位変更契約証書）のX社作成名義の部分にあるX社代表者の「B」の署名が本人の自署によるものであるかどうかが重要な意味を有する。

(ii)　Yは、第1審においてこれについて筆跡鑑定の申出をしたが、第1

198

審は、これを採用することなく、乙1のX社作成名義部分が真正に成立したものであると認定し、上記の抗弁事実を認めて、X社の請求を棄却した。これに対し、原審は、筆跡の点について特段の証拠調べをすることなく、乙1のX社作成名義の部分が真正に成立したものとは認められないとして抗弁を排斥し、第1審判決を取り消してX社の請求を認容した。

(iii)　しかし、第1審で勝訴したYは、原審であらためて筆跡鑑定の申出をしなかったものの、原審第2回口頭弁論期日において陳述した準備書面によって、原審が乙1のX社作成名義の部分の成立に疑問があるとする場合には、Yが第1審において筆跡鑑定の申出をした事情を考慮して釈明権の行使に十分配慮されたい旨を求めていた。

(iv)　そして、乙1の「B」の署名の筆跡と第1審におけるX社代表者尋問の際にBが宣誓書にした署名の筆跡とを対比すると、その筆跡が明らかに異なると断定することはできない。

(v)　このような事情の下においては、原審は、すべからく、Yに対し、あらためて筆跡鑑定の申出をするかどうかについて釈明権を行使すべきであったといわなければならない。原審がこのような措置に出ることなくYの抗弁を排斥したのは、釈明権の行使を怠り、審理不尽の違法を犯したものというほかなく、この違法が判決に影響を及ぼすことは明らかである。

　本最高裁判決は、(i)ないし(iii)の事情を具体的に挙げて、筆跡鑑定の申出という証拠方法の提出についての釈明権の不行使を違法とし、その結果、筆跡鑑定申出の機会を当事者に与えないまま主要な争点についての判断をした原審の審理の仕方を違法とした事例判例です。

　(i)は本件における主張と立証の構造を、同(ii)(iii)は本件の訴訟経緯をそれぞれ明らかにしたものであり、原審の審理につき、釈明義務違反および審理不尽の違法ありとする理由を説示するものと理解することができます。他方、同(iv)は、最高裁が本件の争点について自ら事実認定をしているかのようにもみえますが、もちろん上告審は法律審であって事実審ではありませんから、争点についての

第4章 釈明権の意義と機能

事実認定をしているのではありません。同(i)ないし(iii)の諸点から導かれる原審の審理の違法が(v)にいう本件の結論に影響を及ぼすことを明らかにするための指摘であり、また、差戻し後の審理の参考とするための指摘であると理解するのが適切でしょう[24]。いずれにしても、筆跡の真否が問題となった場合に、民訴法229条1項にいう「筆跡の対照」の方法を用いることは事実審裁判所の基本的手法の1つということができます[25]。

(3) 本件の主張・立証の構造と釈明権を行使すべき事項

本最高裁判決は筆跡鑑定の申出についての釈明権の不行使を違法としたのですが、これが本件の主張・立証の構造においてどのように位置付けられる問題であるのかを検討しておきましょう。

本件の訴訟物（請求権）は、抵当権に基づく妨害排除請求権としての抵当権順位変更登記抹消登記請求権です。その具体的な請求原因事実は、本最高裁判決からは明らかではありませんが、大要、以下のようになります。

〈請求原因〉

(ア) X社のAに対する被担保債権の発生原因事実

(イ)−1 X社とAとの間で(ア)の債権を担保するため本件不動産につき抵当権設定契約を締結したこと

(イ)−2 X社が本件不動産につき(イ)−1の契約に基づく2番抵当権設定登記を経由したこと

(ウ) Aが(イ)−1の契約の締結当時本件不動産の所有者であったこと

(エ)−1 Yが本件不動産につき3番抵当権設定登記を経由したこと

(エ)−2 本件不動産につき(イ)−2の順位2番の抵当権と(エ)−1の順位3番の抵当権の順位を変更する旨の登記がされていること

これに対し、Yは、以下のとおり登記保持権原の抗弁を主張しました。

〈抗 弁──登記保持権原〉

(a) X社と順位3番の抵当権者であるYとの間でX社を抵当権者とする順位2番の抵当権とYを抵当権者とする順位3番の抵当権の順位を変

---

24 田中・事実認定80頁を参照。
25 判決起案の手引73頁を参照。

200

Ⅲ　釈明義務違反となる場合──釈明権の行使をめぐる第2の問題──

　　更する旨の契約を締結したこと
　(b)　(エ)-2の登記は(a)の契約に基づくこと[26]

　乙1の抵当権順位変更契約証書は、この抗弁事実を立証するための証拠として提出されたものであり、X社およびYの意思表示の記載された処分証書です。処分証書である抵当権順位変更契約証書の成立の真正（すなわち、抵当権順位変更契約証書がX社およびYの意思に基づいて作成されたこと）が確定されたときは、抵当権順位変更契約が締結されたこと（抗弁(a)の事実）は動きません[27]。

　そこで、X社は、抗弁事実(a)を否認するとともに、乙1のうちX社作成名義部分の成立を否認して争ったのですが、〈設例4-③〉②のとおり、X社は、X社作成名義部分のうちX社代表者「B」名下の印影がBの印章によって顕出されたことは認めました。そうすると、X社代表者「B」名下の印影がBの意思に基づいて押印されたものと事実上推定され（第1段の推定）、さらにこの事実上の推定を前提として、民訴法228条4項の規定により、同印影部分を含むX社作成名義部分全体が真正に成立したものと推定される（第2段の推定）ことになります。したがって、X社としては、「B」名下の印影がBの印章によって顕出されてはいるものの、Bの意思に基づいて押印されたのではない可能性があることを立証する（すなわち、第1段の推定に対する反証をする）必要に迫られたのです[28]。

　〈設例4-③〉④によると、原審は、X社が人証等によってこの点の反証に成功したとしたようですが、Bの意思に基づいて押印されたのではない可能性としてどのような事実関係を認定したのか等その心証形成の過程は明らかではありません。いずれにしても、原審がX社においていわゆる2段の推定のうちの第1段の推定に対する反証に成功したとの心証を抱いた場合には、乙1を提出したYにおいて、第1段の推定に頼らずに、X社作成名義部分のうちの

26　この「基づく」とは、実体的に登記が契約の履行としてされたことおよび手続的に登記が適法にされたことをいう簡略な表現です。司研・紛争類型別74〜76頁を参照。

27　田中・事実認定93頁を参照。

28　本文に示した文書の成立の真正に関する心証形成の過程の詳細につき、田中・事実認定77〜87頁を参照。

201

第4章　釈明権の意義と機能

X社代表者「B」の署名部分と名下の印影部分がBの意思に基づいて作出されたことを証明することが必要になります（法228条1項）。しかし、第1審がX社の反証不成功としている本件においては、原審がYに対してこの点の証明の必要性について何らかの形で示唆しない限り、Yの側が積極的に証拠方法を提出することを期待することはできません。最高裁が前記(2)(iv)で指摘するとおり、署名部分の筆跡が明らかに異なるということができないという事情が存するときはなおさらです。

　形式的な分類からすると、本最高裁判決は、「訴訟材料新提出の釈明権」の不行使を違法としたものであり、かつ文書の形式的証拠力という補助事実についての証拠方法の提出に関するものですから、事実審裁判所にかなり積極的な釈明権の行使を要請するもののようにみえなくもありません。

　しかし、以上のように検討してみると、**本件における補助事実の証明は抗弁事実（主要事実）の証明に直結しており、しかも、文書の成立についての極めて基本的な事実審理の方法論に係るものである**ことが明らかです。本最高裁判決は、むしろ、事実審裁判所に対し、審理方法についての警鐘を鳴らすものと理解すべきでしょう。

4．主張の補正と証拠の提出についての釈明

　最後に、事実主張の補正とその点の証拠の提出についての釈明権の不行使が問題となった最1小判平成17・7・14判時1911号102頁を素材にして、事実審裁判官の有する釈明権の不行使が違法とされる場合についての現在の最高裁の立場を検討し確認しておくことにします。

(1)　最1小判平成17・7・14の事案の概要

　債権の差押えに基づき第三債務者として弁済した旨の抗弁事実に関する主張の補正とその点の証拠の提出についての釈明権の不行使が問題となった事件です。その事案の概要は、〈設例4-④〉のとおりです。

┌─〈設例4-④〉─────────────────────

①　Xは、Yに対し、いわゆる常備の形態で土木工事のために運転手付きで建設重機を貸し出すなどしたとして、未払代金等およびこれに対する訴状送達の日の翌日から支払済みまでの遅延損害金（本件代金等債権）

Ⅲ　釈明義務違反となる場合――釈明権の行使をめぐる第2の問題――

の支払を求めて本件訴えを提起した。

② 　第1審は、平成15年11月28日、Yに対し、未払代金等123万6564円およびこれに対する訴状送達の日の翌日である平成12年10月22日から支払済みまで年6分の割合による遅延損害金の支払を命ずる一部認容判決を言い渡した。[29]

③ 　Xが控訴したところ、Yは附帯控訴した。原審（控訴審）において、Yは、「岐阜南税務署の担当職員が平成15年12月3日にXの滞納していた源泉所得税等を徴収するため、第1審判決によってYが支払を命じられたXのYに対する本件代金等債権を差し押さえた。そこで、Yは、担当職員に対し、同月16日、123万6564円およびこれに対する平成12年10月22日から平成15年12月16日まで年6分の割合による遅延損害金23万3761円の合計147万325円を支払った。」と主張した。

④ 　そして、Yは、担当職員作成のY宛ての平成15年12月3日付け債権差押通知書（本件債権差押通知書、乙40の1）と同月16日付け領収証書（本件領収証書、乙40の2）とを証拠として提出し、これらの取調べがされた。しかし、本件債権差押通知書には、差押債権として「金1,236,564円に対する平成12年10月22日から支払済みまで年6分の割合による金員」と記載されており、本件代金等の元本債権は記載されていなかった。他方、本件領収証書には、担当職員がXに係る差押債権受入金として147万325円を領収した旨記載されていた。

⑤ 　原審は、本件代金等の額を122万6745円およびこれに対する平成12年10月22日から支払済みまで商事法定利率年6分の割合による遅延損害金であると認定し、Yの③の主張につき、Yが担当職員に対して平成15年12月16日に本件代金等の元本である123万6564円およびこれに対する平成12年10月22日から平成15年12月16日まで年6分の割合による金員の合計額である147万325円を支払ったことは認められるが、担当職員が差し押さえたのは本件代金等債権のうち遅延損害金債権のみであったことが明らかであるから、Yの支払額のうち遅延損害金23万3761円につい

29　岐阜地判平成15・11・8金判1233号20頁。

第 4 章　釈明権の意義と機能

てのみ弁済の効果が生じ、その余の123万6564円については弁済の効果
を主張することはできないとした[30]。

⑥　Y は、本件債権差押通知書によって本件代金等の元本債権と遅延損
　　害金債権の双方に対して差押えがされたものと Y の訴訟代理人が速断
　　して誤った主張をしたことは責められるにせよ、原審は担当職員におい
　　て本件代金等の元本債権と遅延損害金債権の双方を領収したことを認定
　　していて、同元本債権に対する差押えが先行していることは容易に知り
　　得たのであるから、原審にはこの点についての釈明義務違反ないし審理
　　不尽の違法があると主張して、上告受理申立てをした[31]。

(1)　Y の主張した弁済の抗弁の抗弁事実と Y の提出した乙40の 1・2 の記
　　載内容とを比較して、Y の訴訟行為の欠陥を指摘せよ。
(2)　本件の原審（控訴審）に釈明義務違反ありとすると、当事者またはそ
　　の訴訟代理人の裁判所に対する「もたれかかり」を助長するという考え
　　方の正否につき、釈明権の存在理由と関連付けて検討せよ。
(3)　本件を素材にして、釈明義務違反の判断にとって意味のある考慮要素
　　を抽出せよ。

30　名古屋高判平成16・7・15金判1233号18頁。
31　本件は、現行民訴法が適用される事件です。Y は、原判決には同法312条 2 項 6 号にいう理由不
　　備または理由齟齬の違法があると主張して上告の申立てもしましたが、本最高裁判決は、「その実質
　　は単なる法令違反を主張するものであって、上記各項（筆者注：民訴法312条 1 項または 2 項のこ
　　と）に規定する事由に該当しない。」として、これを退けました。

Ⅲ 釈明義務違反となる場合——釈明権の行使をめぐる第2の問題——

[関係図]

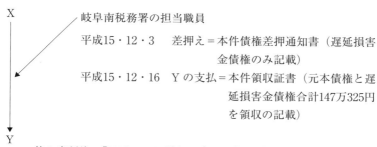

第1審判決:「Yは、Xに対し、金123万6564円及びこれに対する平成12年10月22日から支払済みまで年6分の割合による金員を支払え。」

(2) 最1小判平成17・7・14の判断

　最高裁は、Yの上告受理申立理由を容れ、原審がYに対して本件代金等の元本債権に対する差押えに関する主張の補正および立証をするかどうかについて釈明権を行使しなかったのは、釈明権の行使を怠った違法があるとして、原判決中Y敗訴部分を破棄し、さらに審理を尽くさせるため同部分を原審に差し戻しました。

(ⅰ) 原審において、Yが、第1審判決によって支払を命じられたXのYに対する本件代金等債権を平成15年12月3日に担当職員が差し押さえたと主張し、同日付けの本件債権差押通知書および同月16日付けの本件領収証書を証拠として提出していたことに照らすと、本件債権差押通知書につき、本件代金等債権の全てが差し押さえられた旨の記載があるものと誤解していたことが明らかである。

(ⅱ) そして、原審は、Yが、担当職員に対し、本件代金等として123万6564円およびこれに対する平成12年10月22日から平成15年12月16日まで年6分の割合による金員の合計額147万325円を支払ったことを認定するところ、本件領収証書によれば、担当職員は、Xに係る差押債権受入金として同金額を領収している。

(ⅲ) このような事情の下においては、原審は、当然に、Yに対し、本件

205

第4章　釈明権の意義と機能

> 代金等の元本債権に対する担当職員による差押えに関する主張の補正および立証をするかどうかについて釈明権を行使すべきであったといわなければならない。原審がこのような措置に出ることなく、同差押えの事実を認めることができないとし、Ｙの同債権に対する弁済の主張を排斥したのは、釈明権の行使を怠った違法があるといわざるを得ず、原審の判断には、判決に影響を及ぼすことが明らかな法令の違反がある。

　本最高裁判決も、前記3の最1小判平成8・2・22と同様、(i)および(ii)の事情の下で、元本債権に対する差押えに関する主張の補正と証拠方法の提出についての釈明権の不行使を違法とし、その結果、Ｙに主張を補正し、証拠を提出する機会を与えないまま弁済の抗弁についての判断をした原審の審理の仕方を違法とした事例判例です。

(3)　本件の主張・立証の構造と釈明権を行使すべき事項

　本件における訴訟物（請求権）は、ＸがＹに対していわゆる常備の形態で土木工事のために運転手付きで建設重機を貸し出すなどした代金等支払請求権と、代金等支払債務の履行遅滞に基づく損害賠償請求権の2つに大別することができます。

　原審における主要な争点は、Ｙが原審に至って主張した弁済の抗弁の成否にあります。しかし、本件で問題となっている弁済がＹからＸに対する直接の金員交付ではなく、Ｘの滞納した源泉所得税等を徴収するために担当職員のした債権差押えに応じてＹが第三債務者として本件代金等の支払債務を弁済したという主張であるため、そもそも、Ｙの主張すべき抗弁事実のうち補正を要する事実が何であったのか、証拠として何が欠けていたのかが判然としません。この点を明らかにしないでは、最高裁が原審の審理に釈明権の行使を怠った違法があると断じた理由を理解することはできません。

　まず、Ｙが原審において現に主張した事実を整理すると、次のとおりです。

┌─〈Ｙの主張事実〉─────────────────────
│
│(a)　担当職員は、Ｙに対し、Ｘの滞納していた源泉所得税等を徴収するため、<u>ＸのＹに対する本件代金等の元本債権およびこれに対する遅延損害金債権</u>につき、平成15年12月3日付け債権差押通知書を送達して差

し押さえた。

(b)　Yは、担当職員に対し、(a)の差押えに基づき、平成15年12月16日、YのXに対する本件代金等の元本債務123万6564円およびこれに対する平成12年10月22日から平成15年12月16日まで年6分の割合による遅延損害金債務23万3761円の弁済として合計147万325円を交付した。

上記(a)(b)の各事実は、徴収職員が滞納者の国税につきその財産である債権を国税徴収法に基づいて差し押さえ、取立権を取得したこと（同法62条1項、67条1項）および第三債務者がその差押えに基づいて債務の弁済をしたことをいうものです。これで、差し当たり、弁済の抗弁事実の主張として欠けるところはありません。

Yは、(a)の事実の証拠として本件債権差押通知書（乙40の1）を、(b)の事実の証拠として本件領収証書（乙40の2）をそれぞれ提出しました。しかし、本件債権差押通知書は、遅延損害金債権のみの差押通知書であって、本件代金等の元本債権の差押通知書ではなかったため、問題が生じました。すなわち、そのままでは、Yのした本件代金等の元本債務の支払が徴収職員のした差押えに基づく弁済であることを認める十分な証拠がないということになりそうだからです。〈設例4-④〉⑤のとおり、原審は、実際にそのように判断しました。

そこで、Yの上告受理申立理由を参考にして、現実に生起した事実（と思われる事実）に即して抗弁事実を整理すると、次のようになります。[32]

─〈抗　弁〉──

(a)′　担当職員は、Yに対し、Xの滞納していた源泉所得税等を徴収するため、XのYに対する本件代金等の元本債権につき平成14年4月15日付け債権差押通知書を送達して、同元本債権に対する遅延損害金債権につき平成15年12月3日付け債権差押通知書を送達して、それぞれ差し押さえた。

(b)′　Yは、担当職員に対し、(a)′の各差押えに基づき、平成15年12月16日、YのXに対する本件代金等の元本債務123万6564円およびこれに対する

───

[32]　同事件の上告理由の四の2（判時1911号105頁）を参照。

第 4 章　釈明権の意義と機能

> 平成12年10月22日から平成15年12月16日まで年 6 分の割合による遅延損
> 害金債務23万3761円の弁済として合計147万325円を交付した。

　このように抗弁事実を整理して比較してみると、Ｙの主張事実と証拠（本件
債権差押通知書と本件領収証書）との間に齟齬が生じているのは、「Ｙが担当職
員に対して交付した本件代金等の元本債務123万6564円の金員が差押えに基づ
くものであるのかどうか」という点に尽きることがよくわかります。

　本件の悲劇（？）は、以下の 2 つの問題が重なり合って起きました。第 1 は、
Ｙの訴訟代理人が本件債権差押通知書の記載内容に十分目を通さずに、本件
債権差押通知書が本件代金等の元本債権についての差押通知書でもあると「速
断」してしまい、その結果、元本債権についての差押通知書が別にあるのでは
ないかとの疑問を全く抱くことがなく、Ｙ本人または所轄税務署に対してそ
の点の確認をしなかったという問題です。第 2 は、本件債権差押通知書が本件
代金等の元本債権についての差押通知書でないことに気づいた原審がそこで思
考を停止してしまい、①担当職員が差押えをしていない本件代金等の元本債権
について「差押債権受入金として領収した」と記載した領収証書を発行するこ
とが日常的に起きる事態であるのか、②①の事態が日常的に起きるものでない
としたら、元本債権についての差押通知書が別にあるのではないか、といった
検討をしなかったため、Ｙの訴訟代理人に対して、何らの釈明をしなかった
という問題です。

　事実審裁判官が本件のような主張・立証の状況に直面することは決して稀で
はなく、このような場合、事実審裁判官としては、Ｙの訴訟代理人に対し、
婉曲に「Ｙの手元に乙40の 1 の差押通知書とは別のものが送達されていませ
んか」と質問するか、もう少し直截に「乙40の 1 とは別に元本債権についての
差押通知書が送達されているのではありませんか」と質問するというのが通常
の成り行きです。**事実審裁判官と両当事者およびその訴訟代理人との間のこの
ようなコミュニケーションを図る場が口頭弁論期日であるわけですし、このよ
うなコミュニケーションが尽くされて初めて「訴訟が裁判をするのに熟した」**
（法243条 1 項）ということができるのです。

　「釈明権の行使」というのは、いかにも四角張った物々しい雰囲気を醸し出

208

す用語ですが、事実審裁判所では、これが「釈明権の行使」であるなどと意識することもないほど自然なコミュニケーションないしディスカッションとして行われています。前記(2)(ⅲ)のとおり、本最高裁判決が、「原審は、当然に、Yに対し、……主張の補正及び立証をするかどうかについて釈明権を行使すべきであったといわなければならない。」と強い調子で原審の措置を非難するのは、このような事実審裁判所における審理の実際を背景にして、それから著しく乖離しているとの認識を示しているのです。

Ⅳ　釈明義務違反の判断枠組み

1．釈明の類型と釈明義務の有無

　最高裁が事実審裁判所の釈明権の不行使を違法としたいくつかの事例を検討してきましたが、問題とされた釈明の態様がどのような類型に分類されるか（例えば、積極的釈明に分類されるか、消極的釈明に分類されるか）によって、その不行使の違法性いかんが決せられるわけではないことを理解することができたことと思われます。そもそも、当該釈明をどう分類するのが正しいのかすら、一義的に明らかとはいえません。

　例えば、最1小判平成8・2・22の事例（前記3、〈設例4-③〉）は、形の上では「訴訟材料新提出の釈明」または「積極的釈明」に分類することができますが、Yにおいて裁判所の心証次第で筆跡鑑定の申請をする用意があるとの申述をしていたことを考慮すると、Yが実際に筆跡鑑定の申請をするのかどうかを確認する「不明瞭をただす釈明」または「消極的釈明」であると考えることもできます。また、最1小判平成17・7・14の事例（前記4、〈設例4-④〉）も、元本債権についての差押えの主張を補正させ、その差押通知書を証拠として提出することを促す「訴訟材料新提出の釈明」または「積極的釈明」に分類することもできますが、前記Ⅲ4(3)の検討を前提とすると、主張と証拠の関係の「不明瞭をただす釈明」または「消極的釈明」であると考えることもできます。

　このようにみてきますと、釈明の態様の分類学は、釈明権の不行使を違法と

第4章　釈明権の意義と機能

すべきかどうか、すなわち、釈明義務違反ありとして原判決を破棄すべきかどうかの問題とは論理的な関連がないということになります。

２．釈明義務違反の考慮要素

釈明義務違反ありとして原判決を破棄すべきかどうかの考慮要素としては、一般に、①釈明することによって判決における勝敗逆転の蓋然性が高いかどうか、②裁判所の法的見解を前提として当事者の申立て・主張における法的構成が適切かどうか、③裁判所の釈明なしに当事者に適切な申立て・主張を期待できるかどうか、④裁判所の釈明が当事者間の公平を害しないかどうか、⑤根本的な紛争解決に資し再訴を防止することができるかどうかが挙げられます[33]。

最１小判平成17・7・14の事例（〈設例4-④〉）について、この5つの考慮要素を順にみてみましょう。

① 　原審の釈明によって、Yの訴訟代理人が本件債権差押通知書についての自らの誤解に気づき、抗弁事実の主張を前記Ⅲ4(3)の(a)′、(b)′のように補正し、元本債権についての差押通知書を証拠として提出した場合には、勝敗が逆転することは明らかです。

② 　本件は、弁済の抗弁の要件事実が何であるかにつき、原審とYとの間に見解の相違があったというものではありませんから、この要素は無関係といってよいでしょう。

③ 　本件では、原審とYとが同一の証拠を前にしており、しかも弁護士がYの訴訟代理をしていたのですから、原審が釈明をしなくても適切な抗弁事実の主張と証拠の提出を期待することができた事案です。

④ 　①のとおりに勝敗が逆転することになるのは、Xが国税を滞納していて差押えを受け、Yが第三債務者として弁済をしたことが明らかになった場合ですから、当事者間の実体法レベルにおける公平が害されないことに議論の余地はありません。やや疑問があるとすれば、手続法レベルにおける公平の観点ですが、釈明の結果補正された主張と提出された証拠について争う機会をXに保障することを前提にすれば、手続法レベルにおけ

---

[33] 中野貞一郎「弁論主義の動向と釈明権」同『過失の推認〔増補版〕』（弘文堂・1987年）223～225頁は、積極的釈明についていわれる。

る公平が害されることもないと考えられます。

　もう少しさかのぼって考えてみますと、Yが弁済の抗弁事実を、前記
Ⅲ4(3)の(a)のように細かく特定せず、「担当職員は、Yに対し、平成15年
12月16日以前に、Xの滞納していた源泉所得税等を徴収するため、Xの
Yに対する本件代金等の元本債権およびこれに対する遅延損害金債権に
ついて債権差押通知書を送達して差し押さえた。」と主張した場合には、
Xは、国税徴収法54条に基づき、差押調書の交付を受けているはずです
から、この事実を否認して争うことはできない筋合いです。すなわち、X
がYの主張した元本債権の差押えの事実を否認することができたのは、
Yの訴訟代理人の細かく特定しての事実主張のおかげ（しかも誤解に基づ
く）[34]であったのです。このような相手方のケアレスミスに基づき、事の真
相とは異なって利益を得るという事態は、現実の訴訟においてないことは
ないのでしょうが、そのような事実上の利益を手続法レベルにおける公平
の要請から保護すべきものと考えることはできません。

⑤　原判決は、本件領収証書を証拠として、Yが担当職員に対して元本債
務123万6564円を差押えに対する弁済として交付した事実を認定している
ところ、Xの滞納した国税債務はその分消滅することになります（国税徴
収法67条3項）から、Yは、弁済の抗弁とは別に、Xに対する不当利得返
還債権を自働債権として相殺する旨の意思表示をして相殺の抗弁を主張す
ることができます。Yが本件訴訟の中で相殺権の行使をしない場合には、
口頭弁論終結後に相殺権の行使をして請求異議の訴えの事由とすることが
できますし、Xに対して元本債務を弁済した上で不当利得の返還を求め
る別訴を提起することもできます。要するに、Xが元本債権の回収とい
う利益と滞納国税債務の消滅という利益の2つの利益をともに手にするこ
とはできない筋合いですから、原判決は、X・Y間の本件代金等の支払を
めぐる紛争を抜本的に解決することができず、後に紛争を残すことになり

34　そもそも、原判決の判決文による限り、Yの主張した元本債権の差押えの事実をXが否認して争
　ったのかどうか、否認したとして、民事訴訟規則79条3項に規定するように、その理由を明らかに
　して争ったのかどうかは判然としません。Xが真実争うつもりがなかったのなら、この点は真正の
　争点ではなかったのであり、原審は独り相撲をとったことになります。

第4章　釈明権の意義と機能

ます。

このように本件において問題となった事項につき、要件事実論を下敷きにして具体的に検討してみると、①④⑤の要素において釈明義務違反ありとの方向を指示していることがわかります。②の要素は本件では無関係ですから、残る問題は、③の要素（Yの訴訟代理人のケアレスミス）をどの程度重視すべきかです。この点を重視して、「Yの重過失ともいうべきもの」とし、「当事者の裁判所に対する『もたれかかり』を助長する」とみる立場から、本最高裁判決の採った結論に疑問を呈する見解もあり得ないではありません。[35]

しかし、前記Ⅰ1に説明したとおり、釈明権の存在理由につき、種々の原因から生ずる主張または立証上の不明瞭な状態をそのままにして審判することは、当事者主義を基調とする訴訟システムを前提としても、事実審裁判所としての責任を果たすゆえんではないとの考え方に基づくものと把握する筆者の立場からすると、③の要素は事実審裁判所の釈明権の不行使を違法というべきかどうかの判断に際して、大きな地位を占める要素とはいえないということになります。

3．まとめ

最1小判平成17・7・14は、釈明権の不行使を違法として原判決を破棄したものであり、現行民訴法施行後初めての最高裁判例ですが、その考え方の基盤は、最3小判昭和44・6・24および最1小判昭和45・6・11にあります。

前記2に指摘したように、当事者の一方による理由のない利益の二重取りが問題となり、後に紛争を残すという点からみると、最3小判昭和44・6・24の判断の大枠を踏襲するものと理解することができますし、当事者の一方による誤解や不注意をもって事実審裁判所の釈明権の不行使を正当化しないという態度は、最1小判昭和45・6・11の判断の延長上にあるものと理解することができます。

いずれにしても、最1小判平成17・7・14は、釈明権が事実審裁判所の負う本質的責任を十全に果たすために付与された権限であることを肝に銘じてその

35　菱田雄郷「釈明義務の範囲」NBL818号（2005年）4、5頁、園田賢治「判例研究」法政研究73巻2号（2006年）359、368頁を参照。

行使にあたるよう、再度、最高裁としてのメッセージを発したものといって間違いがないと思われます。ただし、そのことのゆえに、当事者またはその訴訟代理人の責任が軽減されるものでないことは当然です。

第5章 証拠法の主要論点

第5章 証拠法の主要論点

Ⅰ 争点整理と事実認定

1. 争点整理

(1) 争点整理の意義と目的

　民事訴訟は、原告と被告との間の具体的な権利義務（法律関係）をめぐる紛争を、原告の提示した訴訟物の存否という切り口から、判決という形の判断を裁判所が示すことによって解決することを目指す制度です。

　裁判所が判決において当事者間の紛争の解決に資する適切で正鵠を射た判断をするためには、各事件に含まれている問題点を整理し明確化しておくことが必要です。問題点には、法律論（法律の解釈適用）に関するものと事実論（事実の存否）に関するものとがあります。そこで、裁判所としては、当事者が真剣に争っている法律論または事実論は何か、争いがないわけではないが当事者がそれほど重要であると位置付けていないものはどれか、争いのない法律論または事実はどれかといった具合に、争点を構造的に識別した上で、めりはりをつけて審理判断するのが適正迅速な紛争の解決のために必須です。

　真剣に争われている法律論については、慎重にリーガル・リサーチ（判例・学説の調査）をすることになります。また、争いのない（自白の成立した）主要事実はそのまま判決の基礎にしなければならず、当該事実について証拠調べをしたり、当該事実の存否の認定をしたりするのは弁論主義違反ですから、その他の事実から厳密に識別されていなければなりません。そして、存否が争われている事実については、争点ごとに当事者の提出した証拠をリスト化し、特に

214

真剣に争われている争点について重点的に証拠調べをすることが何よりも重要です。間接事実についても、争いの存否を整理し明確化することによって、形の上では争点になっている主要事実であっても、真の争点とはいえないものを識別することができます。[1]

　このように争点を識別し、さらにその重要度等を構造化する作業を実務上「争点整理」と呼んでいます。

(2)　民訴法の用意する争点整理手続

　民訴法は、第2編第3章に第3節「争点及び証拠の整理手続」を設け、①準備的口頭弁論（法164条〜167条、民訴規則86条、87条）、②弁論準備手続（法168条〜174条、民訴規則88条〜90条）、③書面による準備手続（法175条〜178条、民訴規則91条〜94条）の3種類を規定しています。

　このうち、実務で活用されているのは、受訴裁判所または受命裁判官によって非公開で実施することのできる弁論準備手続です。受命裁判官であっても、釈明権を行使することができ、文書の証拠調べをすることもできるため、機動的な争点整理を目的として好んで使われています。

　ただし、弁論準備手続は準備的口頭弁論とは異なり、口頭弁論ではないため、そこで提出され整理された主張を訴訟資料とする（弁論主義の要件を満たす）ためには、当事者による「弁論準備手続の結果陳述」を要することとしています（法173条）。その際、受訴裁判所または受命裁判官が当事者の主張と証拠とを整理した「争点整理表」を作成し、当事者の事前の了解を得た上で、それを当事者の陳述した「弁論準備手続の結果」として弁論調書に添付するという扱いも一部でされています。

2．争点整理表作成の実践──主張と証拠との有機的関連の認識

　金銭の授受に争いはないが、授受の趣旨が貸付けであるのかどうかが争われるというそう複雑ではないケースを取り上げて、争点整理の実際を体験してみることにしましょう。東京高判平成11・6・16判時1692号68頁の事案を素材に

1　否認するまたは不知と答弁されていて形の上では争点である主要事実であっても、当該主要事実に係る多くの間接事実に争いがなく、それらの間接事実に経験則を適用すると当該主要事実を無理なく推認することができる場合には、当該主要事実は真の争点とはいえないことになります。

第5章　証拠法の主要論点

して、内容を簡略にしたものです。[2]

(1)　事案の概要

事案の概要および弁論準備手続において証拠として提出された文書および人証の申出は、〈設例5-①〉のとおりです。

── 〈設例5-①〉 ──────────────────────

① 　Xは、Yに対し、300万円の返還を求め、主位的に消費貸借契約に基づく貸金返還請求権を、予備的に準消費貸借契約に基づく貸金返還請求権を訴訟物とした。

② 　主位的請求の請求原因事実は、「XとYは、平成8年1月、平成7年11月7日にXがYに交付していた300万円（本件金員）につき、弁済期の定めなく、XがYに対して貸し付ける旨の消費貸借契約を締結した。Xは、Yに対し、平成9年3月11日、本件金員の返還を催告した。」というものである。

③ 　予備的請求の請求原因事実は、「Xは、Yに対し、平成7年11月7日、本件金員をいわゆる愛人契約の対価として交付した。XとYは、平成8年1月、XのYに対する本件金員に係る不当利得返還債権を旧債権として、弁済期の定めなく、XがYに対して貸し付ける旨の準消費貸借契約（本件準消費貸借契約）を締結した。Xは、Yに対し、平成9年3月11日、本件金員の返還を催告した。」というものである。

④ 　Xの主張に対し、Yは、平成7年11月7日に本件金員の交付を受けたことおよび平成8年1月にXから求められて平成7年11月7日付け借用書（本件借用書。A宛ての、返済方法は別途定めるというもの。Aは、XがYに対して名乗った仮名。）を差し入れたことは認めた。しかし、主位的請求につき、「本件金員は愛人契約の対価であって、返還約束はしていない。」と主張して争い、予備的請求につき、「本件金員交付の原因関係が愛人契約という公序良俗に反する無効なものであるから、本件準消費貸借契約は有効に成立することはない。」と主張して争った。

─────────────────────────────────

2　Xは約定遅延損害金の請求もしていますが、本項では同請求については取り上げないことにします。また、判例時報誌に掲載された判決文からは、書証番号、証拠の標目等が明らかでないため、これらは実際のものとは異なっています。

216

I 争点整理と事実認定

⑤ Xは、本件借用書（甲1）およびYが本件借用書と同時にXに交付
したメモ2通（1通は、Yの住所・電話番号・生年月日・実家の住所・両親
名を記載したもの＝甲2。もう1通は、無断で住所・電話番号を変更しない
ことを約束するもの＝甲3）を証拠として提出した。

⑥ XはX本人尋問を、YはY本人尋問を、それぞれ申請した。

(2) 争点整理表の作成例

〈設例5-①〉の事案につき、受命裁判官甲が作成した争点整理表は、以下の
とおりです。

〈資料〉 争点整理表（〈設例5-①〉）

I 訴訟物（請求権）
　主位的請求：平成8年1月締結の消費貸借契約に基づく貸金返還請求権
　予備的請求：平成8年1月締結の準消費貸借契約に基づく貸金返還請求権

II 主張の構造
【主位的請求】
Kg
㋐ Xは、Yに対し、平成7年11月7日、300万円を交付。（○）
㋑ XとYとの間で、平成8年1月、YがXに対して㋐の300万円を返還す
　る旨の合意をした。（×）
㋒ XとYとの間で、㋑に際して弁済期の定めをしなかった。（×）
㋓ Xは、Yに対し、平成9年3月11日、本件金員を返還するよう催告した。
（○）

E（虚偽表示）
(a) ㋑の返還約束の際、XとYは、本件金員の交付が真実は愛人契約の対価
　であることを認識しており、いずれも返還約束をする意思がないのに、その
　意思があるかのように仮装することを合意した。（×）

【予備的請求】
Kg
㋔ Xは、Yに対し、平成7年11月7日、300万円（本件金員）を愛人契約の

217

第5章　証拠法の主要論点

対価として交付した。（○）

㋔　XとYは、平成8年1月、XのYに対する本件金員に係る不当利得返還
債権を旧債権として、弁済期の定めなく、XがYに対して貸し付ける旨の
準消費貸借契約（本件準消費貸借契約）を締結した。（×）

㋕＝㋓　Xは、Yに対し、平成9年3月11日、本件金員を返還するよう催告
した。（○）

【証拠】
X提出：主位的請求のKg㋑の本証、E(a)の反証として、甲1～3、X本人
Y提出：主位的請求のKg㋑の反証、E(a)の本証として、Y本人

(3)　争点整理表作成時の検討

〈資料〉の争点整理表は、以下のような検討の結果できあがったものです。
主位的請求→予備的請求の順に、問題点を検討しておくことにしましょう。

(A)　主位的請求における問題点

〈資料〉の争点整理表のとおり、主位的請求の訴訟物は平成8年1月締結の
消費貸借契約に基づく貸金返還請求権であり、その請求原因事実はKg欄の㋐
～㋓の4項目です[3]。ここまでは、ほとんど問題がありません。通常の消費貸借
契約成立の主張と比較してやや珍しいのは、㋑の返還約束が㋐の金員交付の2
か月ほど後であることです。

本件において検討を要するのは、〈設例5-①〉④の「本件金員は愛人契約の
対価であって、返還約束はしていない。」というYの主張をどのように理解す
べきであるかという点です。

1つの理解の仕方は、Kg㋑の返還約束の事実に対する積極否認の事実と位
置付けるというものです。もう少しわかりやすく説明すると、主位的請求にお
ける争点を「本件金員が貸金として（すなわち、返還約束の下に）交付されたの
か、愛人契約の対価として（すなわち、返還の必要のないものとして）交付され
たのか」の二者択一のものと把握し、Xにおいて貸金として交付されたこと
の立証に成功しない限り、主位的請求は認容されないという考え方です。この
ような争点の把握の仕方は、実務では一般的なものといってよいかもしれませ

3　司研・紛争類型別26～28頁を参照。

218

ん。

ここで検討すべきは、Y が本件借用書（甲1）の成立の真正を認めていることを争点整理にどのように反映させるのが正しいのかという点です。

本件借用書は、処分証書（意思表示ないし法律行為が記載されている文書）ですから、その成立の真正が確定したときは、そこに記載された意思表示がされたことは動かすことのできない事実になります。このように考えると、本件借用書に記載されている返還約束がされたことは動きませんから、返還約束がされたことを前提とする虚偽表示の抗弁を主張するものと整理するのが正しいということになります。そして、このような整理は、内心の効果意思の存否は意思表示の成立に影響することがないという民法の採用した表示主義の考え方と整合するものです。

〈資料〉の争点整理表における「E（虚偽表示）」の整理は、「本件金員は愛人契約の対価であって、返還約束はしていない。」という Y の主張と本件借用書（甲1）の成立の真正を認めるという文書の形式的証拠力についての Y の主張とを総合した結果、単に返還約束の積極否認にとどまるものではなく、積極的に虚偽表示の抗弁を主張するものと把握する立場に立っています。

このように、争点整理をするに当たっては、主張と証拠の全体を俯瞰した上で、その有機的関連を意識して表面的なものに終わらせないことが肝要です。主位的請求についてみると、形の上では、Kg(イ)の返還約束の点も争点であるかのようにみえますが、本件借用書（甲1）の成立の真正に争いがないことを考慮すると、**主要争点は、虚偽表示の抗弁の成否（すなわち、借用書上の返還約束の裏に、愛人契約の対価として本件金員を交付するとの合意があったのかどうか）である**ことが明らかになります。

　(B)　予備的請求における問題点

〈資料〉の争点整理表のとおり、予備的請求の訴訟物は平成8年1月締結の準消費貸借契約に基づく貸金返還請求権であり、その請求原因事実は Kg 欄の

4　モデルとした東京高判平成11・6・16の判決文によると、東京高裁はそのような理解に立っているようです。

5　意思主義と表示主義につき、四宮和夫＝能見善久『民法総則〔第9版〕』（弘文堂・2018年）223〜224頁を参照。

第5章 証拠法の主要論点

(オ)〜(キ)の３項目です。準消費貸借契約に基づく貸金返還請求をする場合に、原告において旧債権の発生原因事実を主張すべきであるとする原告説と、原告は旧債権を特定すればよく、被告において旧債権の不存在（不発生または消滅）を主張すべきであるとする被告説とがありますが、争点整理表 Kg 欄の(オ)は原告説によるものです[6]。

〈設例５-①〉④によると、Ｙは、本件準消費貸借契約が公序良俗違反ゆえに無効であるとの抗弁を主張しているようにみえますが、**規範的要件である公序良俗違反の評価根拠事実は、予備的請求原因事実である(オ)に尽きていますから、結局、Ｙの主張は、Ｘの予備的請求が主張自体失当のものであるとの法的主張をするものと理解するのが正しい**[7]ということになります[8]。

このように整理してみると、予備的請求の成否という争点はみせかけのものにすぎないことがわかります。

3．事実認定と経験則

(1) 事実認定の意義

事実審裁判所は、上記２のように争点整理をした上で、証人・鑑定人・本人等の人証を取り調べた上で、それまでに取り調べた文書等の証拠調べの結果を総合して、当事者の主張事実のうち争いのあるものにつき、その存否の判断をすることになります。「事実認定」とは、争いのある事実についての存否の判断を指していいます。

そして、民事訴訟における事実認定は、当事者によって主張された事実を仮説とし、原則として当事者によって提出された証拠および弁論の全趣旨を総合して、その仮説が真実であるかどうかを検証するというプロセスです。

---

6 判決起案の手引の事実摘示記載例集６頁を参照。ちなみに、最２小判昭和43・2・16民集22巻２号217頁は、被告説に立っています。

7 規範的要件の意義および評価根拠事実をもって規範的要件の主要事実と解すべきことにつき、司研・要件事実第１巻30〜33頁を参照。

8 東京高裁は、「本件準消費貸借契約は、法的に存在しないＹのＸに対する不当利得返還義務を消費貸借の目的としたものというべきであるから、本件準消費貸借契約が有効に成立したということはできない。」と判断しました。これは、Ｘの予備的請求が主張自体失当であるとの法律判断をしているのであって、本件準消費貸借契約締結の有無という事実認定をしているのではありません。

220

⑵ 民事訴訟における事実認定の特徴

第3章で詳しく検討したように、我が国の民事訴訟は「弁論主義」という原理・原則に基づいて運営されています。

そこで、事実審裁判所は、①当事者が口頭弁論において陳述した主要事実のみを判決の基礎としなければならない（証拠資料中にあるからといって、口頭弁論において陳述されていない主要事実を拾い上げて、判決の基礎とすることは許されない）、②当事者間に争いのない主要事実はそのまま判決の基礎としなければならない（自白の成立した主要事実については、事実審裁判所の事実認定権が剥奪される）、③事実認定に供してよい証拠は原則として当事者が申請したものに限られる、という人工的な制約の下で事実認定という仕事に当たっているのです。

会社の経営者が経営判断をする前提としてする関連事実の収集・認識とはかなりの程度に異なるものであることを理解しておくと、事実審裁判所のする事実認定の本質を的確に把握することができるものと思われます。

⑶ 証明度の意義と最高裁判例の立場

事実審裁判所が争いのある事実について証明されたものとして「認定」するために最低限必要とされる証明の程度を「証明度」と呼びます。実際に得た心証の程度が「証明度」に達しない場合には、当該事実が存在したという認定をすることができないということになります。

そして、最2小判昭和50・10・24民集29巻9号1417頁〔ルンバール事件判決〕は、証明度につき、「通常人が疑を差し挟まない程度に真実性の確信を持ちうるものであることを必要とし、かつ、それで足りる」と定式化しました。これを簡略化して、民事訴訟における事実認定に要する証明度は「高度の蓋然性」であって、「相当程度の蓋然性」では足りないと説明されることもあります。[9]

最高裁は、ルンバール事件判決において、上記の証明度についての法理を述べた上で、これを同事件の事案に当てはめ、ルンバールの施術と患者の病変との間の事実的因果関係につき、「他に特段の事情が認められないかぎり、経験

9　最3小判平成12・7・18判時1724号29頁〔長崎原爆症事件判決〕を参照。

第 5 章　証拠法の主要論点

則上本件発作とその後の病変の原因は脳出血であり、これが本件ルンバールに因って発生したものというべく、結局、上告人の本件発作及びその後の病変と本件ルンバールとの間に因果関係を肯定するのが相当である」と判断しました。

　最高裁は、同事件の事実審裁判所が確定した多くの事実を前提にすると、ルンバールの施術と患者の病変との間の事実的因果関係を肯定するのが経験則に合致する事実認定であるとの趣旨を述べているのです。

　事実認定と経験則とは切っても切れない関係にあるので、ここで、経験則の意義と機能とを検討しておきましょう。

⑷　**経験則の意義と機能**

　経験則とは、経験から帰納された事物に関する知識や法則をいいます。[10]経験則のうち、常識に属する一般的経験則については証明の必要はないが、専門家でなければ持ち合わせていない専門的経験則については証明が必要とされています。

　経験則の機能には様々なものがありますが、大別すると、以下の 3 つです。第 1 が間接事実から主要事実を推認する機能であり、第 2 が供述等の信用性の判断資料としての機能であり、第 3 が法律行為の解釈の基準としての機能です。

　上記⑶のとおり、最高裁は、ルンバール事件判決において経験則に言及しましたが、そこで問題になっているのは経験則の第 1 の機能です。

　前記 2 で取り上げた事案につき、東京高裁は、貸金として本件金員を交付したとの X 本人の供述につき、「伝言ダイヤルにより初めて出会った女性に対し、偽名を用い、自己の住所等も教えず、借用書を作成しないで300万円という大金を貸し渡したというのは、動機及び態様において極めて不自然であるから、この供述を採用することはできない。」と判示して、X 本人の供述内容の信用性を否定しました。これが経験則の第 2 の機能のわかりやすい利用例です。

　そこで用いられているのは、返還約束の成否を認定する場面で意味のある経験則であり、整理すると、①当事者の関係、②交付した金額の多寡、③金銭交付の動機・目的、④金銭交付時およびその後の当事者の言動といったものです。

───────────

10　長谷部由起子『民事訴訟法〔新版〕』（岩波書店・2017年）191頁を参照。

Ⅱ　証拠能力と証拠力

Ⅱ　証拠能力と証拠力

1．証拠能力

⑴　証拠能力の意義

　証拠能力とは、民事訴訟において1つの資料を証拠方法として使用することが許されるかどうかの適格性をいいます。我が国の民訴法においては、原則として証拠能力の制限はなく、あらゆる人と物を証拠とすることができると解されており、民事訴訟実務もそのように運用されています。

　証拠方法が制限されるとして法定されている例外としては、手形・小切手訴訟において証拠調べが書証に限られること（法352条、367条2項）、少額訴訟において証拠調べが即時に取り調べることができる証拠に限られること（法371条）、疎明についても同様に即時性が要求されていること等を挙げることができます。

　民訴法の解釈として、証拠能力を肯定すべきであるかどうかが議論されている代表的なものに、反対尋問を経ない供述の証拠能力の問題と違法収集証拠の証拠能力の問題とがあります。以下に、これら2つの問題を検討しておきましょう。

⑵　反対尋問を経ない供述の証拠能力

　陪審制の下で発展してきた英米の証拠法は、民事訴訟と刑事訴訟とで概ね共通のものであり、英米の証拠法に深く根付いたものの1つとして「伝聞証拠排除原則」があります。その根拠は、伝聞供述を反対尋問にさらしたところで伝聞内容の真偽を確かめようがないというところにあります。すなわち、伝聞証拠排除原則は、反対尋問の機会のない供述に原則として証拠能力を認めないという考え方の上に成立しているのです。

　我が国においては、第2次世界大戦後、刑事被告人の反対尋問権が憲法37条2項によって保障され、刑事訴訟においては伝聞証拠の証拠能力が原則として否定されることになった（刑事訴訟法320条1項）のですが、民訴法に伝聞証拠の証拠能力を制限する規定はありません。

223

第 5 章　証拠法の主要論点

　最 2 小判昭和27・12・5 民集 6 巻 7 号1117頁は、この点を立法政策の問題で
あるとし、私人間の紛争解決を目的とする民訴法においては、伝聞証拠の採否
は裁判官の自由な心証による判断に任せて差し支えないという見解によったも
のであるとし、これが確定した判例の立場になっています[11]。学説もほぼ同様で
す。また、最 2 小判昭和32・2・8 民集11巻 2 号258頁は、当事者本人に対する
臨床尋問が立会医師の勧告によって途中で打ち切られ、当該本人の病状のゆえ
に再尋問の措置が採られなかったため、反対尋問の機会がないこととなった供
述に証拠能力を認めてよいとする事例判断をしました[12]。

　現在では、反対尋問の機会のなかった供述について証拠能力を否定すべき場
合がないかどうか（裏からいうと、常に証拠能力を肯定してよいかどうか）が議論
されています。**学説の多数説は、反対尋問が実施されなかった理由が主尋問当
事者または当該人証の妨害（主尋問の意識的延引、当該人証の反対尋問期日への
不出頭）による場合または反対尋問権が違法に剥奪された場合には、責問権の
放棄または喪失のない限り、当事者の対等・公平の観点から証拠能力を否定す
べきである**[13]というところに落ち着いています。

　民訴法202条 1 項は、直接的には尋問の順序に関する規定なのですが、相手
方当事者の反対尋問権をも保障した規定であると読むのが一般的です。そうで
あるのなら、反対尋問を経ない供述の証拠能力を否定すべき場合があるのは当
然のことであり、上記の学説の提案は、反対尋問権を実効的に保障するための
最低限の要請であると思われます。

　特に、近時、第三者または当事者の供述を記載した文書が「陳述書」と称し
て証拠として提出されるという扱いが我が国の民事訴訟の実務に定着していま
すが、相手方当事者が反対尋問権を放棄している場合はともかく、相手方当事
者が反対尋問権を行使することを明示しているにもかかわらず、陳述書を提出
した当事者が証人または本人尋問の申請をしないばかりか、相手方当事者が証
人または本人尋問の申請をし、裁判所が呼出状を送付しているのに、当該陳述

11　最 3 小判昭和32・3・26民集11巻 3 号543頁、最 3 小判昭和32・7・9 民集11巻 7 号1203頁を参照。
12　最 2 小判昭和32・2・8 についての詳細な分析として、田中豊『民事訴訟判例読み方の基本』（日
　　本評論社・2017年）327～335頁を参照。
13　内田武吉「判批」民事訴訟法判例百選〔第 2 版〕（1982年）205頁、谷口安平＝福永有利編『注釈
　　民事訴訟法(6)証拠 ［ 1 ］』（有斐閣・1995年）245頁〔藤原弘道〕を参照。

224

書の作成者が人証として出頭しないという事態に出くわすことがあります。これは、上記の多数学説の説く当該人証による反対尋問権の妨害にほかなりません。このような陳述書は、証拠能力を欠くものとして証拠から排除されなくてはならないと考えられます。

　事実審裁判所における証拠調べのあり方について活発な議論が交わされているとはいえない実情にありますが、事実審裁判所の自由心証といってもこれが民事訴訟における至高の価値というわけではありません。我が国の証拠調べの実務が適正・公平の理念から乖離したものになる前に、証拠能力の問題——特に、反対尋問を経ない供述の証拠能力の問題——を再検討する必要があります。

(3)　違法収集証拠の証拠能力

　違法収集証拠の証拠能力の問題として実際に問題になっているのは、話者の同意なく録音されたテープまたはその反訳書の証拠能力と窃取された文書の証拠能力をどう考えるかです。

　ある資料が実体法上何らかの意味で違法に収集されたという事実から、当該資料の民事訴訟における証拠能力なしとの結論が論理必然的に導かれるわけではありませんから、証拠能力を否定するためには、民訴法上の理由付けが必要になります。それは、「裁判所は、民事訴訟が公正かつ迅速に行われるように努め、当事者は、信義に従い誠実に民事訴訟を追行しなければならない。」として訴訟上の信義則を規定する民訴法2条に求められます。

　証拠収集行為の実体法上の違法といっても、その違法性の強弱、違法行為の態様は様々ですから、証拠能力を否定する根拠を訴訟上の信義則に求めるとしても、訴訟の実際において証拠能力の有無を識別する判断枠組みを検討しておく必要があります。

　東京高判昭和52・7・15判時867号60頁は、話者の同意なく録音されたテープの反訳書の証拠能力の判断枠組みにつき、「著しく反社会的な手段を用いて、人の精神的肉体的自由を拘束する等の人格権侵害を伴う方法によって採集されたものであるときは、それ自体違法の評価を受け、その証拠能力を否定されてもやむを得ない」と述べ、証拠獲得方法の著しい反社会性と被侵害権利（利益）が人格権であることを要求しています。

　しかし、この判断枠組みは、もともと、無断録音テープ（その反訳書）の証

225

拠能力の有無について妥当するものとして提示されたものであり、被侵害権利（利益）が人格権ではない窃取文書の証拠能力の有無についてまで妥当するものではありません。

　神戸地判昭和59・5・18判時1135号140頁は、「例えば、一方当事者が自ら若しくは第三者と共謀ないし第三者を教唆して他方当事者の所持する文書を窃取するなど、信義則上これを証拠とすることが許されないとするに足りる特段の事情がない限り、民事訴訟における真実発見の要請その他の諸原則に照らし、文書には原則として証拠能力を認めるのが相当であり、単に第三者の窃取にかかる文書であるという理由のみでは、なおその文書の証拠能力を否定するには足りない」と判断しました[14]。文書を証拠として提出しようとする当事者が当該文書の窃取に関与していることが、証拠能力なしとする特段の事情に当たると考える立場に立つものです。

　結局のところ、**訴訟上の信義則違反という規範的評価を満たすに足りる違法性のレベルをどの程度に高いところに設定するかという問題と、その規範的評価をするに際して考慮してよいまたは考慮すべき要素の範囲いかんという問題に帰着します。**

　証拠としようとする文書の性質が考慮要素になること（例えば、弁護士が依頼者である訴訟当事者のために作成した文書であることは、証拠能力を否定する方向に働くこと）には大方の賛同が得られるものと思われますが、証拠としての重要度を証拠能力を肯定する方向での考慮要素としてよいかどうか（例えば、証拠としようとする文書が相手方当事者から窃取した文書またはその写しである場合において、一方当事者にとってある争点を証明するための唯一の証拠であるときは証拠能力が肯定され、複数の証拠のうちの1つであるときは証拠能力が否定される、といった考慮の仕方）については問題があります。

　このように、違法収集証拠の証拠能力の問題は、判例・学説上、その判断枠組みと考慮要素の双方についてさらなる検討が要請されています[15]。

14　神戸地判昭和59・5・18につき、林昭一「判批」民事訴訟法判例百選〔第5版〕（2015年）140頁を参照。

15　間淵清史「証拠能力」民事訴訟法の争点（2009年）188頁を参照。

2．証拠力

(1)　証拠力の意義

「証拠力」とは、証拠調べをした証拠資料が要証事実の証明（認定）のために役立つ程度をいいます。これを、「証明力」または「証拠価値」という用語を使って説明することもあります。証拠力の評価は、原則として、事実審裁判所の自由な判断に任されており、これを「自由心証主義」と呼びます（法247条）。

証拠調べのうち、文書を閲読して、その作成者によって記載された意味内容を証拠資料とする手続を「書証」といいます（民訴法第2編第4章第5節）。民事訴訟における最重要の証拠である文書については、民訴法上厳格な証拠調べ手続が規定されています。

まず、挙証者が作成者であると主張する特定人の意思に基づいて文書が作成されたことを確かめる必要があります。民訴法228条1項は、「文書は、その成立が真正であることを証明しなければならない。」と規定して、この点を明らかにしています。ある文書が挙証者の主張する特定人の意思に基づいて作成されたものである場合、「文書が真正に成立した」といいます。

ところで、学説は、一般に、文書の証拠力について形式的証拠力と実質的証拠力との区別があり、形式的証拠力とは挙証者が作成者であると主張する特定人の意思・判断等の表現であると認められることであり、成立の真正は形式的証拠力ありとする前提の一部である（すなわち、「成立の真正」+「意思・判断等の表現であること」＝形式的証拠力）と説明しています[16]。しかし、成立の真正は認められるが、意思・判断等の表現でない文書の例として学説が決まって挙げる「習字の目的で書いた文書」といったものが実際の紛争に登場することは極めて稀ですから、民事訴訟の実務では、文書の成立の真正と文書の形式的証拠力とは同義に用いられるのが通常です。

文書の実質的証拠力とは、文書の記載内容が要証事実の証明（認定）のために役立つ程度をいいます。最3小判昭和25・2・28民集4巻2号75頁は、「書証

16　高橋宏志『重点講義民事訴訟法(下)〔第2版補訂版〕』（有斐閣・2014年）128頁を参照。

第5章　証拠法の主要論点

の成立を認めるということはただ其書証の作成名義人が真実作成したもので偽造のものではないということを認めるだけで、その書証に書いてあることが客観的に真実であるという事実を認めることではない」と判示しており、文書の形式的証拠力の前提である「成立の真正」と文書の実質的証拠力とが明確に区別して扱われていることを感得することができます。

(2)　文書の形式的証拠力と2段の推定

(A)　処分証書による要証事実の証明

処分証書による要証事実の証明としては、売買代金支払請求事件において、売買契約の成立が争われた場合に、当該売買契約に係る契約書を提出するというのがその典型例です。

売買契約書は、売主の目的物を売る旨の意思表示と買主の目的物を買う旨の意思表示とが記載されている文書ですから、いわゆる処分証書に当たります[18]。処分証書の場合には、その成立の真正を認定することができるときは、事実審裁判所としては、当該処分証書に記載されている意思表示がされたことを認定することになります。そこで、売買契約の成立を争う被告としては、買主欄の署名（または記名）押印が被告の意思によるものではないと主張して争うという展開になります。

(B)　「2段の推定」の意義

印影の存する私文書の真正な成立が争われる場合に必ずといってよいほど用いられる立証または認定の枠組みが「2段の推定」という手法です[19]。

第1段の推定につき、最3小判昭和39・5・12民集18巻4号597頁（以下「昭和39年最高裁判決」といいます。）は、「文書中の印影が本人又は代理人の印章によって顕出された事実が確定された場合には、反証がない限り、該印影は本人又は代理人の意思に基づいて成立したものと推定するのが相当であ（る）」と判断しました。この判断は、我が国の印章尊重の慣行の存在に基づき、経験則による「事実上の推定」を認めたものです。

17　本文の最高裁判決は、厳密には「文書の成立」というべきところを、「書証の成立」という慣用例によっています。

18　処分証書の意義につき、田中・事実認定55〜56頁を参照。

19　当然のことながら、印影の存しない私文書に「2段の推定」の手法を用いることはできません。そういう意味では、「2段の推定」の手法は我が国の民事訴訟に特有のものということができます。

第2段の推定は、民訴法228条4項が「私文書は、本人又はその代理人の署名又は押印があるときは、真正に成立したものと推定する。」と規定するところです。この規定は、文書の真正な成立についての挙証者の証明の負担を軽減するためのものです。すなわち、同項の規定は、本人またはその代理人の署名または押印がある私文書につき、その署名または押印が本人またはその代理人の意思に基づいてされたこと（署名または押印の真正）が確定したときは、当該私文書の記載全体が真正に成立したとの推定がされるという「法定証拠法則」を規定したものです。

　このように、昭和39年最高裁判決の肯認した事実上の推定（第1段の推定）と民訴法228条4項の規定する法定証拠法則（第2段の推定）とが合体して、「2段の推定」と呼ばれる私文書の真正についての立証または認定の枠組みが成立しました。

　これをチャート化すると、〔図1〕のとおりです。

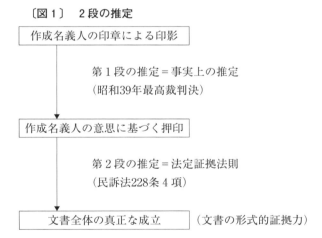

〔図1〕　2段の推定

(C)　第1段の推定とその反証

　ここでは、第1段の推定が働くための前提事実と第1段の推定を揺るがせるための反証という基本的構造を理解しておくことにしましょう。

　第1段の推定が働くための前提として、当該印章は作成名義人が単独で所有し使用している印章である（すなわち、他の者と共有または共用している印章は含まれない）ことが必要です。この点は、押印の真正を証明すべき当事者にお

第 5 章　証拠法の主要論点

いて、事実上の推定の前提事実として証明する必要があります。

　次に、第 1 段の推定は、第三者がある人の印章を勝手に使用するという事態は通常はなく、文書にある人の印章の印影が顕出されている場合には、その人が自ら押印したかその人の意思に基づいて第三者が押印したかのいずれかであるという経験則に基礎をおくものですから、このような経験則の働かない可能性のある場合であることが第 1 段の推定に対する反証になります[21]。

　すなわち、第 1 段の推定は事実上の推定であって、文書の成立の真正を争う当事者（相手方当事者）に証明責任が転換されるわけではありません。相手方当事者は、事実上の推定を動揺させるに足りる反証を提出すれば十分なのであって、文書上の印影が作成名義人の意思に基づいて顕出されたのではないことを証明する責任を負うわけではありません[22]。

　(D)　第 2 段の推定とその反証

　第 2 段の推定の意義は、前記(イ)のとおりです。すなわち、民訴法228条 4 項にいう「推定」は、法律上の事実推定ではなく、一応の心証を得ることができるという経験則を表現したものであって、事実審裁判所が私文書全体の成立の真正を認定する際の 1 つの基準にすぎないというのが通説[23]・民事訴訟実務[24]の立場です。

　したがって、相手方当事者としては、第 1 段の推定の場合と同様、文書の署名・押印部分の作成の真正が証明された場合であっても、それ以外の記載部分の内容を認識して署名・押印したのではないのではないかという疑いを生じさせることによって（すなわち、反証によって）、第 2 段の推定を揺るがすことが

20　最 1 小判昭和50・6・12判時783号106頁。

21　一般に、①盗用型（印章を紛失しまたは盗まれて、勝手に使用された可能性のある場合）、②委任背反型（目的を特定して印章を預けていたところ、当該目的外に使用された可能性のある場合）、③保管者冒用型（印章の保管を託していたところ、保管の趣旨に背いて使用された可能性のある場合）に分類されています。信濃孝一「印影と私文書の真正の推定」判時1242号（1987年）12頁を参照。

22　最 3 小判平成 5・7・20判時1508号18頁の説示した「第 1 段の推定⇒その反証⇒第 1 段の推定の補完」の構造につき、田中・前掲書（注12）279〜283頁を参照。また、第 1 段の推定に対する反証が成功したとした原判決を破棄した最 1 小判平成23・11・24判時2161号21頁につき、田中豊『紛争類型別事実認定の考え方と実務』（民事法研究会・2017年）279〜290頁を参照。

23　長谷部・前掲書（注10）226頁、高橋・前掲書（注16）136頁を参照。

24　判決起案の手引72頁、司法研修所編『事例で考える民事事実認定』（法曹会・2014年）26頁を参照。

230

Ⅱ　証拠能力と証拠力

できるのです。

そのような疑いを生じさせる場合としては、署名・押印後に文書の記載内容が変造・改ざんされた可能性がある場合や、白紙に署名・押印した後に予定されていたのと異なる事項が補充された可能性がある場合を挙げることができます。[25]

「賃貸借契約延長証書」という表題の契約書につき、汽車に乗ろうとして急いでいたため同契約書の本文ただし書部分を十分了解する暇なく署名・押印したとして、同ただし書部分の真正な成立を争ったという事案において、最3小判昭和38・7・30集民67号141頁は、①内容において複雑とはいえず、分量において大量とはいえない契約書であって、自らの権利義務にかかわることが明らかな文書である場合において、②当事者の職業や地位に照らして、そのような文書の取交しが各別不自然でなく、③当該文書の内容を一読する機会があってこれに署名・押印したときは、④何らかの理由でその記載内容を精査することまでしなかったというだけでは、当該文書の記載内容を理解することができなかった可能性があるとの反証として十分ではない、との趣旨を判示しました。[26]

契約書に署名・押印した時点で記載されていた条項の一部につき、作成名義人がその内容を認識または認容しないでした可能性があるといい得るのは、極めて例外的な事情の存する場合であることを理解しておくことが肝要です。

(3)　文書の実質的証拠力

文書の形式的証拠力が確定されたとき（当事者間に争いがないか、証拠によって認定されたとき）は、当該文書の記載内容が要証事実の認定にどの程度役立つかを検討することになります。前記(1)のとおり、これが文書の実質的証拠力の問題です。

繰り返し説明したように、処分証書の場合は、形式的証拠力が確定されたときは、そこに記載されている意思表示ないし法律行為がされたことは動きません。当該意思表示ないし法律行為がされたことを前提にして、錯誤や虚偽表示といった抗弁の成否を検討することになります。[27]

25　田中・前掲書（注12）289〜290頁を参照。

26　最3小判昭和38・7・30の詳細な分析として、田中・前掲書（注12）284頁以下を参照。

27　本章Ⅰ2(3)を参照。

第 5 章　証拠法の主要論点

　これに対し、見聞した事実や感想・判断等が記載されている報告文書の場合
は、形式的証拠力が確定されたときであっても、その記載内容の真実性につい
ては慎重な吟味が必要です。法律上その作成・保存が義務付けられ、通常のビ
ジネスの過程で作成され統一的に整理・保存されることが予定される商業帳簿
や、金銭授受の現場で作成・交付されることが通常である領収書には、一般的
に、その記載内容の真実性が高いと考えられます[28]。他方、訴訟提起後に作成さ
れる前記 1 (2)の陳述書の中には、一方当事者の主張書面と変わりのないものも
散見され、その真実性は様々であるというのが実態です。また、土地をめぐる
訴訟において証拠として提出されることの多いいわゆる「公図」の中には、そ
れによっては係争地付近の字境を知ることはできず、土地の形状・隣接関係を
確定することも難しいものもあります[29]。

　したがって、**報告文書については、当事者間に争いのない事実、他の客観的
証拠によって確実に認定することのできる事実および経験則に照らして、その
記載内容の真実性を吟味する作業を欠かせません。**

Ⅲ　主張・立証責任を負わない当事者の事案解明義務

1．問題の背景──情報（証拠）偏在型訴訟

　民事紛争の中には、対立する当事者の一方に情報（証拠）が偏在するものが
あります。情報（証拠）偏在型訴訟の典型例としては、身近なものとして医療
過誤を理由とする損害賠償請求訴訟があります。また、東日本大震災以後多く
の国民が注視するようになったものとして、原子炉施設の安全性を争って提起
される原子炉設置許可処分の取消請求訴訟がありますが、これもまた情報（証
拠）偏在型訴訟の典型例ということができます。

　我が国の民事訴訟の実務においては、そのような訴訟につき、権利の実効的

28　最 1 小判昭和32・10・31民集11巻10号1779頁は、報告文書である念書および金銭出納帳につき、
　何ら首肯するに足りる理由を示すことなく排斥した上、その記載内容と相容れない事実を認定した
　原判決に理由不備の違法があるとしました。この判決の詳細な分析として、田中・事実認定
　208～222頁を参照。
29　公図の実質的証拠力につき、田中・前掲書（注22）200～209頁を参照。

232

Ⅲ　主張・立証責任を負わない当事者の事案解明義務

保障という実体法上の観点および適正かつ効率的な訴訟運営という手続法上の観点から、柔軟な審理の方法が編み出されてきました。また、学説においては、ドイツの学説を継受し、主張・立証責任を負わない当事者に「事案解明義務」を課するという考え方が提唱されていました。

2．最1小判平成4・10・29民集46巻7号1174頁〔伊方原発訴訟判決〕の出現

(1)　最1小判平成4・10・29の事案の概要

最1小判平成4・10・29は、原子炉設置許可処分の取消請求訴訟についての判決です。これを素材にして、主張・立証責任を負わない当事者の事案解明義務という問題にアプローチしてみましょう。

──〈設例5-②〉────────────────────────

① 　愛媛県西宇和郡伊方町および近隣の町の住民（予定された原子炉建設地から20数キロメートルの範囲内に居住する住民。Xら）は、内閣総理大臣（Y）を被告として、Yが電力会社（A社）の原子炉設置許可申請に対して昭和47年11月28日にした原子炉設置許可処分（本件処分）には安全審査に瑕疵があり違法であると主張して、本件処分の取消訴訟を提起した。[30][31]

② 　第1審がXらの請求を棄却し、Xらが控訴したところ、控訴審は控訴を棄却した。[32]

③ 　Xらが上告。上告理由は多岐にわたるが、訴訟法の観点から関連するのは、ⓐ原子炉設置許可処分を行政庁の裁量処分であるとし、行政庁の判断に原子炉の安全性に本質的にかかわるような不合理があるか否かの限度で司法審査をするのが相当であるとした原審の判断は、憲法13条、25条、31条、32条に違背する、ⓑ行政庁の判断に不合理性が存すること

───────────────────────────────

30　核原料物質、核燃料物質及び原子炉の規制に関する法律（昭和52年法律第80号による改正前のもの）23条1項に基づく申請。

31　なお、控訴審係属中に、原子力基本法等の一部を改正する法律附則3条1項の規定により、本件処分は通産大臣（当時。以下同じ）がした処分とみなされ、通産大臣が訴訟承継しました。

32　第1審判決は松山地判昭和53・4・25判時891号38頁、控訴審判決は高松高判昭和59・12・14判時1136号3頁。

233

第 5 章　証拠法の主要論点

の立証責任を X らに負わせた判断は、核原料物質、核燃料物質及び原子炉の規制に関する法律（昭和52年法律第80号による改正前のもの。以下「規制法」という。）24条１項の解釈適用を誤ったものであり、同判断には理由齟齬の違法がある、の２点に整理することができる。

(1)　専門技術的裁量を伴う行政処分の取消訴訟において、裁判所はどのような方法で審理・判断するのが適切であるか。

(2)　上記(1)の取消訴訟において、被告行政庁のした判断に不合理な点があることの客観的主張・立証責任は、当事者のいずれが負うべきであるか。

(3)　上記(1)の取消訴訟において、被告行政庁のした判断に不合理な点があるかどうかにつき、事実審裁判所として、どのように両当事者に主張・立証のテーマを割り振るのが適切であるかを検討せよ。

(4)　上記(1)の取消訴訟において、当事者のいずれかが上記(3)の訴訟指揮に従わなかった場合にどのような効果が発生すると考えるべきであるか。

[関係図]

X ら（本件原子炉建設予定地から20数キロメートルの範囲内に居住する者）

原子炉設置許可
処分取消請求

昭和47・11・28　原子炉設置許可処分

Y ───────────────────────→ A 社（四国電力）
（内閣総理大臣
→ 通産大臣）

(2)　最 1 小判平成 4・10・29の判断の概要

　本件訴訟は、行政処分である原子炉設置許可処分の取消しを求めるものです。ここでは、訴訟法上の２つの問題を検討することにしましょう。第１が専門技術的裁量を伴う行政処分の取消訴訟における司法審査の方法の問題であり、第２が主要テーマである主張・立証責任を負わない当事者の事案解明義務に係る

234

問題です。

> （ⅰ）　原子炉施設の安全性に関する判断の適否が争われる原子炉設置許可処分の取消訴訟における裁判所の審理、判断は、原子力委員会もしくは原子炉安全専門審査会の専門技術的な調査審議および判断を基にしてされた被告行政庁の判断に不合理な点があるか否かという観点から行われるべきであって、現在の科学技術水準に照らし、右調査審議において用いられた具体的審査基準に不合理な点があり、あるいは当該原子炉施設が右の具体的審査基準に適合するとした原子力委員会もしくは原子炉安全専門審査会の調査審議および判断の過程に看過し難い過誤、欠落があり、被告行政庁の判断がこれに依拠してされたと認められる場合には、被告行政庁の右判断に不合理な点があるものとして、右判断に基づく原子炉設置許可処分は違法と解すべきである。
>
> （ⅱ）　原子炉設置許可処分についての右取消訴訟においては、右処分が前記のような性質を有することにかんがみると、被告行政庁がした右判断に不合理な点があることの主張、立証責任は、本来、原告が負うべきものと解されるが、当該原子炉施設の安全審査に関する資料を全て被告行政庁の側が保持していることなどの点を考慮すると、被告行政庁の側において、まず、その依拠した前記の具体的審査基準並びに調査審議および判断の過程等、被告行政庁の判断に不合理な点のないことを相当の根拠、資料に基づき主張、立証する必要があり、被告行政庁が右主張、立証を尽くさない場合には、被告行政庁がした右判断に不合理な点があることが事実上推認されるものというべきである。
>
> （ⅲ）　本件原子炉設置許可処分を適法であるとした原審の判断は、正当として是認することができる。

(3)　専門技術的裁量を伴う行政処分の取消訴訟における司法審査の方法

(A)　裁量処分の種類と原子炉設置許可処分の性質

　行政庁に一定の裁量を許容する行政処分を「裁量処分」と呼び、裁量処分を２つの指標によって分類するのが一般です。１つは、行政処分をするかしない

か、するとしてどの処分を選択するかという判断に行政庁の裁量を許容するものを「効果裁量」とし、行政処分の根拠となる要件が充足されているかどうかという判断に行政庁の裁量を許容するものを「要件裁量」とする分類です。もう1つは、裁量を許容すべき行政処分の性質によって、「政治的・政策的裁量」と「専門技術的裁量」との2類型に分ける分類です。最高裁判例および行政法学の通説は、これらいずれの裁量をも肯定しています。[33]

　本判決は、規制法24条2項の趣旨につき、「原子炉施設の安全性に関する審査の特質を考慮し、右各号（筆者注：同条1項3号・4号）所定の基準の適合性については、各専門分野の学識経験者等を擁する原子力委員会の科学的、専門技術的知見に基づく意見を尊重して行う内閣総理大臣の合理的な判断にゆだねる趣旨と解するのが相当である」と判示することによって、行政実体法である規制法24条2項の解釈として、原子炉設置許可処分につき、上記の要件裁量であり専門技術的裁量に分類される裁量処分であることを明らかにしています。

　(B)　原子炉施設の安全性についての司法審査の方式——上記(2)(i)

　上記(2)(i)において、本判決は、原子炉施設の安全性につき、裁判所の審理・判断としては、実体的判断代置方式（裁判所が、被告行政庁と同一の立場に立って原子炉施設の安全性について審理した上で、その結果と当該処分とを比較して決するという方式）によるのでなく、被告行政庁の判断に不合理な点があるかどうかを限定的に審査するにとどめるという方式によることを明らかにしています。[34]

　その上で、本判決は、被告行政庁の判断につき、①原子炉施設の安全性の審議に使用された具体的審査基準に不合理な点があるかどうか、②この具体的審査基準に適合するとの審議・判断の過程に看過し難い過誤・欠落があるかどうか、の2つの観点から検討し、①または②のいずれかがあり、被告行政庁の判断がこれに依拠してされたと認められる場合には、被告行政庁の判断に不合理な点があるものとして、その判断に基づく原子炉設置許可処分は違法と解すべ

---

[33]　以上につき、高橋利文「判解」最判解民〔平成4年度〕412～413頁を参照。

[34]　高橋・前掲判解（注33）422頁は、本判決は、政治的・政策的裁量処分の場合における「著しく不合理」の基準を採用せず、専門技術的裁量処分について「不合理」の基準を採用することを明示したものであり、この点にも意味があると解説しています。

きであることを明らかにしました。本判決が、上記①、②を特に摘記したのは、具体的審査基準の策定およびこれへの当てはめの審議・判断に専門技術的裁量を許容するのが相当であるからです。

(4) 裁量処分の違法性（評価根拠事実）の主張・立証責任

(A) 裁量処分の取消事由の主張・立証責任

行政事件訴訟法30条は、「行政庁の裁量処分については、裁量権の範囲をこえ又はその濫用があった場合に限り、裁判所は、その処分を取り消すことができる。」と規定しています。通説は、裁量処分の取消事由である被告行政庁の裁量権の範囲の逸脱または濫用につき、原告が主張・立証責任を負うと解しています[35]。

前記(2)(ii)において、本判決は、「原子炉設置許可処分についての右取消訴訟においては、……被告行政庁がした右判断に不合理な点があることの主張、立証責任は、本来、原告が負うべきものと解される」と判示していますが、「被告行政庁がした右判断に不合理な点があること」は、被告行政庁がその裁量権の範囲を逸脱したことを示す具体的事実または濫用したとの評価を根拠付ける具体的事実を指しています。したがって、本判決は、裁量処分の取消訴訟につき、その違法性評価根拠事実の主張・立証責任が原告にあるとの立場を採用することを明らかにしているのです。

(B) 規範的要件の主張・立証責任

規範的評価の成立が所定の法律効果の発生要件となっている場合、そのような要件を「規範的要件」と総称します。そして、規範的評価を成立させるための根拠となる具体的事実を「評価根拠事実」と呼びます。

法の規定する規範的評価自体を規範的要件の主要事実と考えるべきであるか、そうではなく評価根拠事実を規範的要件の主要事実と考えるべきであるかにつき、かつては論争がありましたが、現在では、訴訟当事者が規範的評価自体を証拠によって直接立証することができない（事実審裁判所が規範的評価自体を証拠によって直接認定することができない）という理論的な理由、および主要事実

---

35 山村恒年「主張責任・立証責任」雄川一郎ほか編『現代行政法大系(5)行政争訟Ⅱ』（有斐閣・1984年）204頁を参照。最2小判昭和42・4・7民集21巻3号572頁は、裁量処分の無効確認訴訟につき、同じ立場を採りました。

第5章 証拠法の主要論点

が民事訴訟において果たすべき争点明確化と相手方当事者の防御の機会の適正な保障という実際的な理由から、民事訴訟の実務は評価根拠事実を規範的要件の主要事実とする後者の立場によって運営されています。[36]

ところで、裁量処分の違法性を主張するには、上記(A)のとおり、被告行政庁がその裁量権の範囲を逸脱したことまたはその裁量権を濫用したことの双方またはそのいずれかを主張することになります。前者の裁量権の範囲の逸脱は規範的要件ではなく事実的要件であり、後者の裁量権の濫用は規範的要件です。

本件に即してみると、内閣総理大臣の原子炉設置許可処分に至る過程において、①原子力委員会（または原子炉安全専門審査会）の策定した審査基準に不合理な点があるかどうか、②同審査基準に適合するかどうかの当てはめの判断に不合理な点（看過し難い過誤・欠落）があるかどうかが争点になるところ、これらの争点は、いずれも被告行政庁の裁量権の範囲の逸脱を問題とするものではなく、裁量権の濫用（規範的要件）を問題とするものです。

以上のように、民事裁判実務に定着した規範的要件の主張・立証責任についての考え方に照らしてみると、前記(2)(ii)の「右判断に不合理な点があることの主張、立証責任は、……原告が負う」との判断は、結局のところ、上記①または②の2項目に不合理と評価すべき根拠となる具体的事実が存することについての客観的主張・立証責任を原告が負うとの趣旨をいうものと理解することができます。[37]

3. 主張・立証責任を負わない当事者の事案解明義務

(1) 事案解明義務という考え方

前記1のとおり、情報（証拠）偏在型訴訟につき、ドイツの学説を我が国に取り入れ、主張・立証責任を負わない当事者に「事案解明義務」を課するという考え方が提唱されています。

この考え方は、以下のとおり、4つの要件を満たす場合に、2つの効果を認

---

36 以上につき、司研・要件事実第1巻30〜37頁を参照。最3小判昭和34・9・22民集13巻11号1426頁は、このような立場に立つものです。

37 本判決の「右判断に不合理な点があること」という表現は、行政事件訴訟法30条にいう「裁量権の濫用」という法的評価自体を指しているのではなく、不合理との評価を根拠付ける点（具体的事実）を指していると読むのが適切です。

めようとするものです。

―〈要　件〉――――――――――――――――――――――――――――

① 客観的主張・立証責任を負う当事者が事件の事実関係から隔絶されていた。

② 客観的主張・立証責任を負う当事者が事実関係を知り得なかったことまたは事実関係から隔絶されたことにつき、非難されるべき事情がない。

③ 客観的主張・立証責任を負う当事者が自らの主張について具体的手がかりを提示している。

④ 客観的主張・立証責任を負わない相手方当事者に、具体的事実主張をし証拠を提出するよう（事案を解明するよう）期待することが可能である。

―〈効　果〉――――――――――――――――――――――――――――

ⓐ 訴訟法上の一般的義務として、ある主要事実についての客観的主張・立証責任を負わない相手方当事者が、当該主要事実につき、具体的事実主張をし証拠を提出する義務を負う。

ⓑ 相手方当事者がこの義務に違反し、かつ、当該主要事実が真偽不明のときは、客観的主張・立証責任を負う当事者の主張が真実であると擬制される。

　事案解明義務という考え方は、客観的主張・立証責任を負う当事者に非難可能性のないことおよび相手方当事者に期待可能性のあることを要件とすることによって、両当事者の利益のバランスないし公平を考慮した上での理屈であり、訴訟上の信義則（法2条）を背景にする理屈と位置付けることもできます。[38]

(2)　我が国の民事裁判実務の工夫と事案解明義務との関係

　前記2(2)(ⅱ)のとおり、本判決は、情報（証拠）偏在型訴訟の典型ともいうべき原子炉設置許可処分の取消訴訟につき、客観的主張・立証責任を負わない相

――

[38]　以上につき、春日偉知郎『民事証拠法研究』（有斐閣・1991年）233頁以下、畑瑞穂「模索的証明・事案解明義務論」鈴木正裕先生古稀祝賀『民事訴訟法の史的展開』（有斐閣・2002年）607頁以下を参照。

239

第5章　証拠法の主要論点

手方当事者（被告行政庁）がその判断に不合理な点のないことを相当の根拠・資料に基づいて主張・立証する義務を負うとした上、被告行政庁がその義務を果たさない場合の効果をも説示しています。本判決の議論の構造は、上記(1)に説明した事案解明義務という考え方のそれとよく似たものになっています。[39]

　医療過誤訴訟においては、債務不履行または不法行為のいずれに基づくものであっても、実際の審理は、①原告が訴状作成時点で把握している事実に基づき、被告の不完全履行または過失の評価根拠事実を主張する、②被告が診療記録等の客観的資料に基づき、一連の診療行為の過程を主張・立証するとともに、被告の診療行為が適切な（合理的な）ものであって落度がないことを具体的に主張・立証する、③原告は、②を受けて、被告の不完全履行または過失の評価根拠事実、原告の損害と被告の診療行為との間に因果関係があること等を整理して（再構成して）主張・立証する、④被告は、③の原告の主張・立証に対する反論・反証を提出する、といった段階を踏んで進行します。そして、原告は、③の点につき、客観的主張・立証責任を負うものと解されています。[40]

　本件控訴審判決は、あるべき審理の手順として、①安全性を争う側において行政庁の判断に不合理があるとする点を指摘し、②行政庁においてその指摘をも踏まえ自己の判断が不合理でないことを主張・立証すべきであるとしています。医療過誤訴訟において定着している上記の審理方式を参考にしたものであると考えて、間違いがありません。

　本判決は、上記①の段階に明示には触れることなく、②の段階から説き起こしていますが、その直前に客観的主張・立証責任を原告が負うことを明示していることを考慮に入れれば、本件控訴審判決と同じ立場に立つものとみてよいと思われます。[41] 結局、最高裁は、本判決において、情報（証拠）偏在型訴訟に

39　竹下守夫「伊方原発訴訟最高裁判決と事案解明義務」木川統一郎博士古稀祝賀『民事裁判の充実と促進』（判例タイムズ社・1994年）10〜13頁を参照。

40　鈴木俊光「医療過誤訴訟の問題点」民事訴訟法の争点（1979年）37頁を参照。

41　竹下・前掲論文（注39）21頁は、「最高裁も、いわば当推量の主張によっても相手方に事案解明義務を負わせる趣旨とは思われないから、一般的に、このような手掛かりの提供は、当然に要求する趣旨と見てよいであろう。本件で、とくにこの要件を明示していないのは、……原告側は、合理的疑いを基礎付ける程度の手掛かりは十分提出していたからであると思われる。」といわれるが、本文と同旨の見方と思われます。また、高橋・前掲判解（注33）426頁は、本判決が原判決を含む下級審裁判例の見解と基本的に同様の見地に立っていると解説しています。

240

直面して裁判実務が編み出してきた審理方式を合理的なものとして肯認したということになります。

(3) 事案解明義務に違反したときの効果

前記2(2)(ii)において、本判決は、被告行政庁が上記(2)の主張・立証義務（事案解明義務）に違反したときの効果に言及し、「被告行政庁がした右判断に不合理な点があることが事実上推認される」と判断しました。

筆者は、この説示部分を次のように読むのが最も合理的であると考えています[42]。

第1に、「不合理な点」というのは、前記2(4)(B)のとおり、不合理と評価すべき根拠となる具体的事実を指しています。前記2(2)(ii)のとおり、本判決は、「不合理な点」があることの客観的主張・立証責任は原告が負うと判示し、原告は不合理と評価すべき根拠となる具体的事実を主張していることが前提になっています（不合理と評価すべき根拠となる具体的事実を原告が主張しない場合には、主張自体失当として請求が棄却されます）から、結局、原告の主張した不合理であることの評価根拠事実を指すと読むのが最も合理的です。

第2に、「事実上推認される」は、事実審裁判所が原告の主張した不合理の評価根拠事実の存在を「認定」することが相当（合理的）であるとの趣旨をいうものです。これを、「不合理である（違法性あり）と判断される」との趣旨をいうものと読むのは誤りといってよいと思われます。なぜなら、最高裁が、わざわざ、①「事実上」という用語を選択して、法律問題ではなく事実問題を議論していることを示し、②「推認される」という用語を選択して、法律判断ではなく事実認定の問題を議論していることを示しているのに、判決の文言を全く無視して、「法律判断（法的評価）として不合理である（違法性あり）との結論を導くのが相当である」と読むことになるからです。

そうすると、**被告行政庁が上記(2)の主張・立証義務（事案解明義務）に違反したときの効果として、本判決は、事実審裁判所として原告の主張した不合理の評価根拠事実を認定するのが相当であることを明らかにしたことになります。**

ところで、「推認」とは、間接事実（通常は複数の間接事実）に経験則を適用

42　学説の理解が様々であることにつき、山本克己「事案解明義務」法学教室311号91～92頁を参照。

第5章　証拠法の主要論点

して主要事実を認定するという事実認定のプロセスをいうのですが、「主張・立証義務（事案解明義務）を負う当事者がその義務を果たさない場合には、そこで問題になっている事項につき、相手方当事者の主張する事実が存するのが通常である」との経験則があるということができるかどうかには疑問があります[43]。この疑問が正しいとすると、本判決は「推認される」と表現してはいるのですが、その実質は「擬制される」に帰着することになります[45]。

(4)　本判決と事案解明義務

以上のように検討してくると、本判決は、情報（証拠）偏在型訴訟の審理の実践の中での下級審裁判実務の成果を肯認したものであって、ドイツの事案解明義務の議論を直接継受したものではないのですが、前記2(2)(ii)の説示からすると、要件・効果ともに事案解明義務の議論の内容とほぼ同じところに行き着いているといって間違いがないと思われます。

4．事案解明義務に係る判断の判決理由中の位置付け

前記2(2)(ii)の本判決の判断は、裁量処分の取消訴訟における主張・立証責任およびいわゆる事案解明義務に最高裁として言及した初めてのものであり、民事裁判の実務に大きな影響を及ぼすばかりか、理論的にも興味深いものです。

しかし、本件控訴審判決は、被告行政庁の主張・立証が十分にされた結果、Ｘらの主張する「不合理な点あり」の立証が不成功に終わったとして、Ｘらの請求を棄却すべきであるとしたものです[46]。

そうすると、**本判決が前記2(2)(ii)において説示した主張・立証責任の所在の問題もいわゆる事案解明義務の問題も、上告棄却の主文を導くために必要不可欠な判断ではなく、全くの傍論である**ということになります[47]。民集は本判決の

43　判決起案の手引82頁を参照。

44　松本博之「民事訴訟における証明責任を負わない当事者の具体的事実陳述＝証拠提出義務について」法曹時報49巻7号（1997年）1635頁を参照。

45　竹下・前掲論文（注39）22頁は、本判決の認める効果につき、当事者が文書提出命令に従わないときに「相手方の主張を真実と認める」という効果（いわゆる真実擬制）を規定する民訴法224条と同じものであると説明していますが、正鵠を射た指摘であると思われます。

46　高松高判昭和59・12・14判時1136号42〜52頁を参照。

47　上原敏夫「判批」民事訴訟法判例百選〔第3版〕（2003年）155頁は、「この点の判示はあくまで理論的なものにとどまる」との表現によって傍論であることを指摘しています。

242

前記 2 (2)(ii)の説示部分を判示事項・判決要旨として抽出しており、本判決は民集が傍論を判示事項・判決要旨として摘示した判決の一例ということになります。

Ⅳ 証拠提出義務

1. はじめに

(1) 裁判所の事実認定の精度と証拠の質・量

民事訴訟における最重要の証拠が文書であることは、多くの法律実務家の指摘するところです。それは、証人や当事者本人の供述が供述の直前まで内容が浮動する（極端な場合には、尋問の最中にも変化する）のと比較して、文書は、特に、紛争の起きる前に、通常のビジネスまたは当事者間の交渉の過程で作成されたものである文書の場合は、その内容が固定していて物証としての性質が強いことに由来しています。

そこで、民事訴訟判決においてされる事実認定が正鵠を射たものとなるかどうかは、高い実質的証拠力を有する文書が当該訴訟において証拠としてどの程度の量が提出されるかによって決定されるといって過言ではありません。

しかしながら、旧民訴法は、証人義務や検証義務とは異なり、文書提出義務を一般義務とはせず、文書が 3 類型——①引用文書、②引渡・閲覧請求権のある文書、③利益文書・法律関係文書——のいずれかの要件を満たした場合にのみその提出を命じられる限定的義務であると位置付けていました。[48]

争点となっている事実の認定に供される文書の量が限定的であるということは、いくら経験則を活用するといってみても、民事訴訟判決における事実認定の精度が高いものになり得ないことを意味しています。

(2) 文書提出義務の一般義務化と最高裁への許可抗告制度の創設

アメリカのディスカバリー制度の導入には至らなかったものの、新民訴法を立法する過程における検討の結果、現行民訴法220条 4 号は、同号に限定列挙

---

[48] 新民訴法220条 1 号から 3 号までの規定によって、本文の旧民訴法の立場を推知することができます。

243

第5章　証拠法の主要論点

した例外を除き、同条1号から3号までに当たる文書以外のものについても提出義務を認めることとし、平成8年の民訴法改正により、行政文書を除く文書の所持者の負う義務は一般義務とされました。さらに、平成13年の民訴法の改正によって、行政文書の文書提出命令に係る手続規定が整備されるに至りました（法220条4号ロ、223条3項〜5項まで）。

　文書提出義務が限定的なものであった時代が長かったためか、我が国の法律実務家および訴訟当事者には、相手方当事者から自らの保有文書を証拠として提出するよう求められることを嫌う体質が現在も根強く残っています[49]。そこで、相手方当事者としては、文書提出命令の申立てをすることを余儀なくされ、受訴裁判所が文書提出命令の申立てに係る決定をするという事態が日常化しました。

　ところで、現行民訴法337条は、高等裁判所の決定・命令のうち法令解釈に関する重要な事項を含むと認められるものにつき、原高裁の許可を得て、最高裁に特に抗告をすることができることとする許可抗告の制度を創設しました。旧民訴法下では、重要な法律問題が含まれていても、決定によって判断されるものについては、最高裁による法令解釈統一の機会がなかったのですが、これが改められた結果、文書提出命令に関する大量の最高裁判例が出現することになりました。

2．文書提出義務とその主張・立証責任

　以上のとおり、文書提出義務は一般義務化されたのですが、現行民訴法220条の条文は文書の所持者が提出義務を負う場合を列挙する形式を採っているため、文書提出命令を申し立てる当事者（挙証者）において同条1号から4号の文書に当たること、すなわち、4号の場合は、同号の挙げる除外事由のいずれにも当たらないことを立証しなければならないこととされています。

　現行民訴法の施行後最も激しく争われたのは、民訴法220条4号ニの「専ら文書の所持者の利用に供するための文書（自己利用文書）」に当たるかどうかを

---

[49]　相手方当事者から文書を特定してその提出を求められても、できるだけ提出を引き延ばし、裁判所から任意に提出しないのなら文書提出命令を発令することになるとの告知を受けてようやく当該文書を提出するという当事者および訴訟代理人にしばしば出くわします。

244

Ⅳ　証拠提出義務

どのような枠組みで判断すべきであるかという問題です。

　そこで、この点について検討することにしましょう。

3．銀行の保有する資料と自己利用文書

⑴　最2小決平成19・11・30民集61巻8号3186頁〔八十二銀行事件〕の事案
　の概要

　最2小決平成19・11・30（以下「平成19年最高裁決定」といいます。）は、銀行
の作成保管するいわゆる自己査定資料が自己利用文書に当たるかどうかが争点
になった事件です。

──〈設例5-③〉──────────────────────────

　①　Xらは、A社のメインバンクであったY銀行が、平成16年3月以降、
　　A社の経営破綻の可能性の大きいことを認識し、A社を全面的に支援
　　する意思を有していなかったのに、全面的に支援すると説明してXら
　　を欺罔したため、あるいは、A社の経営状態についてできる限り正確
　　な情報を提供すべき注意義務を負っていたのにこれを怠ったため、X
　　らはA社との取引を継続し、その結果、A社に対する売掛金が回収不
　　能になり損害を被ったとして、Y銀行に対し、不法行為に基づく損害
　　賠償請求訴訟を提起した。

　②　Xらは、Y銀行の欺罔行為および注意義務違反行為の立証のために
　　必要があるとして、Y銀行に対し、文書提出命令を申し立てた。Xら
　　は、その対象とする文書（本件文書）を、「Y銀行が、平成16年3月、
　　同年7月及び同年11月の各時点において、A社の経営状況の把握、A
　　社に対する貸出金の管理及びA社の債務者区分の決定等を行う目的で
　　作成し、保管していた自己査定資料一式」として特定した。これに対し、
　　Y銀行は、本件文書は民訴法220条4号ハ所定の文書（職業秘密文書）
　　または同号ニ所定の文書（自己利用文書）に当たると主張して争った。

　③　第1審は、Y銀行の主張を排斥して、Y銀行に対して本件文書の提
　　出を命じた。[50]　Y銀行が抗告。

───────────────────────────────────
50　東京地決平成18・8・18金判1282号65頁。

245

第5章　証拠法の主要論点

④　抗告審は、大要、⑧自己査定資料の作成は法令によって義務付けられているわけではないし、金融検査に際して自己査定資料を使用することがあっても、検査官は法律上守秘義務を負っており第三者に公表することは予定されていない、⑥本件文書は、融資先に対する評価および対応に関する金融機関の意思形成のために作成されるものであるとの2点を理由に、本件文書は自己利用文書に当たるとして、本件申立てを却下した。[51]

⑤　Xらが抗告許可の申立てをし、許可された。抗告理由は、自己利用文書に当たるというためには、内部文書性と不利益性の2つの要件を満たす必要があるというのが最2小決平成11・11・12民集53巻8号1787頁（以下「平成11年最高裁決定」という。）および最2小決平成18・2・17民集60巻2号496頁の立場であるところ、本件文書はいずれの要件も満たさないから、最高裁判例に反し、また、自己査定資料が自己利用文書に当たらないとした東京高決平成18・3・29金判1241号2頁にも反する、というものである。

(1)　平成11年最高裁決定の宣明した自己利用文書に当たるかどうかの判断枠組みを説明せよ。

(2)　上記④の抗告審の挙げる⑧と⑥の2点につき、その正否を検討せよ。

(3)　自己査定資料は、自己利用文書に当たるか。

51　東京高決平成19・1・10金判1282号63頁。

IV　証拠提出義務

[関係図]

継続的売買契約→売掛金回収不能による損害

Ｘら ◄─────────────────────────────► Ａ社

不法行為に基づく損害賠償請求訴訟 → 自己査定資料の文書提出命令申立て
第1審：文書提出命令 → 抗告
抗告審：文書提出命令申立てを却下 → 許可抗告

Ｙ銀行

(2)　**最 2 小決平成19・11・30の判断**

最高裁は、原決定を破棄し、事件を原審に差し戻しました。[52]自己利用文書該当性に係る判断は、以下のとおりです。

(i)　ある文書が、その作成目的、記載内容、これを現在の所持者が所持するに至るまでの経緯、その他の事情から判断して、①専ら内部の者の利用に供する目的で作成され、外部の者に開示することが予定されていない文書であって、②開示されると個人のプライバシーが侵害されたり個人ないし団体の自由な意思形成が阻害されたりするなど、開示によって所持者の側に看過し難い不利益が生ずるおそれがあると認められる場合には、特段の事情がない限り、当該文書は民訴法220条4号ニ所定の「専ら文書の所持者の利用に供するための文書」に当たると解するのが相当である（①、②の付番は、筆者による。）。

(ii)　Ｙ銀行は、法令により資産査定が義務付けられているところ、本件文書は、Ｙ銀行が、融資先であるＡ社について、前記検査マニュアルに沿って、同社に対して有する債権の資産査定を行う前提となる債務者

---

[52]　本件抗告審決定が自己査定資料の職業秘密文書該当性いかんについての判断をしなかったため、最高裁は、この点の判断をさせるため事件を原審に差し戻しました。本件第2次許可抗告審決定である最 3 小決平成20・11・25民集62巻10号2507頁は、職業秘密文書該当性を否定しました。この点につき、田中・前掲書（注12）299～306頁を参照。

247

第 5 章　証拠法の主要論点

> 区分を行うために作成し、事後的検証に備える目的もあって保存した資
> 料であり、このことからすると、本件文書は、前記資産査定のために必
> 要な資料であり、監督官庁による資産査定に関する前記検査において、
> 資産査定の正確性を裏付ける資料として必要とされているものであるか
> ら、Y 銀行自身による利用にとどまらず、Y 銀行以外の者による利用
> が予定されているものということができる。そうすると、本件文書は、
> 専ら内部の者の利用に供する目的で作成され、外部の者に開示すること
> が予定されていない文書であるということはできず、民訴法220条 4 号
> ニ所定の「専ら文書の所持者の利用に供するための文書」に当たらない
> というべきである。

(3)　自己利用文書該当性の判断枠組み

　前記 2 のとおり、現行民訴法施行後、自己利用文書該当性の判断枠組みが学
説において活発に議論され、特に、銀行の貸出稟議書の自己利用文書該当性が
下級審において激しく争われました。この論争に決着をつけたのが平成11年最
高裁決定です。平成19年最高裁決定の上記(2)(i)の説示部分は、平成11年最高裁
決定の示した判断枠組みを再録したものです。

　すなわち、**平成11年最高裁決定は、①文書の客観的性質が「専ら内部利用目
的」であること（内部文書性）、および②所持者側に類型的に「看過し難い不利
益」が生ずるおそれがあること（不利益性）、の 2 つを自己利用文書に当たる
とするための要件（必要条件）である**ことを明らかにしました。

　また、平成11年最高裁決定は、上記①、②の要件の存否を判断する際の考慮
要素として、「文書の作成目的、記載内容、これを現在の所持者が所持するに
至るまでの経緯、その他の事情」を挙げ、基本的に客観的観点から判断すべき
であるとしました。

　平成11年最高裁決定の立場は、民訴法220条 4 号ニの文言から当然には導か
れない②（所持者側の類型的不利益）をも要件としているところから、学説の
「限定解釈説（文書の性質からして作成者固有の使用目的によって作成されたもの
であって、かつ、その内容が後に公表されることになると、所持者側に文書作成活
動に不当な制限が課せられるなどの不利益が存する文書に限定すべきであるとの考

248

え方）」に親和性を有するものであり、「比較考量説（所持者側の不利益に加えて、対象文書の訴訟における証拠としての重要性、当事者間の公平、真実発見の重要性等の諸要素を比較考量することが許されるとの考え方）」とは一線を画するものと理解されています[53]。

(4) 金融機関の貸出稟議書と自己利用文書該当性

平成11年最高裁決定は、銀行の貸出稟議書につき、「融資案件についての意思決定を円滑、適切に行うために作成される文書であって、……文書の性質上、忌たんのない評価や意見も記載されることが予定されているものである」という文書の作成目的と記載内容からして、①「貸出稟議書は、専ら銀行内部の利用に供する目的で作成され、外部に開示することが予定されていない文書」であり、かつ、②「開示されると銀行内部における自由な意見の表明に支障を来し銀行の自由な意思形成が阻害されるおそれがある」とし、特段の事情がない限り、自己利用文書に当たるとしました。

そして、平成11年最高裁決定は、特段の事情につき、上記の①、②に対応して、①貸出稟議書を訴訟において開示することが銀行内部の利用を目的として作成されたことと矛盾しないかどうか、または②貸出稟議書を当該訴訟において開示することによって、銀行の自由な意思決定を阻害する等の看過し難い不利益が生ずるおそれがないかどうかという観点から検討すべき旨を説示しました。

そこで、その後、貸出稟議書につき、上記の特段の事情があるかどうかが争われることになり、最高裁は、信用金庫の会員が代表訴訟において文書提出命令の申立てをした事案では特段の事情該当性を否定し[54]、破綻清算中の信用組合の貸出稟議書が同信用組合から営業譲渡を受けた株式会社整理回収機構が所持している事案では特段の事情該当性を肯定しました[55]。

また、貸出稟議書以外の文書につき、最高裁は、保険管理人によって設置された調査委員会作成に係る調査報告書につき自己利用文書に当たらないとし[56]、

53　小野憲一「判解」最判解民〔平成11年度〕784頁を参照。
54　最1小決平成12・12・14民集54巻9号2709頁。
55　最2小決平成13・12・7民集55巻7号1411頁。
56　最2小決平成16・11・26民集58巻8号2393頁。

第5章　証拠法の主要論点

地方議会の議員が作成して所属会派に提出した調査研究報告書につき自己利用文書に当たるとし、銀行本部から営業店長に宛てて出された業務遂行上の指針が記載された社内通達文書につき自己利用文書に当たらないとしました。[57][58]

(5)　自己査定資料と自己利用文書該当性

平成19年最高裁決定は、前記(2)(ii)の説示から明らかなように、前記(2)(i)要件①（内部文書性）の欠如を理由として自己利用文書に当たらないとの結論を導きました。

(A)　内部文書性の要件の存否

(i)　法令上の文書作成義務と自己利用文書該当性

平成19年最高裁決定は、第1に、Y銀行が資産査定をすること自体については、法令（金融機能の再生のための緊急措置に関する法律6条）により義務付けられていることを指摘しています。第2に、Y銀行が自己査定資料を作成・保存する目的を検討し、作成目的につき、通達に根拠を有する金融検査マニュアルに沿って、融資先であるA社に対して有する債権の資産査定を行う前提となる債務者区分を行う必要から作成したことを指摘し、保存目的につき、監督官庁による資産査定に関する立入検査において資産査定の正確性を裏付ける資料として必要とされていて、事後的検証に備える目的があって保存したことを指摘しています。

平成19年最高裁決定は、これらを勘案すると、本件文書は、法令上の作成義務が明定されたものではないが、Y銀行のみならず第三者による利用（本件では、公益目的による監督官庁による利用）が予定されているから、専ら内部の者の利用に供する目的で作成され、外部の者に開示することが予定されていない文書であるということはできないとし、内部文書性を否定しました。

平成11年最高裁決定は、銀行の貸出稟議書につき、「法令によってその作成が義務付けられたものでもなく」と述べて、法令上の作成義務のないことが自己利用文書に当たるとする積極的理由になると読まれかねない説示をしていたため、本件抗告審決定はまさにそのような立場を採りました（前記〈設例5-③〉④@を参照）。

57　最1小決平成17・11・10民集59巻9号2503頁。

58　前掲最2小決平成18・2・17。

平成19年最高裁決定は、法令上の作成義務のないことを自己利用文書に当たるとする積極的理由にすることができないことを明らかにすることによって、平成11年最高裁決定のややミスリーディングな説示を修正する役割を果たしたことになります。

(ⅱ) 検査官の負う守秘義務と自己利用文書該当性

平成19年最高裁決定は、上記(ⅰ)のとおり、Y銀行のみならず第三者による利用が予定されていることを理由にして自己査定資料の内部文書性を否定しており、第三者である監督官庁ないし検査官が法令上の守秘義務を負うかどうかが結論に何らかの影響を及ぼすかどうかには全く言及していません。

この点につき、平成11年最高裁決定の担当調査官の解説に、「担当官には守秘義務があり稟議書が公に開示されることはないのであるから、検査の対象となることが自己利用文書性を否定する理由にはならない。」との説明があった[59]ためか、本件抗告審決定は、検査官が守秘義務を負うことを自己利用文書に当たるとする積極的理由にしていました。

しかし、平成11年最高裁決定は、貸出稟議書が「外部に開示することが予定されていない文書」であるという文書の客観的性質に着目して、自己利用文書に当たるとしたのであって、そもそも「広く公に開示することが予定されていない文書」をもって自己利用文書であるとしていたわけではありません。 そうすると、自己査定資料は、監督官庁による検査の際に、法令上義務付けられた資産査定の正確性を裏付ける資料として金融機関が提出することを予定して作成し保存する文書なのですから、融資に際して、金融機関において作成され、監督官庁による検査の際に保存されていれば、提出されることもあるという貸出稟議書とは、文書の客観的性質において異なるというべきでしょう[60]。

要するに、検査官が守秘義務を負うことと自己利用文書該当性との間には関連性がありません。 平成19年最高裁決定は、自己査定資料の開示を受ける第三者（監督官庁ないし検査官）が法令上の守秘義務を負うかどうかに何らの言及をしないことによって、以上の理を間接的に示したものと理解することができます。

59　小野・前掲判解（注53）794頁を参照。
60　中村さとみ「判解」最判解民〔平成19年度〕815頁を参照。

251

第 5 章　証拠法の主要論点

(B)　不利益性の要件の存否

次に、自己査定資料の開示によって所持者側の者（Y 銀行または A 社）に看過し難い不利益が生ずるおそれがあるかどうかを検討することにしましょう。

(i)　Y 銀行に生ずるおそれがある不利益

自己査定資料には、金融機関による貸出先会社の信用状況の評価、債務者区分、貸出先会社に対する今後の対応等が記載されますから、本件文書に Y 銀行の意思形成の過程が記載されていることは否定することができません。

しかし、A 社の信用状況の評価と債務者区分は、正確な資産査定のために必要であり、資産査定自体は法令上義務付けられたものです。

そうすると、本件文書に本来記載されるべき A 社の信用状況の評価と債務者区分については、その決定過程が明らかにされたからといって、Y 銀行に看過し難い不利益が生ずるおそれがあるとはいえないものと思われます。[61]

(ii)　A 社に生ずるおそれがある不利益

A 社の財務状況等についての情報がその債権者である X らに開示されることは、一般的には A 社にとっての不利益であるが、A 社については、すでに民事再生手続開始決定がされ、その財務状況等の大要が公表されているから、本件文書が開示されることによって A 社に看過し難い不利益が生ずるおそれがあるとはいえないものと思われます。

本件における A 社についてこのようにいうことができるとしても、貸出先会社のおかれた状況は様々ですから、事案によっては貸出先会社に看過し難い不利益が生ずるおそれがある場合がないとは限りません。

平成11年最高裁決定の判断枠組みに従うことを前提にすると、内部文書性と不利益性の 2 つの要件を満たさない限り、自己利用文書に当たるとして文書提出を拒絶することは許されない（現に、平成19年最高裁決定はそう判断しました。）のですから、貸出先会社に看過し難い不利益が生ずるおそれがあるとして自己査定資料の提出を拒絶すべきであると考える所持者は、自己利用文書とは別の理由によるしかありません。

61　中村・前掲判解（注60）816頁は、本判例につき、「自己査定資料の内部文書性が否定される以上、これが開示されても金融機関の自由な意思形成が阻害されるおそれはないとの判断が前提になっている」と指摘しています。

252

Ⅳ　証拠提出義務

　Y銀行がそのような理由としたのは、本件文書が民訴法220条4号ハ所定の文書（職業秘密文書）に当たるという主張です。

(6)　最2小決平成19・11・30の意義

　平成19年最高裁決定は、前記(4)の多くの決定例と同様、平成11年最高裁決定の判断枠組みを前提にして、その具体的適用例を1つ加えたものです。

　そして、**平成19年最高裁決定は、文書としての客観的性質（作成・保存目的）に着目して、一般的に自己査定資料を自己利用文書に当たらないとしたのであって、当該文書の訴訟における証拠としての重要性、当事者間の公平、真実発見の重要性等の要素を比較考量して決したのではありません。**したがって、最高裁判例がいわゆる限定解釈説の立場に立つことが明確になったと理解することができます。

　そして、本文中に指摘したように、平成11年最高裁決定が必ずしも明快に解決していなかった点を明らかにした部分があり、自己利用文書についての判断枠組みの具体的適用について予測可能性を高めることに成功したといってよいと思われます。

第6章　重複訴訟禁止の意義と機能

第6章　重複訴訟禁止の意義と機能

I　重複訴訟禁止の制度趣旨

　民訴法142条は、「裁判所に係属する事件については、当事者は、更に訴えを提起することができない。」と規定しています。同条の規定する原理を、「二重起訴の禁止」、「重複起訴禁止」と呼ぶこともありますが、本章では、「重複訴訟禁止」と呼ぶことにします。

　重複訴訟禁止の制度趣旨につき、最3小判昭和48・4・24民集27巻3号596頁は、「審判の重複による不経済、既判力抵触の可能性および被告の応訴の煩という弊害」を防止するところにあるとの立場を示しています。学説も、同様の説明をするのが一般ですが、この3点のうちどれを重視するかには差異があります。[1]

　この3点のうちの既判力抵触の可能性の防止については、現実に既判力の抵触する判決が頻繁に出現することを前提としているのではなく、重複訴訟を禁止することによって、既判力の抵触する判決が出現する可能性をできる限り封殺しておこうというものであると理解するのが正確です。なぜなら、重複して訴訟が提起されたとしても、先に確定した判決の既判力が係属中の訴訟に及びますから、係属中の訴訟（たとえこれが前訴であったとしても）の裁判所が同判決の存在に気づきさえすれば、同判決の既判力に拘束されて判断することになります。[2]仮に裁判所が同判決の既判力に気づくことのないままこれに反する判

1　本文掲記の判例は3点を列挙していますが、例えば、中野ほか・講義186頁〔堤龍弥〕は、既判力抵触の可能性を回避することに主な理由があると説明します。これに対し、梅本269頁は、重複訴訟には訴訟制度の濫用という性格があり、この弊害を防止する点に第1の趣旨があると説明します。

254

決をしたとしても、上訴によって取り消されますし、さらに、上訴がなく確定したときでも、後に確定した判決は再審の訴えによって取り消される（法338条1項10号）からです。

また、審判の重複による不経済と被告の応訴の煩は、究極的には同一の性質の弊害につき、1つは訴訟という紛争解決制度の設営者の観点から表現し、もう1つは重複して訴訟を提起される被告という一方当事者の観点から表現したものと理解することができます。そこで、後記V2で取り上げる最3小判平成3・12・17民集45巻9号1435頁は、重複訴訟禁止の理由として、審理の重複による無駄を避けるためと既判力抵触の防止の2点を挙げています。

Ⅱ 禁止される重複訴訟の要件

前記Ⅰのとおり、民訴法142条は、禁止される重複訴訟の要件として、訴訟係属中の事件が存在することおよびその事件と同一事件の訴訟を提起することを挙げています。そこで、訴訟係属中の事件が存在するというべきかどうか、後訴を提起したというべきかどうか、前訴と後訴とが同一の事件であるというべきかどうかといった諸点が問題になります。前訴と後訴とが同一の事件であるというためには、当事者が同一であり、かつ、審判対象が同一であることを要すると解することに争いはありませんが、これらの要件をどう解釈するか、どのような場合にこれらの要件を充足するかについては争いがあります。

そこで、実際に、これらの点がどのように争われるのか、重複訴訟禁止の原則がどのように機能するのかを具体的に検討してみましょう。

Ⅲ 当事者の同一性

1．原則形態——当事者双方が同一である場合——

審判対象である権利または法律関係が前訴と後訴とで同一であっても、当事

2　既判力が及ぶかどうかが裁判所の職権調査事項であり、その判断のための資料は裁判所が職権探知すべきであることにつき、第1章Ⅱ1参照。

第6章　重複訴訟禁止の意義と機能

者が異なる場合には、同一事件ということはできません。

　例えば、Xが、Yを相手にして、ある1筆の土地の所有権が自己に帰属する旨の確認を求める訴え（前訴）を提起し、前訴の係属中に、Zを相手にして、同一の土地の所有権が自己に帰属する旨の確認を求める訴え（後訴）を提起したとします。この場合の訴訟物は、前訴・後訴ともに「Xの当該1筆の土地の所有権」ですが、前訴はXとYを当事者とする事件であり、後訴はXとZを当事者とする事件ですから、前訴と後訴の当事者が同一ではなく、したがって、前訴と後訴との間に事件の同一性はないということになります。

2．例外形態──当事者が同一でなくても、同一性ありとされる場合──

　それでは、当事者が同一でなくても、事件の同一性ありとされる場合があるでしょうか。この点について、自らが当事者とならなくても判決の効力を受けるとされる場合（法115条1項2号・4号）には、事件の同一性ありと解されています。

　前記Iの最3小判昭和48・4・24を素材にして、当事者双方が同一でない場合において、重複訴訟禁止の原則がどのように機能するのかを具体的に検討してみることにします。

⑴　最3小判昭和48・4・24の事案の概要

　債権者代位訴訟（前訴）に債務者が当事者参加[3]して第三債務者に対して同一の訴え（後訴）を提起することが重複訴訟禁止の原則に抵触するかどうかが問題になったものです。実際の事案には複雑なところがありますが、ここでの問題との関係で簡略化して整理すると、その事案の概要は〈設例6-①〉のとおりです。

──〈設例6-①〉──

①　Xは、Zから、Z所有の本件土地Lを賃借していたが、昭和30年9月、Zに無断でLをYに転貸した（期間5年、賃料月額1000円）。Yは、L上に本件建物Hを建築し所有していた。しかるところ、Xは、Zに代位

3　現行民訴法47条1項前段（当時の民訴法71条1項前段）を参照。

256

してZのL所有権に基づき、H収去L明渡請求訴訟（前訴）を提起した。

② 他方、Zは、昭和44年6月17日にXに到達した書面によって、無断転貸を理由にXとの間の賃貸借契約を解除したとして、ⓐXに対し、XがLにつき賃借権を有しないことの確認を、ⓑYに対し、ZのL所有権に基づき、H収去L明渡しを、それぞれ求めて独立当事者参加訴訟（後訴）を提起した。

③ Yは、Zの参加につき、ZのYに対するL明渡請求はすでにXの行使している権利を重ねて行使するものであるし、また、重複訴訟に該当するものであるから許されないと主張した。

④ 第1審は、Zの参加を適法とし、Zの②の請求をいずれも認容し、Xの請求を代位原因なしとして棄却した[4]。原審（控訴審）は、第1審と同様、Zの参加を適法とし、Zの②の請求をいずれも認容すべきものとし、Xの訴えにつき代位原因なしとして却下した[5]。

⑤ Yは、ZのYに対する訴えの訴訟物とXのYに対する訴えの訴訟物とは同一であるから、Zの参加は重複訴訟禁止の原則に抵触し不適法であると主張して、上告した。

(1) Zの後訴（独立当事者参加訴訟）の提起は、重複訴訟禁止の原則に抵触するか。Zが独立当事者参加訴訟ではなく別訴として後訴を提起した場合はどうか。

(2) 上記③のYの主張のうち、「ZのYに対するL明渡請求はすでにXの行使している権利を重ねて行使するものであるから許されない」との主張は、重複訴訟禁止の主張とは異なる主張であるのかどうか、異なる主張であるとすれば、どのような性質の主張であるかを検討せよ。

(3) 改正民法423条の5は、「債権者が被代位権利を行使した場合であっても、債務者は、被代位権利について、自ら取立てその他の処分をすることを妨げられない。この場合においては、相手方も、被代位権利につい

4　福島地郡山支判昭和45・11・24金判370号7頁。

5　仙台高判昭和47・5・24金判370号4頁。

第6章　重複訴訟禁止の意義と機能

て、債務者に対して履行をすることを妨げられない。」と規定する。この規定は、上記(1)、(2)の結論に影響を及ぼすか。及ぼすとすれば、どのような影響を及ぼすか。

(4)　上記④の第1審の事実認定を前提にして、判決主文を摘示せよ。

[関係図]

前訴（債権者代位訴訟）：X→Y　ZのL所有権に基づくH収去L明渡請求訴訟
後訴（独立当事者参加訴訟）：Z→X　L賃借権不存在確認請求訴訟
　　　　　　　　　　　　　　Z→Y　ZのL所有権に基づくH収去L明渡請求訴訟

(2)　最3小判昭和48・4・24の判断

最高裁は、以下のとおりの判断を示した上、XのL賃借権は賃貸借契約の解除により消滅しており、XはZに代位しての訴訟追行権を有しないから、その訴えは却下を免れず、他方、Zの提起した独立当事者参加訴訟は適法であるとして、Yの上告を棄却しました。

(i)　債権者が債務者に代位して第三債務者に対して提起した訴訟に、債務者が民訴法71条（現行民訴法47条）により参加し、第三債務者に対して代位訴訟と訴訟物を同じくする訴えを提起することは、民訴法231条（現行民訴法142条）の重複起訴禁止にふれるものではない。

(ii)　けだし、この場合は、同一訴訟物を目的とする訴訟の係属にかかわらず債務者の利益擁護のため訴えを提起する特別の必要を認めることがで

258

きるのであり、また、債務者の提起した訴えと代位訴訟とは併合審理が
強制され、訴訟の目的は合一に確定されるのであるから、重複起訴禁止
の理由である審判の重複による不経済、既判力抵触の可能性および被告
の応訴の煩という弊害がないからである。

(iii) 債権者が適法に代位権行使に着手した場合において、債務者に対しそ
の事実を通知するかまたは債務者がこれを了知したときは、債務者は、
代位の目的となった権利につき債権者の代位権行使を妨げるような処分
をする権能を失い、したがって、処分行為と目される訴えを提起するこ
とができなくなるのであって、この理は、債務者の訴え提起が参加によ
る場合であっても異なるものではない。

(iv) したがって、審理の結果債権者の代位権行使が適法であること、すな
わち、債権者が代位の目的となった権利につき訴訟追行権を有している
ことが判明したときは、債務者は同権利につき訴訟追行権を有せず、当
事者適格を欠くものとして、その訴えは不適法といわざるを得ない反面、
債権者が訴訟追行権を有しないことが判明したときは、債務者はその訴
訟追行権を失っていないものとして、その訴えは適法ということができ
る。

(i)ないし(iv)のうち、(i)と(iv)の判示部分が民集の判示事項および判決要旨とし
て抽出されています。そして、(ii)が(i)の判断の理由、(iii)が(iv)の判断の理由とい
う構成になっています。

本最高裁判決を注意深く読むと、債権者代位訴訟における重複訴訟禁止の原
則と当事者適格という性質の異なる2つの問題を扱っていることがわかります。

(3) 2つの問題──重複訴訟禁止の原則と当事者適格──の本件における位
置付け

前訴（XのYに対する訴え）の訴訟物（請求権）は、Zの本件土地Lの所有
権に基づく返還請求権としての土地明渡請求権です。この前訴は、特定債権

---

6 土地所有権に基づき建物収去土地明渡しを請求する場合の訴訟物をどのように把握すべきかにつ
いては、司研・紛争類型別58頁を参照。本章の目的はその問題を議論するところにないので、本文
の説明は、現在の民事裁判実務が前提としている旧1個説によっています。

第6章　重複訴訟禁止の意義と機能

（金銭債権でない債権。本件では賃借権）保全のためにも債権者代位権を使うことを容認する判例の立場によるものです。[7]

　後訴（Zの提起した独立当事者参加訴訟）の訴訟物（請求権）は、Xに対するものがXの本件土地Lの賃借権（ただし、その不存在確認）であり、Yに対するものがZの本件土地Lの所有権に基づく返還請求権としての土地明渡請求権です。

　まず、後訴のうちYに対する訴訟物（請求権）は、前訴のそれと同一であり、前訴の債権者代位訴訟は法定訴訟担当の一類型と考えられていて、その確定判決の既判力はZ（債務者）に及ぶことになることから、重複訴訟禁止の原則との関係では、当事者双方が同一でなくても、同一性ありと考えるべきではないかが問題となります。

　次に、債権者から代位権行使を通知されたときまたは債務者がこれを了知したときに、債務者は自己の権利の処分権を失い、訴訟追行権を失うと解されていましたから、[8]ZにはYに対して訴訟を提起する原告適格がないのではないかが問題となりました。

　それでは、これら2つの問題が本件の主張・立証の構造の中にどのように位置付けられる問題であるのかを、本件の事案に即して具体的に検討してみることにしましょう。

　前訴の請求原因事実は、大要、以下のとおりです。

――〈前訴の請求原因事実〉――――――――――――――――――――――――

(ｱ)　XとZとの間で、Xを賃借人、Zを賃貸人とするL賃貸借契約を締結した。

(ｲ)　Zは、現在（事実審口頭弁論終結時。以下同じ）Lの所有者である。

(ｳ)　Yは、L上にHを所有して現在Lを占有している。

　(ｱ)は、XがZに対して代位原因となる債権を有することを示す事実です。第1審判決および控訴審判決のいずれをみても具体的事実が明らかでないので、ここでは簡略に摘示しています。本件は、特定債権保全のためにする債権者代

―――――――――――
7　最1小判昭和43・3・28判時518号49頁。
8　大判昭和14・5・16民集18巻9号557頁。

260

Ⅲ　当事者の同一性

位権のいわゆる転用形態ですから、債務者Zの無資力は要件になりません。
(イ)、(ウ)は、代位の目的となる土地明渡請求権の発生原因事実です。

　これに対し、後訴の請求原因事実は、大要、以下のとおりです。

─〈後訴の請求原因事実1──対X──〉──────────────────
　(a)　Xは、Lにつき、Zを賃貸人とする賃借権を有すると主張しており、
　　　この点についてZとの間で争いがある。
──────────────────────────────────────

　(a)の事実は、不存在確認の対象とする権利または法律関係を特定し、また、
Xが確認の利益を有することを主張するものですが、これらの事実は原告Z
が主張・立証責任を負うと解されています。[9]

　そして、不存在確認の訴えにおいては、そのようにして特定された権利また
は法律関係の発生原因事実を被告Xが主張・立証し、その発生障害事実や消
滅原因事実を原告Zが主張・立証することになります。

─〈後訴の抗弁（Xの主張）〉─────────────────────────
　(ア)　XとZとの間で、Xを賃借人、Zを賃貸人とするL賃貸借契約を締
　　　結した。
──────────────────────────────────────

─〈後訴の再抗弁（Zの主張）〉────────────────────────
　(b)　Xは、Yとの間で、昭和30年9月、Lを賃貸（期間5年、賃料月額1000
　　　円）する旨の契約を締結した。
　(c)　Yは、(b)の契約に基づきLの引渡しを受け、Lを使用収益した。
　(d)　Zは、Xに対し、昭和44年6月17日、抗弁(ア)の賃貸借契約を解除する
　　　旨の意思表示をした。
──────────────────────────────────────

─〈後訴の請求原因事実2──対Y──〉─────────────────
　(イ)　Zは、現在（事実審口頭弁論終結時。以下同じ）Lの所有者である。
　(ウ)　Yは、L上にHを所有して現在Lを占有している。
──────────────────────────────────────

───
9　訴えの利益や当事者適格といった公益性の強くない訴訟要件には弁論主義の適用を認めるという
　のが通説の立場であることにつき、中野ほか・講義462頁〔松本博之〕参照。

第6章　重複訴訟禁止の意義と機能

Ｙは、Ｚの後訴に対し、重複訴訟禁止の原則にふれるとの主張および原告適格なしとの主張をしました。これらの主張を整理すると、以下のとおりです。

┌─〈重複訴訟禁止に関する主張〉────────────────────
│ (あ)　Ｚの債権者ＸがＹに対し、Ｚに代位して後訴の訴訟物であるＺのＬ
│　　所有権に基づく返還請求権としての土地明渡請求権を行使する前訴を提
│　　起し、現在係属中である。
└──────────────────────────────────────

┌─〈原告適格に関する主張〉──────────────────────
│ (い)　Ｚは、Ｚの債権者ＸがＹに対し、Ｚに代位して後訴の訴訟物である
│　　ＺのＬ所有権に基づく返還請求権としての土地明渡請求権を行使する
│　　前訴を提起したことを了知した。
└──────────────────────────────────────

当該訴訟が重複訴訟であることは消極的訴訟要件（訴訟障害）であり、裁判所は、職権で取り上げる責務を有するばかりか、その公益性の見地からして、その根拠となる事実についても弁論主義の適用はなく、被告の抗弁を待たずに判断し、重複訴訟であることが判明した場合には、後訴を不適法な訴訟として却下しなければならないというのが一般的な見解であり、本最高裁判決もこの[10]見解を前提にしているものと考えてよいでしょう。

このような考え方を前提にすると、重複訴訟禁止に関する上記のＹの主張は、裁判所に対して訴訟要件に関する判断をすべき旨の職権発動を促すものであって、事実についての主張部分も裁判所の判断の参考に供するものにすぎないということになります。ですから、Ｙのこの主張について「本案前の抗弁」という用語を使用するのは不正確であるということになります。

次に、原告になった者が原告適格を有することは積極的訴訟要件であり、裁判所の職権調査事項ですが、脚注9のとおり、その根拠となる事実については弁論主義の適用があると解されています。

そうすると、原告適格に関する上記のＹの主張は、裁判所に対して訴訟要件に関する判断をすべき旨の職権発動を促すものであることは重複訴訟禁止に

──
10　中野ほか・講義195頁〔堤龍弥〕、梅本280頁参照。

262

関する主張と同じですが、原告適格に関する事実についての主張部分は「本案前の抗弁」と呼んでもおかしくはないということになります。

重複訴訟禁止に関する主張と原告適格に関する主張とはコインの表裏のごとき主張ですが、このように検討してみると、民訴法上の性質に異なる側面があることを理解することができます。

ところで、2020年4月1日施行の改正民法423条の5は、債権者の代位権行使が債務者自身の処分権限に影響を及ぼすという判例の立場を立法によって変更し、債権者が代位権を行使しても、債務者は自己の権利の処分権を失うことはなく、したがって訴訟追行権を失うこともないこととしました。したがって、**改正民法423条の5の規定によれば、Xが適法に代位権を行使しても、その結果としてZがYに対して訴訟を提起する原告適格を喪失することはありません。しかし、Yに対する関係において、Xの行使する訴訟物とZの行使する訴訟物とは同一ですから、重複訴訟禁止の原則との関係をどのように考えるべきであるかの問題は、従前と同様に残っています。**

(4) 2つの問題についての本最高裁判決の解決策

まず、重複訴訟禁止の原則について検討することにしましょう。前述(3)のとおり、Xの提起した前訴の訴訟物（請求権）とZの提起した後訴のうちYに対する訴えの訴訟物（請求権）は同一ですし、前訴の既判力がZに及ぶという点についてもほぼ異論がありませんから、前訴と後訴の当事者は同一ではないのですが、重複訴訟禁止の原則との関係では、当事者が同一である場合と同様に扱うのが相当であるということになります。

他方、XはZの債権者ではないとして（すなわち、Xに訴訟追行権がないとして）Xの地位を争っているZの利益をどのような理屈で保護すべきかが問題になります。**本最高裁判決は、前記Ⅰで説明した重複訴訟禁止の制度趣旨の原点に戻って考察し、当事者参加訴訟であれば、その制度趣旨と考えられるいずれの点にもふれることがないことを理由として、Zの提起した後訴を重複訴訟禁止の原則に抵触することなく許されると判断した**のです。これが前記(2)(ⅰ)(ⅱ)の判示部分の意義です。

次に、重複訴訟禁止の問題とは別に原告適格の点を検討することが必要です。債権者が適法に代位権行使に着手した場合において、債務者がその事実を了知

263

第6章　重複訴訟禁止の意義と機能

したときは、債務者は代位の目的となった自己の権利につき訴訟追行権を失い、当事者適格を欠くに至るとの立場に立つ以上、Zの後訴が当事者参加訴訟であっても、この問題は残るからです。

本最高裁判決は、Xに訴訟追行権があること（XがZの債権者であること）は前訴の当事者適格（原告適格）の問題であるとして、通説の立場に立つことを明らかにしました。その上で、Xが前訴につき原告適格を有する場合には、Zは後訴につき原告適格を欠いて、後訴は不適法なものとして却下され、逆に、Xが前訴につき原告適格を有しない場合には、前訴は不適法なものとして却下され、後訴のうちZのYに対する訴えは適法なものとされて本案判決がされるべきであると判断したのです。これが前記(2)(iii)(iv)の判示部分の意義です。

結局、本最高裁判決の判断によると、本件の事実関係を前提とした場合の第1審判決の主文は、以下のようにするのが正しいということになります。

1　Xの訴え（前訴）を却下する。
2　ZとXとの間においてXが本件土地Lにつき賃借権を有しないことを確認する。
3　Yは、Zに対し、本件建物Hを収去して本件土地Lを明け渡せ。

ところで、改正民法423条の5の規定が適用になる場合には、以上の関係はどのように変容することになるのでしょうか。XがZの債権者でない場合は、Xには前訴の原告適格がありませんから、前訴は不適法なものとして却下されます。この点に差異はありません。これに対し、XがZの債権者である場合は、Xに前訴の原告適格があり、Zにも後訴の原告適格がありますから、原告適格の観点において前訴と後訴のいずれもが不適法とされることはありません。

そこで、Yに対する本件土地Lの返還請求をどのように処理するのかが問題になります。本来の権利者であるZが後から権利行使に着手しても、XがZの債権者である場合には前訴の原告適格を失うことはないとの考え方は、XがZの有する所有権に基づく返還請求権を行使する権限があることを認めるという立場を前提にするのでしょうから、判決主文は単純に両者の返還請求を

264

認容すればよく、後は執行に任せるという結論[11]を採るものと思われます。

Ⅳ　審判対象の同一性

1．同一性判定の基準を訴訟物に求めるかどうか

　重複訴訟として後訴を禁止すべきかどうかを判定する場面において、前訴と後訴の審判対象を同一とみるべきであるかどうかの基準を何に求めるかは、1つの問題です。

　前記Ⅰに説明した重複訴訟禁止の制度趣旨として挙げられる3点のうち、既判力抵触の可能性封殺を重視する立場に立てば、訴訟物である権利または法律関係の同一性を基準とする考え方に導かれるのが自然ですし、審判の重複による不経済や被告の応訴の煩という弊害予防を重視する立場に立てば、前訴と後訴の主要な攻撃防御方法の共通性を基準とするなどより広く審判対象の同一性を捉える考え方に導かれるのが自然です。

　民訴法の解釈論は、生きた訴訟の実践の場で使用に耐える使いやすい理屈であることが必要です。重複訴訟禁止における審判対象の同一性の判定基準についてみると、後訴の受訴裁判所が後訴の提起された時点でそれが禁止されるべき重複訴訟であるかどうかを的確に判定することのできる基準が望ましいことに異論はないものと思われます。

　そうすると、前訴と後訴の主要な攻撃防御方法の共通性というだけでは、そこにいう「攻撃防御方法」を要件事実（主要事実）レベルのものに限るとしても、前訴の審理上の手続段階や後訴の当事者の争点設定などの様々な要因によって、「共通性」の有無を的確に判定することができず、後訴の受訴裁判所にとっても当事者双方にとっても納得し得る結論に到達することは難しいものと思われます。結局、前訴と後訴の主要な攻撃防御方法の共通性というのでは、回顧的に過去の訴訟行為を評価する場面であればともかく、現に提起された後

11　前訴の判決主文は「Ｙは、Ｘに対し、本件建物Ｈを収去して本件土地Ｌを明け渡せ。」となり、後訴の判決主文は「Ｙは、Ｚに対し、本件建物Ｈを収去して本件土地Ｌを明け渡せ。」となるという考え方です。

第6章　重複訴訟禁止の意義と機能

訴につき、禁止されるべき重複訴訟であるかどうかを展望的に判定する場面では、基準として使用に耐えるものとはいえないということになります。[12]

　しかし、審判の重複による不経済や被告の応訴の煩という弊害を合理的な方法で極力制御すべきであるという後者の考え方の方向性に誤りがあるわけではありません。そこで、訴訟物である権利または法律関係の同一性を基準とする考え方を基本としつつ、これが同一でない場合には当然に別訴を許すというのではなく、これらの弊害を予防するべく後訴の訴訟手続の姿を探求するというのが正しい方法論であろうと思われます。

　そうすると、原告 X が被告 Y に対して1筆の土地 L の売買代金1000万円の支払を求める訴え（前訴）を提起しながら、同じ売買代金1000万円の支払を求める訴え（後訴）を提起した場合には、前訴と後訴の訴訟物が同一ですから、後訴は重複訴訟禁止の原則にふれ、訴えが却下されることになります。わかりやすい例ですが、このような事態が実際に起きることは稀です。そこで、以下、実務上しばしば問題になる事案について検討してみることにしましょう。

2．債務不存在確認の訴えと給付の訴え

　債権を有すると主張する者に対してその不存在の確認を求める訴えが提起され、それに対し、被告とされた者が当該債権の給付を求める反訴を提起するという事態は、しばしば起こります。

　最1小判平成16・3・25民集58巻3号753頁を素材にして、重複訴訟禁止の原則と訴えの利益の問題とがどのような関係に立つのかを具体的に検討してみることにします。

(1)　最1小判平成16・3・25の事案の概要

　生命保険契約の保険約款の解釈が争われた事件ですが、ここではその実体法上の問題は省略し、専ら重複訴訟禁止の原則と訴えの利益の問題との理解に資する範囲で事案を簡略化してその概要を紹介することにします。

─── 〈設例6-②〉 ───
　①　X はその代表者 A が設立した株式会社であり、Y は生命保険相互会

12　中野ほか・講義192頁〔堤龍弥〕は、同旨をいうものと思われます。

266

社である。X 社は、Y 社との間で、平成 7 年 5 月 1 日、A を被保険者、X 社を受取人として死亡保険金額を 2 億円とする生命保険契約（本件保険契約）を締結した。この生命保険契約の保険約款には、保険者の責任開始の日から 1 年内に被保険者が自殺した場合には保険者は死亡保険金を支払わない旨の定め（1 年内自殺免責特約）があった。A は、同年10月31日、集合住宅用建物の屋上防水工事現場から転落して死亡した。

② Y 社は、X 社を被告として、本件保険契約に基づく死亡保険金支払債務が存在しないことの確認を求めて訴えを提起したところ、X 社は、本件保険契約に基づく死亡保険金 2 億円の支払を求める反訴を提起した。

③ 第 1 審は、A の死亡が自殺によるものであると認定し、Y 社の本訴につき、1 年内自殺免責特約による Y 社の免責を認めて、「Y 社と X 社との間の生命保険契約に基づく Y 社の X 社に対する死亡保険金支払債務の存在しないことを確認する。」との判決をし、X 社の反訴につき、「X 社の請求を棄却する。」との判決をした。[13] 原審（控訴審）は、X 社の控訴を棄却した。[14]

④ そこで、X 社は、上告および上告受理の申立てをした。

(1) 本訴と反訴の各訴訟物を指摘し、各請求原因事実、抗弁事実等を摘示せよ。

(2) 第 1 審の事実認定を前提にして、判決主文を摘示せよ。

(3) X 社は、保険金支払請求についての別訴（反訴でなく）を提起することは許されるか。

---

[13] 東京地判平成11・3・26判時1788号144頁。
[14] 東京高判平成13・1・31判時1788号136頁。

第 6 章　重複訴訟禁止の意義と機能

[関係図]

X 社　代表者 A　平成 7・10・31自殺

平成 7・5・1　本件保険契約締結（被保険者 A、受取人 X 社）

Y 生命保険相互会社

（本訴）　Y 社 → X 社　本件保険契約に基づく死亡保険金支払債務の不存在確認
（反訴）　X 社 → Y 社　本件保険契約に基づく死亡保険金 2 億円の支払請求

(2)　最 1 小判平成16・3・25の判断

最高裁は、Y 社のした本訴請求（死亡保険金支払債務の不存在確認請求）部分を職権で取り上げ、以下のとおりの判断を示し、確認の利益を欠き不適法であるとして訴えを却下しました。

> (i)　Y 社の本訴（死亡保険金支払債務の不存在確認請求に係る訴え）については、X 社の本件保険契約に基づく保険金の支払を求める反訴が提起されている以上、もはや確認の利益を認めることはできないから、Y 社の本訴は、不適法として却下を免れない。
>
> (ii)　したがって、Y 社の本訴請求に関する部分は、破棄を免れず、同部分につき第 1 審判決を取り消して、同請求に係る訴えを却下する。

上記の判示部分は民集の判示事項および判決要旨として抽出されていませんが、民集に登載された判例の判決理由中でこの点を取り扱ったのは初めてであろうと思われます。[15]本件の第 1 審判決と控訴審判決のいずれもが、本訴の適法性いかんにふれないまま、本訴と反訴の双方について実体判断をしているのは、事実審裁判所の実務に本最高裁判決のいうような論理が浸透していなかったことを示しています。

15　太田晃詳「判解」最判解民〔平成16年度〕232頁によると、判例集未登載の最 3 小判平成13・3・27が同旨の判断をしているようです。

268

IV 審判対象の同一性

⑶　２つの問題――訴えの利益と重複訴訟禁止の原則

本訴（Y社のX社に対する訴訟）の訴訟物は、本件保険契約に基づく死亡保険金支払債権です（ただし、その不存在確認）。そして、反訴（X社のY社に対する訴訟）の訴訟物は、本件保険契約に基づく死亡保険金支払請求権です。

上記のとおり、本訴と反訴の訴訟物は、厳密には異なるものですが、反訴の訴訟物である請求権は本訴の訴訟物である債権の存在を前提にするものですから、実質的に同一のものとみることができます。

訴訟物の実質的同一性を肯定すると、重複訴訟禁止の原則がここに適用され、後訴である反訴を不適法として却下すべきではないかが問題になります。しかし、X社には給付請求権についての債務名義を取得する必要がありますから、反訴請求の訴訟物がその不存在の確認を求める本訴の訴訟物と実質的に同一であるからといって、これを却下するわけにはいきません。

反訴を却下しないという判断が動かし得ないものということになると、反訴が提起されたことを前提として、本訴に訴えの利益があるのかどうかを再検討する必要があります。なぜなら、本件の受訴裁判所は、反訴の実体判断の中で、必ず、Y社がX社に対して本件保険契約に基づく死亡保険金支払債務を負うのかどうかを判断することになり、その判断には既判力が生ずるからです。

ところで、本件のX社は反訴を提起したのですが、これが別訴である場合に重複訴訟禁止の原則の適用によって却下すべきであるかどうかという別の問題があります。反訴のみを認めるのが合理的であるという見解[16]とX社がY社の選択した管轄裁判所に拘束されるのは不適当であり、別訴をも認めてよいという見解[17]とが対立しています。

本最高裁判決は、この点について何らの判断もしていません。将来に残された問題になっています。

⑷　本訴と反訴の主張・立証の構造

本訴の請求原因事実は、以下のとおりです。

16　西理「民事訴訟法上のいくつかの論点について㊥」判時2124号（2011年）７頁、高橋宏志『重点講義民事訴訟法㊤〔第２版補訂版〕』（有斐閣・2013年）131頁、梅本274頁を参照。

17　松本博之＝上野泰男『民事訴訟法〔第８版〕』（弘文堂・2015年）235頁を参照。坂田宏『民事訴訟における処分権主義』（有斐閣・2001年）59頁は、これがドイツの判例・通説であるとして紹介しています。

269

第6章　重複訴訟禁止の意義と機能

―〈本訴の請求原因（Y社の主張）〉――――――――――――――――
　(ア)　X社は、Y社に対し、両者間の本件保険契約に基づき、被保険者A
　　　の平成7年10月31日の死亡により、保険者であるY社がX社に対して
　　　死亡保険金2億円の支払債務を負ったと主張しており、この点について
　　　Y社との間で争いがある。

　本訴は、債務不存在確認の訴えですから、原告において、不存在の確認を求
める債権を特定した上で、確認の利益を示すために当事者間に争いが存するこ
とを主張する必要があります。上記の(ア)は、債権の特定と確認の利益とを併せ
て摘示したものです。X社は、(ア)の事実を認めました。したがって、本訴提
起の時点で、本訴に確認の利益が存することは明らかです。
　これに対し、反訴の請求原因事実は、以下のとおりです。

―〈反訴の請求原因＝本訴の抗弁（X社の主張）〉――――――――――――
　(a)　X社は、Y社との間で、平成7年5月1日、被保険者をA、受取人
　　　をX社とし、死亡保険金を2億円とする本件保険契約を締結した。
　(b)　Aは、平成7年10月31日に死亡した。

　(a)(b)の事実は、Y社が本訴の請求原因事実において不存在の確認を求める
債権として特定したその債権の発生原因事実を主張するものです。これらの事
実は、反訴の請求原因事実であり、本訴においては抗弁事実になります。
　Y社は、これに対し、抗弁として、次のとおり死亡保険金債権の発生障害
事実を主張しました。本訴においては再抗弁事実になります。

―〈反訴の抗弁＝本訴の再抗弁　Y社の主張）〉――――――――――――
　(イ)　本件保険契約には、保険者の責任開始の日から1年内に被保険者が自
　　　殺した場合には保険者は死亡保険金を支払わない旨の定め（1年内自殺
　　　免責特約）がある。
　(ウ)　反訴請求原因事実(b)のAの死亡は、自殺によるものである。

――――――――――――――――――
18　本章III 2(3)を参照。

270

さて、本訴の確認の利益につき、反訴提起後においても X 社がこれを争わなかったこともあって、第 1 審も控訴審もこれを問題にせず、本訴についても実体判断をしました。しかし、最高裁は、確認の利益が職権調査事項であるため、この点を職権で取り上げ、前記(2)(i)(ii)のとおり判断しました。最高裁の判断は、X 社が請求原因事実(a)(b)を主張して反訴を提起したこと自体が本訴請求の確認の利益を失わせる本案前の抗弁の機能を有するというものです。この最高裁の判断をみると、訴訟要件は本案審理のための要件ではなく、本案判決のための要件であるという理屈が訴訟の場で実践されていることを理解することができます。

　本件と異なり、X 社の死亡保険金の支払請求が先に提起され、Y 社の死亡保険金支払債務の不存在確認の訴えがその後に提起された場合には、前記(3)のとおり、この後訴は同一の当事者間で実質的に同一の訴訟物を審判の対象とするものですから、重複訴訟禁止の原則にふれ、不適法として却下されることになります。[19]これを本件と同様に確認の利益を欠くことを理由に却下することも誤りとまではいえないでしょうが、[20]実体判断への接近の程度において確認の利益よりも重複訴訟禁止のほうが遠いし、公益性の程度においても確認の利益よりも重複訴訟禁止のほうが高いので、重複訴訟禁止の原則にふれることを理由に却下するほうが理論的には首尾一貫するように思われます。

Ⅴ　訴訟係属の有無および後訴の提起

1．相殺の抗弁と重複訴訟禁止の原則

　前記Ⅱに説明したように、民訴法142条は、禁止される重複訴訟に当たるとされるために、①訴訟係属中の事件（前訴）が存在すること、②後訴を提起したこと、③前訴と後訴とが同一の事件であること、の 3 つを要件として規定していると解されています。前記ⅢおよびⅣにおいて、③の要件について検討し

19　東京地判昭和60・8・29判時1196号129頁。
20　中野ほか・講義189頁〔堤龍弥〕は、本文のような場合は、「そもそも確認の訴えの利益がないと考えられる。」といわれる。

第6章　重複訴訟禁止の意義と機能

たので、ここでは、①と②の要件をめぐる問題を取り上げることにします。

　相殺の抗弁と重複訴訟禁止の原則との関係を検討することによって、①と②の要件の意味を具体的に考えてみることにしましょう。相殺の抗弁と重複訴訟禁止の原則との関係については、次の2類型に大別してこの問題を考察するのが一般的です。[21]

　　ⓐ　YがXに対して訴えをもって請求している債権を、後に、XのYに対する給付訴訟において、Yが相殺の抗弁の自働債権とする場合（以下「別訴先行型」といいます）

　　ⓑ　XのYに対する給付訴訟においてYが相殺の抗弁の自働債権としている債権を、後に、YがXに対して別訴を提起して請求する場合（以下「抗弁先行型」といいます）

　なお、一口に「相殺の抗弁」といいますが、これには、㋐訴訟外において相殺の意思表示がされたことを前提として、その相殺を訴訟において主張する場合と、㋑請求原因事実が認められたときに限って判断を求めるという訴訟上の相殺の意思表示をする（いわゆる仮定抗弁として相殺の抗弁を主張する）場合、の2つの場合があります。最1小判平成10・4・30民集52巻3号930頁は、㋑の訴訟上の相殺の抗弁に対し訴訟上の相殺を再抗弁として主張することは許されないとしましたが、重複訴訟禁止の原則とのコンテクストにおいてもこの分類に意味があるかどうかは、1つの問題です。この点については、下記4(3)において検討します。

　それでは、以下、ⓐ別訴先行型、ⓑ抗弁先行型の順に検討することにします。

2．別訴先行型と重複訴訟禁止の原則

(1)　最3小判平成3・12・17民集45巻9号1435頁の事案の概要

　相互に売買代金債権を有する者の間において、相殺の抗弁と重複訴訟禁止の原則との関係が争われた事件です。事案を簡略化してその概要を紹介すると、〈設例6-③〉のとおりです。

21　山本弘「二重訴訟の範囲と効果」民事訴訟法の争点〔第3版〕（1998年）121頁、中野ほか・講義192頁〔堤龍弥〕、梅本275頁参照。

272

Ⅴ　訴訟係属の有無および後訴の提起

――〈設例6 -③〉――

①　Ｘはスポーツ用品の輸出入代行業等を営む会社であり、Ｙはバドミントン用具の製造販売業を営む会社である。Ｘは、Ｙに対し、昭和55年9月22日、Ｘが昭和54年2月から6月までの間に売り渡した輸入バドミントン用具の残代金合計258万1251円の支払を求めて訴え（本訴）を提起した。本訴の第1審は、昭和58年2月25日、207万4476円の支払を命ずる限度でＸの請求を認容する旨の一部認容判決を言い渡した。Ｙが控訴。

②　他方、Ｙは、Ｘに対し、本訴提起に先立つ昭和54年11月2日、同年9月ころまでに売り渡したバドミントン用品の売買残代金合計1286万8060円の支払を求める訴え（別訴）を提起していた。別訴の第1審は、昭和58年4月18日、1284万8060円の支払を命ずる限度でＹの請求を認容する旨の一部認容判決を言い渡した。Ｘが控訴。

③　Ｙは、本訴の控訴審において、昭和60年3月11日、別訴で認容された売買残代金債権を自働債権としてＸの請求債権と対当額で相殺する旨の抗弁を主張した。これに対し、Ｘは、重複訴訟禁止の原則に照らして、相殺の抗弁の提出は許されない旨主張した。なお、この抗弁の主張時には本訴と別訴が併合されて審理されていたが昭和61年2月17日に弁論が分離され、昭和62年6月29日、本訴と別訴のいずれについても控訴棄却の判決が言い渡され、別訴についてはＸの上告がなく確定した。[22]

④　原審（控訴審）は、本訴判決において、「民訴法231条（現行民訴法142条）の趣旨は、同一債権について重複して訴えが係属した場合についてのみならず、すでに係属中の別訴において訴訟物となっている債権を他の訴訟において自働債権として相殺の抗弁を提出する場合にも妥当するものである。そうすると、本件の場合も231条を類推適用するのが相当であるから、Ｙの右相殺の抗弁は理由がない。」と判示して、Ｙの相殺の抗弁を排斥し、Ｙの控訴を棄却した。[23]

⑤　そこで、Ｙは、本件においては、相殺の抗弁提出時には本訴と別訴

22　河野信夫「判解」最判解民〔平成3年度〕519頁参照。
23　東京高判昭和62・6・29東高民時報38巻4～6号50頁。

273

の弁論が併合されており、弁論が分離された後も同一日時に並行して審理されていたから、既判力が抵触するおそれも審理の重複による不経済もなかったにもかかわらず、相殺の抗弁の提出を許されないとした原判決には法令違背があるとして、上告した。

(1) 別訴の請求原因事実、本訴の請求原因事実および抗弁事実を摘示せよ。
(2) 上記③のXの重複訴訟禁止の原則に係る主張の意味と位置付けを検討せよ。
(3) 本訴におけるYによる相殺の抗弁の主張を許さないのは、Yには資力があるが、Xには資力がない場合に、実質的に不公平な結果を容認するという問題があるとの見解の正否を検討せよ。

[関係図および時系列表]

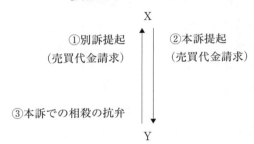

① 昭和54・11・2 Y → X 別訴提起（売買代金1286万8060円請求）
② 昭和55・9・22 X → Y 本訴提起（売買代金258万1251円請求）
　 昭和58・2・25 本訴第1審判決（207万4476円認容）
　 昭和58・4・18 別訴第1審判決（1284万8060円認容）
　 昭和59・4・18 本訴・別訴の弁論併合（控訴審）
③ 昭和60・3・11 Y：本訴において別訴債権による相殺の抗弁提出
　 昭和61・2・17 本訴・別訴の弁論分離
　 昭和62・4・13 本訴・別訴の弁論終結
　 昭和62・6・29 本訴・別訴の控訴審判決

Ⅴ　訴訟係属の有無および後訴の提起

(2)　最3小判平成3・12・17の判断とその意義

最高裁は、以下のとおりの判断を示し、Ｙの上告を棄却しました。

（ⅰ）　係属中の別訴において訴訟物となっている債権を自働債権として他の訴訟において相殺の抗弁を主張することは許されないと解するのが相当である。

（ⅱ）　民訴法231条（現行民訴法142条）が重複起訴を禁止する理由は、審理の重複による無駄を避けるためと複数の判決において互いに矛盾した既判力ある判断がされるのを防止するためであるが、相殺の抗弁が提出された自働債権の存在または不存在の判断が相殺をもって対抗した額について既判力を有するとされていること（法199条2項（現行民訴法114条2項））、相殺の抗弁の場合にも自働債権の存否について矛盾する判決が生じ法的安定性を害しないようにする必要があるけれども理論上も実際上もこれを防止することが困難であること、等の点を考えると、同法231条の趣旨は、同一債権について重複して訴えが係属した場合のみならず、すでに係属中の別訴において訴訟物となっている債権を他の訴訟において自働債権として相殺の抗弁を提出する場合にも同様に妥当する。

（ⅲ）　このことは、相殺の抗弁が控訴審の段階で初めて主張され、両事件が併合審理された場合についても同様である。

　（ⅰ）が民集の判示事項および判決要旨として抽出されており、判例としての結論命題です。(ⅱ)は、そのような結論を採る理由を説示する部分です。(ⅲ)は、〈設例6-③〉⑤のＹの上告理由を念頭において、相殺の抗弁が控訴審の段階で初めて主張され、両事件が併合審理されていたという本件における実際の手続を前提にしてもなお、(ⅰ)の結論が動かないとの趣旨をいうものです。そして、この判断は、本最高裁判決が重複訴訟禁止の原則の制度趣旨として矛盾判決の出現を回避して法的安定性を確保する点を最重要視していることを、間接的に明らかにしています。[24]

24　河野・前掲判解（注22）516頁参照。

275

第6章　重複訴訟禁止の意義と機能

　（ⅰ）の判断は、本最高裁判決が引用するように、最3小判昭和63・3・15民集42巻3号170頁[25]の延長線上にあります。ただし、最3小判昭和63・3・15は、相殺の抗弁の提出を許さないとの結論を採る理由の1つとして「（相殺の）抗弁の提出をも許容しなければ酷に失するともいえないこと」を挙げていたため、同判決を事例判例と位置付けることも可能でした。これに対し、（ⅰ）のとおり、本最高裁判決は、事案のいかんにかかわらず、別訴先行型の場合には相殺の抗弁の提出を許さないと宣明したのです。ここに、本最高裁判決が民集登載判例とされた理由があります。

　なお、Yには資力があるのに、Xは無資力者である場合には、Yは勝訴判決を執行することができないで終了するのに、Xは資力のあるYから弁済を受けるという事態になり、本最高裁判決は、実質的な不公平を容認するものではないかとの疑問も生じます。しかし、第1章Ⅳ3(2)で説明したとおり、**Yは、本訴の事実審の口頭弁論終了後に別訴の請求債権をもって相殺の意思表示をすることができるから、相殺による本訴債務の消滅を理由として請求異議訴訟を提起し、Xによる強制執行を阻止することができます。したがって、本最高裁判決が実質的な不公平を容認することにはならない**[26]と思われます。

(3)　**2つの訴訟における主張・立証と重複訴訟禁止の原則の本件における位置付け**

　本件は、別訴先行型の事案ですから、まず別訴を、次に本訴を検討することにしましょう。

　別訴の訴訟物（請求権）はYのXに対する売買契約に基づく代金支払請求権であり、その請求原因事実は大要以下のとおりです。

┌─〈別訴の請求原因（Yの主張）〉─────────────────
│
│　(a)　Yは、Xとの間で、昭和54年9月ころまでに、YがXに対してバドミントン用具を代金合計1286万8060円で売る旨の契約を締結した。[27]
│
└──────────────────────────────────

25　最3小判昭和63・3・15については、篠原勝美「判解」最判解民〔昭和63年度〕101頁参照。

26　河野・前掲判解（注22）518頁は、同旨をいうものと思われます。

27　本訴・別訴ともに残代金請求ですから、厳密には一部請求の形になっているものと思われますが、この点が問題になっているわけではないので、簡略に摘示しています。

276

V　訴訟係属の有無および後訴の提起

　本訴の訴訟物（請求権）はＸのＹに対する売買契約に基づく代金支払請求権であり、その請求原因事実は大要以下のとおりです。

┌─〈本訴の請求原因（Ｘの主張）〉─────────────────
│
│　㋐　Ｘは、Ｙとの間で、昭和54年2月から6月までの間に、ＸがＹに対
│　　　して輸入バドミントン用具を代金合計258万1251円で売る旨の契約を締
│　　　結した。[28]
│
└────────────────────────────────────

　これに対し、Ｙは、以下のとおり、相殺の抗弁を主張しました。

┌─〈本訴の抗弁──相殺（Ｙの主張）〉────────────────
│
│　(a)　Ｙは、Ｘとの間で、昭和54年9月ころまでに、ＹがＸに対してバド
│　　　ミントン用具を代金合計1286万8060円で売る旨の契約を締結した。
│　(b)　Ｙは、Ｘに対し、昭和54年9月ころまでに、(a)のバドミントン用具
│　　　の引渡しの提供をした。[29]
│　(c)　Ｙは、Ｘに対し、昭和60年3月11日の控訴審の口頭弁論期日におい
│　　　て、(a)の売買代金債権のうち1284万8060円分を自働債権としてＸの請
│　　　求債権のうちその存在の認められる債権と対当額で相殺する旨の意思表
│　　　示をした。
│
└────────────────────────────────────

　これに対し、Ｘは、以下のとおり、重複訴訟禁止の原則の類推適用により相殺の抗弁の提出が許されない旨主張しました。

┌─〈重複訴訟禁止の原則の類推適用の主張（Ｘの主張）〉──────────
│
│　㋐　Ｙは、Ｘに対し、昭和54年11月2日、(c)の自働債権を含む合計1286
│　　　万8060円の売買代金の支払を求める訴え（別訴）を提起した。
│　㋑　別訴は、現在、東京高裁に係属している。
│
└────────────────────────────────────

　Ｘのこの主張は、相殺の抗弁に理由がないことを主張するものではなく、

───────────────────────────────────────

28　前掲（注27）参照。

29　抗弁事実(a)によって、自働債権が売買代金債権であり、これに同時履行の抗弁権が付着している
　　ことが表れるから、Ｙとしては、同時履行の抗弁権の存在効果の発生障害事実または消滅原因事実
　　を「せり上げて」主張する必要があります（司研・要件事実第1巻63頁参照）。

277

第6章　重複訴訟禁止の意義と機能

抗弁を不適法として却下すべきこと（すなわち、抗弁の提出自体を禁止すべきこと）を主張するものであり、その理由を民訴法142条の重複訴訟禁止の原則の類推適用に求めているのです。実体についての主張ではありませんから、相殺の抗弁に対する再抗弁という性質のものでないことは明らかです。また、前記Ⅲ2(3)のとおり、重複訴訟禁止の原則の類推適用をするための前提事実について弁論主義が適用されることもありません。

結局、Xのこの主張は、本訴の受訴裁判所に対し、訴訟指揮上の職権発動を促す主張なのです。したがって、最1小判平成16・3・25がそうしたように、本訴の受訴裁判所は、Xがこの点を指摘しない場合であっても、職権によってYの相殺の抗弁を不適法として却下しなければならなかったということになります。

3．別訴先行型であっても重複訴訟禁止の原則にふれない場合

前記2に取り上げた最3小判平成3・12・17によると、別訴先行型の場合にはおよそ相殺の抗弁を提出することが許されないようにみえますが、別訴先行型に分類し得る場合であっても、先行する訴訟が反訴のときには、本訴において反訴請求債権を自働債権として相殺の抗弁を提出することが許されます。

最2小判平成18・4・14民集60巻4号1497頁は、この理を明らかにしたものです。この判例の理屈は、抗弁先行型をどう考えるべきであるかについての展望をも与える側面があります。具体的に検討してみましょう。

(1)　**最2小判平成18・4・14の事案の概要**

請負契約の注文者と請負人との間において、瑕疵修補に代わる損害賠償請求と請負残報酬支払請求とが相互にされた事件です。事案を簡略化してその概要を紹介すると、〈設例6-④〉のとおりです。

──〈設例6-④〉────────────────────────

①　XとYとは平成2年2月28日に請負契約を締結し、XはYに対してマンション新築工事を発注し、Yはこれを請け負った。Yは、平成3年3月31日までに本件工事を完成させ、本件建物をXに引き渡した。Xは、Yに対し、平成5年12月3日、本件建物に瑕疵があるとして、瑕疵修補に代わる損害賠償請求または不当利得返還請求として5304万円

余およびこれに対する引渡日の翌日である平成3年4月1日以降の遅延損害金の支払を求める訴え（本訴）を提起した。Yは、Xに対し、第1審係属中の平成6年1月21日、請負残報酬2418万円およびこれに対する引渡日の翌日である平成3年4月1日以降の遅延損害金の支払を求める反訴を提起した。

② Yは、平成14年3月8日の第1審口頭弁論期日において、反訴請求債権を自働債権としてXの本訴請求債権と対当額で相殺する旨の抗弁を主張した。第1審と原審（控訴審）のいずれにおいても、本件相殺の抗弁の適法性いかん（重複訴訟禁止の原則にふれるのではないか）は問題となることがなかった。原審は、本件建物の瑕疵によりXが被った損害の額を2474万円余と、Yの有する請負残報酬の額を1820万円余と認定し、本件相殺の結果XのYに対する損害賠償債権の額は654万円余になるとし、これに対する反訴状送達の日の翌日以降の遅延損害金の支払を求める限度で本訴を認容すべきものとした[30]。

③ Yは、遅延損害金の起算日に関する原審の判断につき、Yが予備的に相殺の意思表示をした日の翌日である平成14年3月9日とすべきであって、最高裁判例[31]に違反し、民法634条2項後段、533条の解釈を誤っていると主張して、上告受理の申立てをした。

⑴ 上記③の上告受理の申立てにおけるYの主張の正否を検討せよ。

⑵ 最3小判平成3・12・17を前提として、本訴と反訴とが係属中に、反訴請求債権を自働債権とし本訴請求債権を受働債権とする相殺の抗弁を主張することが許される場合はあるか。

30　大阪高判平成15・12・24金判1251号39頁。
31　Yの依拠する最高裁判例は、最3小判平成9・2・14民集51巻2号337頁、最3小判平成9・7・15民集51巻6号2581頁であり、本最高裁判決も、これらの判例を引用して原判決を破棄して自判した。

第6章　重複訴訟禁止の意義と機能

［関係図および時系列表］

X（注文者）　　　　平成5・12・3　X→Y　本訴（瑕疵修補に代わる損害賠償
　　　　　　　　　　　　　　　　　　　　　　請求・不当利得返還請求）提起
　平成2・2・28　　平成6・1・21　Y→X　反訴（請負残報酬請求）提起
　請負契約　　　　　平成14・3・8　Y→X　反訴請求債権による相殺の抗弁提出

Y（請負人）

(2)　最2小判平成18・4・14の判断とその意義

　最高裁は、〈設例6-④〉③の上告受理の申立理由につき、注文者の瑕疵修補
に代わる損害賠償債権と請負人の請負代金債権とは民法634条2項により同時
履行の関係に立つことを理由に、請負人が請負代金債権を自働債権として瑕疵
修補に代わる損害賠償債権と相殺する旨の意思表示をした場合、請負人は注文
者に対する損害賠償債務について相殺の意思表示をした日の翌日から履行遅滞
による責任を負うと判断して、Yの論旨を容れました。この点の判断は、論
旨の指摘する最高裁判例を踏襲したにすぎないものであるため、民集の判示事
項および判決要旨として抽出されていません[32]。

　本最高裁判決が判例としての意味を有するのは、Yの論旨について判断す
る前提となる相殺の抗弁の適法性に関する判示部分です。その判断は、以下の
とおりです。

> (i)　係属中の別訴において訴訟物となっている債権を自働債権として他の
> 　　訴訟において相殺の抗弁を主張することは、重複起訴を禁じた民訴法
> 　　142条の趣旨に反し、許されない。
> (ii)　しかし、本訴および反訴が係属中に、反訴請求債権を自働債権とし、
> 　　本訴請求債権を受働債権として相殺の抗弁を主張することは禁じられな
> 　　いと解するのが相当である。
> (iii)　この場合においては、反訴原告において異なる意思表示をしない限り、
> 　　反訴は、反訴請求債権につき本訴において相殺の自働債権として既判力

---

[32]　増森珠美「判解」曹時59巻9号（2007年）3225頁参照。

ある判断が示された場合にはその部分については反訴請求としない趣旨
の予備的反訴に変更されることになるものと解するのが相当であって、
このように解すれば、重複起訴の問題は生じないことになるからである。

(ⅰ)は、最３小判平成３・12・17の判断そのものであり、本最高裁判決もこれ
を踏襲することを明らかにしています。最高裁は、この判断によって、別訴先
行型の場合には、相殺の抗弁の提出に重複訴訟禁止の原則が類推適用される結
果、相殺の抗弁を主張することが許されないとの判断がかなり強い判例として
確立したことを示したわけです。

(ⅱ)は、本最高裁判決の判例としての結論命題を明らかにした判断部分です。
(ⅲ)は、そのような結論を採る理由を説示する部分です。ところで、本最高裁判
決の民集の判示事項は、「反訴請求債権を自働債権とし本訴請求債権を受働債
権とする相殺の抗弁の許否」というものであって、通常のものですが、その判
決要旨は、「本訴及び反訴が係属中に、反訴原告が、反訴請求債権を自働債権
とし、本訴請求債権を受働債権として相殺の抗弁を主張することは、異なる意
思表示をしない限り、反訴を、反訴請求債権につき本訴において相殺の自働債
権として既判力ある判断が示された場合にはその部分を反訴請求としない趣旨
の予備的反訴に変更するものとして、許される。」というものであって、(ⅱ)の
結論命題のみならず、(ⅲ)の理由説示をも取り込んだ形になっており、通常のも
のと比較するとやや変形したものになっています。これは、反訴原告が予備的
反訴に変更しないとの異なる意思表示をした場合には、(ⅱ)の結論命題が妥当し
ないことを慮ったことによると思われます。

(3)　相殺の抗弁と予備的反訴

本件は、別訴先行型か抗弁先行型かというと、反訴請求債権をもって本訴の
相殺に供したという事案ですから、別訴先行型に分類することができます。し
かし、本訴における相殺の抗弁の主張ですから、本訴における主張・立証の構
造を検討することにしましょう。

本訴の訴訟物（請求権）は、ＸのＹに対する請負契約に基づく瑕疵修補に代
わる損害賠償請求権です。その請求原因事実は、大要以下のとおりです。

第6章　重複訴訟禁止の意義と機能

〈本訴の請求原因事実（Xの主張）〉

(ｱ)　Xは、Yとの間で、平成2年2月28日、XがYに対して本件マンション新築工事を発注する旨の請負契約（代金3億900万円）を締結した。

(ｲ)　Yは、平成3年3月31日までに本件工事を完成させ、本件建物をXに引き渡した。

(ｳ)　本件建物には、○○の瑕疵があり、これを修補するには5304万円余を要する。

これに対し、Yは、以下のとおり、相殺の抗弁を主張しました。

〈本訴における相殺の抗弁（Yの主張）〉

(a)　Yは、Xに対し、平成14年3月8日の第1審口頭弁論期日において、(ｱ)の請負代金債権のうち2418万円を自働債権としてXの請求債権のうちその存在の認められる債権と対当額で相殺する旨の意思表示をした。

なお、反訴の訴訟物（請求権）は、YのXに対する請負契約に基づく報酬支払請求権です。その請求原因事実は、本訴の請求原因事実のうち、「(ｱ)＋(ｲ)（厳密には、(ｲ)のうちの「本件建物引渡し」部分を除く）」となります。

ところで、Yの抗弁の主張に対し、実際には、Xは、重複訴訟禁止の原則の類推適用により不適法な抗弁であるとの主張をしなかったのですが、したとすれば、以下のようになります。

〈重複訴訟禁止の原則の類推適用の主張〉

(あ)　Yは、Xに対し、平成6年1月21日、(a)の自働債権を請求債権とする反訴を提起した。

(い)　反訴は、現在、大阪地裁に係属している。

この主張は、したとしても、前記2(3)に説明したとおり、裁判所の職権発動を促す主張であり、弁論主義の適用を受けることもありません。本最高裁判決も、そのような前提でこの点を職権で取り上げて判断したのです。

本最高裁判決は、前記(2)(iii)の理由で、本件には重複訴訟禁止の原則が類推適用されることはないと判断しました。ここで注意しておくべきは、単に反訴請

282

求債権と同一の債権が自働債権であるからとの理由によるのではないという点です。すなわち、**相殺の抗弁が提出された時点において現に当該訴訟と別訴（本件では反訴）とが同一訴訟手続で審理されているというだけではなく、その時点において同一訴訟手続にあることはもちろん将来においても弁論の分離（法152条1項）や一部判決（法243条2項・3項）の余地のない「予備的反訴」という併合形態になることを理由にしている**のです。

　本最高裁判決の説示する法律構成は、最3小判平成3・12・17の判断と整合させるための苦心の論理であり、やや技巧的なものではありますが、重複訴訟禁止の原則の制度趣旨を最大限に生かしつつ、弊害の考えられない場合に相殺の抗弁の主張を許容するという観点からして、評価してよい判断であるといえます。[33]

4．抗弁先行型と重複訴訟禁止の原則

　抗弁先行型の場合にも重複訴訟禁止の原則が類推適用されるべきであるかどうかについても学説は帰一していません。

　抗弁先行型の場合には、相殺の抗弁が当該訴訟において必ず判断されるとはいえないことを考慮すると、相殺の抗弁の自働債権をもって請求債権とする別訴を提起することは許されるべきであるというのにも一理あるし、自ら相殺の抗弁を提出する方法を選択した被告に別訴の提起を許す必要はないというのにも一理あります。

　一般に、抗弁先行型についても重複訴訟禁止の原則を類推適用して、別訴の提起を不適法とした判決として引用されることの多い東京高判平成8・4・8判タ937号262頁を検討してみましょう。このケースが、最2小判平成18・4・14の事案と同様に、訴訟上の相殺の意思表示をしたものであるのかどうか、そうでないとすると、抗弁先行型に属する事案一般について同様に扱うのが正しいかどうかという点にも留意しつつ、検討することにします。

33　従前から別訴先行型につき相殺の抗弁の提出を適法とする見解があり、そのような見解（三木浩一「判批」重判解〔平成18年度〕（ジュリ1332号）127頁、酒井一「判批」民商138巻3号（2008年）334頁等）からすると、本最高裁判決の論理には賛成しづらいとのことですが、実体上の相殺の意思表示ではない訴訟上の相殺の抗弁にそのように高い優先度をおくべきであるとする論者の主張に説得力があるとは思えません。梅本277頁は同旨をいうものと思われます。

283

第6章　重複訴訟禁止の意義と機能

(1)　東京高判平成8・4・8の事案の概要

　建物（貸室）の賃料および賃料相当損害金請求事件において相殺の抗弁を提出した被告が、その後、相殺に供した自働債権を請求債権とする別訴を提起したという事件です。事案を簡略化してその概要を紹介すると、〈設例6-⑤〉のとおりです。

〈設例6-⑤〉

①　Xは、Yに対し、平成元年7月21日に本件建物1（H₁）を賃料月6万円で、平成2年6月ころ本件建物2（H₂）を賃料月5万円で、それぞれ賃貸して引き渡した。しかし、Xは、平成5年8月21日分以降の賃料が不払いの状態にあるとして、Yに対し、平成6年9月9日到達の書面により、平成5年8月21日分から平成6年9月分までの賃料合計147万円の支払を催告し、併せて同書面の到達後10日以内に支払がないときは本件賃貸借契約を解除するとの通知をした。その後、Xは、平成6年中に、本件各建物の明渡しと賃料および賃料相当損害金の支払を求める訴訟（前訴）を提起した。

②　Yは、前訴の請求原因事実を認めた上で、YがXに対して平成6年10月3日到達の書面により、過払金の不当利得返還請求権を自働債権とし、①の延滞賃料債権を受働債権とする相殺の意思表示をしたから、本件賃貸借契約解除の効果は発生していないと主張して争った。Yの主張する過払金発生の理由は、AのXに対する貸金債務（元本500万円）につき、YはAの連帯保証人として弁済したが、利息制限法の制限利息の範囲を超えて支払った分を元本に充当すると、過払金額が343万円余になるというものである。なお、Yがこの相殺の意思表示をしたことについては、当事者間に争いがない。

③　Yは、平成7年、Xを被告として、②の過払金額が703万円余になると主張して、その返還を求める訴訟（後訴）を提起した。前訴と後訴は、併合審理された。

④　第1審は、前訴の請求原因事実については争いがないところ、Yの主張する相殺の抗弁は平成6年10月3日の意思表示によるものであり、本件賃貸借契約は同年9月20日に解除されているから、本件賃貸借契約

についてのXの解除権の発生を妨げる理由とはならないし、Aの債務について過払いになっているかどうか明らかではないなどと判断して、前訴のXの請求を全部認容し、後訴のYの請求を全部棄却した。[34] Yが控訴。

(1) 本件の控訴審として、自働債権として相殺の抗弁に供した債権を訴訟物とする別訴を提起することは、重複訴訟禁止の原則に照らして許されないという見解の相当性を検討せよ。
(2) 相殺の抗弁が仮定抗弁(請求原因事実を争いながら、これが認定される場合を慮って提出される抗弁)として主張されるかどうかによって、(1)の結論は左右されるか。

[関係図および時系列表]

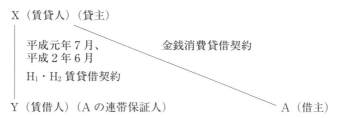

平成6・9・9	X→Y	H₁・H₂につき賃料支払催告+10日間の停止期限付解除の意思表示
平成6・10・3	Y→X	不当利得返還請求債権(過払金343万円余)を自働債権とし延滞賃料債権を受働債権とする相殺の意思表示
平成6	X→Y	H₁・H₂の明渡し+賃料・賃料相当損害金支払請求訴訟(前訴)を提起
平成7	Y→X	不当利得返還請求(過払金703万円余)訴訟(後訴)を提起

(2) **東京高判平成8・4・8の判断とその意義**

東京高判平成8・4・8(本判決)は、前訴請求のうち本件建物H₁・H₂の各

---

[34] 千葉地判平成7・10・19判タ937号264頁。

第 6 章　重複訴訟禁止の意義と機能

明渡請求につき、〈設例 6 -⑤〉④の第 1 審の判断を維持しましたが、相殺の抗
弁の主張につき、93万円余の過払金の発生を認め、当事者間に争いのない Y
の相殺の意思表示によって平成 5 年 8 月21日から平成 6 年 5 月 6 日までの賃料
または賃料相当損害金がその発生時にさかのぼって消滅したと判断し、Y の
相殺の抗弁はこの限度で理由があるとしました。

　その上で、本判決は、後訴の適法性につき、以下のとおり判断しました。

(ⅰ)　Y が後訴において訴訟物とする債権のうち343万円余が、前訴におい
　　て相殺の抗弁の自働債権として主張したものと同一の債権であることは、
　　本件記録上明らかである。

(ⅱ)　このようにすでに相殺の抗弁の自働債権として主張した債権につき、
　　別訴をもってこれを行使することは、民訴法231条（現行民訴法142条）
　　の趣旨に照らし許されないものと解すべきである。

(ⅲ)　相殺の抗弁の自働債権の存否についての判断については既判力が生ず
　　るのであるから、これについて別訴を許すことは、裁判所の判断の矛盾
　　抵触を招くおそれがあり、訴訟経済にも反するから、許されないものと
　　いうべきであり、 2 つの訴訟の弁論が併合されている場合についても、
　　将来において両訴訟の弁論が分離されることがあり得ないといえない以
　　上、別異に解すべき理由はない。

(ⅳ)　もっとも、相殺の抗弁はいわゆる仮定抗弁として主張されることが多
　　いことからすれば、これとは別に自働債権の実現を図るための訴訟を認
　　めることについてある程度実際上の要請が存することは否定できないが、
　　仮定抗弁にせよ相殺の主張をしている限り、その自働債権についてはい
　　わゆる裁判上の催告がなされているものとみることができ、その訴訟の
　　係属中は消滅時効期間は進行しないものと解すべきであるから、このよ
　　うに解しても当該債権者に著しい不利益を及ぼすことにはならない。

(ⅴ)　したがって、Y の後訴は、前記343万円余の支払を求める限度では不
　　適法というべきである。後訴に係る請求中その余の部分が理由がないこ
　　とは、前訴事件について判示したところから明らかである。

Ｖ　訴訟係属の有無および後訴の提起

　(i)は、重複訴訟禁止の原則が本件後訴に類推適用されるべきであるかどうかの判断の前提として、前訴における相殺の抗弁の自働債権と後訴の訴訟物である請求債権とが同一であるかどうかを職権をもって判断している部分ですが、「本件記録上明らかである。」との表現は、前提事実の確定に弁論主義が適用されるわけではないとの裁判所の認識を明らかにしています。

　(ii)は本判決の結論命題を述べる部分であり、(iii)はその理由を述べる部分です。そして、(iv)において、いわゆる仮定抗弁として相殺の抗弁が提出される場合であっても、別訴の提起を容認すべき相当な理由はないことを説示しています。

(3)　仮定抗弁かそうでないかによって別訴提起の扱いを別異にすべきか

　本件の前訴における相殺の抗弁は、すでに訴訟外で相殺の意思表示をしたことを前提として、それを訴訟上の抗弁として主張するものであり、いわゆる仮定抗弁（請求原因事実を争いつつ、これが認定される場合を慮って提出される抗弁）ではありません。そして、本件の前訴において、Ｙは請求原因事実を自白していますから、Ｙの主張した相殺の抗弁は、必ず裁判所によって判断される主張であったのです。ですから、東京高裁としては、その点――すなわち、本件の前訴における相殺の抗弁が訴訟上相殺権を行使するいわゆる仮定抗弁でないこと――を理由にして、前記(2)(v)の結論を導くこともできたのです。

　しかし、前記(2)(ii)(iii)(iv)の判断からすると、東京高裁は、いわゆる仮定抗弁としてのものであるかどうかにかかわらず、一般的に、相殺の抗弁に供した自働債権を訴訟物とする別訴を提起するのは、重複訴訟禁止の原則にふれ許されないという広い射程の判断をしたことが明らかです。このような判断をした理由は、どこにあるのでしょうか。

　それは、いわゆる仮定抗弁としての相殺の抗弁ではない場合（本件の前訴がその一例）であっても、相殺に供した自働債権の存否についての判断がされるとは限らないからであると考えられます。本件の前訴を例にして検討してみましょう。仮に前訴請求が本件建物 H_1・H_2 の各明渡請求のみであったとすると、Ｙがその主張する自働債権をもって相殺の意思表示をしたことに争いはなかったのですが、第１審判決および本判決が一致して説示するとおり、相殺の抗弁は明渡請求との関係では主張自体失当である[35]ため、相殺の抗弁中の自働債権の存否については判断されずにおわったのです。このように、いわゆる仮定抗

287

第 6 章　重複訴訟禁止の意義と機能

弁として相殺の抗弁が主張された場合でなくても、相殺に供された自働債権の
存否についての判断がされないときがあるのです。

　そうすると、抗弁先行型についても重複訴訟禁止の原則を類推適用して別訴
の提起を不適法とするか、それとも、相殺の抗弁が当該訴訟において必ず判断
されるとはいえないことに着目して別訴の提起を適法とするかは、いわゆる仮
定抗弁としての相殺の抗弁であるかどうかにかかわらず、いずれの立場が訴訟
の運営として相当であるかを、相殺の担保的機能の点を含め総合的に利害を考
量することによって決すべきこととなります。

　本判決の説示する(2)(iii)、(iv)の理由付けは説得的であり、抗弁先行型について
も別訴の提起を不適法とする立場が相当であると思われます。特に、**相殺の抗
弁が当該訴訟において必ず判断されるとはいえないという不適法とする立場に
存する問題点については、最 2 小判平成18・4・14の考案した「予備的反訴」
の方法によって解決することができます。相殺の抗弁を主張している被告に、
「予備的反訴」でなく「別訴」の提起を許容すべきであるとする合理的な理由
はない**と思われます。

35　相殺の抗弁が主張自体失当である例として実際によく目にするのは、本件の前訴のように解除の
　効果発生後に相殺の意思表示がされたという相殺の抗弁のほかに、同時履行の抗弁権の存在効果を
　消滅させた事実を主張しない相殺の抗弁があります。また、主張自体失当ではなくても、相殺の有
　効要件である事実の 1 つが争われ、その事実が認定されない場合にも、相殺の自働債権の存否の判
　断に至らずに当該相殺の抗弁は排斥されることになります。

288

第7章 一部請求訴訟の意義と機能

Ⅰ 一部請求訴訟をめぐる問題のいろいろ

1．一部請求訴訟の意義

　金銭その他数量的に可分な給付を目的とする1個の債権につき、そのうちの数量的一部の給付を求める訴えを「一部請求訴訟」と呼びます。現代において実際に問題になる一部請求訴訟は、当然のことながら、金銭債権の数量的一部の支払を求める訴訟です。

2．一部請求訴訟を受容すべき制度的必要性

　学説は、数量的に可分な債権の任意の一部の給付を求める最初の訴えにつき、それを適法であるとはするものの、最初の訴えをどのようなものとして理解すべきであるかについての見解を異にしています。その見解の相違を反映して、残部の給付を求める第2の訴えを適法なものとして受容すべきであるかどうかについての見解を異にしていました[1]。しかし、今日では、1つの権利を分割行使する自由が実体法上認められていることを前提として、一部請求を訴訟形態として受容すべき制度的必要性があると考えられるに至っています。

　その必要性は、主に、判決主文における請求認容金額の予測の不確実性とその執行可能性（実際の回収可能性）の予測の不確実性とに発しています。訴えの提起時に必要とされる訴訟費用金額（貼用印紙額）が訴額の増大に比例して

1　一部請求の態様と訴訟物の特定の議論につき、佐上善和「判批」民事訴訟法判例百選Ⅱ（1992年）330頁を参照。

289

第7章　一部請求訴訟の意義と機能

高額化する程度の高い我が国の制度を前提とすると、勝訴可能性と執行可能性の２つの側面からの検討を抜きにして訴額を決めることはできません。原告としては、相殺や過失相殺の抗弁が提出されることを慮って、請求金額を最終的に認容され得る金額を大きく上回ることのないようにしますし、被告に資力がないことが予想される場合には、認容され得る金額のさらに内金とするのも珍しい事態ではありません。

　このように、一部請求は、訴訟形態として受容されているというにとどまらず、広く活用され、我が国の民事訴訟の実務に深く根付いています。したがって、これをどのように扱うかは、これまでに検討してきた既判力、弁論主義等の様々な民事訴訟の基本原理と関係が生ずることになります。

3．一部請求が問題になる主要な場面

　一部請求については、様々な形で問題になります。しかし、その全てをここで議論するには紙幅にも限界がありますので、まず、現在の民事訴訟の実務に定着していて格別異論のない点を確認して先に進むことにしましょう。

①　前訴が黙示の一部請求の場合には、後訴において前訴は一部請求にすぎなかったと主張することは許されない。前訴が明示の一部請求の場合には、訴訟物は当該一部であり、判決の既判力は残部に及ばない。

②　訴え提起による時効中断の効力の及ぶ範囲につき、明示の一部請求の場合には、当該一部についてのみ生じるが、そうでない場合には、債権の同一性の範囲内でその全部に及ぶ。

2　ですから、例えば、訴額が100万円の場合と訴額が10億円の場合とで、訴状に貼用すべき印紙額に差がないという民事訴訟費用制度を採用する国においては、一部請求という訴訟形態を受容すべき必要性は著しく低いことになります。

3　例えば、東京地判平成14・4・25判時1793号140頁〔長銀初島事件判決〕は、銀行の取締役が善管注意義務に違反する追加融資をしたことによって当該銀行に少なくとも61億1742万円余の損害を被らせたと認定していますが、明示の一部請求であったため、その範囲で1億円とこれに対する遅延損害金が認容されています。この事案は、現実の回収可能性の観点から一部請求という方法が選択されたものと思われます。

4　最2小判昭和32・6・7民集11巻6号948頁。

5　最2小判昭和37・8・10民集16巻8号1720頁。

6　最2小判昭和34・2・20民集13巻2号209頁。

7　最2小判昭和45・7・24民集24巻7号1177頁。

290

③　審理・判断の方法につき、不法行為による損害賠償を求める一部請求訴訟において、過失相殺をするには、損害の全額から過失割合による減額をし、その残額が請求額を超えないときは当該残額を認容し、その残額が請求額を超えるときは請求額の全てを認容すべきである。[8]

④　一部請求訴訟において相殺の抗弁が主張された場合、③の過失相殺と同様に審理・判断すべきである。[9]

　最高裁は、①②により、明示の一部請求訴訟の訴訟物が当該債権の請求された一部であり、既判力の及ぶ範囲もその一部のみであって、残部には及ばないとの立場に立つことを明らかにしました。

　また、③④は、一部請求訴訟における過失相殺または相殺の抗弁の扱いにつき、外側説、内側説、按分説の3つの見解が対立していたところ、原則として外側説によるべきことを明らかにしたものです。外側説による場合の主張・立証の構造については、後に検討することにしましょう（Ⅳ参照）。

　このようにして、一部請求をめぐる種々の問題が一応の解決をみた結果、究極の問題は残部請求の許否にあることが認識されるようになりました。

　そこで、最2小判平成10・6・12民集52巻4号1147頁を素材にして、一部請求訴訟後の残部請求の許否の問題を検討してみましょう。

Ⅱ　一部請求訴訟後の残部請求の許否

1．最2小判平成10・6・12の事案の概要

　本件は、用地買収等の事務委託契約に基づく報酬金の請求をめぐる紛争です。一部請求訴訟後の残部請求の許否の問題に焦点を絞って、事案を簡略化して紹介すると、〈設例7-①〉のとおりです。

── 〈設例7-①〉 ──────────────

①　Yは、福岡県宗像市において約10万坪の本件土地の宅地開発を計画し、Xに対し、用地買収業務および行政当局に対して本件土地の市街

───────────────────────
8　最1小判昭和48・4・5民集27巻3号419頁。
9　最3小判平成6・11・22民集48巻7号1355頁。

第7章　一部請求訴訟の意義と機能

化区域編入の働きかけをする業務を委託し、昭和57年10月28日、その報
酬に関する契約を締結した。同契約において、YはXに対して9000万
円の支払を約するとともに、YはXとの間で、本件土地を宅地造成し
て販売するときにはXに造成宅地の1割を販売または斡旋させる旨の
合意（本件合意）をした。

② 本件土地は、昭和61年3月31日までに市街化区域に編入された。しか
し、宗像市がY単独での宅地開発を認めなかったため、Yは、開発計
画を断念し、平成3年3月5日、本件土地を同市開発公社に売却した。
そこで、XとYとの間で、報酬の支払等をめぐる紛争が生じた。

③ Xは、ⓐ商人であるXがYの委託を受けて用地買収等の業務を行っ
たから、商法512条に基づき12億円の報酬請求権を取得したと主張して、
そのうちの1億円の支払を求め（主位的請求）、ⓑ本件合意は本件土地の
宅地造成がされることを条件として造成宅地の販売による利益を報酬と
して受け取ることができるというものであったところ、Yは故意にそ
の条件成就を妨げたから、民法130条に基づき宅地販売による利益相当
額12億円の報酬請求権を取得したと主張して、そのうちの1億円の支払
を求めて（予備的請求）、前訴（反訴）を提起した。

④ 前訴において、第1審判決はXの③の請求をいずれも棄却し、控訴
審判決はXの控訴を棄却し、平成7年10月13日にXの各請求を棄却し
た第1審判決が確定した。

⑤ Xは、Yに対し、平成8年1月11日、後訴を提起した。ただし、後
訴の主位的請求は、前訴の予備的請求の残部のうちの2億円余の支払を
求めるものであり、後訴の予備的請求は、前訴の主位的請求の残部のう
ちの2億円余の支払を求めるものである。

⑥ 後訴の第1審判決は、金銭債権の数量的一部請求を全部棄却する判決
は、請求権全体について審理を尽くした上でその全部が不存在であると
の判断の下にされるものであり、被告としてはそのような理由中の判断
によって紛争が解決するものと期待するし、他方、原告に対しては請求
権全体について審理が尽くされたという意味においてその権利を実現す
るのに十分な手続が与えられているから、訴訟手続上の信義則ないし公

292

平の見地からすれば、一部請求の全部棄却判決を受けた原告は、あらた
めて残部を請求することができないと解するのが相当であると判示して、
Xの主位的請求および予備的請求のいずれをも不適法として却下した。[10]

⑦　後訴の原判決（控訴審判決）は、第1審判決を取り消し、事件を第1
審に差し戻すとの判決をした。その理由は、金銭債権の数量的一部請求
訴訟の確定判決の既判力は当該一部についてのみ生じ残部には及ばない
から、本件前訴判決の既判力は本件後訴の各請求には及ばない、また、
本件後訴が前訴の蒸し返しであり、信義則に反するとの特段の事情を認
めるに足りる的確な証拠はない、というにある。[11]

⑧　Yは、原判決を不服として上告した。上告理由は、一部請求を棄却
する判決が確定したときは、確定判決の既判力または訴訟上の信義則に
より残部請求をすることは許されないものと解すべきであるというもの
である。

(1)　後訴の請求原因事実を摘示した上で、上記⑧のYの2つの上告理由
（前訴確定判決の既判力に抵触する、訴訟上の信義則に違反する）のそれぞ
れにつき、理由付けを検討せよ。

(2)　後訴の提起が訴訟上の信義則に違反しない場合はあるか。あるとすれ
ば、どのような場合か。

[関係図]

X

昭和57・10・28
業務委託契約についての報酬合意（本件合意）

Y

（前訴）X → Y

10　東京地判平成8・9・5判タ959号269頁。
11　東京高判平成9・1・23（民集52巻4号1187頁に収録）。

第7章　一部請求訴訟の意義と機能

　　主位的請求：商法512条に基づく12億円の報酬債権中の１億円の支払請求
　　予備的請求：業務委託契約に基づく12億円の報酬債権中の１億円の支払請求
（後訴）Ｘ → Ｙ
　　主位的請求：業務委託契約に基づく12億円の報酬債権の残部中の２億円余の支
　　　　　　　　払請求
　　予備的請求：商法512条に基づく12億円の報酬債権の残部中の２億円余の支払
　　　　　　　　請求

2．最２小判平成10・6・12の判断とその意義

　本最高裁判決は、一部請求を棄却する判決が確定した後に残部を請求する後
訴の許否につき、以下のとおり判断し、Ｘの後訴の提起が信義則に反すると
しました。

（i）　１個の金銭債権の数量的一部請求は、当該債権が存在しその額は一定
　　額を下回らないことを主張して右額の限度でこれを請求するものであり、
　　債権の特定の一部を請求するものではないから、このような請求の当否
　　を判断するためには、おのずから債権の全部について審理判断すること
　　が必要になる。すなわち、裁判所は、当該債権の全部について当事者の
　　主張する発生、消滅の原因事実の存否を判断し、債権の一部の消滅が認
　　められるときは債権の総額からこれを控除して口頭弁論終結時における
　　債権の現存額を確定し、現存額が一部請求の額以上であるときは右請求
　　を認容し、現存額が請求額に満たないときは現存額の限度でこれを認容
　　し、債権が全く現存しないときは右請求を棄却するのであって、当事者
　　双方の主張・立証の範囲、程度も、通常は債権の全部が請求されている
　　場合と変わるところはない。
（ii）　数量的一部請求を全部または一部棄却する旨の判決は、このように債
　　権の全部について行われた審理の結果に基づいて、当該債権が全く現存
　　しないかまたは一部として請求された額に満たない額しか現存しないと
　　の判断を示すものであって、言い換えれば、後に残部として請求し得る
　　部分が存在しないとの判断を示すものにほかならない。したがって、右

294

判決が確定した後に原告が残部請求の訴えを提起することは、実質的には前訴で認められなかった請求および主張を蒸し返すものであり、前訴の確定判決によって当該債権の全部について紛争が解決されたとの被告の合理的期待に反し、被告に二重の応訴の負担を強いるものというべきである。

(iii)　以上の点に照らすと、金銭債権の数量的一部請求訴訟で敗訴した原告が残部請求の訴えを提起することは、特段の事情のない限り、信義則に反して許されないと解するのが相当である。

(iv)　Xの主位的請求および予備的請求は、前訴で数量的一部を請求して棄却判決を受けた各報酬請求権につき、その残部を請求するものであり、特段の事情の認められない本件においては、右各請求に係る訴えの提起は、訴訟上の信義則に反して許されず、したがって、右各訴えを不適法として却下すべきである。

(iii)は本最高裁判決の結論命題を示す判断部分であり、(iv)はその命題の本件事案への適用を示す判断部分です。本最高裁判決が、金銭債権の数量的一部請求訴訟で敗訴した原告の提起する残部請求の訴え（後訴）につき、前訴確定判決の既判力に抵触するものとしているのではなく、訴訟上の信義則違反の訴訟として却下されるべきものとしていることを明らかにしています。前記Ⅰ3①のとおり、判例は、一部請求訴訟の訴訟物は分割された数量的一部であって、既判力が及ぶ範囲もその数量的一部に限られるという立場に立っていますから、(iii)の判断は、そのような判例の立場と矛盾しないように考えられています。そして、このような考え方は、一部の学者によっても有力に唱えられていました。[12]

(ii)は後訴が訴訟上の信義則に違反するゆえんを説示する部分であり、(i)はその前提となる金銭債権の数量的一部請求訴訟における審理・判断の実際を整理して説示する部分です。

そして、(i)(ii)の説示部分によって、(iii)にいう後訴が訴訟上の信義則に違反するとされるのが「当事者双方の主張立証が債権の全部に及び、その結果、前訴

12　中野貞一郎「一部請求論について」同『民事手続の現在問題』（判例タイムズ社・1989年）85頁を参照。

295

第7章　一部請求訴訟の意義と機能

判決の判断も債権の全部に及ぶという通常の場合」であることを理解すること
ができます。したがって、「特段の事情」があって、前訴の審理・判断が債権
の全部に及ばなかった場合には、後訴は訴訟上の信義則に違反するとはいえな
いということになります。[13]

3．後訴が信義則違反に当たるかどうかの争点の位置付け

　そこで、本最高裁判決の判断に従うとして、信義則違反の主張が後訴の主
張・立証の構造上どのように位置付けられるのかを検討してみることにしまし
ょう。

　後訴の訴訟物（請求権）は、主位的に業務委託契約に基づく12億円の報酬債
権のうち前訴で請求した1億円を除く残部11億円中の2億円余の報酬支払請求
権であり、予備的に商法512条に基づく12億円の報酬債権のうち前訴で請求し
た1億円を除く残部11億円中の2億円余の報酬支払請求権です。

　後訴の請求原因事実は、次のとおりです。

┌─〈後訴の請求原因〉────────────────────────

　㋐　Xは、Yから、約10万坪の本件土地の宅地開発に要する用地買収業
　　　務等の委託を受けた。

　㋑-1　Xは、昭和57年10月28日、Yとの間で、その報酬に関する合意
　　　（YがXに対して9000万円を支払うほか、Yが本件土地を宅地造成して販売
　　　するときにはXに造成宅地の1割を販売または斡旋させる等を内容とするも
　　　の）をした。

　㋑-2　Yは、平成3年3月5日ころ、Yが本件土地の宅地造成をすると
　　　いう本件報酬合意の条件の成就を本件土地を他に売却することによって
　　　故意に妨げた。

　㋒　Xが宅地販売によって取得することができた利益相当額は12億円で
　　　ある。

　㋓　Xは、会社である。

　㋔　Xは、㋐の業務委託契約に基づき、Yのために用地買収等の業務に

────────────────────────────────────
13　山下郁夫「判解」最判解民〔平成10年度〕617頁を参照。

296

従事した。

(カ)　Xのした(オ)の業務に対する相当報酬額は12億円である。

　主位的請求の請求原因事実は(ア)、(イ)-1、(イ)-2、(ウ)であり、予備的請求の請求原因事実は(ア)(エ)(オ)(カ)です。

　これに対し、Yは、以下のとおり、後訴（上記の主位的請求、予備的請求とも）の提起が訴訟上の信義則に反すると主張しました。

─〈「後訴の提起が信義則違反」の主張──本案前の抗弁──〉─

(a)　Xは、Yに対し、本件業務委託契約につき、主位的に商法512条に基づき、予備的に本件報酬合意に基づき、12億円の報酬債権を有するとしてそのうちの1億円の報酬の支払を求める訴え（前訴）を提起した。

(b)　Xの(a)の各請求を棄却した前訴判決が平成7年10月13日に確定した。

(c)　後訴の主位的請求は前訴の予備的請求の残部11億円の一部を請求するものであり、後訴の予備的請求は前訴の主位的請求の残部11億円の一部を請求するものである。

　後訴の提起が訴訟上の信義則に反するという主張は訴訟要件についてのものであり、後訴を不適法とする「本案前の主張」の性質を有します。そして、後訴が訴訟要件を満たすものかどうかは裁判所において職権で調査すべき事項です。しかし、その提起が訴訟上の信義則に反するかどうかの判断のための資料は、事柄の性質上、そして訴訟の実体との密着性からしても、弁論主義の適用があり、後訴の提起が訴訟上の信義則に反するとの規範的評価を導くに足りる評価根拠事実またはその評価障害事実の主張・立証の責任は両当事者が負うべきものと解すべきです。したがって、この信義則違反の主張は「本案前の抗弁」という性質を有するものです。[14]

　そうすると、Xとしては、この本案前の抗弁に対する再抗弁として、(a)(b)

─────────────

14　これに対し、残部請求を既判力に反するとの理由で制限すべきであるという見解に立つと、第1章Ⅱ1(1)に述べたように、一部請求の棄却判決確定後の残部請求であるかどうかは、職権調査事項であるばかりか、弁論主義の適用もないということになりそうです。しかし、このような扱いをすることが適切であるかどうかには疑問が残ります。

第7章　一部請求訴訟の意義と機能

(c)と両立して、後訴の提起が訴訟上の信義則に反するとの規範的評価を障害する事実、すなわち本最高裁判決のいう「特段の事情」に当たる具体的事実を主張することになります。

―〈「特段の事情あり」の主張――本案前の抗弁に対する再抗弁――〉―
(あ)　前訴の審理判断は、（Ｘがその請求に係る債権の一部についてのみ主張・立証の対象としたため）、当該債権の全部に及ばなかった。[15]

　このように分析してみると、本最高裁判決は、後訴の提起が訴訟上の信義則に反するという理屈によっていますが、ここでいう信義則は、明示の一部請求が全部または一部棄却されたことを前提とする場面で問題となっていることを前提としていますから、その評価根拠事実と評価障害事実とがいずれも極めて定型化したものであることがわかります。

Ⅲ　一部請求の「明示」と残部請求が許される「特段の事情」

　判例の立場は、①一部請求であることが明示されていた場合には残部請求を認めるが、明示されていなかった場合には残部請求を認めない（前記Ⅰを参照）、②明示の一部請求においてその請求の全部または一部を棄却する判決が確定した場合は、特段の事情がない限り、残部請求に係る訴えは訴訟上の信義則違反として却下される（前記Ⅱを参照）、というものです。

　最１小判平成20・7・10判時2020号71頁は、①の「明示」の有無について事例としての判断をしたものですが、②の「特段の事情」の有無についての問題を検討するヒントを与えるものでもあります。そこで、この判例を素材にして、2つの問題を考えてみることにしましょう。

15　山下・前掲判解（注13）617頁は、前訴の審理判断が債権の全部に及ばなかった例として、前訴が損害賠償請求事件であって予想し難い後遺症等による損害が後に生じた場合を挙げていますが、もちろん、本最高裁判決の事案にはそのような「特段の事情」はありません。

Ⅲ　一部請求の「明示」と残部請求が許される「特段の事情」

1．最1小判平成20・7・10の事案の概要

　本件は、違法に仮差押命令を取得し執行したことを理由に不法行為に基づく損害賠償請求がされた事案です。前記の2つの問題の検討に関係する範囲で、事案を単純化して紹介することにします。

――〈設例7-②〉――

①　Yは、Xから借り受けていた本件土地に樹木を植栽したところその樹木が本件土地に付合したので、Xに対して償金請求権を取得したとし、平成16年12月8日、Xを債務者として、本件樹木につき本件償金請求権を被保全債権とする仮差押命令の申立てをし、同月10日、仮差押命令を取得し執行した。

②　XがYに対して平成16年12月21日に本案の起訴命令の申立てをしたところ、同日これが認められたため、Yは、Xに対し、平成17年1月21日、本件償金の支払を求める訴え（前事件本訴）を提起した。これに対し、Xは、Yに対し、同年5月19日、本件償金請求権は存在せず、本件仮差押命令の申立ては違法であるとして、不法行為に基づく損害賠償請求の反訴（前事件反訴）を提起した。Xは、前事件反訴において、前事件本訴の応訴等に要した弁護士費用250万円とこれに対する遅延損害金の支払を求めた。前事件の控訴審は、平成18年5月31日、Yの本訴請求を棄却すべきものとし、Xの反訴請求のうち50万円とこれに対する遅延損害金の支払請求を認容する旨の一部認容判決をし、この控訴審判決が同年10月5日に確定した。その後、平成18年11月1日に本件仮差押命令を取り消す旨の決定がされ、同決定は同月16日に確定し、本件仮差押執行が取り消された。

③　Xは、Yに対し、平成18年6月29日、本件仮差押執行のために県から本件土地の買収金の支払を受けるのが遅れたとして、買収金約1500万円についての約2年半分の遅延損害金相当額の190万円余の賠償を求める訴え（本件訴訟）を提起した。

④　本件訴訟の原審（控訴審）は、本件訴訟の損害賠償請求権と前事件反訴の損害賠償請求権とは、いずれも違法な保全処分に基づく損害賠償請

299

求権という1個の債権の一部を構成するものであるところ、前事件反訴においてXが一部であることを明示していたとは認め難いから、本件訴訟には前事件の確定判決の既判力が及び、前事件の確定判決において反訴請求が認容された分を超える損害が発生したと認めることはできないとして、Xの請求を全部棄却した。
⑤　Xは原判決を不服として上告受理の申立てをした。

(1)　前事件反訴および本件訴訟の各訴訟物が何であるかを説明せよ。
(2)　前事件反訴は、一部請求であることを「明示」したものということができるか。明示の有無の判断に当たって重要な考慮要素としてどのようなものがあるか。
(3)　前事件反訴につき、一部認容判決が確定している。後訴を提起することにつき、最2小判平成10・6・12の説示する「訴訟上の信義則に反しない特段の事情」はあるか。

[関係図および時系列表]

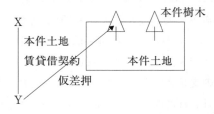

平成16・12・10　本件樹木につき仮差押命令→執行
平成17・1・21　Y→X　前事件本訴提起
平成17・5・19　X→Y　前事件反訴提起
　　　　　　　　　　（250万円＋遅延損害金請求）
平成18・5・31　前事件控訴審判決
　　　　　　　　（本訴棄却、反訴50万円＋遅延損害金のみ認容）
平成18・6・29　X→Y　本件訴訟提起
　　　　　　　　　　（190万円余の請求）
平成18・10・5　前事件控訴審判決確定

Ⅲ　一部請求の「明示」と残部請求が許される「特段の事情」

平成18・11・16　　仮差押命令取消決定確定→執行取消し

（前事件本訴）Y → X　償金（約１億5000万円）請求
（前事件反訴）X → Y　違法な保全処分に基づく損害賠償請求
　　　　　　　　　　　　（250万円＋遅延損害金請求）
（本件訴訟）　X → Y　違法な保全処分に基づく損害賠償請求
　　　　　　　　　　　　（190万円余の請求）

2．最１小判平成20・7・10の判断とその意義

　最高裁は、これまで一部請求である旨が明示されているといえるかどうかについての基準を明らかにすることをしてきませんでした。本最高裁判決も、一般的な基準を宣明したものではありませんが、以下のとおり、本件事案に即して一応の理由を述べて明示ありとしました。そして、本最高裁判決は、原判決を破棄し、さらに審理を尽くさせるため、本件を原審に差し戻しました。

⒤　Ｘが本件訴訟で行使している賠償請求権とＸが前事件反訴で行使した賠償請求権とは、いずれも本件仮差押命令の申立てが違法であることを理由とする不法行為に基づく損害賠償請求権という１個の債権の一部を構成するものというべきであることは、原審の判示するとおりである。

⒪　　しかし、Ｘは、前事件反訴において、上記不法行為に基づく損害賠償として弁護士費用損害という費目を特定の上請求していたものであるところ、ⓐ記録（前事件の第１審判決）によれば、Ｘは、このほかに、Ｙが、本件仮差押執行をすれば、Ｘにおいて長期間にわたって本件樹木を処分することができず、その間本件買収金を受け取れなくなるし、場合によっては本件土地が買収予定地からはずされる可能性もあることを認識しながら、本件仮差押命令の申立てをしたもので、本件仮差押命令の申立ては、Ｘによる本件土地の利用と本件買収金の受領を妨害する不法行為であると主張していたことが明らかである。すなわち、Ｘは、前事件反訴において、違法な本件仮差押命令の申立てによって弁護士費用損害のほかに本件買収金の受領が妨害されることによる損害が発生し

301

第7章　一部請求訴訟の意義と機能

ていることをも主張していたものということができる。ⓑそして、本件
弁護士費用損害と本件遅延損害金とは、実質的な発生事由を異にする別
種の損害というべきものである上、ⓒ前記事実関係によれば、前事件の
係属中は本件仮差押命令およびこれに基づく本件仮差押執行が維持され
ていて、本件仮差押命令の申立ての違法性の有無が争われていた前事件
それ自体の帰趨のみならず、本件遅延損害金の額もいまだ確定していな
かったことが明らかであるから、Ｘが、前事件反訴において、本件遅
延損害金の賠償を併せて請求することは期待し難いものであったという
べきである。ⓓさらに、前事件反訴が提起された時点において、Ｙが、
Ｘには本件弁護士費用損害以外に本件遅延損害金が発生していること、
その損害は本件仮差押執行が継続することによって拡大する可能性があ
ることを認識していたことも、前記事実関係に照らして明らかである。

(iii)　以上によれば、前事件反訴においては、本件仮差押命令の申立ての違
法を理由とする損害賠償請求権の一部である本件弁護士費用損害につい
ての賠償請求権についてのみ判決を求める旨が明示されていたものと解
すべきであり、本件遅延損害金について賠償を請求する本件訴訟には前
事件の確定判決の既判力は及ばないものというべきである。

　本最高裁判決は、(ii)のⓐないしⓓの事実関係を前提として、前事件反訴にお
いて一部請求である旨の「明示」ありとしたものであり、いわゆる事例判例に
すぎません。その射程範囲ですが、まずもって不法行為に基づく損害賠償請求
権に関する事案であることがその射程範囲を画しています。次に、損害として
考えられる費目の１つが請求された事案ですが、単に損害費目の１つが主張・
立証されたというだけではなく、他の費目が損害として発生していることを明
示に主張していたという事案であることを忘れてはいけません。すなわち、
「明示」の有無という観点からは、ⓐないしⓓの事実のうち、ⓐⓑの事実が相
対的に重要です。ⓒは、Ｘに対し、前事件反訴において当該他の費目をも含
めて損害賠償請求することを要求することが必ずしも期待し得ないことをいい、
ⓓは、Ｙに保護されるべき信頼（前事件反訴によって紛争の全てが解決済みであ
るとの信頼）が発生するものでないことをいうものですが、「明示」の有無と

いう観点からすると、背景的なものというべき事実です。

3．最2小判平成10・6・12にいう「特段の事情」の存否

　前記１、２のとおり、本最高裁判決は、前訴において一部請求である旨明示されていたというべきであるかどうかを扱ったものです。しかし、〈設例7-②〉②から明らかなように、前訴が明示の一部請求であるとしても、前訴判決は一部容認判決ですから、本件訴訟（後訴）が訴訟上の信義則に反するものではないのかという問題をも検討しなければならないということになります。すなわち、前記Ⅱで扱った最2小判平成10・6・12との関係が別に問題になります。

　本件を原審に差し戻すという判決をしているところからすると、本件には最2小判平成10・6・12にいう「特段の事情」が存するものと最高裁が考えているとみて間違いがないと思われます。[16]

　そうすると、本最高裁判決が前記２の(ii)において明示の一部請求であることの理由としたⓐないしⓓの事実関係は、ほぼそのまま最2小判平成10・6・12にいう「特段の事情」に当たる具体的事実であるということになります。

　本最高裁判決は、最2小判平成10・6・12との関係に言及してはいませんが、この観点からも参考になる判例ということができます。

Ⅳ　一部請求訴訟における主張・立証

1．一部請求訴訟と相殺の抗弁

⑴　外側説、内側説、按分説

　一部請求訴訟における主張・立証の構造を理解するために、被告から相殺の抗弁が提出された場合につき、〈設例7-③〉によって考えてみましょう。

16　差戻しを受けた原審が訴訟上の信義則違反を理由に本件訴訟を却下するという事態が起こり得るわけですが、最高裁がその点を考慮しないまま本件を原審に差し戻したと想定するのは合理的ではないでしょう。

第 7 章　一部請求訴訟の意義と機能

―― 〈**設例 7 -③**〉 ――――――――――――――――――――――――――

① 　X は、Y に対して平成20年 4 月 1 日に800万円を弁済期平成25年 3 月
　31日の約定で貸し付けたと主張して、Y を被告として貸金800万円のう
　ちの600万円の支払を求めて訴えを提起した。

② 　Y は、平成28年10月 1 日の第 1 審の口頭弁論期日において、「X から
　800万円を借り受けたことを認める。しかし、X に対して平成24年12月
　10日に Y 所有の絵画甲、乙、丙の 3 点をそれぞれ代金300万円、200万
　円、100万円の合計600万円で売り、平成25年 3 月31日に同絵画 3 点を
　X に引き渡したから、同代金債権をもって貸金債務と相殺する。」と主
　張した。

③ 　X は、Y の主張する絵画の売買契約の締結も、その引渡しを受けた
　ことも否認した。

(1) 　請求原因事実と抗弁事実とを摘示せよ。

(2) 　第 1 審裁判所は、証拠調べの結果、「Y は、X に対し、平成24年12月
　10日に Y 所有の絵画甲、乙の 2 点をそれぞれ代金300万円、200万円の
　合計500万円で売り、平成25年 3 月31日に同絵画 2 点を X に引き渡し
　た。」との心証を得たが、絵画丙の売買については心証を得ることがで
　きなかった。第 1 審裁判所は、どのような判断をすべきか。

(3) 　上記(2)の第 1 審裁判所の判決が確定した。同判決のどの判断部分に既
　判力が生じるのかを説明せよ。

―――――――――――――――――――――――――――――――――――

　この訴訟の訴訟物（請求権）は、X の Y に対する消費貸借契約に基づく貸金
返還請求権です。

　その請求原因事実は、次のとおりです。

―― 〈請求原因〉 ―――――――――――――――――――――――――――

㋐ 　X は、Y に対し、平成20年 4 月 1 日、800万円を弁済期平成25年 3 月
　31日と約して貸し付けた。

㋑ 　平成25年 3 月31日は到来した。

　よって、X は、Y に対し、㋐の貸金800万円のうちの600万円の支払を

IV　一部請求訴訟における主張・立証

求める。[17]

Ｙは、請求原因事実(ア)を自白した（請求原因事実(イ)は公知の事実です）上で、以下のとおり相殺の抗弁を主張しました。

┌─〈抗　弁（相殺）〉─────────────────────────

(a)　Ｙは、Ｘとの間で、平成24年12月10日、ＹがＸに対して絵画甲、乙、丙の３点をそれぞれ代金300万円、200万円、100万円の合計600万円で売る旨の契約を締結した。

(b)　Ｙは、Ｘに対し、平成25年３月31日に(a)の絵画３点の引渡しの提供をした。[18]

(c)　Ｙは、Ｘに対し、平成28年10月１日の第１審の口頭弁論期日において、(a)の売買代金債権600万円を自働債権としてＸの請求債権と対当額で相殺する旨の意思表示をした。

└──────────────────────────────────

第１審裁判所は、本件一部請求につき、証拠調べの結果、相殺の抗弁（の一部である500万円分）に理由があるとの心証を得たのですが、どのような計算方式によって認容額を決すべきかが問題になります。この点につき、以下の３つの考え方があります。

「外側説」は、請求債権の全体から認められる自働債権額を控除し、残存額が一部請求額以上である場合には請求の全部認容判決をし、残存額が一部請求額を下回る場合にはその残存額を認容する一部認容判決をする、というものです。

「内側説」は、当該訴訟の請求部分から認められる自働債権額を控除し、残存額がある場合にはその残存額を認容する一部認容判決をし、残存額がない場

───────────────────────────────────────

17　「よって」以下の記載は、請求原因事実と請求の趣旨との関係を説明するためのものであり、請求原因事実の一部をなすものではありません。訴訟物を明示し、当該訴訟が給付・確認・形成の訴えのいずれであるかを明らかにし、さらに全部請求であるか一部請求であるかを明らかにする等の目的で記載される主張の要約部分であり、実務上「よって書き」と呼ばれます（判決起案の手引47頁を参照）。

18　抗弁事実(a)によって、自働債権が売買代金債権であり、これに同時履行の抗弁権が付着していることが表れるため、抗弁事実(b)を「せり上げて」主張する必要があることにつき、第６章脚注29を参照。

305

合には請求棄却判決をする、というものです。

「按分説」は、認められる自働債権額を当該訴訟の請求部分と請求されていない部分とに比例按分し、当該訴訟の請求部分から自働債権額のうち按分額を控除し、残存額がある場合にはその残存額を認容する一部認容判決をし、残存額がない場合には請求棄却判決をする、というものです。

本件に以上の3つの考え方それぞれを適用してみます。認容額は、それぞれ、外側説によると300万円、内側説によると100万円、按分説によると225万円（600万円－500万円×3/4）、になります。

これをチャート化すると、［説明図１］のとおりです。

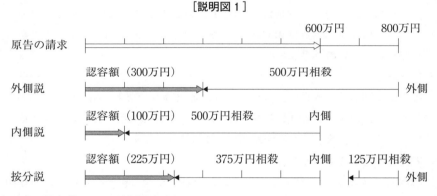

（2）　**最高裁による外側説の採用**

最３小判平成６・11・22民集48巻７号1355頁は、以下のとおり判断し、外側説を採用することを宣明しました。

（ⅰ）　特定の金銭債権のうちの一部が訴訟上請求されているいわゆる一部請求の事件において、被告から相殺の抗弁が提出されてそれが理由がある場合には、まず、当該債権の総額を確定し、その額から自働債権の額を控除した残存額を算定した上、原告の請求に係る一部請求の額が残存額の範囲内であるときはそのまま認容し、残存額を超えるときはその残存額の限度でこれを認容すべきである。

（ⅱ）　けだし、一部請求は、特定の金銭債権について、その数量的な一部を

> 少なくともその範囲においては請求権が現存するとして請求するもので
> あるので、右債権の総額が何らかの理由で減少している場合に、債権の
> 総額からではなく、一部請求の額から減少額の全額または債権総額に対
> する一部請求の額の割合で按分した額を控除して認容額を決することは、
> 一部請求を認める趣旨に反するからである。

　(i)は本最高裁判決の結論命題を示す判断部分であり、外側説を採用すること
を明らかにしています。(ii)は外側説を採用する理由を説示し、内側説および按
分説を排斥することを明らかにしています。

　前記Ⅰ2に説明したように、一部請求を訴訟形態として受容すべき制度的必
要性があると認める以上は、すなわち、訴訟の口頭弁論終結時において少なく
ともこれだけは存在するものと認められるであろうとの期待に基づく請求の仕
方を合理的なものとして許容する以上は、外側説によるのでなければ、そもそ
もの出発点と齟齬することになります。内側説や按分説によるときは、一部請
求訴訟において請求棄却判決（請求の一部を棄却するものも含む）を受けても、
原告による残部請求の訴えを止めることはできず、一部請求を訴訟形態として
受容しても、全体として紛争の解決に資するということになりません。[19]

　本章脚注8に挙げた最1小判昭和48・4・5は、不法行為に基づく損害賠償
を求める一部請求訴訟における過失相殺の方法につき、外側説によるべきこと
を明らかにしており、そこでの発想はほぼ同様のものです。したがって、最3
小判平成6・11・22の結論は想定されたものでありましたが、最高裁がこの点
を明確にしたことによって下級審における混乱は回避されました。

　また、以上の理屈は、相殺に限らず弁済等の債権の消滅事由の抗弁一般に妥
当するものですし、弁済が訴訟提起前のものであるかどうか、相殺の意思表示
が訴訟提起前のものであるかどうかといった事情に左右されるものでもありま
せん。

　そうすると、〈設例7-③〉につき、第1審裁判所は、外側説によって、「Y
は、Xに対し、300万円を支払え。Xのその余の請求を棄却する。」との判決

19　水上敏「判解」最判解民〔平成6年度〕579頁を参照。

第 7 章　一部請求訴訟の意義と機能

をすべきであるということになります。

(3)　外側説と既判力

民訴法114条 2 項は、「相殺のために主張した請求の成立または不成立の判断
は、相殺をもって対抗した額について既判力を有する。」と規定しています。
そこで、外側説を採るとして、同項の規定との関係をどのように考えるべきか、
すなわち、相殺の抗弁についての判断につき、どの範囲で既判力が生ずるのか、
が問題になります。

この点につき、最 3 小判平成 6・11・22は、前記(2)(ⅰ)(ⅱ)に続いて以下のとお
り判断しました。

(ⅲ)　一部請求において、確定判決の既判力は、当該債権の訴訟上請求され
なかった残部の存否に及ばないとすること判例であり[20]、相殺の抗弁によ
り自働債権の存否について既判力が生ずるのは、請求の範囲に対して
「相殺をもって対抗した額」に限られる。

(ⅳ)　したがって、当該債権の総額から自働債権の額を控除した結果残存額
が一部請求の額を超えるときは、一部請求の額を超える範囲の自働債権
の存否については既判力を生じない。

(ⅳ)が本最高裁判決の結論命題を述べる判断部分であり、(ⅲ)がその理由説示部
分です。本最高裁判決は、一部請求についての確定判決の既判力は当該一部に
ついてのみ発生すると考える以上、既判力が発生する相殺の抗弁についての判
断も、当該一部に係る部分に限られると解しているわけです。

これをチャート化すると、[説明図 2] のとおりです。

20　前掲（注 5 ）最 2 小判昭和37・8・10。

Ⅳ 一部請求訴訟における主張・立証

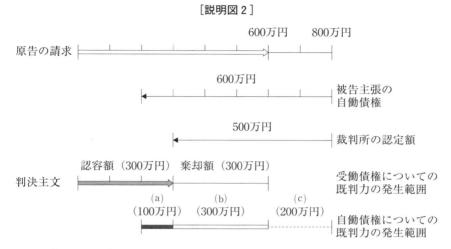

[説明図2]

既判力は、まず、判決主文に生じます。すなわち、Xの請求した貸金返還請求権600万円のうち300万円の存在とその余の300万円の不存在に生じます。一部請求の外側にある200万円には生じません。

次に、民訴法114条2項の規定によって、[説明図2](a)の部分と(b)の部分の自働債権の不存在について生ずることになります。(a)の部分についてはもともと自働債権100万円が不存在であったということですし、(b)の部分については自働債権300万円が存在していたが相殺によって消滅したということです。(c)の部分の自働債権200万円は一部請求の外側にありますから、この部分について既判力は生じません。

2．一部請求をする理由についての陳述の意味

前記1(1)の請求原因事実の整理例における「よって書き」は、単に「貸金800万円のうちの600万円の支払を求める。」というものでしたが、実際の訴状には、なぜ800万円のうちの600万円のみの支払を求め、差額200万円の支払を求めないかの理由が記載されるのが通常です。そのような理由の記載は、訴訟上どのような意味をもつのでしょうか。以下の〈設例7-④〉によって考えてみましょう。

第 7 章　一部請求訴訟の意義と機能

──〈設例 7 -④〉──────────────

① 　X は、訴状に次のように記載して訴えを提起した。

　　「X は、Y に対し、平成20年 4 月 1 日に800万円を弁済期平成25年 3
　　月31日の約定で貸し付けた。Y から、同日、200万円の弁済を受けたの
　　で、残額600万円の支払を求める。」

② 　Y は、平成28年10月 1 日の第 1 審の口頭弁論期日において、「X の訴
　　状記載の事実は認める。しかし、X に対して平成24年12月10日に Y 所
　　有の絵画甲、乙、丙の 3 点をそれぞれ代金300万円、200万円、100万円
　　の合計600万円で売り、平成25年 3 月31日に同絵画 3 点を X に引き渡し
　　たから、同代金債権をもって貸金債務と相殺する。」と主張した。

③ 　X は、平成28年11月10日の次の口頭弁論期日において、「訴状に200
　　万円の弁済を受けたと記載したのは誤りであった。また、Y の主張す
　　る絵画の売買契約については、契約を締結したことも絵画の引渡しを受
　　けたこともない。」と主張した。

⑴　請求原因事実と抗弁事実とを摘示せよ。

⑵　第 1 審裁判所は、上記③の X の主張をどのように取り扱うべきか。

────────────────────────────

　前記 I 3 に説明したように、数量的に可分な債権の任意の一部の給付を求め
る訴えも請求の特定に欠けるものではないとして許容するのが判例の立場です。
したがって、上記の〈設例 7 -④〉①の「Y から、平成25年 3 月31日に200万
円の弁済を受けた」との訴状の記載部分は、請求を特定するために必要な主張
ではありません。また、訴訟物は800万円の貸金返還請求権全体ではなく、そ
のうちの600万円のみであり、200万円部分は訴訟物の外側にありますから、訴
状提出の段階では、前記の記載部分は、一部請求をする理由についての付随的
陳述であって、「単なる事情」にすぎません。[21]

　ここまでは、請求原因事実を下記のように整理することによって、容易に理
解することができます。

────────────────────────────

21　判決起案の手引48頁を参照。

310

Ⅳ　一部請求訴訟における主張・立証

┌─〈請求原因〉────────────────────────
│
│ (ア)　Xは、Yに対し、平成20年4月1日、800万円を弁済期平成25年3月
│ 　　　31日と約して貸し付けた。
│
│ (イ)　平成25年3月31日は到来した。
│
│ 　　　よって、Xは、Yに対し、(ア)の貸金800万円のうちの600万円の支払を
│ 求める。[22]
│
└──────────────────────────────

　しかし、上記の〈設例7-④〉②のように、口頭弁論期日において、YがX
の陳述した弁済の事実を援用しつつ、相殺の抗弁を主張するという事態に至っ
た場合には、一考を要します。すなわち、判例が外側説を採ることによる主
張・立証事実への影響を検討することが必要になります。なぜなら、外側説は、
弁済や相殺といった債務の消滅原因は請求債権全体に対するものであり、債務
の消滅原因はまず非請求部分に充てられるべきであると解するからです。[23]外側
説に立って、同②のYの主張から、抗弁事実を整理すると、以下のとおりです。

┌─〈抗　弁──相殺＋弁済〉──────────────────
│
│ (a)　Yは、Xとの間で、平成24年12月10日、YがXに対して絵画甲、乙、
│ 　　　丙の3点をそれぞれ代金300万円、200万円、100万円の合計600万円で売
│ 　　　る旨の契約を締結した。
│
│ (b)　Yは、Xに対し、平成25年3月31日に(a)の絵画3点の引渡しの提供
│ 　　　をした。
│
│ (c)　Yは、Xに対し、平成28年10月1日の第1審の口頭弁論期日におい
│ 　　　て、(a)の売買代金債権600万円を自働債権としてXの請求債権と対当額
│ 　　　で相殺する旨の意思表示をした。
│
│ (d)　Yは、Xに対し、平成25年3月31日、(ア)の貸金債務の一部の履行と
│ 　　　して200万円を支払った。
│
└──────────────────────────────

　このように抗弁事実を検討してみると、Yがこれを主張する前の段階では、
「単なる事情」として扱えば足りた(d)の事実が、Yが抗弁を主張するや、(a)(b)

────────────────────────────────
22　前掲（注17）を参照。
23　司研・紛争類型別10頁を参照。

第7章　一部請求訴訟の意義と機能

(c)の各事実とともに、抗弁事実の一部を構成するものになっていることがわかります。そうすると、Yが抗弁を主張した時点で要件事実（主要事実）である(d)の事実について自白が成立したことになりますから、Xとしては自由に自白を撤回することはできません。[24] 結局、Xが訴状において記載した(d)の事実は、Yが「相殺＋弁済の抗弁」を主張する場合には自白として扱われる先行自白候補とでもいうべき事実であるということになります。

　そうすると、第1審裁判所としては、Xに対し、上記の〈設例7-④〉③のXの主張のうち、抗弁事実(d)の自白を撤回する部分につき、自白の撤回が許されるための要件——すなわち、ⓐ刑事上罰すべき他人の行為により自白をするに至った場合（法338条1項5号参照）[25]、ⓑ相手方の同意がある場合[26]、ⓒ自白の内容が真実に反しかつ自白が錯誤によってされた場合[27]、の3つのうちのいずれかに当たること——を主張・立証するのかどうかを釈明し、その主張・立証をするつもりがないのであれば、自白の撤回が許されないことを明らかにしておくべきです。

24　自白の拘束力につき、第3章Ⅳ1を参照。
25　最2小判昭和33・3・7民集12巻3号469頁。
26　最1小判昭和34・9・17民集13巻11号1372頁。
27　大判大正4・9・29民録21輯1520頁。

312

Ⅱ　共同所有関係と訴訟形態

<table>
<tr><td rowspan="2">第8章</td><td rowspan="2">多数当事者紛争と
訴訟形態</td></tr>
</table>

Ⅰ　はじめに

　1つの紛争が1対1の当事者間で争われるのではなく、複数の者が様々な形で関与しているという事態も今日稀ではありません。複数の者が2つの陣営に分かれて争う場合もあるし、3つ以上の陣営に分かれて相争う場合もあります。また、2つの陣営に分かれて争っている紛争の一方の側を第三者が支援する場合もあります。

　1つの紛争に多数の当事者が関与することとなるのは、社会構造ないし経済構造の変化に根本的な原因を求めることができますが、問題となる法律関係は必ずしも複雑で先進的なものばかりでなく、近代以前の不動産の所有ないし利用関係をめぐるものであることもあり、1つの観点ないし原理で全ての問題に対処することができるというわけにはいきません。

　以下、実際にしばしば争われる紛争を取り上げて、多数当事者紛争と訴訟形態についての問題を展望しておくことにしましょう。

Ⅱ　共同所有関係と訴訟形態

1．共有者の提起する訴訟

(1)　**最1小判昭和46・10・7民集25巻7号885頁の事案の概要**

　複数の者が関与する紛争の典型例として、共同所有に関する紛争を挙げることができます。まず、共有者がその権利の確認と他からの妨害の排除を求めた

313

第8章　多数当事者紛争と訴訟形態

最1小判昭和46・10・7を素材にして、共同訴訟の類型について検討してみましょう。

――〈設例8-①〉――

① X₁・X₂は、Yの父母である。X₁・X₂は、Yに対し、「Aから、昭和23年11月20日、本件土地Lを共同して買い受けたが、便宜上、当時12歳であったY名義で所有権移転登記を経由した。ところが、Yは自分が所有者であるとして争うに至った。」と主張して、X₁・X₂がLを共有していることの確認とLのX₁・X₂への所有権移転登記手続を求めて訴えを提起した。

② これに対し、Yは、「X₁・X₂は、Aから、Yの代理人としてLを買い受けた。そうでないとしても、X₁・X₂は、買い受けたLをYに対し、即日、贈与した。」と主張して、争った。

③ X₁は、第1審係属中に、本訴を取り下げる旨の昭和37年9月10日付け書面を提出し、Yは、本訴の取下げに同意する旨の同月11日付け書面を提出した。

④ 第1審は、取下げの効力につき判断を示すことなく、X₁・X₂の主張を認め、Yの主張を排斥して、X₁・X₂の請求を全て認容した。[1]

⑤ Yは、X₁のした本訴の取下げは効力を生じたと主張した。これに対し、原審（控訴審）は、「X₁はLはX₁およびX₂の両名の所有に属するものとしてX₂と共同原告となりLの所有権確認並びにその所有権移転登記手続を求めるものであるところ共有物の所有権は共有者全員に属するをもってその所有権（持分に非ず）確認並びにその所有権に基く登記手続を求める給付の訴は各共有者単独で取下をなすことができないというべきであるからX₁のした訴の取下は無効である。」と判断して、本案につき第1審の判断を正当として、Yの控訴を棄却した。[2]

⑥ Yは、原判決を不服として上告した。上告理由は、X₁・X₂の提起した本件訴訟は通常共同訴訟であるから、X₁のした訴えの取下げによってX₁とYとの間の訴訟は終了したものであって、原判決には民訴法62

1　浦和地判昭和40・10・5（民集25巻7号893頁に収録）。

2　東京高判昭和42・2・17（民集25巻7号897頁に収録）。

Ⅱ 共同所有関係と訴訟形態

条（現行民訴法40条）の解釈適用を誤った違法がある、というにある。

(1) 共有権と共有持分権との異同について説明せよ。
(2) 上記⑤の「X_1のした本訴の取下げは効力を生じた」とのYの主張は、本件訴訟においてどのような意味を有するか。
(3) 本件訴訟は、固有必要的共同訴訟であるか。固有必要的共同訴訟であるかどうかは、どのような点に着目して判断するのが相当であるか。

[関係図]

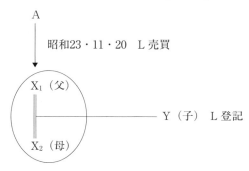

（本訴請求）　$X_1 \cdot X_2 \to Y$　Lの共有権確認＋所有権移転登記手続請求
（本訴の取下げと同意）　$X_1 - Y$

(2) 最1小判昭和46・10・7の判断とその構成

本最高裁判決は、以下のとおり判断し、Yの上告を棄却しました。

(i) 1個の物を共有する数名の者が、共同原告となり、いわゆる共有権（数人が共同して有する1個の所有権）に基づき、その共有権を争う第三者を相手方として、共有権の確認を求めているときは、その訴訟の形態はいわゆる固有必要的共同訴訟と解するのが相当である。
(ii) けだし、この場合には、共有者全員の有する1個の所有権そのものが紛争の対象となっているのであって、共有者全員が共同して訴訟追行権を有し、その紛争の解決いかんについては共有者全員が法律上利害関係

第8章　多数当事者紛争と訴訟形態

を有するから、その判決による解決は全員に矛盾なくなされることが要請され、かつ、紛争の合理的解決を図るべき訴訟制度の建前からするも、共有者全員につき合一に確定する必要があるというべきだからである。

(ⅲ)　これと同様に、1個の不動産を共有する数名の者全員が、共同原告となって、共有権に基づき所有権移転登記手続を求めているときは、その訴訟の形態も固有必要的共同訴訟と解するのが相当であり、その移転登記請求が真正な所有名義の回復の目的に出たものであったとしても、その理は異ならない。

(ⅳ)　それゆえ、このような訴訟の係属中に共同原告の1人が訴えの取下げをしても、その取下げは効力を生じないものというべきである。

　(ⅰ)(ⅲ)(ⅳ)は、本最高裁判決の結論命題を示す判断部分であり、そのうちの(ⅰ)と(ⅲ)が民集の判示事項・判決要旨として抽出されています。(ⅳ)は、固有必要的共同訴訟に当たる訴訟をいったん共同原告となって提起した以上、共同原告のうちの一部の者が訴えの取下げをしても効力を生じないことを明らかにした判断部分であり、この判断も最高裁として初めてのものですが[3]、理由が付されていないためか、民集の判示事項・判決要旨として抽出されてはいません。

　(ⅱ)は、(ⅰ)と(ⅲ)のとおりの結論を採る理由を説示する部分です。

(3)　固有必要的共同訴訟かどうかの区別と実体法上の権利の性質

　当事者の一方または双方に複数の者がいる訴訟形態を共同訴訟といいます。共同訴訟のうち、複数の共同訴訟人について判決が区々になってもかまわないとされるものを「通常共同訴訟」と、区々になることが許されず合一に確定することが要請されるものを「必要的共同訴訟」と呼びます。さらに、必要的共同訴訟は、関係者の全員が共同で訴えまたは訴えられなければならないとされる「固有必要的共同訴訟」と、共同で訴えまたは訴えられなければならないわけではないが、共同で訴えまたは訴えられた場合には、合一に確定するよう扱われなければならないとされる「類似必要的共同訴訟」とに分類されます。本最高裁判決は、共同訴訟についてのこのような分類学を前提としています。

3　小倉顕「判解」最判解民〔昭和46年度〕595頁を参照。

そして、固有必要的共同訴訟に当たるものとして次の2つの場合があると考えられています。第1は、第三者の提起する婚姻無効または取消しの訴え（人事訴訟法12条2項により、夫婦を共同被告としなければならない）のように、他人間の権利関係の変動を生じさせる場合であり、第2は、数人の破産管財人のいる破産財団に関する訴え（破産法76条）のように、訴訟物となっている権利関係が共同してのみ処分できる性質を有する場合です。本件は、このうちの第2の場合に当たるかどうかが争われました。

そこで、本件で訴訟物となっている権利は何か、その権利は共同してのみ処分できるものであるのか（関係者が個々に処分できるものであるのか）を、順に検討しなければならないことになります。

まず、訴訟物についてですが、前記(2)(ii)によると、最高裁が実体法上の権利として、**数人が共同して有する1個の所有権としての「共有権」と共有者各人に分属する「共有持分権」**とを区別して把握していることを理解することができます。学説では、「共有権」を「共有関係」という用語で表現することもあります。

その上で、本最高裁判決は、$X_1 \cdot X_2$ が Y を被告として提起した本訴請求の訴訟物が、本件土地 L の共有権（確認）と共有権に基づく妨害排除請求権としての所有権移転登記請求権であると解釈したのです。訴訟物として何を選択するかは、当事者（原告）の自由意思に委ねられており、いわゆる処分権主義の問題ですから、裁判所は当事者の訴訟行為を合理的に解釈したにすぎません。最高裁は、$X_1 \cdot X_2$ の選択した訴訟物が何かについて、〈設例8-①〉⑤の原判決のした解釈を前提にしています。

本訴請求の訴訟物のうち、$X_1 \cdot X_2$ が共同して有する1個の所有権の確認請求についてみると、その権利は共同してのみ処分できるものですから、その判

4　以上の共同訴訟の一般的理解の仕方につき、伊藤眞『民事訴訟法〔第5版〕』（有斐閣・2016年）642頁以下を参照。

5　我妻榮（有泉亨補訂）『新訂物権法（民法講義II）』（岩波書店・1983年）328頁を参照。

6　登記実務および判例が、不実登記の名義人から直接真実の所有者に対する所有権移転登記請求（いわゆる真正な登記名義の回復を原因とする所有権移転登記請求）を認めていることにつき、司研・紛争類型別67頁を参照。

7　処分権主義につき、第2章Iを参照。

第8章　多数当事者紛争と訴訟形態

断が区々になることは背理であり、判決が共有者全員に合一に確定するように訴訟を運営する必要があります。そして、共有者全員に既判力が及ぶこととするためには共有者全員に訴訟手続に関与する機会が与えられてしかるべきであり、これを当事者適格の観点から説明すると、固有必要的共同訴訟であるということになります。前記(2)(i)(ii)は、このような論理によるものです。

　しかし、本訴請求の訴訟物のうち、共有権に基づく妨害排除請求権としての所有権移転登記請求権については、このように直線的な論理が通用するのかどうか必ずしも明らかではありません。妨害排除請求は保存行為に当たるまたは不可分債権と構成することができるという理屈によって、X₁ または X₂ による単独行使が可能であるといえないわけでもありません。しかし、例えば X₂ が単独で所有権移転登記手続請求訴訟を提起した場合には、その認容主文は「Y は、X₂ に対し、本件土地 L につき、真正な登記名義の回復を原因とする所有権移転登記手続をせよ。」ということになりそうです。しかし、これでは、共有権の実体関係と異なる登記を実現する結果を招来することになり、登記制度の趣旨に鑑みると望ましいものとはいえません。そうすると、所有権（共有持分権でなく）の移転登記手続請求をする以上は、妨害排除請求の性質を有するとはいっても、固有必要的共同訴訟としての手続規整によるのが相当であると考えられます。前記(2)(iii)は、結論を示すだけですが、このような考慮によるものと思われます。[8]

　ただし、大判昭和17・7・7民集21巻740頁は、数人の受託者が信託財産を合有する場合においては、信託財産の保存行為といえども総員共同してこれをなすことを要すると判示して、受託者の1人のした不実登記の抹消請求を認めませんでした。最高裁も、共有権に基づく場合には、妨害排除請求である抹消登記請求についても固有必要的共同訴訟の規律に服すると考えているものとみてよいでしょう。最1小判昭和57・7・1民集36巻6号891頁は、入会部落の構成員がする入会地についての地上権設定仮登記の抹消登記を求める訴えを固有必要的共同訴訟としました。

___

8　小倉・前掲判解（注3）594頁を参照。

Ⅱ　共同所有関係と訴訟形態

⑷　訴えの取下げに関する Y の主張の意味と位置付け

〈設例 8 -①〉⑤のとおり、Y は「X₁ のした本訴の取下げは効力を生じた」と主張したのですが、この主張は、本件訴訟においてどのような意味を有し、どのように位置付けられるべきものでしょうか。

前記⑶のとおり、本訴請求の訴訟物は、本件土地 L の共有権（確認）と共有権に基づく妨害排除請求権としての所有権移転登記請求権です。

その請求原因事実は、次のとおりです。

〈請求原因〉

⑺　A は、昭和23年11月20日当時、L を所有していた。

⑷　A と X₁・X₂ は、昭和23年11月20日、X₁・X₂ が A から L を相当額で買う旨の売買契約を締結した。

⑼　Y は、L が自己の所有に属するとして、X₁・X₂ の L の所有権（共有権）を争っている。

⑽　Y は、L につき所有権移転登記を経由している。

共有権確認の訴えの請求原因事実は⑺⑷⑼であり、所有権移転登記請求の請求原因事実は⑺⑷⑽です。

Y は、これらの請求原因事実を認めた上、本案の抗弁として次の主張をしました。

〈抗弁 1 〉

⒜　Y は、X₁・X₂ の子であり、昭和23年11月20日当時12歳であった。

⒝　X₁・X₂ は、A に対し、⑷の契約の際、Y のためにすることを示した。

〈抗弁 2 〉

⒜　Y は、X₁・X₂ の子であり、昭和23年11月20日当時12歳であった。

⒞　X₁・X₂ は、昭和23年11月20日、Y の親権者として Y に対して L を贈与した。

原判決は、X₁ の本訴の取下げに関する Y の主張を「本案前の主張」として整理しています。Y の主張の意味と本件訴訟における位置付けは、必ずしも

319

第8章　多数当事者紛争と訴訟形態

明らかではありません。

　Yは、その上告理由において、「各共有者は本来第三者に対してその共有関係そのものを主張する利益も必要もない」と主張していますから、X1・X2の提示した訴訟物を、本件土地Lにつき各自の有する共有持分権（確認）と各自の共有持分権に基づく妨害排除請求権としての所有権移転登記請求権であると解する立場に立っているようです。そうすると、Yの主張は、X1が本訴各請求を取り下げたことによってX1とYとの間の訴訟が終了したとの趣旨のものと理解することができます。民訴法の規定によって訴えが有効に取り下げられ、訴訟が初めから係属していなかったものとみなすべきかどうかに争いがある場合には、裁判所が職権で調査し職権で探知すべき事項ですから、Yの主張は裁判所の職権発動を促すものと性格づけるべきものです。Yの主張を整理すると、以下のとおりですが、主張事実に弁論主義が働くことはありませんから、「本案前の抗弁」とか「妨訴抗弁」と名付けるのは正確ではありません。

┌─〈取下げによる訴訟完結の主張〉─────────────────────
│
│　(d)　X1は、第1審係属中に本訴を取り下げる旨の昭和37年9月10日付け
│　　　書面を提出した。
│　(e)　Yは、本訴の取下げに同意する旨の同月11日付け書面を提出した。
└──────────────────────────────────────

　本最高裁判決は、Yの見解を排斥し、共有者が訴訟によって第三者に対しその共有関係（共有権）を主張する利益を肯定する立場に立って、X1・X2の提示した訴訟物を共有権に基づくものと解釈したため、前記のYの「取下げによる訴訟完結の主張」を主張自体失当のものとして排斥したということになります。

　本最高裁判決は、固有必要的共同訴訟の共同原告の一部の者のする訴えの取下げを無効としましたが、その理由を述べていません。本最高裁判決の採った結論とは逆に、一部の者のする訴えの取下げの効力を認める立場に立つと、固有必要的共同訴訟の原告適格を欠くということになり、訴えを却下するという結論に導かれますが、これでは訴訟追行権があるものとして有効に訴訟追行し

───────────────────────────────────────
　9　三ヶ月章『民事訴訟法（法律学全集35）』（有斐閣・1959年）217頁を参照。

てきた他の共同原告の利益を失わせることになるばかりか、積み重ねられた訴訟審理を無駄にすることになりますから、国家の運営する訴訟制度の趣旨にも合致しないものと思われます。[10]

2．共有持分権に基づく請求

(1) 所有権移転登記請求、抹消登記請求

最高裁は、従前から、不動産共有者の1人がその持分権に基づき、単独で当該不動産について不実登記を経由する所有名義人に対してその登記の抹消を請求することを認めてきています。最1小判昭和31・5・10民集10巻5号487頁は、その理由を保存行為（民法252条ただし書）であることに求めています。そして、最3小判昭和33・7・22民集12巻12号1805頁は、組合財産についても特別の規定のない限り民法249条以下の共有の規定が適用されるとし、組合員の1人は単独で同様に登記の抹消を請求することができるとしました。

また、最1小判昭和46・10・7では共有権に基づく所有権移転登記請求が問題になりましたが、共有持分権に基づく移転登記請求は、原告になった者の持分権の範囲での移転登記を求めるものですから、これが認められることは当然のことと考えられています。

(2) 返還請求

大判大正10・3・18民録27輯547頁は民法428条の不可分債権であるとして、大判大正10・6・13民録27輯1155頁は民法252条ただし書の保存行為であるとして、共有者の1人による共有物の引渡請求を認めました。これらの大審院判例は、共有権に基づく請求であるか共有持分権に基づく請求であるかを明示していませんが、最1小判昭和46・10・7を前提にすると、共有持分権に基づく請求として理解しておくべきでしょう。

(3) 共同訴訟の形態

共有持分権に基づく請求の場合は、確認請求、返還請求、妨害排除請求のいずれであっても、権利の性質が各共有者に分属するものである以上、共有者の1人による訴訟提起も適法として認められ、複数の共有者が共同して訴訟を提

---

10 小倉・前掲判解（注3）595頁を参照。

第8章　多数当事者紛争と訴訟形態

起した場合であっても、それは通常共同訴訟ということになります。

3．共有者間の訴訟と共同訴訟の形態

(1)　遺産確認の訴え

　共同所有者内部の紛争、例えば、民法256条1項の規定する共有物分割の訴えは、共同して同一物の所有権を有する状態を終了させる性質のものであって、共有者全員について画一の処理をしなければ目的を達することはできませんから、共有者全員が分割手続に関与することを要するものと解されており、異論がありません[11]。

　ここでは、一般に「遺産確認の訴え」と呼ばれている訴訟の意味と共同訴訟の形態につき、〈設例8-②〉によって検討することにしましょう。

〈設例8-②〉

①　Aは、平成20年10月1日に死亡した。Aの相続人は、妻Yと子B、C、D、Xの5名である。本件土地Lにつき、平成10年12月1日付け売買を原因としてEからYへの所有権移転登記がされている。これらの点に争いはない。

②　Xは、Yを被告として、Eから代金3000万円でLを買い受けたのはAであると主張して、Lにつき、Aの遺産に属することの確認と持分8分の1の移転登記手続を求める訴えを提起した。

③　これに対し、Yは、ⓐ遺産確認の訴えは過去の法律関係の確認を求めるものであって不適法である、ⓑAの相続人として、XとYのほかに、AとYとの間の子であるB、C、Dがいるから、遺産確認の訴えは不適法であると主張し、さらに、ⓒEからLを買い受けたのはYであり、その代金3000万円も自分の預金で支払った、と主張して争った。

(1)　遺産確認の訴えの性質を明らかにした上で、上記③のYの主張ⓐにつき、第1審裁判所として、どのような判断をすべきかを検討せよ。

(2)　Xの主張した請求原因事実を摘示した上で、上記③のYの主張ⓑお

11　大判明治41・9・25民録14輯931頁。

322

よび©につき、その意味と主張・立証の構造上の位置付けを説明せよ。
(3)　上記③のYの主張⑥につき、第1審裁判所はどのような判断をすべきであるか。

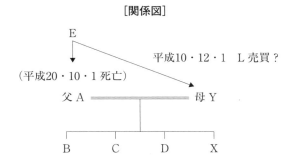

[関係図]

（本件訴訟）X→Y　LがAの遺産に属することの確認＋持分1/8の移転登記請求

(2) 遺産確認の訴えの意義

〈設例8-②〉③のYの主張ⓐは、遺産確認の訴えなる訴訟がそもそも不適法であるとの趣旨に出るものです。従前から、遺産確認の訴えについては、Yの主張する過去の法律関係の確認を求めるものではないかという問題のほかに、自らの共有持分の確認を求めるべきではないかという問題が指摘されていました。

しかし、最1小判昭和61・3・13民集40巻2号389頁は、次のとおり、遺産確認の訴えの性質を明らかにした上で、これを適法なものと判断して、この問題に決着をつけました。[12]

> 遺産確認の訴えは、端的に、当該財産が現に被相続人の遺産に属すること、すなわち、「当該財産が現に共同相続人による遺産分割前の共有関係にあること」の確認を求める訴えであって、原告勝訴の判決は、当該財産

12　最1小判昭和61・3・13につき、本書第10章Ⅳ2を参照。

第8章　多数当事者紛争と訴訟形態

> が遺産分割の対象たる財産であることを既判力をもって確定し、したがっ
> て、これに続く遺産分割の審判の手続および右審判確定後において、その
> 遺産帰属性を争うことは許されないことになり、原告の前記意図に適った
> 紛争の解決を図ることができるから、このような訴えは適法というべきで
> ある。

　最1小判昭和61・3・13は、遺産確認の訴えが現在の法律関係の確認を求め
るものと理解することができるとした上、遺産共有の解消方法が遺産分割審判
という既判力を有しない非訟手続に限定されていることから、当該財産の遺産
帰属性につき相続人間で既判力をもって確定させる必要があるというところに
このような訴えの適法性を肯定すべき実質的な根拠があるとしたものです。[13]
　結局、上記のYの主張ⓐは、最1小判昭和61・3・13に照らして失当なもの
ということになります。

(3)　他に相続人がいるとのYの主張の意味と位置付け

　次に、〈設例8-②〉③のYの主張ⓑⓒにつき、本件訴訟における主張の意
味と位置付けとを検討してみることにしましょう。

　本訴請求の訴訟物は、本件土地Lが被相続人Aの共同相続人による遺産分
割前の共有関係にあること（確認）と共有持分権に基づく妨害排除請求権とし
ての持分権移転登記請求権です。

　Xが実際に主張した請求原因事実は、次のとおりです。

┌─〈請求原因〉─────────────────────────────
│
│　㋐　Eは、平成10年12月1日当時、Lを所有していた。
│　㋑　EとAは、平成10年12月1日、AがEからLを代金3000万円で買う
│　　　旨の売買契約を締結した。
│　㋒-1　Aは、平成20年10月1日、死亡した。
│　㋒-2　XはAの子であり、Yは㋒-1の当時Aの妻である。[14]
└─────────────────────────────────────

13　水野武「判解」最判解民〔昭和61年度〕148頁以下を参照。

14　本文の請求原因事実の摘示は、相続の要件事実につき「非のみ説」によっています。「のみ説」に
　　よると、この摘示では主張自体失当ということになります（後掲（注24）および判決起案の手引収
　　録の「事実摘示記載例集」5頁参照）。

324

II　共同所有関係と訴訟形態

　㈐　Yは、Lが自己の所有に属するとして、LがAの遺産に帰属することを争っている。

　㈑　Yは、Lにつき所有権移転登記を経由している。

　遺産確認の訴えの請求原因事実は㈎、㈏、㈐-1、㈐-2、㈑であり、持分権移転登記請求の請求原因事実は㈎、㈏、㈐-1、㈐-2、㈒です。

　まず、Yの主張ⓒは、「EからLを買い受けたのはYであり、その代金3000万円もYが自分の預金で支払った」というものですが、これは、請求原因事実㈏を否認し、Lの買主はAではなくYであるとの積極否認事実を提示するものです。

　次に、Yの主張ⓑは、当事者適格に関する主張であり、次のように整理することができます。これは、訴訟要件を争う本案前の主張ですが、本案との密接関連性や公益性の程度が高いとはいえないことなどから、その判断の前提事実については弁論主義の適用があると解されています。[15]したがって、「本案前の抗弁」と呼んでよいものです。

┌─〈当事者適格に関する主張（本案前の抗弁）〉─────────
│　⒜　Aには、XとYのほかに、AとYとの間の子であるB、C、Dがいる。
└──────────────────────────────

　そこで、この当事者適格に関する主張の意義を検討することにしましょう。

⑷　固有必要的共同訴訟であること

　最3小判平成元・3・28民集43巻3号167頁は、「遺産確認の訴えは、共同相続人全員が当事者として関与し、その間で合一にのみ確定することを要するいわゆる固有必要的共同訴訟と解するのが相当である。」と判断しましたが、その理由として前記⑵の最1小判昭和61・3・13が遺産確認の訴えを適法とした理由をほぼそのまま援用しています。

　〈設例8-②〉③のYの主張のうちⓑ（当事者適格に関する主張）を容れたものということになります。そこで、第1審裁判所としては、Xの提起した遺

───────────────────────────────
15　中野ほか・講義416頁〔松本博之〕を参照。

325

産確認の訴えについては当事者適格のないものとして却下判決をし、持分権移転登記請求については請求原因事実(イ)についての証拠調べをし、その心証に従った本案判決をすることになります。

ところで、この最3小判平成元・3・28の判断を前提として、遺産確認の訴えについて固有必要的共同訴訟としての訴訟要件をも満たしていることをも主張すべきXとしては、B、C、Dをも被告とした上で（B、C、DがXと共同原告になることに同意する場合には共同原告として）、次のように請求原因事実を構成すべきです。

〈遺産確認の訴えの請求原因〉

(ア)　Eは、平成10年12月1日当時、Lを所有していた。

(イ)　EとAは、平成10年12月1日、AがEからLを代金3000万円で買う旨の売買契約を締結した。

(ウ)-1　Aは、平成20年10月1日、死亡した。

(ウ)-2　X、B、C、DはAの子であり、Yは(ウ)-1の当時Aの妻である。

(ウ)-3　Aには、X、B、C、D、Yのほかに相続人はいない。

(エ)　B、C、D、Yは、LがYの所有に属するとして、LがAの遺産に帰属することを争っている。

(ウ)-2、(ウ)-3の事実は、被相続人Aの共同相続人全員が当事者として関与していることを主張することによって、訴訟要件である当事者適格の充足を示す具体的事実です。

4．共有者を相手方とする訴訟

次に、共有者ないし共有名義人を相手方とする訴訟を取り上げることにします。そして、その検討は、まず最高裁判決の判示したところを確認した上で、それらの判決が論理的に整合したものであるかどうか、それらの判決の採る結論が合理的なものかどうかをみてみるという順序ですることにしましょう。

(1)　債権的登記請求権を行使した場合

(A)　最2小判昭和36・12・15民集15巻11号2865頁の事案の概要

〈設例8-③〉の特徴は、土地の所有権移転登記請求をした原告が債権的登記

請求権を訴訟物（請求権）として選択したところにあります。

〈設例 8-③〉

① Xは、Aから、昭和18年12月30日、本件土地Lを代金1万円で買い受け（以下、この契約を「本件売買契約」という）、同日代金を支払った。Aは、Lの所有権移転登記手続をしないまま、昭和24年1月1日に死亡した。Aには配偶者も子もいなかったため、Xは、Aの父Yに対し、Lにつき、本件売買契約に基づく所有権移転登記手続を求めて訴えを提起した。

② 第1審で敗訴したXが控訴したところ、控訴審において、Yは、「Aの相続人として、Aの戸籍上の母BまたはAの生母Cがいる。したがって、Yは、BまたはCとともにAの共同相続人として、Lを共有するに至った。BまたはCを除外し、Yのみを被告として提起された本訴は不適法である。」と、本案前の主張を提出した。

③ 原審（控訴審）は、BもCもAの相続人ではなく、YのみがAの相続人であるから、本訴は不適法なものではないとした上、Xの主張事実を認め、請求を認容した。

④ Yは、本案前の主張を排斥した原判決には戸籍法の解釈を誤った違法があると主張して、上告した。

(1) 上記②のYの本案前の主張の意味を説明せよ。

(2) 請求原因事実を摘示した上で、上記②のYの本案前の主張に理由があるかどうかを検討せよ。

---

16 登記請求に係る訴訟物を物権的登記請求権、物権変動的登記請求権、債権的登記請求権の3つに分けて把握する立場が一般であることにつき、司研・紛争類型別63〜64頁参照。

17 福岡高宮崎支判昭和33・3・31（民集15巻11号2874頁に収録）。

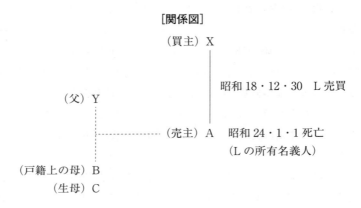

(請求) X → Y　Lの所有権移転登記手続請求

(B)　最2小判昭和36・12・15の判断とその構成

本最高裁判決は、以下のとおり判断し、Yの上告を棄却しました。

(i)　Xの本訴において請求するところは、Yが相続によって承継したAがXとの売買契約に基づいて負担する所有権移転登記義務の履行であるが、このような債務はいわゆる不可分債務である。

(ii)　たといYのほかに共同相続人がいるとしても、XはY1人に対して登記義務の履行を請求し得るものであって、論旨所論のごとく、必要的共同訴訟の関係に立つものではない。

(ii)が本最高裁判決の結論命題を示す判断部分であり、(i)がその理由を説示する部分です。

前記Ⅱ1(3)で説明したように、最高裁の採用している判断の枠組みは、訴訟物となっている権利は何か、その権利は共同してのみ処分できるものであるのか（関係者が個々に処分できるものであるのか）を順に検討して、そこで問題とされる訴訟が通常共同訴訟か必要的共同訴訟かを決するというものです。

本最高裁判決は、この判断枠組みによって、(i)本訴の訴訟物は債権的登記請求権であるところ、複数人が債権的登記義務を負う場合の登記義務は不可分債

務である、(ⅱ)不可分債務者は当該債務の全てを履行する義務を負うが、各債務
者は自らの義務を個々に処分することができるから、複数人に対して債権的登
記義務の履行を求める訴訟は通常共同訴訟であって必要的共同訴訟ではない、
と判断していると理解することができます。

(C)　最2小判昭和36・12・15の主張・立証の構造

〈設例8-③〉①のとおり、本件の訴訟物（請求権）は、A・X間の売買契約
に基づく債権的登記請求権です。

その請求原因事実は、次のとおりです。

> ─〈請求原因〉────────────────────────────
>
> (ｱ)　AとXは、昭和18年12月30日、XがAからLを代金1万円で買う旨
> 　　の売買契約を締結した。
> (ｲ)-1　Aは、昭和24年1月1日に死亡した。
> (ｲ)-2　Aには民法887条の規定により相続人となるべき者がいなかった。
> (ｲ)-3　Yは、Aの父である。

これに対し、Yは、次のように本案前の抗弁を主張しました。

> ─〈本案前の抗弁──当事者適格（被告適格）を欠く──〉──────
>
> (a)　Aには、戸籍上の母Bと生母Cとがおり、BまたはCのいずれかが
> 　　Aの相続人（父Yと共同しての）である。

これは、本訴が、YとBまたはCのいずれかを共同被告とすべき固有必要
的共同訴訟であるから、Yのみを被告とする本訴は当事者適格を欠き不適法
であるとの趣旨をいうものです。

本最高裁判決は、Yのこの本案前の抗弁を主張自体失当であるとしたもの
であり、前記(B)(ⅰ)のとおり、その理由を本訴請求が不可分債務の履行を求める
ものであるところに見出しています。[18]

──
[18]　しかし、大判明治35・10・15民録8輯9巻87頁は、同様に債権的登記請求権によって2人の土地
　　共有名義人に対して所有権移転登記を求める訴えを固有必要的共同訴訟としました。

第 8 章　多数当事者紛争と訴訟形態

(2)　物権的登記請求権を行使した場合

(A)　最 3 小判昭和38・3・12民集17巻 2 号310頁の事案の概要

── 〈設例 8 -④〉 ─────────────────────────────

① 　A 所有の本件建物 H につき、債務弁済公正証書の執行力ある正本に
基づき、B 社の申立てにより強制競売開始決定がされ、昭和30年 8 月13
日にその旨の登記がされ、昭和31年 3 月20日に Y₁・Y₂ が共同で競落し、
同年 5 月18日にその旨の所有権移転登記がされた。

② 　A の妻の従兄弟である X は、A に対し、昭和30年 2 月10日、70万円
を弁済期同年 8 月31日として貸し付け、A との間で同日弁済されない
ときはその弁済に代えて H の所有権を X に譲渡する旨を約し、同年 8
月10日に X を権利者とする所有権移転請求権保全の仮登記がされ、か
つ同年10月27日に同仮登記に基づく本登記がされているから、Y₁・Y₂
は X に対して H の所有権取得を対抗することができないと主張して、
Y₁・Y₂ を相手に所有権移転登記の抹消登記手続を求めて訴えを提起し
た。

③ 　これに対し、Y₁・Y₂ は、X の主張する貸金契約および代物弁済契約
は通謀虚偽表示であり、仮登記および本登記は仮装の契約を原因とする
ものであって無効であると主張した。

④ 　第 1 審で敗訴した Y₁・Y₂ は控訴の申立てをしたが、Y₁ の申立てが
控訴期間を徒過していたので、原審（控訴審）は Y₁ の控訴を却下する
旨の判決を言い渡した。しかし、原審は、Y₂ の控訴について判決する
にあたり、本訴は Y₁・Y₂ の共有名義に登記された所有権移転登記の抹
消を求めるものであるから、Y₁・Y₂ についていわゆる必要的共同訴訟
の関係にあり、したがって、Y₁ は、自分の申し立てた控訴が控訴期間
徒過の理由で却下されたにかかわらず、Y₂ の控訴の効果によって控訴
人たる地位を有する旨判断した上、X のためにされた仮登記および本
登記は仮装の契約を原因とするものであって無効であるとして、第 1 審[19]
判決を取り消して X の請求をいずれも棄却した。

───────────────────────────────────────

19　東京高判昭和33・10・7（民集17巻 2 号314頁に収録）。

Ⅱ　共同所有関係と訴訟形態

⑤　Xは、本訴を必要的共同訴訟であるとした原判決には民法249条以下（特に民法252条）の規定および民訴法62条（現行民訴法40条）の規定の適用を誤った違法があると主張して、上告した。

(1)　物権的登記請求権を訴訟物として共有名義人を相手に所有権移転登記の抹消登記手続を求める訴訟につき、必要的共同訴訟に当たると解すべき説得的な理由があるか。
(2)　訴訟物が所有権に基づく妨害排除請求権であるか返還請求権であるかによって、共同訴訟の形態を別異に扱う合理性があるかどうかにつき、〈設例8-⑤〉と比較して検討せよ。

[関係図]

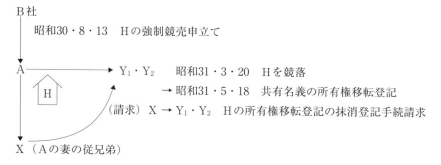

(B)　最3小判昭和38・3・12の判断とその構成

本最高裁判決は、以下のとおり判断し、Xの上告を棄却しました。

(i)　本件は、Hにつき所有権移転請求権保全の仮登記に基づき所有権移転の本登記を経由したXから、HにつきY₁・Y₂が共同して競落したことを原因として所有権移転登記を経由したY₁・Y₂に対し、右共有名義の所有権移転登記の抹消登記手続を請求する訴訟であるところ、右訴

第8章　多数当事者紛争と訴訟形態

　　　訟は必要的共同訴訟であると解すべきである。
(ⅱ)　したがって、原審が右と同じ見解の下に、Y₁は、自分の申し立てた
　　　控訴が控訴期間徒過の理由で却下されたのに、Y₂の控訴の効果によっ
　　　て控訴人たる地位を有する旨判断したのは正当である。

　(ⅰ)が(ⅱ)の結論を導く理由になるという体裁を採っていますが、(ⅰ)自身も、本
訴が必要的共同訴訟であるとした原判決の誤りをいう上告論旨に対する結論命
題を示す判断部分です。
　本最高裁判決が本件訴訟を必要的共同訴訟であるとした理由付けは、(ⅰ)の説
示からだけでは必ずしも明らかではありません。ただ、「所有権移転請求権保
全の仮登記に基づき所有権移転の本登記を経由したX」という表現から、X
の提示した訴訟物が所有権に基づく妨害排除請求権としての（すなわち、物権
的登記請求権としての）所有権移転登記抹消登記請求権であることを理解する
ことができます。
　そして、物権的登記請求権を訴訟物として共有名義人を相手に所有権移転登
記の抹消登記手続を求めた訴訟を必要的共同訴訟に当たるとした最1小判昭和
34・3・26民集13巻4号493頁を前提とすると、本最高裁判決は、これを踏襲し
たものと推測することができます。

　(C)　必要的共同訴訟に当たると解すべき理由と判決の実効性
　これを必要的共同訴訟に当たると解する学説は、理由として、①1つの不動
産が甲の単独所有であるか乙・丙の共有であるかの争いは、乙・丙の持分権の
争いではない、②各共有者に対して別個の判決がされて結論を異にすると、判
決の実効性を損なう、③共有者の1人は他の共有者の同意がなければ単独で共
有物を処分することができない等を挙げます。[20]
　これらの理由のうち、②および③の点は、訴訟物が債権的登記請求権である
か物権的登記請求権であるか、請求が抹消登記手続であるか所有権移転登記手
続であるかにかかわりません。すなわち、共有名義人の1人を相手にした勝訴
判決が確定したところで、共有名義の所有権移転登記を抹消するまたはそこか

20　宮田信夫「判解」最判解民〔昭和38年度〕95頁を参照。

332

らの所有権移転登記を実現することはできず、他の共有名義人に対する確定勝
訴判決を得るか、他の共有名義人の任意の承諾を得るかしなければなりません。

また、①ないし③の理由は、いずれも、訴訟における争点が「当該不動産は、
甲の単独所有であるか乙・丙の共有であるか」という形のものになると考えて
いるようですが、例えば、「甲が丁（乙・丙が丁の相続人）に当該不動産を売却
したかどうか」が争点となる事案もあり、検討の前提に疑問があります。

このような観点からすると、訴訟物が債権的の登記請求権であるか物権的登記
請求権であるかによって、必要的共同訴訟に当たるかどうかを区別することに
合理性があるかどうかは問題です。そして、次に取り上げる所有権に基づく返
還請求権に関する判例の展開をみると、ますますその問題性は明らかになりま
す。

(3) 所有権に基づく返還請求権を行使した場合

共有者を相手方とする登記請求訴訟の共同訴訟形態いかんについての判例が
混迷をみせている中で、土地の所有権に基づいて同土地上の建物の共有者に対
して建物収去土地明渡しを求める訴えが必要的共同訴訟であるかどうかを扱っ
た最2小判昭和43・3・15民集22巻3号607頁が現れました。

(A) 最2小判昭和43・3・15の事案の概要

共同訴訟形態の点に着目して、事案を簡略化して紹介することにしましょう。

〈設例8-⑤〉

① X（東京都）は、都有地である本件土地Lに建物Hを建築して居住し
ていたAを被告として、H収去L明渡しを求める訴えを提起した。X
勝訴の第1審判決が言い渡されたが、その後、Aが第1審の口頭弁論
終結前に死亡していたことが判明した。Aの訴訟代理人弁護士は、第
1審の口頭弁論終結後判決の言渡し前に辞任していたので、Xは、A
の子であるY₁・Y₂・Y₃の3名を相手に受継の申立てをした。

② Y₁・Y₂・Y₃は、控訴の申立てをし、Aの一切の権利義務を承継した
旨陳述したため、原審（控訴審）は、Y₁・Y₂・Y₃に対し、H収去L明
渡しを命ずる判決を言い渡した。[21]

---

21 東京高判昭和40・11・17（民集22巻3号623頁に収録）。

第8章 多数当事者紛争と訴訟形態

③ Y₁・Y₂・Y₃は、AにはY₁・Y₂・Y₃以外にその共同相続人として二女Bがおり、Bは原審の口頭弁論終結後にその旨の届出をしたのであるから、原審は、弁論を再開の上、Bを被告とすべきであった、そうしないのなら訴訟要件の欠缺として訴えを却下すべきところ、これをしなかったから、重大な訴訟手続違背として破棄を免れないと主張して、上告した。

(1) Y₁・Y₂・Y₃がXに対して負う本件土地Lの明渡義務を不可分債務と観念することはできるか。

(2) 本件訴訟を通常共同訴訟として扱った場合において、Xの勝訴判決が確定したときは、XはH収去L明渡しの強制執行をすることが許されるか。

[関係図]

(B) 最2小判昭和43・3・15の判断とその構成

本最高裁判決は、以下のとおり判断し、Y₁・Y₂・Y₃の上告を棄却しました。

(i) 土地の所有者がその所有権に基づいて地上の建物の所有者である共同相続人を相手方とし、建物収去土地明渡しを請求する訴訟は、いわゆる固有必要的共同訴訟ではないと解すべきである。

(ii) けだし、右の場合、共同相続人らの義務はいわゆる不可分債務である

334

> から、その請求において理由があるときは、同人らは土地所有者に対する関係では、各自係争物件の全部についてその侵害行為の全部を除去すべき義務を負うのであって、土地所有者は共同相続人ら各自に対し、順次その義務の履行を訴求することができ、必ずしも全員に対して同時に訴えを提起し、同時に判決を得ることを要しないからである。

　(i)が本最高裁判決の結論命題を述べる部分、(ii)がその理由を述べる部分であることは、その体裁から明らかです。また、説示する理由それ自体も明快です。本件の原告は所有権に基づく返還請求権を行使したのであり、債権的引渡請求権を行使したのではないのですが、共同相続人らの返還義務を不可分債務と性格付けできるところにその理由を求めています。すなわち、前記(1)の最2小判昭和36・12・15のように訴訟物が債権的なものである場合でなくても、複数の被告の義務を不可分債務と性格付けることが背理とはいえないことを示しています。

(C)　最2小判昭和43・3・15の挙げる実質的理由とその意義

　本最高裁判決は、前記(B)(ii)の説示部分に続けて、同(i)の結論を採るべき実質的理由を明らかにしています。

　まず、本最高裁判決は、これを固有必要的共同訴訟とする立場によると、手続上の不経済と不安定とが生ずる危険があることを指摘します。すなわち、建物収去土地明渡義務を負うことを争う意思を有しない者をも被告としなければならず、また、被告とした者のうちに原告の請求を認める者が出てきても、同被告が認諾し原告が同被告に対する訴えを取り下げる等の手段を採ることができないが、これではいたずらに無用の手続を重ねることになるばかりか、共同相続人が誰であるかを明らかにすることができないことも稀ではないところ、一部の者を手続に加えなかったばかりに、すでにされた訴訟手続ないし判決が無効に帰するおそれがあるなど手続上の不経済と不安定を招来するおそれがある、と説示します。

　次に、本最高裁判決は、これを通常共同訴訟とする立場によっても、被告にとって特段の不利益がないことを指摘します。すなわち、土地所有者は、共同相続人各自に対して債務名義を取得するかその同意を得た上でなければ、強制

第8章　多数当事者紛争と訴訟形態

執行することが許されないから、被告の権利保護に欠けるとはいえない、と説示します。

このようにみてきますと、本最高裁判決の立場と前記(1)の最 2 小判昭和36・12・15の立場とは親和性の高いものであり、前記(2)の最 3 小判昭和38・3・12の立場との間の論理的整合性には疑問を抱かせるものです。[22]

なお、固有必要的共同訴訟である旨の主張の意味と訴訟における位置付けとは、前記(1)に説明したとおりです。

(4)　賃借権の確認を求める場合

次に現れたのは、土地の賃借人が賃貸人の共同相続人の 1 人を相手方とする賃借権確認の訴えが必要的共同訴訟であるかどうかを扱った最 2 小判昭和45・5・22民集24巻 5 号415頁です。

(A)　最 2 小判昭和45・5・22の事案の概要

共同訴訟形態の点に着目して、事案を簡略化して紹介することにしましょう。

―〈設例 8 -⑥〉―――――――――――――――――――――――――

① 　A は、B から、昭和21年11月30日、本件土地 L を普通建物の所有を目的とし、期間の定めなく賃借し、L 上に本件建物 H を建築して所有した。B が昭和23年12月 6 日に死亡し、2 人の子 Y と C が相続人であった。他方、X は、A から、昭和24年 5 月ころ、H の所有権および敷地賃借権の譲渡を受け、これにつき、昭和25年 7 月18日ころ、Y の承諾を得た。当時、C は、Y に対し、L の賃貸その他管理に関する一切を委託していた。しかし、その後、Y は、X が賃借権を有することを争うに至った。

② 　そこで、X は、Y を被告として、L につき普通建物所有目的による期間の定めのない賃借権を有することの確認を求めた。原審（控訴審）は、X の確認請求を認容する判決を言い渡した。[23]

③ 　Y は、L の賃貸人たる地位を承継していた Y と C を被告として本件確認の訴えを提起すべきであったから、Y のみを被告とした訴えは不

―――――――――――――――――――――――――――――――――
22　千種秀夫「判解」最判解民〔昭和43年度〕333頁は、本最高裁判決と最 3 小判昭和38・3・12との関係につき、「事案を異にするとされたものであろう。」と説明しています。

23　東京高判昭和44・10・3（民集24巻 5 号424頁に収録）。

Ⅱ 共同所有関係と訴訟形態

適法として却下されるべきであったから、原判決は破棄を免れないと主張して、上告した。

(1) 請求原因事実を摘示せよ。
(2) 「YのほかにBの相続人としてCがいる」とのYの主張は、本件訴訟の主張・立証の構造上どのように位置付けられるものであるかを検討せよ。
(3) 「Yのみを被告とした訴えは不適法である」とのYの主張に理由があるか。

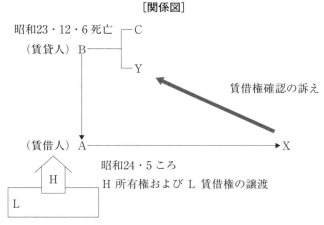

[関係図]

(B) 最2小判昭和45・5・22の判断とその構成

本最高裁判決は、以下のとおり判断し、Yの上告を棄却しました。

(i) 不動産賃貸人が死亡し、数名の者が共同してこれを相続した場合には、賃貸物を使用収益させるべき賃貸借契約上の債務を相続人ら各自が不可分に負担し、賃借人は、相続人の1人に対しても右債務の全部の履行を請求することができるものと解すべきである。
(ii) したがって、訴えをもって賃借権の確認を求める場合においても、共

337

第8章　多数当事者紛争と訴訟形態

> 同相続人のうち争いのある者のみを相手方とすれば足り、争いのない者
> を相手方とする必要はなく、賃借人から賃貸人の共同相続人に対する賃
> 借権確認の訴えは必要的共同訴訟ではないと解するのが相当である。

　(ⅱ)が本判決の結論命題を述べる部分、(ⅰ)がその理由を述べる部分です。

　共同賃貸人の負う目的物を賃借人に使用収益させるべき債務は、性質上不可
分な給付を目的とするものですから、不可分債務の性質を有することになりま
す（民法430条、428条参照）。本最高裁判決は、賃貸人の地位を共同相続した場
合における共同賃貸人の負う債務につき、この理を明らかにしました。

　また、賃借人から賃貸人の共同相続人に対する賃借権確認の訴えは必要的共
同訴訟ではないという(ⅱ)の結論を前提にすると、共同相続人のうち争いのない
者をも被告の1人として賃借権確認の訴えを提起しても、その者との関係では
確認の利益を欠くということになります。

　　(C)　他の相続人がいるという主張の本件訴訟における位置付け

　本件の訴訟物は、昭和21年11月30日に締結した賃貸借契約に基づく賃借権で
す（確認の訴え）。

　その請求原因事実は、次のとおりです。

┌─〈請求原因〉─────────────────────────────
│
│　㋐　Aは、Bとの間で、昭和21年11月30日、BからLを普通建物の所有
│　　を目的とし、期間の定めなく賃借する旨の契約を締結した。
│　㋑-1　Bは、昭和23年12月6日に死亡した。
│　㋑-2　Yは、Bの子である。
│　㋒　Xは、Aから、昭和24年5月ころ、L上に存するHおよび㋐の契約
│　　に基づく賃借権を買い受けた。
│　㋓　Yは、Xに対し、昭和25年7月18日ころ、㋒の賃借権譲渡を承諾す
│　　る旨の意思表示をした。
│　㋔　Yは、Xが㋐の契約に基づく賃借権を有することを争っている。
│
└────────────────────────────────────

　㋐は、本件賃借権の発生原因事実です。㋑-1、㋑-2は、賃貸人の地位がB
からYに承継されたことを示す事実です。BからYへの相続による承継をい

338

うものですが、いわゆる非のみ説によっています。(ウ)は、賃借人の地位がAからXに承継されたことを示す事実です。AからXへの賃借権譲渡による承継をいうものですが、債権譲渡という準物権行為の独自性を否定し、債権の取得原因行為を主張・立証しなければならないという考え方に立っています。[25](エ)は、民法612条1項の規定にいう「賃貸人の承諾」があったことを示す事実です。(オ)は、確認の利益の存在を示す事実であり、実体法上の請求原因事実ではありませんが、便宜上ここに摘示しています。

Yは、BにはYのほかに子Cがおり、YとCとがBの共同相続人であるとの主張をしました。この主張には、以下のとおり、本案前の抗弁としての意味と本案の抗弁としての意味の二重の意味があります。

┌─〈本案前の抗弁──被告適格の欠如──〉────────────
│ (a) Cは、Bの子である。
│
└───────────────────────────────────

この本案前の抗弁は、YのほかにBの相続人が存在する事実を主張することによって、固有必要的共同訴訟である本件において被告適格を欠くことを指摘するものです。本最高裁判決の意義は、この本案前の抗弁を前記(B)のとおりの理由で主張自体失当であることを明らかにしたところにあります。

┌─〈本案の抗弁──Yによる承諾の無効──〉────────────
│ (a) Cは、Bの子である。
│
└───────────────────────────────────

この本案の抗弁は、YのほかにBの相続人が存在する事実を主張することによって、請求原因(エ)のYによる賃借権譲渡の承諾では民法612条1項の規定にいう「賃貸人の承諾」の要件を満たすものでないから、無効であるとの効果を導くものです。

Xは、この本案の抗弁につき、以下のとおり予備的請求原因事実を主張し、[26]

24　相続による承継を主張するためには問題となる者が相続人であることを示す具体的事実を主張すれば足り、他に相続人が存在することは被告が抗弁として主張すべきであるとする考え方を「非のみ説」といいます。これに対し、原告が請求原因として他に相続人が存在しないことをも主張しなければならないとする考え方を「のみ説」といいます。判決起案の手引収録の「事実摘示記載例集」5頁を参照。

25　司研・紛争類型別125〜126頁を参照。

第 8 章　多数当事者紛争と訴訟形態

原審（控訴審）もこの事実を認定しました。

〈予備的請求原因〉

 ㋒　C は、Y に対し、㋓に先立って、L の賃貸に関する包括的な代理権を授与した。

 ㋖　Y は、X に対し、㋓の際、C のためにすることを示した。

Ⅲ　共同訴訟についての審判

1. 通常共同訴訟と必要的共同訴訟

通常共同訴訟とは、共同訴訟人の各人が当事者適格を有し、相手方との間で紛争の相対的解決をすることで足りる共同訴訟形態をいいます。これに対し、必要的共同訴訟とは、共同訴訟人全員について紛争を合一的に解決することを要する共同訴訟形態をいいます。[27]

そこで、通常共同訴訟では、各共同訴訟人は他の共同訴訟人の行為によって制約を受けることなく独立して相手方に対する訴訟を追行することになります（法39条）。この原則を、「共同訴訟人独立の原則」といいます。具体的には、各共同訴訟人は、独立して請求の放棄・認諾、和解、訴えの取下げ、上訴、自白等の訴訟行為をすることができますし、その効果は当該共同訴訟人と相手方との間でのみ発生します。訴訟手続の進行についても、共同訴訟人の 1 人について中断・中止の事由が生じても、他の共同訴訟人には影響を及ぼしませんし、裁判所は、弁論を分離し、共同訴訟人の 1 人についてのみ判決をすることもできます。

この共同訴訟人独立の原則は、共同訴訟人間の主張については民事訴訟の実務において貫徹されているということができます。実際にどのような形でこれが問題になるかについては、項を改めて検討することにします。

他方、共同訴訟人間の証拠については、共同訴訟人独立の原則は貫徹されて

26　予備的主張の意義と機能については、司研・要件事実第 2 巻181頁以下を参照。

27　梅本617、624頁を参照。

340

Ⅲ　共同訴訟についての審判

いません。すなわち、共同訴訟人の 1 人が提出した証拠または共同訴訟人の 1
人に対して提出された証拠は、他の共同訴訟人と共通する事実上の争点につき、
他の共同訴訟人が特に援用する旨の意思表示をしなくても認定の資料とするこ
とができるものと解されており、実務においてもそのように運用されています。[28]
これを、「共同訴訟人間の証拠共通の原則」と呼び、民訴法247条の規定する自
由心証主義の理念に根拠を求める説明が一般的です。しかし、「対立当事者間
の証拠共通の原則」とは異なり、自由心証主義の理念から論理必然的に導かれ
る原理であるということはできません。むしろ、通常共同訴訟においても証拠
共通を認めたほうが当該訴訟全体として妥当な解決に導かれることが多いであ
ろうという経験的知恵に根拠をおくものと思われます。そうすると、共同訴訟
人間の証拠共通の原則は、他の共同訴訟人に当該証拠について争う機会が与え
られたことを前提として認められるべきものであって、手続保障の欠けていた
場合には認められないと考えるべきでしょう。[29]

　以上に対し、必要的共同訴訟では、共同訴訟人の 1 人のした他の共同訴訟人
に有利な行為は全員のために効力を生じるが、不利な行為は全員が揃ってしな
い限り効力を生じないこととされています（法40条 1 項・2 項）。したがって、
共同訴訟人の 1 人でも相手方の主張を争えば全員が争ったことになり、共同訴
訟人の 1 人がした自白は効力を生じません。共同訴訟人の 1 人がした請求の放
棄・認諾も、同様に効力を生じません。訴えの取下げおよび訴えの取下げに対
する同意は、類似必要的共同訴訟では各別にできますが、固有必要的共同訴訟
では全員が共同してする必要があります。上訴については、未解決の問題があ
ります。共同訴訟人の 1 人が上訴した場合、共同訴訟人の全員との関係で判決
の確定が遮断され、当該訴訟の全体が移審することになりますが、共同訴訟人
の全員が当然に上訴人の地位につくのかどうかは問題です。[30]

28　最 2 小判昭和45・1・23判時589号50頁。
29　同旨をいうものとして、中野ほか・講義588頁〔井上治典・補訂安西明子〕を参照。
30　最大判平成 9・4・2 民集51巻 4 号1673頁は、住民訴訟につき、共同訴訟人の 1 人が上訴した場合、
　　上訴しなかった共同訴訟人との関係においても確定遮断効は生ずるものの、上訴しなかった者は上
　　訴人にならないとしました。また、最 2 小判平成12・7・7 民集54巻 6 号1767頁は、株主代表訴訟に
　　つき、上訴しなかった株主は上訴人にならないとしました。

341

第8章　多数当事者紛争と訴訟形態

2．共同訴訟人独立の原則──当然の補助参加を認めるか──

　実際の訴訟に共同訴訟人独立の原則を杓子定規に適用した場合に適切とはいえない結論が導かれる場合があることを考慮して、通常共同訴訟であっても、共同訴訟人間に補助参加の利益が存する場合──例えば、貸金の主債務者とその保証人との間、移転登記抹消請求訴訟における不動産の買主と転得者との間──には、実際にその一方から他方に対する補助参加の申出をしなくても、補助参加の申出をしたのと同様の訴訟関係の成立を認め、1人のした訴訟行為（主張）を他の共同訴訟人のためにもその補助参加人としてしたものと取り扱うべきであるとする考え方が強力に提唱されていた時期がありました。[31]

　最1小判昭和43・9・12民集22巻9号1896頁は、この「当然の補助参加理論」を採用すべきであるかどうかが問題になったものです。

(1)　最1小判昭和43・9・12を素材とした設例の概要

　当然の補助参加理論の採否を検討するという観点から、最1小判昭和43・9・12の事案を素材として、〈設例8-⑦〉によって検討することにします。

──〈設例8-⑦〉─────────────────────

①　Xは、本件土地Lの所有者である。Aは、Xから、平成5年に建物所有目的、期間30年、賃料月額10万円の約定でLを賃借し、L上に本件建物Hを建築し所有していた。しかし、Hが平成13年に強制競売に付され、Y_2が競落し、平成14年1月16日、代金を納付してその所有権を取得し、所有権移転登記を経由した。Aの子であるY_1は、Y_2から、平成17年1月27日、Hを代金500万円で買い受け、所有権移転登記を経由した。

②　Xは、Lの所有権に基づき、Y_1に対し、H収去L明渡しとHの所有権を取得した日である平成17年1月27日以降L明渡しまで月額12万円の割合による賃料相当損害金の支払を求め、Y_2に対し、Hを所有していた平成14年1月16日以降平成17年1月26日まで月額12万円の割合による賃料相当損害金の支払を求める訴訟を提起した。

───────────────
31　兼子一『條解民事訴訟法㊤』（弘文堂・1955年）152、163頁、菊井維大＝村松俊夫『全訂民事訴訟法Ⅰ〔追補版〕』（日本評論社・1984年）359頁を参照。

342

③　Y₁は、「Aは、Xから、平成5年4月1日、建物所有目的、期間30年、賃料月額10万円の約定でLを賃借してその引渡しを受け、その後賃料を支払ってきた。Aは、平成16年12月7日にXの承諾を得て、Y₁に対してL賃借権を譲渡した。その後、Y₁は、Xに対して賃料を支払っており、賃借人としてLを占有している。Y₂がHを所有していた期間中もLの賃借権はAまたはY₁に帰属していたのであって、Y₂は、Xに対抗し得る賃借権を有しない。」と主張した。Y₂は、Xの請求棄却を求めたが、本訴提起は信義に反するものであるとのみ主張した。

④　第1審、控訴審とも、ⓐXは平成16年12月7日にAからY₁へのL賃借権譲渡を承諾したから、Y₁は賃借権に基づいてLを適法に占有しているとして、Y₁に対する請求を棄却すべきものとし、ⓑ共同訴訟人であるY₁は平成14年1月16日から平成17年1月26日までのAまたはY₁による賃料の弁済を主張しているから、この主張はY₂についても効力を及ぼすものと解するのを相当とする（いわゆる共同訴訟人の補助参加関係）とし、AまたはY₁が順次賃借人としてY₂がHの所有権を有していた期間中も約定賃料を支払っていたことはXの明らかに争わないところであって、Y₂のL不法占有によってXが被った損害はAまたはY₁が賃料を支払ったことによって補填されたから、Y₂に対する請求をも棄却すべきものとした。

⑤　Xは、Y₂に対する請求についての原判決の判断につき、共同訴訟人間の補助参加関係という法理は存在せず、訴訟法規の解釈を誤った違法があると主張して、上告した。

(1)　本件訴訟は、通常共同訴訟、必要的共同訴訟のいずれであるか。

(2)　請求原因事実および抗弁事実を摘示し、Y₁とY₂との間に補助参加をする利害関係があるかどうかを検討せよ。

(3)　当然の補助参加理論の利害得失を検討せよ。

[関係図]

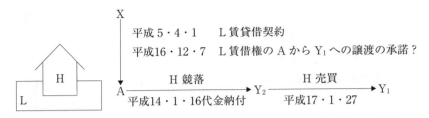

（請求）X → Y₁　H 収去 L 明渡し＋平成 17・1・27 以降の賃料相当損害金の支払
　　　　X → Y₂　平成 14・1・16〜平成 17・1・26 の賃料相当損害金の支払

(2) **最 1 小判昭和43・9・12の判断とその構成**

本最高裁判決は、以下のとおり判断し、原判決を破棄しました。

(ⅰ) 通常の共同訴訟においては、共同訴訟人の 1 人のする訴訟行為は他の共同訴訟人のため効力を生じないのであって、たとえ共同訴訟人間に共通の利害関係が存するときでも同様である。したがって、共同訴訟人が相互に補助しようとするときは、補助参加の申出をすることを要する。

(ⅱ) もし何らかかる申出をしないのに、共同訴訟人とその相手方との関係からみて、その共同訴訟人の訴訟行為が他の共同訴訟人のため当然に補助参加がされたと同一の効果を認めるものとするときは、はたしていかなる関係があるときこのような効果を認めるかに関して明確な基準を欠き、いたずらに訴訟を混乱せしめることなきを保し得ない。

(ⅲ) されば、本件記録上、Y₁ からの補助参加の申出がされた事実がないのに、Y₁ の主張をもって Y₂ のための補助参加人の主張としてその効力を認めた原判決の判断は失当であり、破棄を免れない。

(ⅰ)が本最高裁判決の結論命題を示す判断部分であり、(ⅱ)がその理由を説示する部分です。本最高裁判決は、当然の補助参加理論を採用した原判決を破棄することによって、これを採らないことを宣明したものであり、事実審における審理のあり方を示すものとして重要なものです。

Ⅲ　共同訴訟についての審判

(ⅱ) の理由は、当然の補助参加理論を批判する学説がかねて指摘していたものであり、そもそも〈設例8-⑦〉のY₁とY₂との間に補助参加をする利害関係があるといってよいかには疑問の存するところです。[32]

共同訴訟人が自らの利益のために他の共同訴訟人に自らの主張の効果を及ぼすことを考えるのであれば、明示に補助参加の申立てをするか訴訟告知をすればよいし、また、他の共同訴訟人の主張によって自らの利益を確保したいのであれば、自ら同一の主張をするか他の共同訴訟人の主張を援用すればよいのです。裁判所が共同訴訟人の主張の有無が不明確であると考えるのであれば、釈明権を行使することによって、当事者に自らの主張を明確にさせるのが望ましいと思われます。

そこで、〈設例8-⑦〉の主張・立証の構造を分析することによって、通常共同訴訟人間に主張共通を認めようとする考え方が実際にうまく機能するかどうかを検討してみることにしましょう。

(3)　主張・立証の構造

ここでの問題は、Y₁とY₂との間に主張共通を認めるべきであるかどうかにあります。まず、Y₁に対する請求についての主張・立証の構造を、次に、Y₂に対する請求についての主張・立証の構造を検討することにします。

Y₁に対する訴訟物（請求権）は、所有権に基づく返還請求権としての土地明渡請求権（1個）[33]と不法行為に基づく損害賠償請求権（1個）です。

その請求原因事実は、次のとおりです。

〈Y₁に対する請求原因〉

(ア)　Xは、平成17年1月27日当時、Lを所有していた。

(イ)-1　Y₁は、平成17年1月27日当時、L上にHを所有してLを占有していた。

(イ)-2　Y₁は、現在、L上にHを所有してLを占有している。

(ウ)　Lの平成17年1月27日以降の相当賃料額は、月額12万円である。

---

[32]　吉井直昭「判解」最判解民〔昭和43年度〕672頁は、Y₂が勝訴することについてY₁には何らの法律上の利益もないと指摘されています。

[33]　建物収去土地明渡請求の訴訟物の理解の仕方につき、司研・紛争類型別58〜59頁を参照。本文は、いわゆる旧1個説によっています。

345

第8章　多数当事者紛争と訴訟形態

　建物収去土地明渡請求の請求原因事実は、(ア)および(イ)-2です。損害賠償請求の請求原因事実は、(ア)、(イ)-1、(イ)-2および(ウ)です。[34]

　これに対し、Y$_1$は、次のように占有正権原の抗弁を主張しました。[35]

┌─〈抗　弁──占有正権原──〉─────────────────

　(a)　Xは、Aとの間で、平成5年4月1日、建物所有目的、期間30年、賃料月額10万円の約定でLを賃貸する旨の契約を締結した。

　(b)　Xは、Aに対し、平成5年4月1日、(a)の契約に基づきLを引き渡した。

　(c)　Aは、Y$_1$に対し、平成16年12月7日ころ、L賃借権を贈与した。

　(d)　Aは、Y$_1$に対し、平成16年12月7日ころ、(c)の契約に基づきLを引き渡した。

　(e)　Xは、Aに対し、平成16年12月7日ころ、(c)の賃借権の譲渡を承諾する旨の意思表示をした。

└─────────────────────────────────

　Y$_2$に対する訴訟物（請求権）は、不法行為に基づく損害賠償請求権（1個）です。

　その請求原因事実は、次のとおりです。

┌─〈Y$_2$に対する請求原因〉──────────────────

　(ア)　Xは、平成14年1月16日当時、Lを所有していた。

　(イ)-1　Y$_2$は、平成14年1月16日当時、L上にHを所有してLを占有していた。

　(イ)-2　Y$_2$は、平成17年1月26日当時、L上にHを所有してLを占有していた。

　(ウ)　Lの平成14年1月16日から平成17年1月26日までの相当賃料額は、月

─────────────────────────────────

34　被告が故意または過失により原告の土地の使用収益を妨げ、原告に賃料相当額の損害を被らせているとの事実のうち、相当賃料額の点を除き、当然のこととして実務上省略していることにつき、判決起案の手引収録の「事実摘示記載例集」13頁を参照。

35　占有正権原の主張が建物収去土地明渡請求に対する抗弁になることは明らかでしょう。占有正権原を有する場合には、占有が適法となり、所有権侵害の不法行為は成立しないから、損害賠償請求に対する抗弁にもなります。したがって、被告は賃料を支払ったことを主張・立証する必要がありません。

346

III　共同訴訟についての審判

　　　額12万円である。

　これに対し、Y₂は、次のように信義則違反の抗弁を主張しました。

──〈抗　弁──信義則違反──〉────────────
　(a)　XのY₂に対する本件訴訟の提起は、信義則に違反する。

　信義則違反はいわゆる規範的要件ですから、Y₂は、Xの本件訴訟の提起が信義則に違反するとの評価を導くに足りる具体的事実を主張する必要があります[36]。〈設例8-⑦〉③によると、Y₂は信義則違反の評価根拠事実の主張をしなかったようですから、この抗弁は主張自体失当であるということになります。
　第1審と控訴審の認定した事実は、以下のとおりです。

　(b)　AまたはY₁は、Xに対し、平成14年1月16日から平成17年1月26日まで、X・A間のLの賃貸借契約における約定賃料額を支払った。

　これは、Xの被った損害が填補されることによって、Xの取得したY₂に対する不法行為による損害賠償債権が消滅したことを示す事実ですから、権利消滅の抗弁の性質を有する事実です。

(4)　第1審と控訴審判決の問題点

　以上を前提にして、第1審と控訴審のした〈設例8-⑦〉④ⓑの判断の問題点を検討してみましょう。
　第1に、当然の補助参加理論を肯定するものと仮定しても、本件のY₁とY₂との間には補助参加を認めるべき法律上の利害関係がないことです。〈設例8-⑦〉③によると、Y₁とY₂とは対立関係にあり、Y₁にはY₂がXに勝訴することについて何らの法律上の利益も有してはいません。すなわち、もともと、本件は当然の補助参加理論の適用範囲外の事案なのです。
　第2に、第1審と控訴審の認定した事実は、先に整理したとおり、Y₁の抗弁事実ではないことです。すなわち、Y₁のした賃料弁済の主張は、占有正権

────────────
36　規範的要件につき、司研・要件事実第1巻30頁以下を参照。

347

第8章　多数当事者紛争と訴訟形態

原の抗弁事実についての間接事実または事情にすぎず、XとY₁との間の訴訟における主要事実（要件事実）ではないのです。通常共同訴訟人のした間接事実または事情にすぎない主張についてまで主張共通を肯定することの弊害は、あらためて指摘するまでもないでしょう。

第3に、Y₂がY₁のした賃料弁済の主張を援用したものと仮定しても、平成5年当時の約定賃料の収受によってXのY₂に対する平成14年1月16日から平成17年1月26日までの賃料相当の損害が全て填補されたといえるかどうかも問題です。すなわち、第1審と控訴審は、平成5年当時の約定賃料額と平成14年1月16日から平成17年1月26日までの相当賃料額とが同一であることを認定しなければならなかったはずです。

このように検討してみると、第1審と控訴審のした認定を弁論主義に反するとした最1小判昭和43・9・12の判断は、当然のものということができます。

3．同時審判申出共同訴訟

(1)　民訴法41条創設の趣旨と機能

旧民訴法においては、複数の被告に対する請求が実体法上両立しない関係にある場合に、統一的な審理・判断を保障する制度は用意されていませんでした。そこで、原告は、一方の被告を主位的被告とし他方の被告を予備的被告とする主観的・予備的併合の形態（すなわち、主位的被告に対する請求が認容されることを解除条件として、予備的被告に対する請求の審理・判断を求めるという併合形態）による訴訟を提起するといった工夫をしていました。しかし、最2小判昭和43・3・8民集22巻3号551頁は、予備的被告を著しく不安定な地位におくものであって原告の保護に偏するものであることを理由に、主観的・予備的併合を不適法とした原審の判断を支持し、一般的にこの併合形態を不適法としました。[37]

現行民訴法は、このような判例の立場を前提とした上で、複数の被告に対する請求についての判断が区々になり、いずれの被告に対しても敗訴する事態を回避したい原告の立場を考慮して、原告の申出があったときは、共同被告に対

37　最2小判昭和43・3・8につき、栗山忍「判解」最判解民〔昭和43年度〕286頁を参照。

348

する弁論および裁判を分離しないでするという制度を導入しました。

　現行民訴法41条は、原告の申出により、弁論および裁判の分離という裁判所の訴訟指揮権を制約するという規定ですから、提起された共同訴訟の性質が通常共同訴訟であることに変わりはありません。したがって、共同訴訟人独立の原則（法39条）は適用され、共同被告のうちの1人との間で和解を成立させる等判決によらずに訴訟を終了させることは妨げられません。結局、共同訴訟として併合されたまま審理されることが保障されることにより、共同訴訟人間の証拠共通の原則が働き、判断に矛盾が生じないことを期待するというにとどまります。

⑵　同時審判の申出をすることのできる共同訴訟

　民訴法41条は、同時審判の申出をすることのできる共同訴訟を、「共同被告の一方に対する訴訟の目的である権利と共同被告の他方に対する訴訟の目的である権利とが法律上併存し得ない関係にある場合」に限定しています。すなわち、事実上併存し得ない関係にあるにすぎない場合には、原告は、同時審判の申出をすることはできません。

　この要件の存否につき、〈設例8-⑧〉によって検討してみましょう。

(A)　設例の概要

――〈設例8-⑧〉――――――――――――――――――――――

① 　Xは、平成21年10月10日、10階建て本件ビルの側道を歩行中、落下してきた8階バルコニーの鉄製手すりの直撃を受けて、頭部を負傷し、その治療に入院治療費200万円を支出した。

② 　Y₁は、本件ビルの所有者であるY₂から、平成20年4月1日、本件ビルの8階部分を、賃料月額50万円、期間2年の約束で賃借し、Y₁の経営する建築設計事務所兼自宅として使用していた。

③ 　Xは、Y₁とY₂を被告として、民法717条の規定に基づき、損害賠償請求訴訟を提起することを検討している。

⑴ 　同時審判申出共同訴訟を創設した趣旨と同訴訟の機能を説明せよ。

⑵ 　Xの訴訟代理人として、ⓐY₁とY₂に対する請求原因事実、Y₁とY₂が主張するものと予想される抗弁、それに対する再抗弁を摘示した

第8章　多数当事者紛争と訴訟形態

上で、ⓑ同時審判の申出をすることができるかどうかを検討せよ。

[関係図]

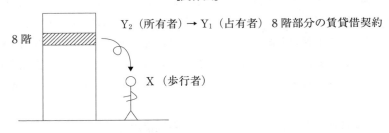

X → Y₁・Y₂　損害賠償請求（200万円＋遅延損害金）

(B)　主張・立証の構造

Xの選択した訴訟物（請求権）は、Y₁とY₂に対するもののいずれも不法行為に基づく損害賠償請求権です。

まず、対Y₁についてその主張・立証の構造を検討してみましょう。Y₁に対する請求原因事実は、民法717条1項本文の要件事実を摘示することになります。

─〈Y₁に対する請求原因事実〉─────────────
(ア)　Xは、平成21年10月10日、本件ビル8階部分から落下してきたバルコニーの一部をなしていた鉄製手すりの直撃を受けて、頭部を負傷した。
(イ)　平成21年10月10日当時、本件ビル8階バルコニー部分の保存に瑕疵（本件ビル本体と鉄製手すりとの接続部に亀裂が生じ、軽度の圧力が加わるだけで崩落する状態）があった。
(ウ)　Y₁は、(ア)の当時、本件ビル8階部分を占有していた。
(エ)　Xは、入院して(ア)の負傷を治療することを余儀なくされ、入院治療費として200万円を支出した。
(オ)　Xの被った(エ)の損害は、本件ビル8階部分に存した(イ)の瑕疵に起因する。

(ア)は、Xの被侵害権利または利益についての主張です。(イ)は、「土地の工作

Ⅲ　共同訴訟についての審判

物の設置又は保存に瑕疵があること」（民法717条1項本文）についての主張です。「瑕疵」とは通常有すべき安全性が欠けているという規範的評価をいいますから、規範的要件としてそのような評価の根拠となる具体的事実を主張することが必要です。「本件ビル本体と鉄製手すりとの接続部に亀裂が生じ、軽度の圧力が加わるだけで崩落する状態にあった」との主張は、〈設例8−⑧〉における「保存の瑕疵」の評価根拠事実です。㈦は、Y₁が「その工作物の占有者」であるとの主張です。「占有」は、抽象性の高いものですが、事実要件ですから、差し当たりはこのように主張すれば足ります。これが争われる場合には、「賃借して、建築設計事務所兼自宅として使用していたこと」等と主張することによって、抽象的主張の具体化・実質化をする必要があります。[38]㈠は、本件建物の瑕疵とXの損害との間の事実的因果関係の主張です。㈡は、Xの被った損害とその数額の主張です。

　この請求原因に対し、Y₁は、民法717条1項ただし書に基づき、次の抗弁を主張することができます。

┌─〈Y₁の抗弁〉─────────────────
│ (a)　Y₁は、㈡の損害の発生を防止するのに必要な注意をした。
└────────────────────────

　(a)もまた規範的要件を充足したとの主張ですから、損害発生防止のために必要な注意をしたとの評価を導くに足りる具体的事実を抗弁事実として主張しなければなりません。

　次に、対Y₂についてその主張・立証の構造を検討してみましょう。民法717条1項ただし書が、「土地の工作物の所有者は、その設置または保存に瑕疵があることによって他人に損害を生じた場合、その工作物に占有者がいた場合を除き、被害者に対してその損害を賠償する責任を負う。ただし、占有者がいた場合において、その占有者が損害の発生を防止するのに必要な注意をしたときは、所有者が同様の責任を負う。」との趣旨を規定するものと解し、Y₂に対する請求原因事実を摘示すると、以下のようになります。

───────────────────────────────
38　要件事実の特定と具体性の問題につき、司研・要件事実第1巻52頁以下を参照。

第8章　多数当事者紛争と訴訟形態

〈Y₂に対する請求原因事実〉

$(\mathcal{P})$　Xは、平成21年10月10日、本件ビル8階部分から落下してきたバルコニーの一部をなしていた鉄製手すりの直撃を受けて、頭部を負傷した。

$(\mathcal{A})$　平成21年10月10日当時、本件ビル8階バルコニー部分の保存に瑕疵（本件ビル本体と鉄製手すりとの接続部に亀裂が生じ、軽度の圧力が加わるだけで崩落する状態）があった。

$(\mathcal{P})$　Y₂は、$(\mathcal{P})$の当時、本件ビルを所有していた。

$(\mathcal{I})$　Xは、入院して$(\mathcal{P})$の負傷を治療することを余儀なくされ、入院治療費として200万円を支出した。

$(\mathcal{I})$　Xの被った$(\mathcal{I})$の損害は、本件ビル8階部分に存した$(\mathcal{A})$の瑕疵に起因する。

　この請求原因に対し、Y₂は、民法717条1項ただし書の規定の趣旨に基づき、抗弁を次のように主張することになります。

〈Y₂の抗弁〉

(b)　Y₁は、$(\mathcal{P})$の当時、本件ビル8階部分を占有していた。

　(b)は、Y₁に対する請求原因事実$(\mathcal{P})$と同一の事実です。

　この抗弁に対し、Xは、再抗弁を次のように主張することになります。

〈再抗弁〉

$(\mathcal{D})$　Y₁は、$(\mathcal{I})$の損害の発生を防止するのに必要な注意をした。

　$(\mathcal{D})$は、Y₁の主張する抗弁事実(a)と同一の事実です。

　(C)　同時審判の申出の可否

　以上のように要件事実論によって、Y₁とY₂に対する訴訟のそれぞれの主張・立証の構造を検討してみると、Y₂に対する訴訟における抗弁事実がY₁に対する訴訟における請求原因事実の一部と同一であり、Y₂に対する訴訟における再抗弁事実がY₁に対する訴訟における抗弁事実と同一であることが明らかになります。

　そうすると、Y₁に対する損害賠償請求権とY₂に対する損害賠償請求権と

352

は、実体法（本件では民法717条1項）上併存し得ない関係にあるということになります。したがって、Xは、民訴法41条の規定に基づいて同時審判の申出をすることができます。

Y₁に対する訴訟とY₂に対する訴訟とを別に提起し、それぞれについて審理・判断された場合には、Y₁に対する訴訟では、Y₁が必要な注意をしたものと判断され、Y₂に対する訴訟では、Y₁が必要な注意をしたとはいえないと判断されて、Y₁とY₂の双方に敗訴する危険があったのですが、共同訴訟として提起し、同時審判の申出をすることによって、そのような危険を事実上回避することができるようになったのです。

ただし、同時審判によって必ずY₁・Y₂のいずれかに勝訴することができるというわけではありません。たとえば、請求原因事実(イ)が証明されない場合には、Y₁・Y₂のいずれにも敗訴することになります。当然のことではありますが、誤解のないようにしてください。

Ⅳ 補助参加制度の意義と機能

1. はじめに

共同訴訟人は紛争の当事者として訴訟を追行するのですが、我が国の民訴法は、そのような当事者の一方を勝訴させることによって間接的に自己の利益を守るために第三者が他人間の訴訟に参加するという制度を用意しています（法42条）。この第三者を「補助参加人」（従たる当事者）と、補助される原告または被告を「被参加人」（主たる当事者）と、被参加人の相手方当事者を単に「相手方」とそれぞれ呼びます。

補助参加は実際にも活発に利用されている制度ですが、その要件と効力の双方につき、流動的な問題が多くあります。まず、要件についての問題を、次に効力についての問題を検討することにします。

353

第8章 多数当事者紛争と訴訟形態

2. 要件についての問題──「訴訟の結果について利害関係を有する」とは──

　民訴法42条は、①他人間に訴訟が係属していること、②補助参加しようとする第三者が当該訴訟の結果について利害関係を有することの2つを要件として規定しています。

　①の要件である訴訟係属については、非常に広く理解されています。訴訟の審級を問わず、上告審における補助参加も可能であるばかりか、判決確定後に補助参加の申出とともに再審の訴えを提起することも可能です。補助参加人は第三者でなければなりませんから、当事者の一方が相手方当事者に補助参加することが許されないのは当然ですが、通常共同訴訟の共同訴訟人が相手方と他の共同訴訟人との間の訴訟につき、相手方に補助参加することは許されます。[39]ただし、民訴法42条が「当事者の一方を補助するため」と規定しているとおり、同一人が当事者双方に補助参加することは許されません。[40]

　②の要件をどう理解するかは、「訴訟の結果について」の部分と「利害関係を有する」の部分とに分けて考える必要があります。前者の「訴訟の結果について」につき、かつての多数説は、訴訟物である権利義務（法律関係）に関する判断が直接にまたは論理的に影響することを指す（訴訟物との実体的条件関係説）と解していましたが、現在の多数説は、訴訟物との実体的条件関係があることを要しない（訴訟物非限定説）と解するに至っています。[41]後者の「利害関係を有する」については、精神的または経済的利害関係があるだけでは足りず、法律上の利害関係があることを要するが、私法上（財産法・身分法上）の利害関係に限らず、公法上、刑事法上の利害関係をも含むものと解されています。[42]

　そこで、このようなフォミュラが実際の場面でどのように働くのかを確認し、

39　最3小判昭和51・3・30判時814号112頁は、交通事故の加害者として被告とされた者が原告と他の共同被告との間の訴訟について相手方である原告に補助参加することを許しました。

40　これに対し、争点ごとに補助参加の利益を考え、当事者双方に補助参加することを認めるべきであるとする学説として、井上治典『多数当事者訴訟の法理』（弘文堂・1981年）99頁以下、中野ほか・講義598頁〔井上治典・安西明子補訂〕を参照。

41　中野ほか・講義599頁〔井上治典・安西明子補訂〕を参照。

42　梅本658頁参照。

354

その有効性を検討してみましょう。

⑴ 「訴訟の結果」と訴訟物との関係

(A) 設例の概要

補助参加の利益を訴訟物についての判断との関係で考えるのが適切であるかどうかにつき、〈設例 8 -⑨〉によって検討することにします。

─〈**設例 8 -⑨**〉─

① X は、本件土地 L の所有者である。X は、長女 A の依頼を受けて、平成21年 5 月 1 日に A が Y から買い受けた本件宝石（ 5 カラットのダイヤモンドの指輪 1 個）の代金支払債務（1000万円）を担保するため、同日、L について抵当権設定契約を締結し、同月10日、抵当権設定登記を経由した。しかし、A から、本件宝石がせいぜい50万円程度の価値しかない人造ダイヤモンドであることが判明したので、同年10月 1 日に Y の詐欺を理由として本件売買契約を取り消したとの話を聞き、X は、Y に対し、L の所有権に基づき、本件抵当権設定登記の抹消登記手続を求める訴訟を提起した。

② A は、本件売買代金を支払っていないので、自分が原告になって Y に対する訴訟を提起してはいないが、X を勝訴させることが自分にとっても有利であると考え、X に補助参加する旨の申出をした（法43条 1 項）。Y は、この申出に対し、異議を述べた（法44条 1 項）。

⑴ 本件訴訟の訴訟物を指摘した上で、請求原因事実、抗弁事実、再抗弁事実を摘示せよ。

⑵ ⑴で摘示した主張・立証の構造に鑑み、補助参加の利益を訴訟物についての判断との関係で決するとの見解が適切であるかどうかを検討せよ。

⑶ 受訴裁判所は、補助参加の許否についてどのような決定をすべきか。

第8章 多数当事者紛争と訴訟形態

[関係図]

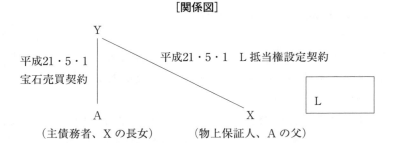

X → Y　L抵当権設定登記抹消登記請求
A → X　補助参加の申出

(B)　**主張・立証の構造**

本件の訴訟物（請求権）は、所有権に基づく妨害排除請求権としての抵当権設定登記抹消登記請求権です。

その請求原因事実は、次のとおりです。

〈請求原因〉
(ア)　Xは、Lを現在所有している。
(イ)　Yは、Lにつき、本件抵当権設定登記を経由している。

これに対し、Yは、次のように登記保持権原の抗弁を主張することになります。[43]

〈抗　弁——登記保持権原——〉
(a)　Yは、Aとの間で、平成21年5月1日、YがAに対して本件宝石（5カラットのダイヤモンドの指輪1個）を代金1000万円で売る旨の契約を締結した。
(b)　Xは、Yとの間で、平成21年5月1日、Lにつき、(a)の契約に基づく代金債務を被担保債務として抵当権を設定する旨の契約を締結した。
(c)　Xは、平成21年5月1日当時、Lを所有していた。
(d)　本件抵当権設定登記は、(b)の契約に基づく。

---

[43]　司研・紛争類型別73頁以下参照。

この抗弁に対し、Xは、次のように詐欺による取消しの再抗弁を主張することになります[44]。

〈再抗弁——詐欺による取消し——〉

(ウ) Aが(a)の売買契約における買う旨の意思表示をしたのは、本件宝石が純正の5カラットのダイヤモンドではなく人造石にすぎず、せいぜい50万円程度の価値しかないものであるにもかかわらず、それを知っていたYにおいて、本件宝石が純正の5カラットのダイヤモンドであって、1000万円の代金額は相場よりも安いくらいであるなどと説明してAを欺き、そのように信じさせたためである。

(エ) Aは、Yに対し、平成21年10月1日、(a)の売買契約における買う旨の意思表示を取り消す旨の意思表示をした。

(C) 補助参加許否の判断基準

〈設例8-⑨〉の主張・立証の構造を前記(B)のように分析してみると、〈設例8-⑨〉の主要な争点が詐欺による取消しの再抗弁事実(ウ)の成否にあることがわかります。

これを補助参加しようとしているAの目的の観点からみると、Aとしては、自ら体験した(ウ)の事実の証明に貢献し、Xを勝訴させることによって、XがYに対して物上保証人としての責任を負うことがないことを明らかにし、将来Xからの求償を受けることがないようにしたいのです。

補助参加の利益を訴訟物との実体的条件関係にあるかどうかによって決するとの立場によると、前記(B)のとおり、本件の訴訟物は本件土地Lの所有権に基づく妨害排除請求権ですから、Y・A間の本件売買契約に取り消すことのできる瑕疵(詐欺)が存し、すでに取消しの意思表示によって本件売買契約が無効に帰しているかどうかという法律問題は、この訴訟物と実体的条件関係にあるということはできません。

ところで、訴訟物との実体的条件関係説は、債権者・主債務者間の主債務請求訴訟についての保証人、債権者・保証人間の保証債務請求訴訟についての主

---

44 判決起案の手引収録の「事実摘示記載例集」23頁参照。

第8章　多数当事者紛争と訴訟形態

債務者のいずれにも補助参加の利益を認めることを前提としています。このうちの後者の場合、訴訟物が保証債務履行請求権であるので、主債務の存在が前提になっていると説明することができます。しかし、〈設例8-⑨〉との間の相違点は、債権者の相手方当事者が人的保証人であるか物上保証人であるか、保証人側が原告であるか被告であるかの2点にあるにすぎません。この2点の相違のゆえに、訴訟物を基準にして考えると、〈設例8-⑨〉における主債務者Aには補助参加の利益がないということになりますが、この結論に合理的な理由がないことは明らかというべきでしょう。

　訴訟物との実体的条件関係説は、補助参加の申出を許すべき多くの場合を説明することはできますが、全ての場合を説明するものとはいえないということになります。結局、**判決理由中の要件事実レベルの法律上・事実上の判断（〈設例8-⑨〉に即して表現すると、登記保持権原の抗弁の要件の一部をなす主債務の発生原因である売買契約が有効に存続しているかどうかの判断）に影響を受ける法的地位にある場合には、「訴訟の結果について」利害関係を有する**というべきものと思われます。

　これは、後記4で検討する参加的効力の客観的範囲と主観的範囲についての考え方の論理的帰結でもあります。

(2)　法律上の利害関係と事実上の利害関係

(A)　法律上の利害関係の存否に関する判断枠組み

　補助参加が認められるべき法律上の利害関係の存否につき、最1小決平成13・1・30民集55巻1号30頁は、次のように判示しました。これは、取締役会の意思決定が違法であるとして取締役に対して提起された株主代表訴訟につき、株式会社が取締役に補助参加することが許されるかどうかが争われた事案における判断です。

（i）　民訴法42条所定の補助参加が認められるのは、専ら訴訟の結果につき法律上の利害関係を有する場合に限られ、単に事実上の利害関係を有するにとどまる場合は補助参加は許されない。[45]

---

[45]　この点についての先例として、最1小判昭和39・1・23集民71号271頁があります。

IV　補助参加制度の意義と機能

(ⅱ)　法律上の利害関係を有する場合とは、当該訴訟の判決が参加人の私法
　　　上または公法上の法的地位または法的利益に影響を及ぼすおそれがある
　　　場合をいう。

(ⅲ)　取締役会の意思決定が違法であるとして取締役に対し提起された株主
　　　代表訴訟において、株式会社は、特段の事情がない限り、取締役を補助
　　　するため訴訟に参加することが許されると解するのが相当である。

(ⅳ)　けだし、取締役の個人的な権限逸脱行為ではなく、取締役会の意思決
　　　定の違法を原因とする、株式会社の取締役に対する損害賠償請求が認め
　　　られれば、その取締役会の意思決定を前提として形成された株式会社の
　　　私法上または公法上の法的地位または法的利益に影響を及ぼすおそれが
　　　あるというべきであり、株式会社は、取締役の敗訴を防ぐことに法律上
　　　の利害関係を有するということができるからである。

(ⅴ)　そして、株式会社が株主代表訴訟につき中立的立場を採るか補助参加
　　　するかはそれ自体が取締役の責任にかかわる経営判断の１つであること
　　　からすると、補助参加を認めたからといって、株主の利益を害するよう
　　　な補助参加がされ、公正妥当な訴訟運営が損なわれるとまではいえず、
　　　それによる著しい訴訟の遅延や複雑化を招くおそれはなく、また、会社
　　　側からの訴訟資料、証拠資料の提出が期待され、その結果として審理の
　　　充実が図られる利点も認められる。

　前記の判断のうち、(ⅲ)が結論命題であり、最１小決平成13・1・30の判例と
しての判断部分です。(ⅳ)は結論を導く理由を説示する部分であり、(ⅴ)は(ⅲ)の結
論に反対する議論を意識してそれに反論し、併せて(ⅲ)の結論を補強する付随的
理由を述べています。

　本項における直接の議論の対象は(ⅰ)と(ⅱ)の判断部分ですが、両者が一体にな
って、(ⅲ)の結論を導くにあたっての前提命題をなしています。そして、最１小
決平成13・1・30は、「法律上の利害関係」につき、「当該訴訟の判決が参加人
の私法上または公法上の法的地位または法的利益に影響を及ぼすおそれ」を意
味するものとすることによって、その外延の輪郭をそれまでよりは明確にした
ものと評価することができます。

359

第8章　多数当事者紛争と訴訟形態

(B)　設例の概要

それでは、法律上の利害関係の存否につき、〈設例8-⑩〉によって検討することにしましょう。

〈設例8-⑩〉

　Xは、Yに対し、平成21年4月1日、本件土地Lを代金3000万円で売り、同月8日、その所有権移転登記を経由した。しかし、XがLを売ることにしたのは、1年以内にLが市街化調整区域に編入されることになっていて地価が著しく低下することが必至である旨虚偽の事実をYが告げてXを欺いたためであるから、Xは、Yに対し、同年12月5日に売買契約を取り消す旨の意思表示をしたと主張し、Lの所有権に基づき所有権移転登記の抹消登記手続を求める訴訟（本件訴訟）を提起した。

　次の⒜、⒝の場合につき、Aに補助参加すべき法的利益が存するかどうかを検討せよ。

⒜　Aは、Yに対し、平成21年5月5日、500万円を弁済期同年11月4日の約定で貸し付けた。AがYに補助参加する旨の申出をしたところ、Xは異議を述べた。受訴裁判所は、補助参加の許否についてどのような決定をすべきか。

⒝　Aは、Yとの間で、平成21年5月5日、⒜の貸金債権を被担保債権としてLについて抵当権設定契約を締結し、同月10日、抵当権設定登記を経由した。AがYに補助参加する旨の申出をしたところ、Xは異議を述べた。受訴裁判所は、補助参加の許否についてどのような決定をすべきか。

46　最1小決平成13・1・30の判例としての評価と読み方につき、田中豊『民事訴訟判例読み方の基本』（日本評論社・2017年）409頁を参照。

Ⅳ 補助参加制度の意義と機能

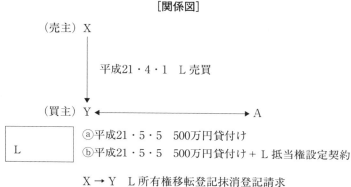

(C) 主張・立証の構造

本件の訴訟物(請求権)は、所有権に基づく妨害排除請求権としての所有権移転登記抹消登記請求権です。

Yは、Xから本件土地Lを買い受けておりその現在の所有者は自分であるとの立場を採っていますから、Xは、所有権の所在について権利自白の成立する時点にさかのぼって請求原因を構成すべきことになります。[47]

〈設例8-⑩〉の請求原因は、次のとおりです。

─〈請求原因〉─────────────────────────
(ア) Xは、Lをもと(平成21年4月1日当時)所有していた。
(イ) Yは、Lにつき、所有権移転登記を経由している。

これに対し、Yは、次のように所有権喪失の抗弁を主張することになります。

─〈抗 弁──所有権喪失──〉────────────────
(a) XとYは、平成21年4月1日、XがYに対してLを代金3000万円で売る旨の契約を締結した。

---

[47] 司研・紛争類型別47頁以下を参照。

第 8 章　多数当事者紛争と訴訟形態

　この抗弁に対し、X は、次のように詐欺による取消しの再抗弁を主張することになります。

　〈再抗弁——詐欺による取消し——〉

(ウ)　X が(a)の売買契約における売る旨の意思表示をしたのは、そのような事実がないことを知りながら、Y が X に対し、1 年以内に本件土地 L が市街化調整区域に編入されることになっていて地価が著しく低下することが必至である旨告げて、X を欺き、そのように信じさせたためである。

(エ)　X は、Y に対し、平成21年12月5日、(a)の売買契約における買う旨の意思表示を取り消す旨の意思表示をした。

(D)　法律上の利害関係の存否

　前記(A)の最 1 小決平成13・1・30の判示するところを前提として、〈設例 8 - ⑩〉の A に法律上の利害関係があるかどうかについて検討してみましょう。

　まず、〈設例 8 - ⑩〉ⓐの場合（A が Y の貸金債権者であるにすぎない場合）についてみてみると、確かに、A は、Y が本件土地 L を買い受けた後に500万円を貸し付けたのですから、少なくとも本件土地 L を所有していて500万円を超える資産を有している者であると考えて、Y に対してこの貸付けをしたのかもしれません。そして、Y が勝訴すれば、債権者である A としては、その債権を回収するための Y の一般財産を維持させることができ、事実上経済的に有利であるということができます。しかし、このような A の地位または利益は、A の公法上の地位または利益といえないことが明らかであるばかりか、A の私法上の地位または利益ということもできません。すなわち、前記(C)の主張・立証の構造のどこにも、Y に対して無担保融資をした A の法律上の地位または利益に影響を及ぼすことが考えられる争点がありません。

　これに対し、〈設例 8 - ⑩〉ⓑの場合（A が本件土地 L に貸金債権を被担保債権とする抵当権を取得している場合）についてみると、Y の敗訴判決が確定すると、さかのぼって Y が本件土地 L の所有者でなかったことになり、A が本件土地 L について有効に抵当権の設定を受けたといえるかどうかに影響を及ぼすことになります。すなわち、民法96条 3 項の適用問題になり、X から抵当権設定

362

登記の抹消登記請求を受けるおそれがあります。結局、**この場合のＡは、Ｘ・Ｙ間の判決の判決理由中の要件事実レベルの法律上・事実上の判断（前記(C)の再抗弁の判断）に影響を受ける法的地位にある**ということができます。

3．参加的効力の性質――既判力との異同――

民訴法46条は、「補助参加に係る訴訟の裁判は、……補助参加人に対してもその効力を有する。」と規定していますが、条文上、補助参加人に対する効力の性質を明らかにはしていません。この点についての最高裁の立場を明らかにしたのが、最１小判昭和45・10・22民集24巻11号1583頁です。

(1) 最１小判昭和45・10・22を素材とした設例の概要

そこで、この最高裁判例の事案を基に時的因子を変え内容を簡略にした〈設例 8 -⑪〉を素材にして、参加的効力の性質を検討することにしましょう。

―― 〈設例 8 -⑪〉 ――――――――――――――――――――――

① Ａは、平成18年 2 月、本件建物Ｈを平成17年 4 月に建築して所有しているとして、Ｈに居住しているＹに対し、その明渡しと平成17年 8 月 1 日以降の月額10万円の賃料相当損害金の支払を求める訴訟（前訴）を提起した。

② Ｙは、Ｈの所有者であったＸから平成17年 5 月31日にＨを賃借したと主張し、Ｘに対して訴訟告知したところ、Ｘは、前訴の第 1 審係属中の平成18年 7 月 7 日、Ｙのために補助参加し、ＨはＸが建築したものであり、Ｘの所有に属していると主張して、Ｙの訴訟追行に協力した。

③ しかし、前訴の第 1 審は、平成19年 3 月 1 日に結審し、同年 4 月 2 日、ＨはＡが平成17年 4 月に建築したものであって、Ｘの所有に属してはいなかったと判断し、Ａの請求を全て認容するとの判決を言い渡し、この判決はその後確定した。

④ 他方、Ｘは、平成21年 1 月 5 日、Ｙとの間で平成17年 5 月31日にＨを賃貸する旨の契約（賃料月額10万円、期間の定めなし）を締結し、引き渡したが、平成18年 4 月 1 日以降賃料を支払わなかったので、平成19年 5 月 5 日、本件賃貸借契約を解除したと主張して、平成18年 4 月 1 日か

第 8 章　多数当事者紛争と訴訟形態

ら平成19年 5 月 5 日までの未払賃料および翌 6 日から Y が H を明け渡した平成20年12月25日までの賃料相当損害金の支払を求める訴訟（後訴）を提起した。

⑤　Y は、後訴において、「X は、Y に対し、本件賃貸借契約締結時に H の所有権が X に属することを明言していたし、そうであるからこそ、本件賃貸借契約は建設協力金300万円を X に預託することを内容とするものであったのであり、X が H を所有することまたは適法に賃貸する権限を有することが本件賃貸借契約の要素であったところ、X には H の所有権も適法に賃貸する権限も存在しなかった。Y は、本件賃貸借契約締結時にそれを知らなかったのであるから、本件賃貸借契約には要素の錯誤があり、無効である。本件賃貸借契約が有効であることを前提とする X の各請求は理由がない。」と主張した上、X が H の所有権を有しないことについては前訴確定判決があると主張した。

⑥　X は、前訴確定判決の存在は認めたものの、X が H の所有者であったから、前訴確定判決の判断には誤りがあるとして、Y の⑤の主張を争った。

(1)　前訴および後訴の主張・立証の構造を明らかにした上で、後訴における Y の「X が H の所有権を有しないことについては前訴確定判決がある」との主張の位置付けを説明せよ。

(2)　前訴の確定判決は、後訴に対してどのような効力を及ぼすものと考えるべきか。

364

Ⅳ 補助参加制度の意義と機能

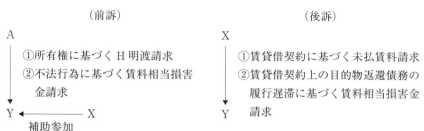

(2) 最1小判昭和45・10・22の判断の概要

〈設例8-⑪〉は、最1小判昭和45・10・22の事案を補助参加の効力の点に焦点をあてて簡略にしたものですが、最高裁は以下のように判示しました。

(ⅰ) 旧民訴法70条（現行民訴法46条）の定める判決の補助参加人に対する効力の性質およびその効力の及ぶ客観的範囲について考えるに、この効力は、いわゆる既判力ではなく、それとは異なる特殊な効力、すなわち、判決の確定後補助参加人が被参加人に対してその判決が不当であると主張することを禁ずる効力であって、判決の主文に包含された訴訟物たる権利関係の存否についての判断だけではなく、その前提として判決の理由中でなされた事実の認定や先決的権利関係の存否についての判断などにも及ぶものと解するのが相当である。

(ⅱ) けだし、補助参加の制度は、他人間に係属する訴訟の結果について利害関係を有する第三者、すなわち、補助参加人が、その訴訟の当事者の一方、すなわち、被参加人を勝訴させることにより自己の利益を守るため、被参加人に協力して訴訟を追行することを認めた制度であるから、補助参加人が被参加人の訴訟の追行に現実に協力し、または、これに協力し得たにもかかわらず、被参加人が敗訴の確定判決を受けるに至ったときには、その敗訴の責任はあらゆる点で補助参加人にも分担させるのが衡平に適うというべきであるし、また、旧民訴法70条（現行民訴法46条）が判決の補助参加人に対する効力につき種々の制約を付しており、同法78条（現行民訴法53条）が単に訴訟告知を受けたにすぎない者につ

365

第8章　多数当事者紛争と訴訟形態

いても右と同一の効力の発生を認めていることからすれば、旧民訴法70
条は補助参加人につき既判力とは異なる特殊な効力の生じることを定め
たものと解するのが合理的であるからである。

(iii)　AとYとの間の前訴の確定判決の効力は、その訴訟の被参加人たる
Yとその補助参加人たるXとの間においては、その判決の理由中でな
された判断にすぎない、本件建物Hの所有権が本件賃貸借契約締結当
時Xに属していなかったとの判断に及ぶものというべきであり、した
がって、Xは、その判決の効力により、本件訴訟においても、これに
反する主張をすることは許されない。

　前記の判断のうち、(i)が結論命題であり、最高裁判例となる部分です。最高
裁は、この判断をすることによって、**大審院判例を変更しました。結局、最高
裁は、参加的効力は、判決主文における訴訟物である権利関係の存否の判断に
ついて生ずる既判力とは異なり、訴訟物である権利関係の存否の判断について
のみならず、判決理由中の事実認定や先決的権利関係の存否についての判断に
も及ぶことを明らかにした**のです。

　(ii)は、そのような結論を導く理由を説示する部分です。最高裁は、ⓐ補助参
加人と被参加人との間で敗訴の責任分担をさせるという衡平の理念に基づいて
認められる効力であること、ⓑ被参加人が敗訴した場合に限って問題になるこ
と、ⓒ旧民訴法70条（現行民訴法46条）に補助参加人がその効力を受けないこ
ととなる種々の除外事由が定められており、画一的に生ずる効力ではないこと、
ⓓ訴訟当事者でない補助参加人または単に訴訟告知を受けたにすぎない者に対
しても効力が及ぶこと、といった参加的効力の特質を丁寧に指摘した上で、既
判力とは異なる効力であるとの結論を導きました。

　(iii)は、(i)の結論を当該事件の具体的事案に適用した判断を説示する部分です。
　そこで、〈設例8-⑪〉に即して、参加的効力が前訴確定判決のどの判断部分
に及ぶのかを検討してみることにしましょう。いわゆる参加的効力の客観的範

48　大判昭和15・7・26民集19巻1395頁は、参加的効力とは、既判力そのものを意味し、旧民訴法70条
　は既判力の主観的範囲の拡張を定めたものであると判断しました。
49　最1小判昭和45・10・22につき、奥村長生「判解」最判解民〔昭和45年度〕418頁を参照。

366

囲の問題です。

(3) 主張・立証の構造

〈設例 8 −⑪〉の前訴の訴訟物（請求権）は、主請求のそれが所有権に基づく返還請求権としての建物明渡請求権であり、附帯請求のそれが所有権侵害の不法行為に基づく損害賠償請求権です。

その請求原因事実は、次のとおりです。

〈前訴の請求原因〉

⑺　A は、平成17年 4 月に H を建築した。

⑻− 1　Y は、平成17年 8 月 1 日当時 H を占有していた。

⑻− 2　Y は、平成19年 3 月 1 日（前訴の口頭弁論終結時）当時 H を占有している。

⑼　H の平成17年 8 月 1 日以降の相当賃料額は、月額10万円である。

主請求の請求原因事実が⑺および⑻− 2 であり、附帯請求の請求原因事実が⑺、⑻− 1 、⑻− 2 および⑼です。[50]

Y は、請求原因事実のうち、⑺を否認し、⑻− 1 、⑻− 2 および⑼を認めました。その上で、Y が本件建物 H の賃貸人である X に訴訟告知したところ、X は、Y のために補助参加し、「本件建物 H を建築したのは X であり、A ではない。したがって、X が本件建物 H の所有者であって、A は所有者ではない。」と主張して、Y の訴訟追行に協力しました。X は、請求原因事実⑺の積極否認の事実を主張したのです。

前訴確定判決は、証拠によって請求原因事実⑺を認定し、その認定に基づいて、A が平成17年 4 月に本件建物 H の所有権を原始取得し、それ以後前訴の口頭弁論終結時である平成19年 3 月 1 日まで、A が本件建物 H の所有者であったと判断したのです。

最 1 小判昭和45・10・22が補助参加人と被参加人との間で不可争力が発生するという「判決理由中の事実認定」とは、〈設例 8 −⑪〉における請求原因事実⑺の認定を指し、「先決的権利関係の存否についての判断」とは、〈設例 8 −⑪〉

50　本章Ⅲ 2 (3)および前掲脚注34を参照。

第 8 章　多数当事者紛争と訴訟形態

における A が平成17年 4 月以降平成19年 3 月 1 日まで本件建物 H の所有者で
あったとの判断を指すのです。結局、これら 2 つの認定・判断部分に参加的効
力が及ぶということになります。

　さて、これを前提として、後訴の主張・立証の構造を検討してみることにし
ましょう。

　後訴の訴訟物（請求権）は、主請求のそれが賃貸借契約に基づく賃料請求権
であり、附帯請求のそれが賃貸借契約上の目的物返還債務の履行遅滞に基づく
損害賠償請求権です。

　その請求原因事実は、次のとおりです。[51]

┌─〈後訴の請求原因〉─────────────────────────
│
│　㋐　X は、Y に対し、平成17年 5 月31日、H を期間の定めなく賃料月額
│　　　10万円で賃貸した。
│　㋑　X は、Y に対し、平成17年 5 月31日、㋐の契約に基づき、H を引き
│　　　渡した。
│　㋒　Y は、平成18年 4 月 1 日から平成19年 4 月30日まで継続して13か月
│　　　にわたって㋐の賃料を支払わなかった。
│　㋓　X は、Y に対し、平成19年 5 月 5 日、㋐の契約を即時解除する旨の
│　　　意思表示をした。
│
└──────────────────────────────────

　これに対し、Y は、本件賃貸借契約の締結に錯誤があったから無効である[52]
との抗弁を主張しました。

┌─〈抗　弁──錯誤無効──〉────────────────────
│
│　(a)　X は、㋐の契約締結当時、H の所有権も H を賃貸する権限も有して
│　　　いなかった。
│　(b)　Y は、㋐の契約締結当時、X が H の所有権ないし H を賃貸する権限
│　　　を有しているものと信じていた。
│
└──────────────────────────────────

───────────────────────────────────────

51　〈設例8-⑪〉は、信頼関係破壊を理由とする即時解除の事例です。請求原因事実㋒が賃貸借契約と
　　いう継続的契約における信頼関係を破壊したとの評価を導く根拠となる事実です。
52　2020年 4 月 1 日施行の改正民法は、錯誤を無効事由ではなく、取消事由としました（改正民法95
　　条 1 項）。

368

IV　補助参加制度の意義と機能

(c)　X は、Y に対し、(ア)の契約締結に際し、X が H を所有する旨明示し、
それを前提として、(ア)の契約は建設協力金300万円を X に預託すること
を内容とするものであった（から、H の所有権が X に帰属することが要素
をなしていた）。

X は、この抗弁事実のうち、(a)を否認した上、X は(ア)の契約締結当時本件
建物 H を所有していたと主張して争ったのです。

(4)　参加的効力の主張の位置付けと機能

それでは、Y のした参加的効力の主張は、このような主張・立証の構造の
中でどのように位置付けられ、どのような機能を果たすのでしょうか。Y の
した参加的効力の主張を整理すると、次のようになります。

―〈参加的効力の主張〉―――――

(あ)　A が Y を被告として提起した前訴（H の所有権に基づく明渡請求およ
びHの所有権侵害の不法行為に基づく損害賠償請求をするもの）の係属中、
Y の訴訟告知を受けて、X は、Y を被参加人として補助参加した。

(い)　前訴において、A は、A が平成17年 4 月に H を建築して所有権を取
得し、それ以後前訴の口頭弁論終結時である平成19年 3 月 1 日まで H
の所有者であったと主張したところ、X は、平成17年 4 月に H を建築
したのは X であり、その後 X が H の所有者であったと主張して、A の
主張を争った。

(う)　前訴は平成19年 3 月 1 日に結審され、同年 4 月 2 日、(い)の A の主張
を全て採用し、A の請求を全て認容した判決が言い渡され、その後確
定した。

参加的効力は、前記のとおり、補助参加人 X と被参加人 Y との間に生ずる
敗訴責任の分担という衡平の理念に根拠をおくものであり、訴訟法上の効力で
すから、この参加的効力の主張が後訴の被告 Y の抗弁事実(a)に代替するとい[53]
うのではありません。

53　抗弁事実(a)と表現していますが、厳密には、(a)の中身は事実の主張ではなく、所有権という権利
関係の主張です。

第8章　多数当事者紛争と訴訟形態

すなわち、参加的効力は、Ｘが抗弁事実(a)を否認するという訴訟行為に出た場合に、そのような訴訟行為が許されないとする根拠を提供する訴訟法上の理屈になるのです。〈設例8-⑪〉に即してみると、**前訴確定判決のした先決的法律関係についての判断（Ａが平成17年4月以降平成19年3月1日まで本件建物Ｈの所有者であったとの判断）をＸが争うことが許されない結果、後訴における抗弁事実(a)のうち、「本件賃貸借契約締結時である平成17年5月31日の時点で、Ｘが本件建物Ｈの所有権を有していなかった」との主張を否認することができない理由を提供する**のです。

そして、参加的効力は、補助参加人と被参加人との間に生ずる敗訴責任の分担という問題であるとの観点から、職権調査事項ではなく、当事者の指摘を待って初めて顧慮すれば足りると解されています[54]。また、その判断の前提となる事実関係については弁論主義が適用されると解すべきでしょう。この点からすると、「参加的効力の抗弁」といった表現にも理由がないわけではありませんが、請求権との関係における実体法上の抗弁と混同されかねない表現ですから、避けるのが賢明です。

4．参加的効力の客観的範囲と主観的範囲

最1小判昭和45・10・22は、前記3のとおり、参加的効力の性質、効力の及ぶ前訴判決の判断の範囲（客観的範囲）、効力の及ぶ前訴判決の関係者の範囲（主観的範囲）のいずれについても、一応の解決を示したのですが、なおその詳細は明確ではありません。

最1小判昭和45・10・22は、「判決の理由中でなされた事実の認定や先決的権利関係の存否についての判断などにも及ぶ」と判示したのですが、ここにいう「事実の認定」がどの範囲の事実を指すのかは明らかではありません。これが、参加的効力の客観的範囲の問題です。

また、最1小判昭和45・10・22は、参加的効力が及ぶのが補助参加人と被参加人との間であることを明らかにしたのですが、民訴法53条の規定による訴訟告知の場合に、告知人とどのような関係のある被告知人に参加的効力が及ぶの

54　梅本666頁、奥村・前掲判解（注49）425頁を参照。

370

かについても明らかではありません。これが、参加的効力の主観的範囲の問題です。

これらの点を扱ったのが、最 3 小判平成14・1・22判時1776号67頁です。

(1) 最 3 小判平成14・1・22の事案の概要

最 3 小判平成14・1・22の事案の概要は、〈設例 8 -⑫〉のとおりです。

─── 〈設例 8 -⑫〉───

① X は、A に対し、平成 7 年 9 月18日、家具等を販売したとして、その代金550万円の支払を求める訴え（前訴）を提起した。

② 前訴において、A が、①の売買目的物の一部であるテーブル等100万円（本件商品）を買ったのは A ではなく Y であると主張したため、X は、Y に対し、平成 8 年 1 月27日送達の訴訟告知書によって訴訟告知をした。しかし、Y は、前訴に補助参加しなかった。なお、Y は、A との間で、Y を施主、A を請負人として、平成 6 年10月、建物の新築工事請負契約を締結しており、本件商品は当該建物に納入された家具であったため、このような紛争が起きた。

③ 前訴判決は、本件商品を購入したのは A ではなく Y であると認定した上、X の請求のうち本件商品の代金請求部分を棄却するというものであり、その後確定した。

④ そこで、X は、Y を被告として、本件商品の売買代金100万円の支払を求める訴え（後訴）を提起した。

⑤ 後訴の控訴審である大阪高等裁判所は、最 1 小判昭和45・10・22を引用して、旧民訴法78条、70条（現行民訴法53条、46条）所定の訴訟告知による判決の効力が被告知人である Y に及ぶことになり、Y は、後訴において、X に対し、前訴の判決理由中の判断と異なり、本件商品を買い受けていないと主張することは許されないとして、本件商品の買主が Y であるかどうかを証拠によって認定することなく、X の請求を認容した。

⑥ Y は、前訴確定判決の有すべき参加的効力の客観的範囲と主観的範囲に関する原判決の判断に法令解釈の誤りがあるとして、上告した。

371

(1) 前訴および後訴の主張・立証の構造を明らかにした上で、後訴におけるXの参加的効力の主張の意味と位置付けとを説明せよ。
(2) 参加的効力の主観的範囲および客観的範囲についての上記⑤の後訴の控訴審の判断の正否を検討せよ。

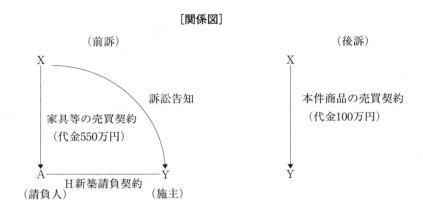

[関係図]

（前訴請求）X → A　家具等（本件商品を含む）の売買代金550万円の支払請求
（訴訟告知）X → Y　Y：補助参加せず
（後訴請求）X → Y　本件商品の売買代金100万円の支払請求

(2) 最3小判平成14・1・22の判断の概要

〈設例8-⑫〉⑥のYの上告理由につき、最高裁は以下のように判示し、原審の判断には、判決に影響を及ぼすことが明らかな法令の違反があるとして、原判決を破棄し、本件を原審に差し戻しました。

(i) 旧民訴法78条、70条（現行民訴法53条、46条）の規定により裁判が訴訟告知を受けたが参加しなかった者に対しても効力を有するのは、訴訟告知を受けた者が同法64条（現行民訴法42条）にいう訴訟の結果につき法律上の利害関係を有する場合に限られるところ、ここにいう法律上の利害関係を有する場合とは、当該訴訟の判決が参加人の私法上または公法上の法的地位または法的利益に影響を及ぼすおそれがある場合をいう

Ⅳ　補助参加制度の意義と機能

ものと解される。[55]

(ⅱ)　また、旧民訴法70条所定の効力は、判決の主文に包含された訴訟物た
る権利関係の存否についての判断だけではなく、その前提として判決の
理由中でされた事実の認定や先決的権利関係の存否についての判断など
にも及ぶものであるが、[56]この判決の理由中でされた事実の認定や先決的
権利関係の存否についての判断とは、判決の主文を導き出すために必要
な主要事実に係る認定および法律判断などをいうものであって、これに
当たらない事実または論点について示された認定や法律判断を含むもの
ではないと解される。

(ⅲ)　けだし、ここでいう判決の理由とは、判決の主文に掲げる結論を導き
出した判断過程を明らかにする部分をいい、これは主要事実に係る認定
と法律判断などをもって必要にして十分なものと解されるからである。
そして、その他、旧民訴法70条所定の効力が、判決の結論に影響のない
傍論において示された事実の認定や法律判断に及ぶものと解すべき理由
はない。

(ⅳ)　これを本件についてみるに、前訴におけるＸのＡに対する本件商品
売買代金請求訴訟の結果によって、ＹのＸに対する本件商品の売買代
金支払義務の有無が決せられる関係にあるものではなく、前訴の判決は
Ｙの法的地位または法的利益に影響を及ぼすものではないから、Ｙは、
前訴の訴訟の結果につき法律上の利害関係を有していたとはいえない。
したがって、Ｙが前訴の訴訟告知を受けたからといってＹに前訴の判
決の効力が及ぶものではない。

(ⅴ)　しかも、前訴の判決理由中、Ａが本件商品を買い受けたものとは認
められない旨の記載は主要事実に係る認定に当たるが、Ｙが本件商品
を買い受けたことが認められる旨の記載は、前訴の判決の主文を導き出
すために必要な判断ではない傍論において示された事実の認定にすぎな
いものであるから、同記載をもって、本訴において、Ｙは、Ｘに対し、
本件商品の買主がＹではないと主張することが許されないと解すべき

55　この点についての先例として、前記2(2)で検討した最1小決平成13・1・30を引用しています。
56　この点についての先例として、前記3で検討した最1小判昭和45・10・22を引用しています。

373

第8章　多数当事者紛争と訴訟形態

> 　理由もない。

　(i)は、参加的効力の主観的範囲（訴訟告知の場合において参加的効力が及ぶ被告知人の範囲）についての結論命題を示す部分です。そして、(iv)は、これを本件に適用した結果を説示する部分です。

　(ii)は、参加的効力の客観的範囲（参加的効力が及ぶ判決理由中の認定・判断の範囲）についての結論命題を示す部分です。そして、(iii)はその理由を説示する部分であり、(v)はこれを本件に適用した結果を説示する部分です。

　判例集の判示事項としては、(ii)の参加的効力の客観的範囲についての判断部分を取り上げていますが、本最高裁判決は、参加的効力の客観的範囲および主観的範囲の双方の判断を誤ったことを原判決破棄の理由にしています。

(3)　主張・立証の構造

　〈設例 8 -⑫〉の前訴の訴訟物（請求権）は、家具等の売買契約に基づく代金支払請求権です。

　前訴の請求原因事実は、次のとおりです。

┌─〈前訴の請求原因〉───────────────────
│ ⑺　X は、A との間で、X が A に対して家具（本件商品を含む）を代金合
│ 　　計550万円で売る旨の売買契約を締結した。
└────────────────────────────

　〈設例 8 -⑫〉②のとおり、A は、⑺の売買契約の目的物である家具の一部である本件商品（100万円分）につき、その買主は A ではなく Y であると主張しました。この主張は、請求原因事実⑺の一部を否認し、併せて、積極否認の事実を主張するという性質を有するものです。

　そこで、後訴についてみてみましょう。後訴の訴訟物（請求権）は、本件商品の売買契約に基づく代金支払請求権です。後訴における売買契約の目的物である本件商品は、前訴における売買契約の目的物の一部ですが、売買契約の当事者が異なりますから、訴訟物（請求権）が包含関係に立つものでないことは明らかです。

　後訴の請求原因事実は、次のとおりです。

374

Ⅳ　補助参加制度の意義と機能

―〈後訴の請求原因〉――――――――――――――――――――――

　㈹　Ｘは、Ｙとの間で、ＸがＹに対して本件商品を代金100万円で売る旨
　　の売買契約を締結した。

―――――――――――――――――――――――――――――――

⑷　Ｘの参加的効力の主張の意味と位置付けおよび後訴の控訴審の判断の正否

　Ｘが後訴においてした参加的効力の主張を整理すると、次のようになります。

―〈参加的効力の主張〉――――――――――――――――――――――

　㈠　Ｘは、Ａを被告として提起した前訴（本件商品を目的物の一部とする売
　　買契約に基づく代金支払請求をするもの）の係属中の平成８年１月27日、
　　Ｙを被告知人とする訴訟告知をした。

　㈡　本件商品のＸからの買主はＹであってＡではないと認定し、本件商
　　品の売買代金支払請求を棄却する旨の前訴判決が言い渡され、その後確
　　定した。

　㈢　よって、被告知人であるＹは、後訴の請求原因事実㈹を否認して争
　　うことは許されない。

―――――――――――――――――――――――――――――――

　㈢のまとめから明らかなように、Ｘの参加的効力の主張は、Ｙにおいて後訴の請求原因事実㈹を否認して争うことが許されないことの法的根拠を主張するものです。

　後訴の原判決は、Ｘによるこの参加的効力の主張をそのまま採用して、ＸのＹに対する請求を認容したのですが、これが論理的に正しいものかどうかを検証してみることにしましょう。

　第１に、原判決の判断は、Ｙに補助参加すべき法律上の利害関係があることを前提としているようです。

　しかし、前訴において、ＸがＡに対して本件商品の売買代金請求権を有するかどうか、その前提として**ＸとＡとの間で本件商品の売買契約が締結されたかどうかの判断について、Ｙに法律上の利害関係があるということはできません。**前訴の被告であるＡが本件商品の買主はＹであると主張しています

375

第 8 章　多数当事者紛争と訴訟形態

から、X が前訴において敗訴したときは、Y を被告とする訴訟を提起する可能性がないとはいえませんが、そのような可能性がないとはいえないことは、Y にとって事実上の利害関係があるとする根拠ということができるとしても、法律上の利害関係があるとする根拠ということはできません。したがって、前訴において、A が異議を述べた場合には、Y は補助参加することができなかったのです。補助参加の利益のない者に対して訴訟告知をしても、その者に参加的効力を及ぼすことができないのは当然のことというべきでしょう。これが、参加的効力の主観的範囲の問題として、最 3 小判平成14・1・22が前記(2)(iv)に判示するところです。

　第 2 に、前記(3)で検討したとおり、**前訴の請求原因事実（主要事実）は、本件商品の買主が A であることであり、本件商品の買主が Y であることはその積極否認の事実にすぎません。前訴において、X の請求が棄却されたのは、請求原因事実(ア)を認定するに足りないとされたからであって、本件商品の買主が Y であると認定されたからではありません。**

　この点につき、原判決は、前訴判決が本件商品の買主は A であるのか Y であるのかという二者択一の形で問題を設定した上で、A ではなく Y であるとの事実認定をしたことを理由として、被告知人である Y は前訴判決のこの事実認定全体に拘束されると考えたようです。そして、この考え方は、判決理由中の事実認定と法律判断にも参加的効力が及ぶとした最 1 小判昭和45・10・22の判断における「判決理由」を、判決書の必要的記載事項を規定する民訴法253条 1 項 3 号（旧民訴法191条 1 項 3 号）にいう「理由」とは別に解するという立場に立つものということができます。

　しかし、敗訴責任の分担の衡平という理念に根拠を有する参加的効力であるといっても、**主文を導くために必要不可欠な攻撃防御方法に係る事実認定（主要事実に係る事実認定）と法律判断とに参加的効力が及ぶことを認めれば足り、それを超えていわゆる傍論についてまで参加的効力を肯定するのは相当ではないでしょう。判決書の構成や判示の仕方についての前訴裁判所の裁量に係る記載事項である傍論についてまで参加的効力を及ぼさせるというのでは、被告知人または補助参加人において覚悟すべき合理的負担の範囲を超える**ものと思われます。これが、参加的効力の客観的範囲の問題として、最 3 小判平成14・

1・22が前記⑵(ii)(iii)に判示するところです。[57]

　これに対し、前訴の請求原因事実(ア)を認定するに足りないとされた判断に参加的効力を認めるという見解もあります。[58]確かにこの判断は前訴の主要事実の認定に係る判断なのですが、前記⑶で検討したとおり、後訴の請求原因事実（主要事実）は(カ)（本件商品の買主がYであること）ですから、この見解は、Yが後訴の請求原因事実（主要事実）(カ)を否認するという訴訟行為に出ることは許されるのに、その否認の理由として「本件商品の買主がAである」と主張することは許されないというに帰着します。しかし、このように積極否認の仕方についてまで参加的効力が規制するという理屈は、後訴の運営を極めて不自然なものにすることになり、実際には使いづらいものであろうと思われます。

　以上のように検討を進めてきますと、特に、参加的効力の客観的範囲を決するためには、要件事実論による分析が必須であることを実感することができます。

Ⅴ　独立当事者参加制度の意義と機能

1．独立当事者参加訴訟の特徴

　これまでみてきた多数当事者紛争に係る訴訟は、共同訴訟にせよ補助参加にせよ、基本的に原告と被告の二手に分かれて争う形態をとるものです。しかし、世の中に生起する紛争には、１つの権利関係をめぐって三者以上の者が相争うという形態のものも存在しています。このような場合には、当該権利関係についての実体法の内容に従って統一的な解決を図るのが効率的な紛争解決ということができます。

　このようなニーズに応えるのが民訴法47条の規定する独立当事者参加という訴訟制度です。同条１項は、①他人間に訴訟が係属していること、②係属する訴訟の当事者双方または一方に対して当事者として請求を立てること、③訴訟

57　上田徹一郎＝井上治典編『注釈民事訴訟法⑵』（有斐閣・1992年）297頁〔上原敏夫〕、梅本666頁等を参照。多数説であると思われます。
58　中野ほか・講義609頁〔井上治典・安西明子補訂〕を参照。

377

第8章　多数当事者紛争と訴訟形態

の結果によって権利が害されることまたは訴訟の目的の全部もしくは一部が自
己の権利であることを主張すること、の3要件を充足する場合に、第三者が当
事者として当該訴訟に参加することができるものと規定しています。

　三当事者間の紛争を統一的に解決するため、民訴法47条4項は、独立当事者
参加訴訟に必要的共同訴訟の規定（法40条1項から3項まで）を準用しています。
したがって、独立当事者参加がされた後に原告が被告に対する本訴を取り下げ
ることは許されますが、取下げの効力が発生するためには、被告と参加人双方
の同意が必要です。[59] また、三当事者のうちの1人が上訴すれば、事件は全体と
して移審し、上訴審は三当事者に対して1個の判決をします。[60] そして、独立当
事者参加訴訟の形態が維持されている（二当事者訴訟に還元されていない）状態
のまま、二当事者間で訴訟上の和解を成立させることは許されないとするのが
実務上の扱いです。[61]

　独立当事者参加訴訟をめぐる論点は数多くありますが、実際にしばしば争わ
れるのは、前記3要件のうち③の要件（参加の理由）の存否についての問題で
す。そして、一般に、③の前段による参加（訴訟の結果によって権利が害される
ことを理由とするもの）を「詐害防止参加」と呼び、③の後段による参加（訴訟
の目的の全部もしくは一部が自己の権利であることを理由とするもの）を「権利主
張参加」と呼びますが、「詐害防止参加」の例は少なく、「権利主張参加」の例
が圧倒的に多いのが実際です。そこで、本項では、「権利主張参加」の要件に
ついて検討することにします。

2．権利主張参加の要件

　最3小判平成6・9・27判時1513号111頁は不動産の二重譲渡に係る判例です
が、この論点を検討するのに好個の素材を提供しています。

(1)　最3小判平成6・9・27の事案の概要

　まず、この最高裁判例の事案を簡略化してその概要を紹介しておきましょう。

59　最2小判昭和60・3・15判時1168号66頁。

60　一当事者が一当事者のみを相手として上訴した場合は、民訴法40条2項の準用により、残る一当
　事者にも効力を生じ、この者は被上訴人の地位に立ちます（最1小判昭和50・3・13民集29巻3号
　233頁）。

61　仙台高判昭和55・5・30判タ419号112頁、東京高判平成3・12・17判時1413号62頁。

378

V　独立当事者参加制度の意義と機能

── 〈設例 8 -⑬〉 ──────────────

① 　Xは、Yに対し、昭和50年 5 月、本件土地Lにつき、昭和42年12月
　 9 日の売買契約（本件売買契約）に基づき所有権移転登記手続を求める
　 訴訟（本訴）を提起した。第 1 審は、昭和60年12月13日、Xの請求を認
　 容する旨の判決を言い渡した。Yは、この判決に対して控訴した。[62]

② 　Zは、控訴提起から 4 年余が経過した平成 2 年 3 月 1 日、Yに対して
　 Lの所有権移転請求権仮登記に基づく本登記手続を求め、Xに対して同
　 本登記手続の承諾を求めて独立当事者参加の申出（本件参加の申出）を
　 した。Zの主張の骨子は、次のとおりである。

　 ⓐ 　Aは、Yに対し、昭和41年 4 月 5 日、500万円を貸し付け、Lにつ
　　 き代物弁済予約契約を締結し、同月13日、所有権移転請求権仮登記を
　　 経由した。

　 ⓑ 　Zは、Aに対し、昭和50年 6 月25日、Yの負っていた残債務相当額
　　 を支払って、ⓐの貸金債権と仮登記担保権の譲渡を受け、同年 8 月14
　　 日、ⓐの仮登記の移転付記登記を経由した。

　 ⓒ 　Xは、昭和51年 3 月23日、Lにつき処分禁止の仮処分登記を経由し
　　 た。

　 ⓓ 　Zは、Yに対し、昭和56年 6 月24日、Lにつき代物弁済予約完結の
　　 意思表示をした。

　 ⓔ 　Zは、X・Yに対し、平成 2 年 3 月 2 日、本件参加申出書によって
　　 Lについて清算金がない旨の通知をした。

③ 　Yは、本件参加の申出およびZの②の主張を全く争わなかった。他
　 方、Xは、本件参加の申出は旧民訴法71条（現行民訴法47条 1 項）の要
　 件を欠く旨主張した上、②ⓑのZのAに対する残債務相当額の支払等
　 の事実を否認した。

④ 　控訴審は、本件参加の申出はLの所有権をめぐる紛争をXとYとの
　 間およびZとX・Yとの間で同時に矛盾なく解決するためのものであ
　 り、旧民訴法71条後段（現行民訴法47条 1 項後段）の要件を満たすもので

────────────────────────
62　京都地判昭和60・12・13金判962号28頁。

379

第8章　多数当事者紛争と訴訟形態

あるとし、②のＺの主張事実が認められるから、ＺのＸ・Ｙに対する
請求を認容すべきであるとし、ＸのＹに対する本訴請求は同条に基づ
く参加訴訟の形態および目的からの制約を受け、Ｚに対して所有権を主
張できない立場にあるＸは、Ｙに対しても所有権を前提とする請求を
することができないとして、Ｘの主張事実について判断するまでもな
く、その請求を棄却すべきであると判断した。[63]

⑤　Ｘは、Ｘの所有権移転登記手続請求をＸの請求原因事実について判
断しないまま棄却すべきであるとした原判決の判断には、仮登記担保契
約に関する法律5条、12条、旧民訴法71条（現行民訴法47条1項）、186
条（現行民訴法246条）の解釈適用を誤った違法があるとして、上告した。

(1)　ＸのＹに対する本訴請求の請求原因事実およびＺのＸ・Ｙに対する
参加請求の各請求原因事実を摘示せよ。

(2)　不動産の買主甲が売主乙に対して売買契約に基づき所有権移転登記手
続を求める本訴に、他の買主丙が甲に対しては所有権の確認を求め、乙
に対しては所有権移転登記手続を求めて独立当事者参加の申立てをした。
このような形態の二重譲渡事例と本件との間で、独立当事者参加の許否
についての結論を異にすることに理由はあるか。

(3)　本件参加の申立ては、詐害防止参加（民訴法47条1項前段）の要件を
満たすか。

(4)　上記④の控訴審判決の判断の問題点を検討せよ。

63　大阪高判平成3・4・25金判962号23頁。

Ⅴ 独立当事者参加制度の意義と機能

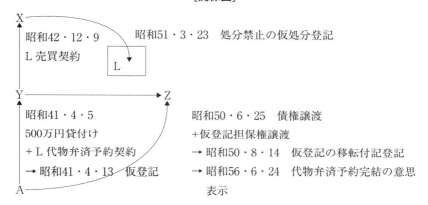

[関係図]

（本訴）X → Y　Ｌの所有権移転登記手続請求
（参加）Z → Y　Ｌの仮登記に基づく本登記手続請求
　　　　Z → X　Ｌの本登記手続の承諾請求

(2) 最3小判平成6・9・27の判断の概要

〈設例8-⑬〉⑤のとおり、Xの上告理由は、旧民訴法71条後段（現行民訴法47条1項後段）の権利主張参加の要件の欠缺を正面から問題にするものではなかったのですが、最高裁は、この点につき、以下のように判示しました。

(i) XのYに対する売買契約に基づく所有権移転登記手続を求める本訴につき、Zが、Yに対し代物弁済の予約による予約完結の意思表示をしたことを理由とする所有権移転請求権保全の仮登記に基づく本登記手続を求め、かつ、右仮登記後にされた処分禁止の仮処分登記の名義人であるXに対し右本登記手続の承諾を求めてした本件参加の申出は、旧民訴法71条（現行民訴法47条1項）の要件を満たすものと解することはできない。

(ii) けだし、同条の参加の制度は、同一の権利関係について、原告、被告および参加人の三者が互いに相争う紛争を一の訴訟手続によって、一挙に矛盾なく解決しようとする訴訟形態であって、一の判決により訴訟の

第 8 章　多数当事者紛争と訴訟形態

目的となった権利関係を全員につき合一に確定することを目的とするものであるところ、Z の本件参加の申出は、L の所有権の所在の確定を求める申立てを含むものではないので、X、Y および Z の間において右所有権の帰属が一の判決によって合一に確定されることはなく、また、他に合一に確定されるべき権利関係が訴訟の目的とはなっていないからである。

(iii)　本件参加の申出は、旧民訴法71条（現行民訴法47条 1 項）の参加の申出ではなく、その実質は新訴の提起と解すべきであるから、原審としては、Z の参加請求に係る部分を管轄を有することが明らかな京都地方裁判所に移送し、Y の控訴に基づき第 1 審判決の当否について審理判断すべきであったのである。したがって、原判決を破棄した上、原判決中、X の本訴請求に係る部分につき本件を大阪高等裁判所に差し戻すこととし、Z の参加請求に係る部分につき本件を京都地方裁判所に移送することとする。

　上記の判断のうち、(i)が結論命題であり、最高裁判例となる部分です。(ii)は、そのような結論を導く理由を説示する部分です。これによると、最高裁は、Z の本件参加の申出が、X、Y および Z の間において合一に確定されるべき権利関係を訴訟の目的としていないことから、本件参加の申出が旧民訴法71条（現行民訴法47条 1 項）による参加の申出に当たらないとの結論を導いたことが明らかです。

　(iii)は、独立当事者参加の申出がされた場合において、当該申出が旧民訴法71条（現行民訴法47条 1 項）の要件を満たすものでないときに、裁判所としてどのような処理をすべきであるかを説示する部分です。

(3)　参加の要件に係る争点の位置付けと独立当事者参加訴訟の構造

　本件参加の申出は、本訴の控訴審においてされていますから、これが独立当事者参加の要件を満たしていなかったのであれば、Z は本来地方裁判所に提起すべき別訴を高等裁判所に提起したことになり、専属管轄である職分管轄を誤

64　本最高裁判決は、後述の最大判昭和42・9・27民集21巻 7 号1925頁を引用しています。

ったことになります。専属管轄は、裁判の適正・迅速という公益の要請から、当事者の意思によって法律の定めとは別の管轄を生じさせることを許さないものですから、その違背の有無は職権調査事項であり、その判断の基礎となる資料の収集については職権探知主義が妥当します。

また、参加の要件に係る問題は、Zの参加請求を認容すべき場合に合一確定の要請からXの本訴請求を棄却すべきであるかどうかの問題とも密接に関連します。

そこで、独立当事者参加訴訟の構造を確認した上で、参加の要件についての問題を検討することにしましょう。

独立当事者参加訴訟の構造については、最大判昭和42・9・27が前記(2)(ii)のとおりの判断をし、いわゆる三面訴訟説に立つことを明らかにして、その基本的考え方については決着をつけました。しかし、参加の要件を満たすかどうかについて見解の一致をみていない問題も残されています。

民訴法47条1項後段の権利主張参加の要件については、一般に、参加人の請求およびそれを理由づける権利主張が本訴の請求またはそれを理由づける権利主張と論理的に両立しない関係にあることが必要であると解されており[65]、本最高裁判決も、前記(2)(ii)の判断からわかるように、このような立場を前提にしています。本件における争点は、このような立場を前提にして、Zの参加の申出が参加の要件を満たしていると考えることができるかどうかにあります。

(4) 不動産の二重譲渡事例における独立当事者参加の許否

本件における争点を検討するのに先立って、不動産の二重譲渡事例につき、本最高裁判決前の議論の状況を確認しておきましょう。

従来から、不動産の買主Xが売主Yに対し売買契約に基づき所有権移転登記手続を求める本訴に、他の買主Zが原告Xに対しては所有権の確認を、被告Yに対しては所有権移転登記手続を求めて独立当事者参加をすることが許されるか、という問題について議論がありました。

通説は、原告の請求と参加人の請求とが両立するかどうかは、参加申出の時点で参加請求の趣旨と原因によって判断すべきであるとして、参加請求を許す

65　中野ほか・講義613頁〔井上治典・安西明子補訂〕、梅本683頁を参照。

第8章　多数当事者紛争と訴訟形態

べきであるとします[66]。しかし、後述するとおり、本訴請求についてみると、所有権の帰属は、訴訟物になっていないことはもちろん、その請求原因においても問題にならないから、厳密にいえば、参加請求の2つの訴訟物またはその各請求原因は、本訴請求の訴訟物および請求原因と両立しない関係にあるということはできません。したがって、前記(3)の参加の要件論とこの結論とが整合しているかどうかには疑問なしとしません。通説がこの結論を採るところからすると、通説が「請求またはそれを理由づける権利主張が論理的に両立しない」というのは、3つの請求の訴訟物または請求原因自体において両立しないことを要求するのではなく、参加人が原告との間で所有権の確認を求める場合には、三者間に所有権の帰属についての紛争があるものとみることができ、これをもって足りるとする立場に立っているのでしょう。

　これに対し、2人の買主のいずれもが売主に対する所有権移転登記請求権を取得するから、2個の請求権は論理的に両立するものであるし、参加人の原告に対する所有権確認請求は、参加人が未登記権利者であることを前提としていて主張自体失当であるから、独立当事者参加は原則として許されないが、参加人が原被告間の所有権移転が実体上無効であると主張する場合にのみ例外として許されるとする少数説があります[67]。

　この二重譲渡事例の本訴および参加訴訟の主張の構造を要件事実論によって分析してみると、この論争の意味をよく理解することができます。

　本訴の訴訟物は、売買契約に基づく債権的登記請求権です。その請求原因事実は、以下のとおりです。

┌─〈本訴の請求原因事実〉─────────────────
│　㋐　XとYは、YがXに対して本件土地Lを代金1億円で売る旨の契約
│　　を締結した[68]。
└──────────────────────────────

　参加訴訟の訴訟物は、Xに対するものは本件土地LのZの所有権であり、

66　菊井＝村松・前掲書（注31）392頁、上田＝井上・前掲書（注57）196頁〔河野正憲〕を参照。

67　吉野衛「不動産の二重譲渡と独立当事者参加の許否」近藤完爾＝浅沼武編『民事法の諸問題Ⅱ』（判例タイムズ社・1996年）332～333頁を参照。

68　司研・紛争類型別85頁を参照。

V 独立当事者参加制度の意義と機能

Yに対するものは売買契約に基づく債権的登記請求権です。[69]

┌─〈参加訴訟の請求原因事実（対X）〉──────────────────

(a) Yは、Lをもと所有していた。

(b) ZとYは、YがZに対してLを代金8000万円で売る旨の契約を締結した。

(c) Xは、Lを自己が所有するとして、ZがLを所有することを争う。
└────────────────────────────────────

┌─〈参加訴訟の請求原因事実（対Y）〉──────────────────

(b) ZとYは、YがZに対してLを代金8000万円で売る旨の契約を締結した。
└────────────────────────────────────

これに対し、Xは、対抗要件の抗弁を主張することになります。[70]

┌─〈Xの抗弁事実（対抗要件の抗弁）〉──────────────────

(ア) XとYは、YがXに対して本件土地Lを代金1億円で売る旨の契約を締結した。

(イ) ZがLにつき(b)の契約に基づく所有権移転登記を具備するまではZを所有者と認めないとの権利主張
└────────────────────────────────────

　Zは、(ア)の事実（本訴における請求原因事実、参加訴訟における抗弁事実）を否認してまたは不知として争い、Xが(ア)の事実の立証に成功しなければ、目的を達することができます。また、Zは、(ア)の契約につき錯誤や通謀虚偽表示といった再抗弁事実を主張・立証することによっても、目的を達することができます。

┌─〈Zの主張する再抗弁事実（通謀虚偽表示）〉───────────────

(d) XとYは、(ア)の契約の際、いずれも売買の意思がないのにその意思があるかのように仮装することを合意した。[71]
└────────────────────────────────────

─────────────────────────────────────

69　所有権に基づく妨害排除請求権としての所有権移転登記請求権を訴訟物とするというのもあり得る選択です。

70　対抗関係についての主張・立証責任につき、司研・紛争類型別56〜57頁を参照。

71　判決起案の手引収録の「事実摘示記載例集」36頁を参照。

385

第8章　多数当事者紛争と訴訟形態

通説のいうように、参加申出の時点では、原告Xと参加人Zとが相互に対抗関係に立つ正当な第三者の立場にあるのかどうかを確実に識別することはできません。参加人Zが原告Xに対して所有権の確認を求める場合には、前記の2つのうちいずれかの争い方をする（すなわち、参加訴訟における抗弁事実を否認してまたは不知として争うか、再抗弁事実を主張・立証して争う）ものとみるのが、当事者の訴訟行為の解釈として合理的であると考えられます。

したがって、前記の二重譲渡事例については、参加申出の時点において、目的不動産の所有権の帰属に関する紛争が存し、参加の要件を満たすものとする通説の立場が相当であると考えるべきでしょう。

(5)　最3小判平成6・9・27における主張の構造と参加の要件

本訴の訴訟物は売買契約に基づく債権的登記請求権であり、その請求原因事実は以下のとおりです。

〈本訴の請求原因事実〉

(ア)　XとYは、昭和42年12月9日、YがXに対してLを相当額で売る旨の契約を締結した。

参加請求の2つの訴訟物のうち、ZのYに対する請求の訴訟物は、必ずしも明らかではありません。代物弁済予約の完結に基づく債権的登記請求権、同予約の完結によってYからZに移転した所有権に基づく物権的登記請求権、その物権変動の過程を登記記録上に反映させるための物権変動的登記請求権、のいずれと構成することも可能です。ただし、Zは、旧不動産登記法2条2項（現行法105条2項）の仮登記を経由し、同法7条2項（現行法106条）によるその順位保全の効果を受けるために同法105条（現行法109条）の仮登記に基づく本登記手続請求をしているので、請求原因として、Yが本件土地Lのもと所有者であり、予約の完結によって所有権が移転したことを主張しなければなりませんから、訴訟物を3つのうちのいずれと構成しても請求原因事実に差はありません。そして、ここでの所有権の移転とは、YからZへの所有権の移転にすぎず、二重譲受人であるZとXとの間の所有権の帰属の問題とはかかわりがないことを理解しておくことが重要です。

次に、ZのXに対する請求の訴訟物は、旧不動産登記法105条（現行法109

V 独立当事者参加制度の意義と機能

条）が仮登記権利者に付与した承諾請求権です。[72]

　以上を前提として、参加訴訟の主張・立証の構造をみてみることにしましょう。

――〈参加訴訟の請求原因事実（対X）〉――――――――――――――――――

　(a)　Aは、Yに対し、昭和41年4月5日、500万円を貸し付けた。

　(b)　Yは、Aとの間で、昭和41年4月5日、(a)の借入金債務の弁済に代えてLの所有権を移転することを予約する旨の契約を締結した。

　(c)　Yは、(b)の契約締結当時、Lを所有していた。

　(d)　Aは、昭和41年4月13日、(b)の契約に基づき所有権移転請求権仮登記を経由した。

　(e)　AとZは、昭和50年6月25日、AがZに対して(a)の貸付金債権および(b)ないし(d)の仮登記担保権を売る（代金は当時の(a)の貸付金債権の残高相当額）旨の契約を締結した。

　(f)　Zは、昭和50年8月14日、(e)の契約に基づき、(d)の仮登記の移転付記登記を経由した。

　(g)　Zは、Yに対し、昭和56年6月24日、Lにつき代物弁済予約完結の意思表示をした。

　(h)　Zは、XおよびYに対し、平成2年3月2日、本件参加申出書をもってLにつき清算金がない旨の通知をした。

　(i)　Xは、昭和51年3月23日、Lにつき処分禁止の仮処分登記を経由した。

――〈参加訴訟の請求原因事実（対Y）〉――――――――――――――――――

　(a)から(h)まで

　〈設例8-⑬〉③のとおり、Xは、本件参加の申出が参加の要件を満たしていることを争い、参加訴訟の請求原因事実のうち(e)の事実を否認して争いました。しかし、Yは、参加の要件についても請求原因事実についても全く争いませんでした。

――――――――――――――――――――――――――――――――――――――
72　吉野衛「仮登記の一考察(1)」判評79号（判時404号〈1965年〉）70頁を参照。

387

第8章　多数当事者紛争と訴訟形態

　このように**本訴と参加訴訟の主張を分析してみると、Xの請求とZの請求は、請求（訴訟物）のレベルにおいてもそれを理由づける主張のレベルにおいても両立することが明らか**です。

　すなわち、前記⑷の二重譲渡事例がかろうじて権利主張参加の要件を満たすと考えることができたのは、参加人の原告に対する所有権確認請求があるからです。しかし、本件参加の申出にはこれがありませんから、三者間に所有権帰属についての紛争があるものとみることはできません。

　本最高裁判決のように、所有権確認請求があるかどうかだけで独立当事者参加が許されるかどうかが決せられるのは、請求という形式にとらわれすぎた考え方であって、紛争の実相に変わりがないことを理解しないものであるとの批判もあります[73]。しかし、筆者には、この批判は本末転倒のもののように思われます。なぜなら、本件においてZがXに対して所有権確認の請求を立てなかったのは、この請求を立てたところで裁判所によって認容される見込みがないと考えたか、この請求を立てる意味がないと考えたからです。すなわち、所有権確認請求のある参加の申出とこれのない参加の申出とでは、紛争の実相に変わりがあるのです。民事訴訟における最重要の起点である請求を、あたかも形式にすぎないものとみるのは、訴訟手続に無用の混乱をもたらしかねず、裁判官および当事者の当該訴訟手続の進行についての合理的な期待を損なうことにつながります。他人間の訴訟に第三者が当事者として参加することを許すと、当該訴訟手続はその分重たいものになり訴訟遅延の原因になりますから、それなりの合理的事由が必要であり、それが判例・通説のいう合一確定の必要であると理解すべきでしょう。

　なお、原判決は、〈設例8-⑬〉④のとおり、XのYに対する所有権移転登記手続請求につき、独立当事者参加訴訟の形態および目的からの制約を受けるという理由で、Xの主張事実について判断するまでもなく、その請求を棄却すべきであると判断しました。しかし、このような考え方は、手続法が用意した道具によって実体法の内容が変容されることを認めるものであり、初歩的な誤りというべきです。本最高裁判決がこの点を指摘して原判決を破棄したのは

---

[73]　井上治典「独立当事者参加の要件に当たらないとされた事例」判評438号（判時1531号〈1995年〉）198頁を参照。

V　独立当事者参加制度の意義と機能

当然のことと思われます。

⑹　**本件参加の申出は詐害防止参加（法47条 1 項前段）の要件を満たすか**

　民訴法47条 1 項前段の参加は、他人間の訴訟によって自己の権利・利益に不利益を受けるおそれがあることを主張する第三者に許される参加ですが、どのような場合にこの参加が許されるかについては、判決効説、利害関係説、詐害意思説の対立があります。最 2 小判昭和42・2・23民集21巻 1 号169頁は、利害関係説に立つものと理解されていますが、詐害意思説によっても説明することができます。[74]

　前記⑸にみたとおり、本訴の判断は何ら参加人の法的地位に影響を及ぼすものではありませんし、〈設例 8 -⑬〉の本訴における X と Y の訴訟活動の実際をみても、馴合訴訟ということはできません。本件参加の申出は、本訴提起から14年以上も後に、Y の控訴からも 4 年以上後にされたものですが、これを全く争わない Y の訴訟行為からすると、Z と Y との間の訴訟のほうが馴合訴訟の観を呈しています。前記のいずれの説によっても、民訴法47条 1 項前段の要件を満たすことはないものと思われます。

---

[74]　最 2 小判昭和42・2・23につき、枡田文郎「判解」最判解民〔昭和42年度〕690頁を参照。

第9章 訴訟承継の意義と機能

I 法律関係（権利義務）の移動と訴訟手続

1. はじめに

　訴訟は、訴えの提起に始まり、裁判所の審理判断を経て、判決や和解等によって終了に至るというプロセスを踏むため、一定の時間がかかります。当事者間の法律関係（権利義務）は、訴訟係属中に様々な要因によって変動することを免れません。訴訟の目的である法律関係（権利義務）そのものの主体が変更する、訴訟の目的である法律関係から派生する法律関係の主体が変更するといった事態が生ずることも稀ではありません。

　例えば、訴訟の係属中に、当事者の一方が死亡してその権利義務を相続人が包括的に承継する、原告である債権者が請求債権を他に譲渡したため債権者に変更が生ずる、被告である建物の賃借人が当該建物の一部を他に転貸したため建物の占有者が増える、といったことが起こります。

　訴訟制度は国民の税金によって設営されているのですから、そのような場合にも、訴訟の終点である判決が紛争の実効的な解決という観点から意味のあるものであることが要請されます。

　この要請に応える方策には、歴史的にいくつかのものがあります。ローマ法は、訴訟係属後の係争物の第三者への譲渡を禁ずるという実体法による対処をしていました。しかし、これでは取引の要請に応じることができないので、近代法は、係争物の譲渡を自由とし、対処法を案出することになりました。ドイツ民事訴訟法は、「当事者恒定主義」を採用し、係争物が譲渡されても、訴訟

手続には影響を及ぼすことをせず、もとの当事者に訴訟を追行する権能を認め、その者の受けた判決の効力が係争物の譲受人に及ぶことにしました。[1]

我が国では、係争物が譲渡された場合、それを訴訟手続に反映させ、承継人に従前の訴訟状態を引き継がせる「訴訟承継主義」を採用しました。

2．訴訟承継の種類と問題点

(1) 訴訟承継の種類

訴訟承継は、まず、当然承継と非当然承継とに大別されます。

当然承継とは、一定の原因事実が生じた場合に、当然に当事者が交代し訴訟承継がされることをいいます。当然承継がされる原因事実としては、当事者の死亡（法124条1項1号）、当事者である法人の合併による消滅（同項2号）等訴訟手続の中断および受継の事由として民訴法124条1項1号、2号、4ないし6号に規定されている事由を挙げることができます。

非当然承継とは、係争物について特定承継が起きた場合のものであって、当然に当事者が交代すること（すなわち、訴訟承継が起きること）はありません。非当然承継には、参加承継と引受承継の2種類があります。

参加承継は、権利を承継したか義務を承継したかにかかわらず、承継人が自ら既存の訴訟に入っていく形態の承継をいいます（法49条、51条）。これに対し、引受承継は、同様に権利を承継したか義務を承継したかにかかわらず、既存の訴訟の当事者が承継人を当該訴訟に引き込む形態の承継をいいます[2]（法50条、51条）。

(2) 訴訟承継の問題点

(A) 当然承継

当然承継の場合には、承継原因事実の発生により当事者の交代が自動的に生じます。しかし、承継人が現実に直ちに訴訟追行することができるわけではな

---

1 以上につき、上田徹一郎＝井上治典編『注釈民事訴訟法(2)』（有斐閣・1992年）240〜242頁〔池田辰夫〕を参照。

2 旧民訴法73条は、権利の譲受人が自ら訴訟を承継するものを参加承継として規定し、旧民訴法74条は、債務の承継に際して当事者の申立てによって承継人に訴訟を引き受けさせるものを引受承継として規定していました。しかし、旧法下の判例・学説とも、債務承継の場合の参加承継と権利承継の場合の引受承継のいずれをも肯定していたため、現行法は、本文のように整理しました。

391

第9章　訴訟承継の意義と機能

いので、承継人もしくは相手方からの受継の申立てまたは裁判所の続行命令まで訴訟手続は中断することとされています（法124条1項）。ただし、被承継人が訴訟代理人に委任していた場合には、訴訟手続は中断しません（同条2項）。

判決の言渡しよりも前に受訴裁判所が承継原因事実の発生を把握し、承継人を特定することができた場合には、受継の手続を経なくても、承継人を当事者と表示して判決を言い渡すことができると解されています。[3]

承継原因事実が発生していたのに、受訴裁判所が当該事実の発生を判決の言渡し後になって初めて把握した場合には、民訴法257条にいう「明白な誤り」として更正決定をすることが許されます。[4]ただし、当該判決を債務名義として強制執行をするためには、承継執行文の付与（民事執行法27条2項）を受ける必要があります。[5]

　(B)　非当然承継──参加承継と引受承継

まず、前記(1)に、非当然承継（すなわち、参加承継または引受承継）は「係争物について特定承継が起きた場合のもの」と説明しましたが、実は、ここにいう「係争物」とは何を意味するのか、「特定承継（以下、単に「承継」といいます。）」とは何を意味するのか、がまさに問題です。

次に、前記1に、我が国の採用した訴訟承継主義とは、承継人に従前の訴訟状態を引き継がせる建前をいうと説明しましたが、実は、承継人がどのような訴訟状態を引き継ぐのかは、必ずしも判然としません。

そこで、以下、これらの問題を順に検討することにしましょう。

Ⅱ　「係争物の承継」とは

1.「訴訟承継の承継人」と「口頭弁論終結後の承継人」

訴訟承継の承継人の範囲（法49条〜51条）と口頭弁論終結後の承継人（法115条1項3号）の範囲とが同一であるというのが学説の一般的な立場です。前者

3　最2小判昭和33・9・19民集12巻13号2062頁。

4　最2小判昭和42・8・25判時496号43頁。

5　長谷部由起子『民事訴訟法〔新版〕』（岩波書店・2017年）375頁を参照。

392

II 「係争物の承継」とは

が「生成中の既判力」を承継人に及ぼすものであり、後者が「完成した既判力」を承継人に及ぼすものであるところに共通の側面が存するので、両者をパラレルに扱うのが合理的であるというのがその基盤にある発想であり、両者につき、「当事者適格」の移転を受けた者ないし「紛争の主体たる地位」の移転を受けた者が承継人の外延を画すると説明されます[6]。

しかし、訴訟承継の承継人の範囲は、訴訟の事実審の口頭弁論終結前に起きた事象を前提にして、これから審理を継続する場面において問題になるのに対し、口頭弁論終結後の承継人の範囲は、すでに完成された既判力を審理に関与する機会のない第三者に拡張する場面で問題になるのですから、そもそも、「生成中の既判力」と「完成した既判力」という観点からの考察で用が足りるのかどうかには疑問が残ります[7]。

両者に共通する側面がなくはないのでしょうが、むしろ両者における既存の当事者と承継人である第三者との利益状況には大きな相違があることを踏まえ、両者を別に考察するほうが合理的なのではないかと思われます。

2．訴訟承継の承継人の範囲

以下の〈設例9-①〉は、最3小判昭和41・3・22民集20巻3号484頁（以下「昭和41年最高裁判決」といいます。）の事案をやや簡略にした上で、時的因子を変更したものです。この事案によって、係争物の承継をめぐる問題を考えてみましょう。

⑴ 最3小判昭和41・3・22を素材にした設例

── 〈設例9-①〉 ──

① Xは、Aに対し、平成22年10月、本件土地Lにつき、賃料を月額13万円、期間を平成27年10月30日とする賃貸借契約（本件賃貸借契約）を締結した。Aは、その後、L上に本件建物Hを建築してその所有者になった。Xは、Aに対し、平成28年1月、本件賃貸借契約が平成27年10月30日に期間満了により終了したと主張して、Hを収去してLを明

---

6 岡田幸宏「訴訟承継」長谷部由起子＝山本弘＝笠井正俊編著『基礎演習民事訴訟法〔第3版〕』（弘文堂・2018年）292頁を参照。

7 新堂幸司『新民事訴訟法〔第5版〕』（弘文堂・2011年）857～858頁を参照。

393

第9章　訴訟承継の意義と機能

け渡すことを求める訴訟を提起した。Aは、本件賃貸借契約は建物所有目的のものであるから、期間が30年になると主張して、平成27年10月30日の期間満了による終了を争った。これに対し、Xは、Xには遅くとも5年後にLを営業に使う予定があったので、Aとの間で本件賃貸借契約を一時使用のものとする旨合意したと主張した。

② Zは、Aから、平成28年2月、本件建物の1階（本件建物部分）を賃借し、営業を始めた。そこで、Xは、民訴法50条1項の規定によって訴訟引受けの申立てをした。その際、Xは、Zに対し、本件土地所有権に基づき、本件建物部分からの退去を求めた。

③ この申立てにつき、Zは、XのAに対する請求が本件賃貸借契約の終了を原因とする債権的請求であるのに対し、XのZに対する請求は本件土地所有権に基づく物権的請求であり、両請求は全く別個異質のものであるから、ZはAの承継人には当たらないと主張して争った。しかし、受訴裁判所は、Zに対して訴訟引受けを命じる旨の決定をした。Zは、本案につき、上記の本件建物部分の賃借を主張した。

④ また、平成29年3月8日、Aが死亡し、唯一の相続人である長男Yが民訴法124条1項1号の規定に基づく受継の申立てをした。

⑤ 第1審は、XのYおよびZに対する各請求を認容する旨の判決をした。[8]そして、上記③のZの訴訟承継についての主張につき、以下のように判断した。すなわち、第三者が訴訟の目的である義務の全部または一部を承継したときというのは、単に当該訴訟の目的である債務そのものが第三者に移転する場合のみに限定されるものではなく、かような義務に関連して第三者がこれと訴訟の目的を一にする新たな義務を負担するに至った場合をも包含するものと解するのが相当であるところ、本件において、XはAに対して本件賃貸借契約の終了を原因として本件建物収去本件土地明渡しを請求するものであるが、Zにおいて本件建物部分を賃借して占有していることにより間接にXの本件土地所有権を妨

8　素材にした事件の第1審判決は、福岡地判昭和36・11・14（民集20巻3号488頁に収録）。その主文は、「Yは、Xに対し、本件建物を収去して本件土地を明け渡せ。Zは、Xに対し、本件建物部分から退去せよ。」というものです。

害しているものとして本件建物部分からの退去を求めるものであって、Zの義務はAの義務とはその発生の経過原因を異にしているとはいえ、等しくXの本件土地所有権を円満な状態に復せしめる義務にほかならないから、その訴訟の目的を同一にするものであって、債務承継の一場合として訴訟引受けを許すべきものと解する旨判示して、Zの主張を排斥した。

⑥　Y・Zの控訴につき、控訴審（原審）は、第1審判決を引用して控訴を棄却した。Y・Zが上告。

⑦　Zの上告理由は、前記③のZの訴訟引受けに関する主張と同旨であり、要するに、原判決の引用する第1審判決は、訴訟経済を追求するあまり、民訴法の条文の文理を不当に拡張解釈したものであって、原判決には民訴法50条1項の解釈適用を誤った違法がある、というものである。

(1)　XのYに対する請求およびXのZに対する請求つき、各請求の訴訟物を明らかにした上で、各主張・立証の構造を検討せよ。

(2)　(1)を前提にして、ZをAの承継人として訴訟引受けを命じることの正否を検討せよ。

(3)　訴訟承継を許すべきであるかどうかにつき、「当事者適格の移転」または「紛争の主体たる地位の移転」として定式化することの適否を検討せよ。

(4)　承継人は被承継人が相手方との間で形成した訴訟状態に拘束されるか。拘束されない場合はあるか。

9　同控訴審判決は、福岡高判昭和39・2・21（民集20巻3号496頁に収録）。

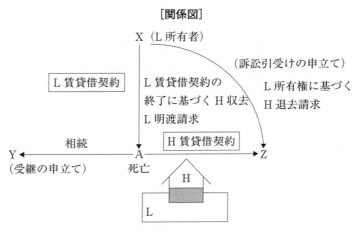

(2) 最3小判昭和41・3・22の判断の概要

> (i) 賃貸人が、土地賃貸借契約の終了を理由に、賃借人に対して地上建物の収去、土地の明渡しを求める訴訟が係属中に、土地賃借人からその所有の前記建物の一部を賃借し、これに基づき、当該建物部分および建物敷地の占有を承継した者は、旧民訴法74条（現行民訴法50条）にいう「其ノ訴訟ノ目的タル債務ヲ承継シタル」者に該当すると解するのが相当である。
>
> (ii) けだし、土地賃借人が契約の終了に基づいて土地賃貸人に対して負担する地上建物の収去義務は、右建物から立ち退く義務を包含するものであり、当該建物収去義務の存否に関する紛争のうち建物からの退去に係る部分は、第三者が土地賃借人から係争建物の一部および建物敷地の占有を承継することによって、第三者の土地賃貸人に対する退去義務の存否に関する紛争という型態をとって、右両者間に移行し、第三者は当該紛争の主体たる地位を土地賃借人から承継したものと解されるからである。
>
> (iii) これを実質的に考察しても、第三者の占有の適否ないし土地賃貸人に対する退去義務の存否は、帰するところ、土地賃貸借契約が終了してい

ないとする土地賃借人の主張とこれを支える証拠関係（訴訟資料）に依
存するとともに、他面において、土地賃貸人側の反対の訴訟資料によっ
て否定されうる関係にあるのが通常であるから、かかる場合、土地賃貸
人が、第三者を相手どって新たに訴訟を提起する代わりに、土地賃借人
との間の既存の訴訟を第三者に承継させて、従前の訴訟資料を利用し、
争いの実効的な解決を計ろうとする要請は、旧民訴法74条（現行民訴法
50条）の法意に鑑み、正当なものとしてこれを是認すべきであるし、こ
れにより第三者の利益を損うものとは考えられないのである。そして、
たとえ、土地賃貸人の第三者に対する請求が土地所有権に基づく物上請
求であり、土地賃借人に対する請求が債権的請求であって、前者と後者
とが権利としての性質を異にするからといって、叙上の理は左右されな
いというべきである。

(iv) されば、本件土地賃貸借契約の終了を理由とする建物収去土地明渡請
求訴訟の係属中、土地賃借人であった亡Ａからその所有の地上建物中
の判示部分を賃借使用するに至ったＺに対してＸがした訴訟引受けの
申立てを許容すべきものとした原審の判断は正当であり、所論は採用で
きない。

　最高裁は、以上のように説示して、Ｚの上告を棄却しました。このうち、(i)
は、結論命題を宣明する説示部分であり、民集の判決要旨として抽出されてい
ます。(ii)と(iii)は、(i)の結論を導く理由を説示する部分ですが、(ii)において、Ａ
がＸに対して負う建物収去義務とＺがＸに対して負う建物退去義務の関係と
いう観点からの理論的分析を示し、(iii)において、訴訟承継という制度趣旨にさ
かのぼって、紛争の適正迅速な解決という観点（「争いの実効的な解決を計ろう
とする要請」と表現しています。）からの実質的分析を示しています。(iv)は、(i)
の結論命題を本件事案に当てはめた事例判断を説示する部分です。

　それでは、前記(1)に検討項目として掲げた4つの論点（〈設例9 -①〉(1)～(4)）
を順に検討し、訴訟承継の承継人に係る問題と口頭弁論終結後の承継人に係る
問題との異同等の問題にアプローチすることにしましょう。

第9章　訴訟承継の意義と機能

(3)　XのYに対する請求（訴訟物）とXのZに対する請求（訴訟物）、各請求の主張・立証の構造

(A)　XのYに対する請求

　XのYに対する請求の訴訟物は、本件賃貸借契約の終了に基づく目的物返還請求権としての本件建物収去本件土地明渡請求権（1個）です。

　民事訴訟実務は、期間満了、解除、合意解約等の終了原因ごとに訴訟物が異なることはなく、目的物の返還義務は賃貸借契約の効果として発生すると考える一元説によって運営されていますし、これが多数説でもあります。また、建物収去義務は、目的物である土地を原状に修復した上で賃貸人に引き渡すという1個の目的物返還義務に包摂されると考えられています。[10]

　XのYに対する請求の主張・立証の構造は、以下のとおりです。

〈請求原因（民法上の期間満了）〉

(ア)　Xは、Aとの間で、平成22年10月、Lにつき、賃料を月額13万円、期間を平成27年10月30日とする賃貸借契約を締結した。（○）

(イ)　Xは、Aに対し、(ア)の契約に基づき、Lを引き渡した。（○）

(ウ)　平成27年10月30日が経過した。

(エ)　Hは、(イ)のL引渡しから(ウ)の本件賃貸借契約終了までの間に、L上に建築され、(ウ)の本件賃貸借契約終了時にL上に存在した。（○）

(オ)-1　Aは、平成29年3月8日、死亡した。（○）

(オ)-2　Yは、Aの長男である。（○）

〈抗　弁（建物所有目的）〉

(a)　Xは、Aとの間で、(ア)の契約につき、建物所有を目的とする旨合意した。（○）

〈再抗弁（一時使用）〉

(カ)　Xは、Aとの間で、(ア)の契約を平成27年10月30日までの短期間に限って存続させるとの合意をした。（×）

---

[10]　司研・紛争類型別90〜91頁を参照。

398

Ⅱ　「係争物の承継」とは

㈭　Xには遅くとも5年後にLを自らの営業に使用する計画があったた
　め、AもXのその計画を了解して㈠の契約に至った。（×）

〈設例9-①〉によると、Xは本件賃貸借契約の終了原因事実として期間満
了を主張し、これに対し、Yは建物所有目的の土地賃貸借契約であるから借
地借家法1条、3条の各規定の適用により存続期間が30年になる結果、期間が
満了していないとの抗弁を主張しました。そして、Xは、本件賃貸借契約が
一時使用のためのものであるから同法25条の規定の適用により存続期間に係る
同法3条の規定の適用はないとの再抗弁を主張しました。[11]

　**主張・立証の構造をこのように整理してみると、XのYに対する請求に係
る訴訟の争点が一時使用の再抗弁にあることが明らかです。**

　ところで、請求原因事実㈠-1および㈠-2は、前記Ⅰ2⑴および⑵に説明し
た当然承継の原因事実に当たります。

　⒝　XのZに対する請求

　XのZに対する請求の訴訟物は、XのZに対する本件土地の所有権に基づ
く返還請求権としての本件土地明渡請求権（1個）です。

　請求の趣旨または判決主文に建物退去を摘示するのは、土地明渡しの債務名
義だけでは別個の不動産である地上建物からの退去執行ができないという執行
法上の制約から、執行方法を明示する必要があるためです。すなわち、建物退
去は、土地明渡しの履行態様にすぎず、土地明渡しと別個の実体法上の請求権
に基づくものではありません。[12]

　最3小判昭和41・3・22の第1審判決の主文は、「Zは、Xに対し、本件建物
部分から退去せよ。」[13]というものですが、XのZに対する請求の訴訟物を上記
のように考えると、Zに対する主文は、「Zは、Xに対し、本件建物部分から
退去して本件土地を明け渡せ。」とするのが正確であるということになります。

　XのZに対する請求の主張・立証の構造は、以下のとおりです。

11　本文の主張・立証の構造につき、司研・紛争類型別93〜98頁を参照。なお、一時使用の再抗弁の
　本文の整理は、いわゆる折衷説によるものです。

12　本文のような考え方を旧1個説と呼びます。判例と民事裁判実務が旧1個説によっていると考え
　られることにつき、司研・紛争類型別58〜59頁を参照。

13　前掲（注8）を参照。

399

第9章　訴訟承継の意義と機能

〈請求原因〉

(ク)　Xは、Lを現在所有している。（○）

(ケ)　Zは、Hの1階（本件建物部分）に居住してLを占有している。（○）

〈抗　弁（占有正権原）〉

(ア)　Xは、Aとの間で、平成22年10月、Lにつき、賃料を月額13万円、期間を平成27年10月30日とする賃貸借契約を締結した。（○）

(イ)　Xは、Aに対し、(ア)の契約に基づき、Lを引き渡した。（○）

((ウ)　平成27年10月30日が経過した。)

(エ)　Aは、(イ)のL引渡しの後、L上にHを建築した。（○）

(a)　Xは、Aとの間で、(ア)の契約につき、建物所有を目的とする旨合意した。（○）

(b)　Zは、平成28年2月、Aとの間で本件建物部分を賃借する旨の契約を締結し、Aからその引渡しを受けた。（△）

〈再抗弁（一時使用）〉

(カ)　Xは、Aとの間で、(ア)の契約を平成27年10月30日までの短期間に限って存続させるとの合意をした。（×）

(キ)　Xに遅くとも5年後にLを自らの営業に使用する計画があり、AもXのその計画を了解して(ア)の契約に至った。（×）

　主張・立証の構造をこのように整理してみると、X・Z間の訴訟の主要な争点もまた一時使用の再抗弁にあることが明らかです。Zが本件建物部分の賃借人であるため、本件土地の所有者であるXからの返還請求に対する占有正権原の抗弁を主張するためには、「AがXからL賃借権の設定を受けたこと＋ZがAから本件建物部分の賃借権の設定を受けたこと」の2つの事実を主張しなければなりません。すなわち、Zとしては、X・Y間の訴訟の請求原因事実（Yの相続を示す(オ)を除く。）と抗弁事実(a)に加えて、本件建物部分の賃借権の設定とそれに基づく引渡しの事実(b)を主張する必要があります。Xの再抗弁は、そのうちの(a)に向けられたものです。

400

Ⅱ 「係争物の承継」とは

⑷ Aの承継人としてZに対して訴訟引受けを命じることの正否

昭和41年最高裁判決は、前記⑵ⅰのとおり、ZをAの承継人に当たるとの結論を明示しました。

そう解する理由を前記⑵ⅱおよびⅲに説示しているのですが、前記⑶の訴訟物と主張・立証の構造の理解を前提にすると、もう少し明快に説明することができると思われます。

前記⑶Aのように、土地賃借人は土地賃貸人に対して賃貸借契約の終了に基づいて1個の目的物返還義務を負い、建物収去義務は目的物である土地を原状に復するための方法として発生するものであって、土地の返還義務に包摂されると理解すると、請求の趣旨および判決主文に建物収去を掲げるのは、結局のところ、土地と建物とを別個の不動産として扱い、土地明渡しの債務名義によっては地上建物の収去執行ができないという執行法上の制約によるものであるということになります。したがって、この点については、前記⑶Bでみたとおり、土地所有権に基づいて建物収去土地明渡しを求める場合と差異がありません。

昭和41年最高裁判決は、前記⑵ⅱの説示によると、地上建物の収去義務と同建物からの退去義務とを比較して、後者の義務が前者の義務に包含されているかどうかを検討していますが、本件においては、むしろ、「地上建物を収去しての土地明渡義務」と「地上建物から退去しての土地明渡義務」とを比較して、民訴法50条1項適用の有無という観点において、後者の義務が前者の義務に包含されているかどうかを検討するのが正確であると思われます。このように検討対象を設定すると、前者の義務も後者の義務も究極の債務は「土地（敷地）明渡義務」であって、相違するのは「明渡しの方法」にすぎませんから、後者の義務が前者の義務に包含されている（同項にいう「訴訟の目的である義務の一部」である）という結論をずっと自然に導くことができます。

また、本件における後者の義務は前者の義務に由来するものということができますから、民訴法50条1項にいう「（訴訟の目的である義務の一部を）承継したとき」に当たることも、自然に導くことができます。

そして、昭和41年最高裁判決は、前記⑵ⅲにおいて、訴訟の主張・立証の実際に即して実質的に考察しても、適切な結論であることを説示しています。

401

第9章　訴訟承継の意義と機能

　この説示は、前記(3)のように、XのYに対する請求とXのZに対する請求の各請求につき、その主張・立証の構造を分析することによって、より具体的に納得することができます。土地賃借人Yに対する請求は債権的請求であり、地上建物賃借人Zに対する請求は物権的請求なのですが、**いずれの請求も、土地所有者であり土地賃貸人であるXの主張する一時使用の再抗弁の成否によって決せられるのであって、ZにXの請求を棄却に導くような独自の主張があるわけではありません。**

　昭和41年最高裁判決は、このような場合に、Xに対してZを被告とする別訴の提起を強制せず、むしろ、Yとの間の既存の訴訟をZに承継させ、従前の訴訟資料を利用することによって紛争を実効的に解決しようとするのが正当であり、そうすることによってZの法的保護に値する利益を損うものとはいえないと判断しました。

　すなわち、民訴法50条1項は、「第三者がその訴訟の目的である義務の全部又は一部を承継したとき」と規定しており、文言上は「訴訟物である権利に対応する義務の全部または一部を承継したとき」を意味しているように読むことができるのですが、昭和41年最高裁判決は、前記(2)(iii)のとおり、「従前の訴訟資料を利用し、争いの実効的な解決を計ろうとする要請」という観点から、「民訴法74条（現行民訴法50条1項）の法意に鑑み、正当なもの」であるとして、目的論的拡張解釈をしたのです。

　ところで、昭和41年最高裁判決は、前記(2)(ii)のとおり、理由説示において近時の多数説の用いる「紛争の主体たる地位」という言い回しを採用しました。そこで、この点につき、次に検討することにしましょう。

(5)　「当事者適格の移転」または「紛争の主体たる地位の移転」として定式化することの適否

　口頭弁論終結後の承継人と訴訟承継の承継人とをパラレルに考え、従前の多数説は、前者を「生成された既判力」の及ぶ者と、後者を「生成中の既判力」の及ぶ者と位置付け、いずれの承継人についても「当事者適格の移転」を受けた者として定式化し、近時の多数説は、本件のように被承継人に対する請求と承継人に対する請求とが同一でない場合をも取り込むことを意図して、「当事者適格の移転」に代えて「紛争の主体たる地位の移転」を受けた者として定式

402

化します。[14]

　しかし、第1章のⅦ3において、口頭弁論終結後の承継人について検討したのと同様、被承継人に対する請求と承継人に対する請求とが同一でない場合を持ち出すまでもなく、被承継人から承継人に対して係争物の所有権が移転したという典型例であっても、「当事者適格の移転」という本案前の問題が起きているわけではなく、請求が認容されるかどうかという本案の問題が起きているのです。したがって、訴訟承継における承継人に当たるかどうかという問題につき、「当事者適格の移転」の有無という判断枠組みによって対処しようとするのは、その起点において疑問があります。これを「紛争の主体たる地位の移転」と言い換えたところで、本案前の問題としてアプローチしようというのであれば、同じ疑問を逃れることはできません。

　この点は、訴訟引受決定後に受訴裁判所が承継関係にないとの心証に至った場合にどのような処理をすべきであるかの問題と密接に関連しています。**確定した実務における処理の仕方は、承継の主張に理由があるかどうかは本案の問題であるから、審理の結果、承継原因事実について積極の心証が形成できない場合には、承継人に対する請求に理由なしとして請求棄却判決をするというものです。当事者適格という本案前の問題であるとは扱われていません**[15]。

　結局、昭和41年最高裁判決は、前記(2)(ⅱ)において「紛争の主体たる地位」という言い回しをしていますが、同(ⅲ)において、「従前の訴訟資料を利用し、争いの実効的な解決を計ることができるかどうか」という実質的な考慮によって、訴訟承継における承継人に当たるかどうかの結論を導いていることからすると、この問題に本案前の問題としてアプローチしているとみるのには疑問があります。本件のＺがＡ（Ｙ）の承継人に当たるとの結論を「当該紛争の主体たる地位を承継した」と表現したにすぎないと理解しておくのが安全であると思われます。

　訴訟承継における承継人に当たるかどうかをどのような枠組みで判断するのが適切であるかの問題は、次項で検討することにしましょう。

14　上田＝井上・前掲書（注1）257頁〔池田辰夫〕、岡田・前掲論文（注6）284頁、長谷部・前掲書（注5）376頁を参照。
15　田尾桃二「訴訟引受の一つの問題」判タ242号（1970年）66頁を参照。

第 9 章　訴訟承継の意義と機能

⑹　**承継人は従前の訴訟状態に拘束される立場に立ってもおかしくない第三
者であるか**

　昭和41年最高裁判決は、前記⑵ⅲにおいて、「土地賃貸人が、第三者を相手
どって新たに訴訟を提起する代わりに、土地賃借人との間の**既存の訴訟を第三
者に承継させて、従前の訴訟資料を利用し**、争いの実効的な解決を計ろうとす
る要請は、民訴法74条（現行民訴法50条）の法意に鑑み、正当なものとしてこ
れを是認すべきであるし、**これにより第三者の利益を損うものとは考えられな
い**」と判示しています。

　これは、第三者が訴訟承継における承継人に当たるというためには、当該第
三者を従前の訴訟状態に拘束されることとしても、当該第三者の法的保護に値
する利益を侵害することにならないことを要するとの立場に立つことを説示す
るものと理解することができます。すなわち、被承継人と相手方との間で形成
された訴訟状態（弁論と証拠調べの結果）は、承継人と相手方との間で効力を
維持し、被承継人がすることのできない訴訟行為（自白に反する事実主張や時機
に後れた攻撃防御方法の提出等）は、承継人もすることができないことを前提に
して、問題になっている第三者を訴訟承継における承継人であるかどうかを決
するべきであると考えているものと理解することができます。

　そうすると、「承継人は従前の訴訟状態に拘束されるか」という問いの立て
方自体に問題があるのであって、むしろ、「従前の訴訟状態に拘束される立場
に立ってもおかしくない第三者であるか」という問いを立て、「その問いに対
して肯定の答えになる第三者が訴訟承継における承継人である」と説明するの
が正確であるということになります。

　そして、従前の訴訟状態に拘束される立場に立ってもおかしくない第三者で
あるかどうかは、昭和41年最高裁判決が前記⑵ⅱ、ⅲにおいて実践しているよ
うに、**従前の請求と新請求の訴訟物（請求権）の関係、従前の請求と新請求の
主張・立証の構造から、主要な争点（攻撃防御方法）が共通しているかどうか
を検討し、紛争の適正・迅速な解決に資するかどうかを決する**ということにな
ります。

　このように検討してくると、問いと答えが逆転しているきらいはありますが、
多数説も、結局のところ同じことを考えているのだろうと思われます。承継人

404

に固有の攻撃防御方法の提出が制限されることがないのは、当然のことというべきです。

　ところで、類型的に観察すると、従前の訴訟状態に拘束されるとしておかしくない第三者であっても、世の中には、何らかの理由から、被承継人と相手方との間の訴訟が馴合訴訟であったというような例外的な事象が起きないとは断言できません。そのような場合には、手続保障または訴訟手続上の信義則の観点から、承継人が従前の訴訟状態からの拘束を免れる例外を許容するのが相当であろうと思われます[17]。

　これに対し、承継人に対する拘束を否定する少数説[18]もあります。この考え方に対しては、相手方との公平の観点から疑問であり、訴訟係属中に係争物を譲渡することが自由とされ、それに伴う当事者の変動を予定する訴訟承継主義の下での問題点が増幅される結果になるとの批判があります[19]。

　そもそも民訴法が訴訟承継という制度を導入したのは、新訴（別訴）の提起を強制せず、係争物の承継人を既存の訴訟の当事者とし、従前の訴訟状態を前提にして訴訟手続を進行させることによって、紛争の適正・迅速な（実効的な）解決を目指すところにあるのですから、承継人が従前の訴訟状態に拘束されることがないというのであれば、多数当事者訴訟になって手続の重くなる訴訟承継という制度による利点はほとんどありません。多数説に説得力があるというべきでしょう。

16　中野貞一郎『民事訴訟法の論点Ⅰ』（判例タイムズ社・1994年）157頁、上田＝井上・前掲書（注1）257頁〔池田辰夫〕、日比野泰久「訴訟承継」民事訴訟法の争点（2009年）91頁、岡田・前掲論文（注6）292頁を参照。

17　本文のような考え方が多数説であるといってよいと思われます。中野・前掲書（注16）162頁、上田＝井上・前掲書（注1）252頁〔池田辰夫〕、伊藤眞『民事訴訟法〔第5版〕』（有斐閣・2016年）693頁を参照。

18　新堂幸司「訴訟承継論よ、さようなら」新堂幸司＝山本和彦編『民事手続法と商事法務』（商事法務・2006年）378頁以下を参照。

19　日比野・前掲論文（注16）91頁を参照。

第10章 確認訴訟の意義と機能

第10章 確認訴訟の意義と機能

Ⅰ 確認訴訟とは

1. 確認訴訟の意義

　一般に、現在の特定の権利義務または法律関係の存在または不存在の確認を求める訴訟を確認訴訟と呼びます。ただし、後に検討するように、民訴法134条は、証書真否確認の訴えという事実の確認を求める訴訟をも例外として許容することにしています。

　確認訴訟には、例えば原告が特定の物の所有権を有することの確認を求める積極的確認の訴えと、例えば原告が被告に対して売買代金債務を負っていないことの確認を求める消極的確認の訴えとがあります。

　そして、その請求認容判決を確認判決と呼び、確認判決が確定すると、原告の求めるとおりの権利義務または法律関係の存在または不存在の判断に既判力が生じます。他方、請求棄却判決が確定すると、原告の求めるのとは逆の判断に既判力が生じます。

2. 確認訴訟の機能

　確認訴訟は、判決をもって特定の権利義務または法律関係の存否を観念的に確認することによって、当事者間の紛争を解決し、または以後の紛争の発生を予防することを目指して提起されます。

　このような訴訟類型が成立するには、権利と義務の体系である実体法の内容が明確なものになっており、かつ、裁判所が判決をもってそのような権利また

406

は義務の存否を観念的に確認した場合には、人々がそれに従うという法意識が浸透していることが前提になります。歴史的にみても、給付訴訟はローマ法以来の訴訟の原初形態であるのに対し、確認訴訟は19世紀の後半にようやく承認されるに至った訴訟形態であるとされています[1]。

　我が国において、実際によくみられるのは、所有権等の物権の確認訴訟、相続紛争における遺言無効確認訴訟、雇用等の継続的契約関係の存否の確認訴訟、親子関係等の身分関係の存否の確認訴訟などです。

3．確認の利益

　給付訴訟では原告が自らに請求権が帰属すると主張することによって原則的に訴えの利益があるものとされ、形成訴訟では実定法が個別にその必要を認めて創設したものであるので、実定法の当該規定に従って訴えの利益があるものとされます。これらに対し、確認訴訟では対象となる権利義務または法律関係が無限定であるので、訴えの利益というフィルターを通して許容すべき限度を画する必要があります。確認訴訟における訴えの利益を確認の利益と呼びます。

　確認の利益については、①確認対象となる訴訟物の選択が適切かどうか、②紛争の解決手段として確認訴訟を選択することが適切かどうか、③解決すべき紛争として成熟しているかどうかの3つの観点から検討するというのが一般の学説です[2]。

　以下、実際に争われることの多い問題を、この順番に検討してみることにしましょう。ただし、これら3つの観点は、確認の利益の問題についての整理の便宜として有用であるというものにすぎません。1つの問題がこれら3つのいずれかに整然と区別することができるというものではなく、複数の観点にかかわる場合もありますから、この分類学にとらわれる必要はありません。

1　中野ほか・講義32頁〔徳田和幸〕、高橋宏志『重点講義民事訴訟法(上)〔第2版補訂版〕』（有斐閣・2013年）70頁を参照。
2　中野ほか・講義163〜168頁〔福永有利〕、高橋・前掲書（注1）363頁を参照。

第10章　確認訴訟の意義と機能

Ⅱ　確認対象の選択の問題その１
──証書真否確認の訴え──

1．民訴法134条の規定の存在意義

　前記Ⅰ1のとおり、確認訴訟の対象は、現在の権利義務または法律関係であることが原則です。それは、単なる事実の確認や過去の法律関係の確認をしてみても、多くの場合に現在の紛争を解決するのに有効ではないからです。

　民訴法134条は、「確認の訴えは、法律関係を証する書面の成立の真否を確定するためにも提起することができる。」と規定し、前記の原則についての例外を認めています。

　民訴法134条にいう「書面の成立の真否」とは、当該書面が作成者と主張される者の意思に基づいて作成されたかどうかをいいます[3]。したがって、これは、事実の問題です。訴訟において書面が証拠として提出される場面では、これを、形式的証拠力という用語によって説明します。書面に記載された内容が真実に合致しているかどうかという実質的証拠力の問題とは別の問題であることを、明確に理解しておくことが基本です。

　また、民訴法134条にいう「法律関係を証する書面」とは、そこに記載された内容によって直接に一定の法律関係の成立・存否が証明される書面をいいます[4]。その例として、契約書、定款、寄付行為、株券、社債、遺言書等を挙げることができます。

　民訴法が法律関係を証する書面についてその成立の真否を確定するための確認の訴えという制度を認めることにしたのは、このような訴えの判決が確定したときは、当該法律関係をめぐる紛争の解決に資するものと期待することができるからです。

3　最１小判昭和27・11・20民集6巻10号1004頁。
4　最１小判昭和28・10・15民集7巻10号1083頁。

408

Ⅱ　確認対象の選択の問題その１──証書真否確認の訴え──

２．遺言書の真否確認の訴えが妥当する紛争の範囲

⑴　事案の概要

遺言書に関する〈設例10-①〉によって、証書真否確認の訴えが解決することのできる紛争の範囲について検討してみましょう。

―――〈設例10-①〉―――――――――――――――――――

①　Aは、平成21年12月１日に死亡した。Aには、長男Xおよび二男Yがおり、他に相続人はいない。

②　Aと同居していたYは、A作成に係る自筆証書遺言書（本件遺言書）をAの死亡後に発見したとして、横浜家庭裁判所に検認の申立て（横浜家庭裁判所平成21年（家）第2000号遺言検認申立事件）をし、平成21年12月25日に検認がされた。

③　本件遺言書は、「Aは、所有する全財産をYに相続させる。」という内容のものである。

④　Xは、検認を受けた本件遺言書をみて、Aの筆跡ではないと考えている。また、Xは、本件遺言書の作成日とされている平成21年８月10日ころ、アルツハイマー病に罹患していたAの症状は非常に重篤になっており、到底遺言をすることのできるような知的能力はなかったと考えている。

⑴　Xは、本件遺言書を作成したのはAではなくYであると考えている。この点について訴訟をもって明らかにすることはできるか。

⑵　⑴の訴訟につき、主張・立証の構造を明らかにせよ。

⑶　Xは、⑴の訴訟において、Aに意思能力（遺言能力）がなかったことを争点とすることができるか。

409

[関係図]

平成21・12・25　A名義の本件遺言書の検認

(2) 遺言書の真否確認訴訟の主張・立証の構造

　A名義の本件遺言書の真否に疑念を抱いているXは、Yを被告として、民訴法134条に基づき、本件遺言書の真否確認の訴えを提起することができます。

　その訴訟物は、本件遺言書の真否（確認）です。訴状における請求の趣旨は、「A作成名義の平成21年8月10日付け自筆証書遺言書（横浜家庭裁判所平成21年(家)第2000号遺言検認申立事件により、同年12月25日に検認されたもの）は、真正に成立したものでないことを確認する。」となります。本件遺言書を特定した上でその真否の確認を求めることを明確にします。

　訴状の請求原因事実欄に記載すべき事実（広義の請求原因事実）は、以下のとおりです。

〈広義の請求原因〉
(ア)　A作成名義の請求の趣旨掲記の自筆証書遺言書（本件遺言書）が存在する。
(イ)　本件遺言書には、「Aは、所有する全財産をYに相続させる。」との記載がある。
(ウ)　Aは、平成21年12月1日に死亡した。
(エ)　XはAの子であるところ、XとYとの間に本件遺言書の真否について争いがある。

　(ア)は、本件において真否の確認を求める対象となる証書である自筆証書遺言書を特定する主張です。

　(イ)は、本件遺言書に直接に一定の法律関係の成立・存否が証明される記載が存することをいう主張です。前記1のとおり、証書真否確認の訴えの対象とす

ることのできる書面は、そこに記載された内容によって直接に一定の法律関係の成立・存否が証明される書面に限られますが、遺言書の中には、例えば「兄弟末永く仲良く暮らすように。」といった内容のみのものもないではなく、そのような遺言書は一定の法律関係の成立・存否とはかかわりがないから、証書真否確認の訴えの対象とすることはできません。

㈢は、前記Ⅰ3の確認の利益のうち、③の紛争の成熟性の観点から、必要とされる要件です。作成名義人である遺言者の生前においては、当該遺言書が効力を発生するのかどうか不明の状態にありますから、この訴えを提起することはできません。

㈣は、Ⅹに本件遺言書の真否確認の訴えを提起する原告適格があり、確認の利益があることをいう主張です。

このようにみてきますと、㈠ないし㈣は、いずれも本件訴えが訴訟要件を満たすものであることをいうものであって、実体法上の権利の得喪にかかわる事実でないことが明らかです。したがって、これを、単純に「請求原因事実」と表現するのは不正確の誹りを免れませんが、弁論主義の適用を受ける事実であると解すべきでしょうから、ここでは、「広義の請求原因事実」と呼んでおくことにします。

これに対し、Ｙの主張すべき事実（広義の抗弁事実）は、以下のとおりです。

〈広義の抗弁——真正な成立〉

(a)　本件遺言書は、Ａが、その全文、日付および氏名を自書し、これに押印したものである。

(b)　本件遺言書中の加除その他の変更は、Ａが、その場所を指示し、これを変更した旨を付記して特にこれに署名し、かつ、その変更の場所に押印したものである。

(a)は本件遺言書が民法968条1項の規定する要件を満たしていることを、(b)は同条2項の規定する要件を満たしていることをいうものです。これは、本件遺言書が遺言者であるＡの意思に基づいて作成されたことを主張するにとどまらず（すなわち、本件遺言書につき、厳密な意味での真否の確認に限ることなく）、本件遺言書が民法の規定する有効要件を満たしていることを主張するものです。

第10章　確認訴訟の意義と機能

遺言書の場合に、遺言者の意思に基づいて作成されたかどうかのみを確認してみても、遺言書に記載された法律関係をめぐる紛争の解決に資するとはいえないことに鑑みると、被告において、当該遺言書が民法968条の規定する要件を満たしていることを主張・立証すべきであると解するのが相当と思われます。

(3)　証書真否確認の訴えと意思無能力との関係

それでは、Ｙのこの広義の抗弁に対し、Ｘは、本件遺言の無効原因として「本件遺言書の作成時に、Ａには意思能力がなかった。」と主張することが許されるでしょうか。

結論から先に述べると、遺言書の真否確認の訴えにおいては、この主張は原則として許されません。なぜなら、前記１のとおり、民訴法134条にいう「書面の成立の真否」とは、当該書面が作成者と主張される者の意思に基づいて作成されたかどうかをいうものであるからです。書面が真正に成立したというためには、その当時、作成者に意思能力があったことが要件になるわけではないのです。すなわち、意思表示に無効の瑕疵または取り消し得べき瑕疵があったかどうかは、当該意思表示の効力に影響を及ぼすものではありますが、当該意思表示の成立に影響を及ぼすものではありません。

しかし、意思表示が成立したというためには、当該意思表示が表示行為として存在したことが前提になりますから、当該意思表示の主体（遺言者）におよそ表示行為に当たる行為をする能力がなかった場合には、表示行為の不存在のゆえに、当該遺言書は真正に成立したということはできません。したがって、Ｘとしては、積極否認の事実として、本件遺言書の作成時において、Ａの病状がきわめて重篤であって、Ａにはおよそ表示行為に当たる行為をする能力がなかったことをうかがわせる事情を主張・立証することができ、この反証（Ａの意思表示が成立したことは、Ｙの側からする本証です。）に成功した場合には、Ｙの広義の抗弁（真正な成立の主張）事実が証明できなかったとして、認容判決を獲得することができます。[5]

このような例外的な事情の存する場合でない限り、Ｘにおいて遺言者の意思無能力等意思表示の瑕疵の主張を持ち出すことを予定している場合には、遺

5　証書の成立と意思能力との関係につき、詳細は、田中・事実認定73〜76頁を参照。

言書の真否確認の訴えによるのではなく、後述の遺言無効確認の訴えによることになります。

Ⅲ 確認対象の選択の問題その2 ──遺言無効確認の訴え──

1．過去の法律行為の効力の確認と遺言無効確認の訴え

前記Ⅱ1のとおり、確認訴訟の対象は現在の権利義務または法律関係であることが原則であり、単なる事実の確認や過去の法律関係は確認訴訟の対象適格を欠くと解されています。

最1小判昭和31・10・4民集10巻10号1229頁は、遺言者自身が生前に提起した遺言無効確認の訴えを不適法としましたが、その理由として、「遺贈なる法律行為の無効なることの確認を求めるものの如くであるが、法律行為はその法律効果として発生する法律関係に対しては法律要件を構成する前提事実に外ならないのであって、法律関係そのものではない。ある法律行為が有効であるか無効であるかということは、もとより法律判断を包含しているけれども、かかる事項を確認の訴の対象とすることの許されないことは……明瞭であろう。」と説示しました。この最高裁判決は、遺言無効確認の訴えを不適法とする直接の理由として、遺言者が遺言の取消しをすることのできる時点において当該遺言の無効確認訴訟を提起したこと（すなわち、遺言者自身が生前に遺言無効確認の訴えを提起したこと）を指摘していないことから、遺言無効確認の訴え一般を不適法としているようにみえます。

しかし、その後も、下級審において、遺言無効確認の訴えを適法とする判決と不適法とする判決の双方がみられたため、最高裁は、この点を明確にする必要に迫られていました。最3小判昭和47・2・15民集26巻1号30頁は、そのような状況の中で出現した判例です。

2．遺言無効確認の訴えの適否

最3小判昭和47・2・15は、7名の相続人のうちの2名が原告として、他の

第10章　確認訴訟の意義と機能

５名を被告として、被相続人の自筆証書遺言の無効確認を求めた事件における
ものです。その第１審と控訴審の各判決は、最１小判昭和31・10・4に従って、
遺言無効確認の訴えを不適法であり却下を免れないと判断しました。

　最３小判昭和47・2・15は、原告らの上告に応えて、次のとおり判示し、原
判決を破棄し、第１審判決を取り消し、本件を第１審に差し戻しました。

（i）　いわゆる遺言無効確認の訴えは、遺言が無効であることを確認すると
　　の請求の趣旨の下に提起されるから、形式上過去の法律行為の確認を求
　　めることとなる。

（ii）　請求の趣旨がかかる形式をとっていても、①遺言が有効であるとすれ
　　ば、それから生ずべき現在の特定の法律関係が存在しないことの確認を
　　求めるものと解される場合で、②原告がかかる確認を求めるにつき法律
　　上の利益を有するときは、適法として許容されうるものと解するのが相
　　当である。

（iii）　けだし、右のごとき場合には、請求の趣旨を、あえて遺言から生ずべ
　　き現在の個別的法律関係に還元して表現するまでもなく、いかなる権利
　　関係につき審理判断するかについて明確さを欠くことはなく、また、判
　　決において、端的に、当事者間の紛争の直接的な対象である基本的法律
　　行為たる遺言の無効の当否を判示することによって、確認訴訟のもつ紛
　　争解決機能が果たされることが明らかだからである。

　前記判示のうち、（i）は、議論の前提として、遺言無効確認の訴えが過去の法
律行為（事実）が現在その効力を有しないことの確認を求める形式を採るもの
であることを確認した部分です。

　（ii）が結論命題であり、最高裁判例となる部分です。そのうちの①と②は、遺
言無効確認の訴えを適法として肯認することのできる要件を明らかにするもの
です。①は、民法上の法律行為を含まない遺言が確認訴訟の対象となり得ない
ことをいうものです。また、②は、原告が当該遺言につき法律上の利害関係を

6　柴田保幸「判解」最判解民〔昭和47年度〕307頁を参照。

414

Ⅲ　確認対象の選択の問題その2──遺言無効確認の訴え──

有する者（相続人、受遺者、遺言執行者等）であることを要することをいうものです。いずれも、当然の要件といってよいでしょう。

(ⅲ)は、(ⅱ)の結論を採る理由を説示する部分です。要するに、本最高裁判決は、形式的には過去の法律行為の無効の確認を求めるようにみえる遺言無効確認の訴えも、その実質をみれば、現在の法律関係の不存在確認の訴えとみることができ、また、そのように請求の趣旨を書き直すことができるものについては、遺言無効確認の訴えの形式のまま適法として肯認してよいし、判決主文もそのような形式のものでよいとの趣旨に出るものです。遺言無効確認の訴えが現実の社会で果たしている紛争解決機能を直視したものと理解することができます。

3．遺言無効確認の訴えと遺言書の真否確認の訴えの守備範囲の差

前記Ⅱ2⑴の〈設例10-①〉によって、遺言無効確認の訴えにおける主張・立証の構造を検討しておきましょう。

┌─〈広義の請求原因〉─────────────────────────
│
│　㋐　Ａ作成名義の請求の趣旨掲記の自筆証書遺言書（本件遺言書）が存在
│　　する。
│　㋑　本件遺言書には、「Ａは、所有する全財産をＹに相続させる。」との
│　　記載がある。
│　㋒　Ａは、平成21年12月1日に死亡した。
│　㋓　ＸはＡの子であるところ、ＸとＹとの間に本件遺言の有効性につい
│　　て争いがある。
│
└────────────────────────────────────

結局のところ、遺言書の真否確認の訴えにおける広義の請求原因事実と実質的に異なるところはありません。最3小判昭和47・2・15によれば、遺言無効確認の訴えを提起する原告が主張すべき事項は、前記2(ⅱ)の①と②です。㋐と㋑とによって①を、㋒と㋓とによって②を、それぞれ主張することになります。

これに対し、Ｙの主張すべき抗弁事実は、以下のとおりです。

┌─〈抗　弁──民法968条の規定する要件を満たした遺言書の作成〉───
│　(a)　本件遺言書は、Ａが、その全文、日付および氏名を自書し、これに

415

第10章　確認訴訟の意義と機能

　　　押印したものである。

　（b）　本件遺言書中の加除その他の変更は、Ａが、その場所を指示し、こ
　　　れを変更した旨を付記して特にこれに署名し、かつ、その変更の場所に
　　　押印したものである。

　前記Ⅱ2(2)に説明したとおり、本件遺言書が民法968条の規定する有効要件
を満たしていることを主張するものです。

　これに対し、Ｘは、以下のように、再抗弁として意思無能力を主張するこ
とができます。

─〈再抗弁──遺言者の意思無能力〉────────────────

　㈱　Ａは、本件遺言書を作成した平成21年8月10日当時、遺言をするこ
　　　との法的な結果を認識し、判断する能力を欠いていた。

　意思能力とは、自己の行為の法的な結果を認識し判断することのできる能力
をいいます。年齢的未成熟や病理的障害等によって知的能力がこのレベルに達
していない状態を意思無能力といいます。そして、意思能力の有無は、当該法
律行為の性質と当事者の行為時の判断能力の程度とを相関的に考慮して、決す
るものとされています。[7]

　遺言をめぐる紛争は、遺言書が真正に成立したかどうか、遺言書の形式的要
件を満たしているかどうかが争われるものも多いのですが、それと併せてまた
はそれとは別に、遺言者の意思無能力（遺言無能力）等の意思表示の瑕疵があ
るかどうかが争われるものも非常に多くあります。[8]当事者の委任を受けた法律
実務家としては、当該紛争がそのいずれであるかを慎重に検討し、遺言無効確
認の訴えと遺言書の真否確認の訴えの守備範囲の差を心得て、適切な選択をす
る必要があります。

　なお、いずれの訴えも、利害関係人多数が当事者となった場合の訴訟形態は、

───────────────
[7]　四宮和夫＝能見善久『民法総則〔第9版〕』（弘文堂・2018年）44頁、加藤雅信『民法総則（新民
　　法大系Ⅰ）〔第2版〕』（有斐閣・2005年）76頁を参照。
[8]　遺言者の遺言能力の有無をめぐる紛争につき、田中豊『紛争類型別事実認定の考え方と実務』（民
　　事法研究会・2017年）242〜258頁を参照。

416

（類似）必要的共同訴訟であると解すべきでしょう。

Ⅳ　紛争解決手段としての適切さの問題

1．補充性の原則

　確認訴訟以外に紛争解決手段が存在する場合には、原則として確認の利益は認められないと考えられています。換言すると、確認訴訟は他の手段がないときに初めて認められ、紛争解決手段としては補充的なものであるということになります。しかし、この補充性の原則は、機能的に検討した上での結論を整理して叙述したという性質のものにすぎません。

　まず、給付訴訟を提起することが可能な場合を考えてみましょう。そこでされた給付請求の認容判決は、訴訟物である請求権について既判力を有するのみならず、執行力をも有していますから、請求権についての確認判決を獲得するよりも紛争解決の実効性において勝っています。

　形成訴訟を提起することが可能な場合にも、異なるところはありません。形成権の確認訴訟を提起するよりも、形成訴訟を提起することによって、より抜本的な紛争解決に資することは明らかです。

　しかし、給付訴訟を提起することが可能な場合であっても、それによって紛争の全てが解決されるのでない場合には、確認訴訟を紛争解決手段として認める必要があります。すなわち、確認の利益を認める必要があります。例えば、土地所有権に基づく返還請求が可能である場合であっても、その判決中の所有権の所在についての判断には既判力が及ばないことから、所有権の所在に争いがあることが紛争の根幹をなすときは、土地の所有権確認を求める利益を肯定[9]することになります。また、債権者は、債権から生ずる請求権をもって給付訴訟を提起することができますが、当該債権の存在を争っている債務者には、当該債務の不存在確認を求める利益を肯定することになります。債権者による給付訴訟の提起を待っているだけでは用が足りない場合があるからです。

9　最 1 小判昭和29・12・16民集 8 巻12号2158頁、最 3 小判昭和33・3・25民集12巻 4 号589頁。

第10章　確認訴訟の意義と機能

２．遺産確認の訴えと補充性の原則

(1)　最１小判昭和61・3・13を素材にした設例

　それでは、実際にどのような形で補充性の原則が問題になるのかを、〈設例10-②〉によって検討してみましょう。〈設例10-②〉は、最１小判昭和61・3・13民集40巻２号389頁を素材にして、時的因子を変更した上で事案を簡略化したものです。

―――〈設例10-②〉―――

① 　Ａは、平成23年12月１日に死亡した。Ａには、長男Ｘおよび二男Ｙがおり、他に相続人はいない。

② 　本件土地Ｌは、Ａがもと所有しており、その名義に登記されていたが、平成23年12月２日、Ｙ名義に所有権移転登記（本件登記）がされている。

③ 　Ｙが平成24年１月に遺産分割の調停を申し立てたところ、ＸはＬも遺産として分割の対象に加えるべきであると主張した。Ｙは、ＬはＡの遺産ではなく自分の固有財産であると主張し、Ｘの主張を争ったため、平成26年３月に調停は不調となり、審判に移行したが、その後審判手続ははかばかしく進行していない。

④ 　そこで、Ｘは、平成27年４月、Ｙを被告として、ＬがＡの遺産であることの確認を求める本件訴えを提起した。

⑤ 　これに対し、Ｙは、本件登記を抹消してＡ名義に回復するか、相続人の共有名義に更正登記するかしない限り、本件紛争は解決しないから、本件遺産確認の訴えは確認の利益を欠き、不適法であると主張した。また、本案につき、ＹがＡとの間で平成20年５月１日に結んだＬについての売買予約（５年以内に代金5000万円とするもの）に基づき、平成23年11月10日に予約完結権を行使したから、Ａの遺産ではないと主張した。

(1) 　本件遺産確認の訴えは、ＬがＡの死亡時にＡの所有に属していたという過去の法律関係の確認を求めるものではないか。

(2) 　Ｌにつき、自分の法定相続分に応じた共有持分を有することの確認を

418

Ⅳ 紛争解決手段としての適切さの問題

求める訴えを提起することができるXとしては、共有持分の確認の訴えによるべきであるから、本件遺産確認の訴えは確認の利益を欠くのではないか。

[関係図]

Y→X　平成24・1　遺産分割調停の申立て⇒審判
X→Y　平成27・4　遺産確認の訴え

(2) 最1小判昭和61・3・13の判断の概要

最1小判昭和61・3・13は、共有持分確認の訴えと遺産確認の訴えとの関係等につき、次のように判断し、本件遺産確認の訴えを適法とした原判決を維持し、Yの上告を棄却しました。[10]

(i) 共同相続人間において、相続人の範囲および各法定相続分の割合については実質的な争いがなく、ある財産が被相続人の遺産に属するか否かについて争いがある場合、その遺産帰属性を確定するため、自己の法定相続分に応じた共有持分を有することの確認を求める訴えを提起することは、もとより許されるのであるが、右訴えにおける原告勝訴の確定判決は、原告が当該財産につき右共有持分を有することを既判力をもって確定するにとどまり、その取得原因が被相続人からの相続であることまで確定するものでないから、右確定判決に従って当該財産を遺産分割の対象としてされた遺産分割の審判が確定しても、審判における遺産帰属性の判断は既判力を有しない結果(最大判昭和41・3・2民集20巻3号360頁)、後の民事訴訟における裁判により当該財産の遺産帰属性が否定さ

10　最1小判昭和61・3・13の判断のうち遺産確認の訴えの意義に係る部分につき、本書第8章Ⅱ3(2)を参照。

419

第10章　確認訴訟の意義と機能

れ、ひいては右審判も効力を失うこととなる余地があり、それでは、遺
産分割の前提問題として遺産に属するか否かの争いに決着をつけようと
した原告の意図に必ずしもそぐわないこととなる一方、争いのある財産
の遺産帰属性さえ確定されれば、遺産分割の手続が進められ、当該財産
についてもあらためてその帰属が決められることになるのであるから、
当該財産について各共同相続人が有する持分の割合を確定することは、
さほどの意味があるものとは考えられない。

(ⅱ)　これに対し、遺産確認の訴えは、右のような共有持分の割合は問題に
せず、端的に、当該財産が現に被相続人の遺産に属すること、換言すれ
ば、当該財産が現に共同相続人による遺産分割前の共有関係にあること
の確認を求める訴えであって、その原告勝訴の確定判決は、当該財産が
遺産分割の対象たる財産であることを既判力をもって確定し、したがっ
て、これに続く遺産分割審判の手続においておよびその審判の確定後に
当該財産の遺産帰属性を争うことを許さず、もって、原告の前記意思に
より適った紛争の解決を図ることができるところであるから、かかる訴
えは適法というべきである。

(ⅲ)　もとより、共同相続人が分割前の遺産を共同所有する法律関係は、基
本的には民法249条以下に規定する共有と性質を異にするものではない
が（最3小判昭和30・5・31民集9巻6号793頁）、共同所有の関係を解消す
るために採るべき裁判手続は、前者では遺産分割審判であり、後者では
共有物分割訴訟であって（最2小判昭和50・11・7民集29巻10号1525頁）、
それによる所有権取得の効力も相違するというように制度上の差異があ
ることは否定し得ず、その差異から生じる必要性のために遺産確認の訴
えを認めることは、分割前の遺産の共有が民法249条以下に規定する共
有と基本的に共同所有の性質を同じくすることと矛盾するものではない。

　前記判示のうち、(ⅰ)は、実際に生起する紛争解決のために、共有持分確認の
訴えに加えて、遺産確認の訴えを肯認する必要性があることを説くことによっ
て、(ⅱ)の結論を導く理由を示す部分です。そして、〈設例10-②〉の検討事項(2)
に対する最高裁としての解答になっています。この点については、次項で具体

420

的に検討することにします。

(ii)は、遺産確認の訴えの法的性質を明らかにし、その既判力の及ぶ範囲についての考え方を整理した上で、遺産確認の訴えを適法とする結論命題を示すものであり、最高裁判例となる部分です。〈設例10-②〉の検討事項(1)に対する最高裁としての解答になっています。

すなわち、遺産確認の訴えにつき、特定の財産が被相続人の死亡時にその所有に属していたという過去の法律関係の確認を求めるものであるとする考え方を排斥し、特定の財産が遺産分割前の共有状態にあるという現在の法律関係の確認を求めるものであるとする考え方を採用することを宣言しました。このように解することによって、過去の法律関係の確認を求める訴えは適法かという問題を回避することができます[11]。

(iii)は、遺産共有の場合に限って遺産確認の訴えという類型の訴訟を認めることが、遺産の共有も通常の共有と性質を異にするものではないとした前掲最3小判昭和30・5・31と矛盾するのではないかとの疑問に答える説示部分です[12]。

最高裁は、遺産分割審判の場合は、審判の前提とした遺産帰属性の判断は既判力を有しないのに対し、共有物分割訴訟の場合は、判決の確定後に所有権取得の効果を覆滅することができないことを制度上の相違点として指摘し、そのような相違点があることのゆえに、遺産共有の場合と通常の共有の場合とで扱いを変えることがあっても、背理ではないとの考え方を示しています。

(3) 共有持分確認の訴えになく遺産確認の訴えには存する紛争解決機能

本最高裁判決は、共有持分確認の訴えによっては、共同相続人間における特定の財産の遺産帰属性についての争いを解決することができないことをもって、遺産確認の訴えを肯認すべきであるとする大きな理由としています。

そこで、以下の〈設例10-③〉によって、共有持分確認の訴えの既判力の及ぶ範囲について検討してみましょう。

11　水野武「判解」最判解民〔昭和61年度〕149頁を参照。
12　通常の共有の場合には、共有者間において、共有持分確認の訴えのほかに、共有持分を特定しないで被告との間の共有であることの確認を求める訴えを肯認する必要性はないとする考え方が一般的です。水野・前掲判解（注11）150頁を参照。

第10章　確認訴訟の意義と機能

〈設例10-③〉

　〈設例10-②〉において、Xは、Yを被告として、「本件土地Lにつき、Xが2分の1の割合の共有持分権を有することを確認する。」との判決を求めて、訴え（前訴）を提起した。

(1)　前訴につき、主張・立証の構造を明らかにせよ。

(2)　前訴において、Yがその主張を立証することに成功せず、X勝訴の判決が確定した。その確定判決の既判力の及ぶ範囲を明らかにせよ。

(3)　(2)の確定判決の判断を前提として、Aの他の遺産とともにLが遺産分割の対象とされ、遺産分割審判によって、Lの所有権はXが取得することとされた。しかし、この審判に不満であったYは、「Lは、AがXとYに生前贈与したから、遺産ではない。したがって、遺産分割は無効である。」と主張して、Xを被告として、「Lにつき、Yが2分の1の割合の共有持分権を有することを確認する。」との判決を求めて、訴え（後訴）を提起した。Yの後訴は、前訴の確定判決の既判力に抵触するか。

　前訴の訴訟物は、Xの本件土地Lについての2分の1の共有持分権であり、その請求原因事実は、以下のとおりです。

〈請求原因〉

(ア)　Aは、Lをもと所有していた。

(イ)　Aは、平成23年12月1日に死亡した。

(ウ)　XとYは、いずれもAの子であり、他にAの相続人はいない。

(エ)　Yは、Lにつき所有権移転登記を経由しており、XがLにつき2分の1の割合の共有持分を有することを争っている。

　(ア)(イ)(ウ)は、Xが本件土地Lのもと所有者であるAから、相続により2分の1の割合の遺産分割前の共有持分権を取得したことを示す事実です。相続による権利義務の承継に関するいわゆる非のみ説によれば、厳密には、(ウ)は、「Xは、Aの子である。」で十分なのですが、XとYの2人のみがAの相続人で

422

Ⅳ　紛争解決手段としての適切さの問題

あることに争いがないので、訴訟物を本件土地Ｌの２分の１の共有持分権とした ことを理解しやすいように、ここではのみ説によったのと同様に(ウ)と摘示しておきました。[13](エ)は、確認の利益があることを示す具体的事実であり、実体法上の要件事実ではありませんが、弁論主義の適用を受けることでもあり、便宜上、請求原因事実として摘示しています。

これに対し、Ｙは、以下のとおり、所有権喪失の抗弁を主張しています。

〈抗　弁──所有権喪失の抗弁〉

(a)　ＡとＹは、平成20年５月１日、Ｌにつき、ＹがＡに対して代金5000万円で買い受ける旨の意思表示をしたときに売買契約が成立するとする売買一方の予約をした。

(b)　Ｙは、Ａに対し、平成23年11月10日、(a)の予約に基づき完結権を行使する旨の意思表示をした。

前訴において、Ｙが抗弁事実の立証に成功せず、Ｘ勝訴の判決が確定したのですから、その既判力は、本件土地ＬにつきＸが２分の１の割合の共有持分権を有するとする判断に及びます。

前訴の確定判決は、その理由において、本件土地ＬがＡの遺産であり、Ａの死亡によりＸとＹとの共有（持分各２分の１）に属すると判断しています。しかし、これらの判断は理由中の判断ですから、これらの判断に既判力は及びません。

また、前記(2)(ⅰ)のとおり、遺産分割審判が確定しても、同審判における遺産帰属性の判断は既判力を有しませんから、結局、Ｙによる後訴の提起を防止することはできないことになります。

本判決は、遺産確認の訴えの確定判決における特定の財産の遺産帰属性の判断に既判力を認めると割り切ることによって、現実に頻繁に生起するこの種の紛争の解決を遺産確認の訴えに託したものと評価することができます。このよ

13　遺産確認の訴えにおける請求原因事実は、本文の(ア)(イ)(ウ)(エ)と同一です。ただし、遺産確認の訴えは固有必要的共同訴訟ですから、(ウ)の「ＸとＹは、いずれもＡの子であり、他にＡの相続人はいない。」が固有必要的共同訴訟としての当事者適格を満たしていることを示す事実としても必要になります。

423

第10章　確認訴訟の意義と機能

うに紛争解決機能を有するところに適法性の根拠がありますから、遺産確認の訴えは、共同相続人全員が当事者として関与し、その間で合一にのみ確定することを要する固有必要的共同訴訟ということになります。[14]

このように、最高裁は、相続をめぐる紛争を直截にかつ抜本的に解決することができると考えられる場合には、かなり大胆に確認の訴えを肯認するのですが、そうでない場合には、確認の利益を認めないとの立場を明らかにしています。例えば、特定の財産がいわゆる特別受益財産であることの確認を求める訴えや、いわゆる具体的相続分の価額または割合の確認を求める訴えについては、遺産分割審判または遺留分減殺請求訴訟における前提問題として審理判断される事項であり、別個独立に判決によって確認することが紛争の直接かつ抜本的解決のため適切であり必要であるということはできないとして、確認の利益を欠くと判断しました。[15]

V　紛争の成熟性の問題

1．紛争の成熟性とは

最後に、確認の利益を認めるための第3の問題である「紛争の成熟性」について検討することにしましょう。

一般に、確認の利益を認めるためには、原告の法的地位（権利と義務）に危険または不安が生じていることを要し、かつ、その危険または不安が現実的で具体的なものであることを要すると解されています。[16]原告の法的地位に危険または不安が生じていないのであれば、そもそも国家の設営する訴訟という紛争解決システムを利用させる意味はないし、原告の法的地位についての危険または不安が空想的または抽象的なレベルにとどまるのであれば、それが現実化・具体化した段階において訴訟を利用させることとしたほうが紛争解決のために

14　最3小判平成元・3・28民集43巻3号167頁。

15　いわゆる特別受益財産であることの確認を求める訴えにつき、最3小判平成7・3・7民集49巻3号893頁を参照。いわゆる具体的相続分の価額または割合の確認を求める訴えにつき、最1小判平成12・2・24民集54巻2号523頁を参照。

16　中野ほか・講義167頁〔福永有利〕、高橋・前掲書（注1）378頁を参照。

424

V　紛争の成熟性の問題

適切であり、効率的であるからです。

　紛争解決のために適切で効率的であるかという法的観点から、当該確認の訴えを現時点において審理判断すべき現実的で具体的な必要があるかを検討するのが、「紛争の成熟性」または「即時確定の利益」という用語で説明される問題です。

2．推定相続人の提起する遺言無効確認の訴えと紛争の成熟性

(1)　最2小判平成11・6・11判時1685号36頁の事案の概要

　それでは、この問題を、推定相続人が遺言者の生存中に遺言無効確認の訴えを提起することが許されるかどうかが争われた最2小判平成11・6・11を素材にした〈設例10-④〉で検討してみましょう。

─── 〈設例10-④〉 ───

① 　Xは、Y1の養子であり、Y1の唯一の推定相続人である。

② 　Y1は、平成元年12月18日、奈良地方法務局所属公証人A作成の同年第849号公正証書によって遺言（本件遺言）をした。その内容は、Y1所有の本件土地Lと建物Hの持分各100分の55を、Y1の甥であるY2に遺贈するというものである。

③ 　奈良家庭裁判所は、平成5年3月15日、Y1がアルツハイマー型認知症であるとの鑑定結果に基づき、心神喪失の常況にあるとして、Y1に対して禁治産宣告をした。

④ 　Xは、Y1の生存中に、Y1・Y2を被告として、本件遺言はY1の意思能力を欠いた状態で作成されたものであり、公正証書遺言の方式にも違反しているから、無効であると主張して、遺言無効確認の訴えを提起した。

⑤ 　第1審は、最1小判昭和31・10・4民集10巻10号1229頁を引用して、訴えを却下した[17]。しかし、控訴審（原審）は、遺言者の生存中に遺言の無効確認を求める訴えは原則として不適法であるが、遺言者による遺言の取消しまたは変更の可能性がないことが明白な場合には、その生存中

───

17　大阪地判平成6・10・28判タ865号256頁。

425

であっても遺言の無効確認の訴えを認めることが紛争の予防のために必要かつ適切であるとして、本件訴えを適法と判断し、第1審判決を取り消し、本件を第1審裁判所に差し戻した[18]。

⑥ Y_1・Y_2は、Y_1が本件遺言後現在までの間の意思能力に問題のない時期に別途遺言書を作成している可能性がないわけではなく、アルツハイマー型認知症の治療法が見出されて、Y_1が生存中に意思能力を回復して本件遺言と抵触する遺言をする事態もないとはいえず、さらに、受遺者であるY_2がY_1より先に死亡して、本件遺言が無効になることもあり得る等の事情に鑑みると、本件遺言無効確認の訴えに即時確定の利益はないなどと主張して、上告した。

(1) 本件の主張・立証の構造を明らかにし、「紛争の成熟性」の問題の位置付けを検討せよ。
(2) 上記⑥のY_1・Y_2の上告理由の正否を検討せよ。

［関係図］

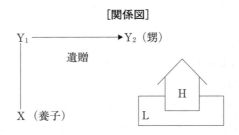

平成元・12・18　Y_1：公正証書遺言（Y_2にL・Hの持分各100分の55を遺贈）
平成5・3・15　家裁 → Y_1　禁治産宣告
平成5（Y_1生存中）　X → Y_1・Y_2　遺言無効確認の訴え提起

(2) 最2小判平成11・6・11の主張・立証の構造

本件の訴訟物は、本件遺言の無効（確認）[19]であり、広義の請求原因事実は、以下のとおりです。前記Ⅲ2および3を参照してください。

18　大阪高判平成7・3・17判時1527号107頁。

V　紛争の成熟性の問題

〈広義の請求原因〉

(ア)　Y₁を遺言者とする奈良地方法務局所属公証人 A 作成の同年第849号
　　公正証書遺言（本件遺言）が存在する。

(イ)　本件遺言書には、「Y₁は、Y₂に対し、その所有する L・H の持分各
　　100分の55を遺贈する。」との記載がある。

(ウ)　Y₁は、アルツハイマー型認知症に罹患していて心神喪失の常況にあ
　　り、その病状は回復の見込みがない。

(エ)　X は Y₁の養子であるところ、X と Y₁・Y₂ との間に本件遺言の有効
　　性について争いがある。

(ア)によって、本件訴訟において無効の確認を求める対象となる要式行為である遺言を特定し、(イ)によって、本件遺言に民法上の法律行為が含まれていることを明らかにしています。

(ウ)は、訴訟要件である確認の利益の一部をなす「紛争の成熟性」があることを本件に即して主張するものです。本来であれば、Y₁ が死亡して本件遺言が効力を発生したことを主張するのですが、本件では、Y₁ の生前に遺言無効確認の訴えを提起しても、紛争の成熟性に欠けるところはないという評価を根拠付けるために、Y₁ による本件遺言の変更可能性がないことを主張しています。

(エ)は、X に本件遺言無効確認の訴えを提起する原告適格があり、確認の利益があることをいう主張です。この摘示は、遺言無効確認の訴えが類似必要的共同訴訟であるとの立場に立つものですが、これを相続人全員が当事者となるべき固有必要的共同訴訟であるとの立場に立つと、「X は、Y₁ の養子であり、他に Y₁ の相続人はいない。」との主張もすることになります。

これに対し、Y₁・Y₂ は、以下のように抗弁事実を主張しました。

〈抗　弁――民法969条の規定する方式に従った遺言書の作成〉

(a)　Y₁ は、公証人 A に対し、平成元年12月18日、Y₁ の所有する L・H の

19　本章Ⅲ2で取り上げた最3小判昭和47・2・15の判断に従って本件の訴訟物を摘示すると、本件訴訟が Y₁ の死後に提起された場合における確認の対象は「Y₂ が L・H の持分各100分の55を有しないこと」ということになります。しかし、本件訴訟は Y₁ の生前に提起されていますから、その確認の対象は「Y₂ が Y₁ の死亡により L・H の持分各100分の55を有すべき地位にないこと」というものです。

427

第10章　確認訴訟の意義と機能

　　持分各100分の55を Y₂ に遺贈する旨口授した。

(b)　Y₁ が(a)の遺言をするに際し、証人２人が立ち会った。

(c)　公証人 A は、Y₁ の口述を筆記し、これを Y₁ および証人に読み聞か
　　せ、または閲覧させた。

(d)　Y₁ および証人は、(c)の筆記の正確なことを承認した後、各自これに
　　署名し押印した。

(e)　公証人 A は、その証書が(a)ないし(d)のとおり作成したものである旨
　　を付記して、これに署名し押印した。

　〈設例10-④〉④によると、X は、民法969条の規定する方式に違反すると主
張して本件訴えを提起したようであり、実務上、訴状に同条のいずれの号に掲
げる方式に違反するかを特定して主張するのが通例です。しかし、被告におい
て、民法969条の規定する方式に従って遺言書が作成されたことを抗弁事実と
して主張・立証すべき責任を負うのであり、原告の方式違反の主張はこれに対
する積極否認と位置付けるべきものです。[20]

　X は、Y₁・Y₂ の抗弁事実のいずれかを否認するとともに、次のように再抗
弁事実を主張しました。

┌─〈再抗弁──意思無能力（遺言無能力)〉──────────
│
│　(オ)　Y₁ は、(a)の口授をした当時、その法的意味を理解する能力を有して
│　　　いなかった。
│
└──────────────────────────────

　本件で最も激しく争われ、最高裁が取り上げて判断した争点は、前記の請求
原因事実のうちの(ウ)をもって、紛争の成熟性を根拠付ける事実として十分であ
るかどうかです。

　そこで、次に、この点につき、本最高裁判決がどのように判断したのかを検
討してみましょう。

(3)　**最２小判平成11・6・11の判断の概要**

　最２小判平成11・6・11は、本件遺言無効確認の訴えの適否につき、次のよ

────────────────────────────────

20　遺言無効確認の訴えにおける主張・立証の構造につき、田中・事実認定136頁参照。

428

うに判断し、本件訴えを適法とした原判決を破棄して、Xの控訴を棄却しました。

(ⅰ) Xが遺言者であるY₁の生存中に本件遺言が無効であることを確認する旨の判決を求める趣旨は、Y₂が遺言者であるY₁の死亡により遺贈を受けることとなる地位にないことの確認を求めることによって、推定相続人であるXの相続する財産が減少する可能性をあらかじめ除去しようとするにある。

(ⅱ) 遺言は遺言者の死亡によって初めてその効力が生ずるものであり（民法985条1項）、遺言者はいつでもすでにした遺言を取り消すことができ（同法1022条）、遺言者の死亡以前に受遺者が死亡したときには遺贈の効力は生じない（同法994条1項）のであるから、遺言者の生存中は遺贈を定めた遺言によって何らの法律関係も発生しないのであって、受遺者とされた者は、何らかの権利を取得するものではなく、単に将来遺言が効力を生じたときは遺贈の目的物である権利を取得することができる事実上の期待を有する地位にあるにすぎない。

(ⅲ) このような受遺者とされる者の地位は、確認の訴えの対象となる権利または法律関係には該当しないというべきである。遺言者が心神喪失の常況にあって、回復する見込みがなく、遺言者による当該遺言の取消しまたは変更の可能性が事実上ない状態にあるとしても、受遺者とされた者の地位の右のような性質が変わるものではない。

(ⅳ) したがって、Xが遺言者であるY₁の生存中に本件遺言の無効確認を求める本件訴えは、不適法なものというべきである。

前記判示のうち、(ⅰ)は、遺言者の生存中に推定相続人の提起する遺言無効確認の訴えの確認の対象についての最高裁の理解を説示する部分です。Y₂がY₁の死亡により遺贈を受けることとなる地位にないという現在の権利または法律関係の存否の確認を求めるものと把握しています。

そのように確認の対象を把握した上で、(ⅱ)は、遺言者の生存中の受遺者の法的地位を明らかにする部分です。(ⅲ)は、遺言者が遺言を取り消しまたは変更す

第10章　確認訴訟の意義と機能

る可能性が事実上ない状態にあることによって、受遺者の法的地位に変動がないことを説示する部分です。これは、(ii)における判断を本件に即してより具体化したものです。

(iv)は、結論命題を説示するいわゆる判例部分です。

本最高裁の判決文の表現上明らかとはいえませんが、遺言において受遺者とされた者が遺言者の死亡により遺贈を受けることとなる地位にないという現在の権利または法律関係の存否の確認を求める訴えには、紛争の成熟性（即時確定の利益）があるとはいえないと判断したものと理解することができます。結局、前記(2)(ウ)の事実関係をもってしては、紛争の成熟性を根拠付ける事実としては不十分である（主張自体失当である）と判断したのです。[21]

学説では、むしろ、原判決公刊時にはこれに賛成するものが多数であったことでもあり[22]、紛争の成熟性について慎重な姿勢を明らかにした最高裁判例として、注意しておくべきものと思われます。

21　推定相続人の法的地位に着目して、推定相続人が被相続人の生存中に提起した被相続人と第三者との間の土地売買契約の無効確認を求める訴えを不適法としたものとして、最3小判昭和30・12・26民集9巻14号2082頁があります。

22　原判決に賛成するものとして、中野貞一郎「遺言者生存中の遺言無効確認の訴え」奈良法学会雑誌7巻3・4号（1995年）51頁を、反対するものとして、野村秀敏「紛争の成熟性と確認の利益（8・完）」判時1232号（1987年）14頁を参照。

430

第11章 判決によらない訴訟の終了

I 訴訟終了原因の全体像

　民事訴訟の手続は、当事者主義と職権進行主義という性質の異なる２つの原理のバランスの上に成り立っていることを本書第２章および第３章でみました。

　当事者主義の一部をなす処分権主義の発現形態の１つとして、当事者は、訴訟を判決によらずに終了させることができます。民訴法第２編第６章は「裁判によらない訴訟の完結」のタイトルの下、訴えの取下げ、訴訟上の和解および請求の放棄・認諾の３種類の終了原因についての規定をおいています。

　平成28年度の地方裁判所における第１審通常訴訟の既済事件の終局区分は、[1]判決６万1323件（うち対席判決３万6803件、欠席判決２万4463件[2]）、訴訟上の和解５万2957件、その他（訴えの取下げ、請求の放棄・認諾等）３万3736件となっています。これを割合でみますと、判決41.42％（うち対席判決24.86％、欠席判決16.52％）、訴訟上の和解35.77％、その他（訴えの取下げ、請求の放棄・認諾等）22.79％です。特に、訴訟上の和解の比率（訴訟上の和解によって終了する事件数は、対席判決によって終了する事件数の約1.5倍にも上っています。）に注目しておく必要があります。この数字は、民事訴訟手続が破綻せずに運営されている一因が裁判所に持ち込まれた紛争のうち３分の１を超えるものが訴訟上の和解によって終了しているところにあることを示しています。

　以下、訴訟上の和解→訴えの取下げ→請求の放棄・認諾の順に検討すること

1　最高裁判所事務総局編『裁判所データブック2017』（法曹会・2017年）35頁を参照。
2　判決全体の件数が対席判決と欠席判決の合計数に一致しないのは、判決全体の件数には対席判決と欠席判決のいずれにも分類されないものを含んでいるからです。

第11章　判決によらない訴訟の終了

にしましょう。

Ⅱ　訴訟上の和解

1．和解の種類

　「和解」と称されるものを、裁判所の関与の有無の指標で分類すると、「裁判外の和解（私法上の和解）」と「裁判上の和解」とに分けられます。

(1)　裁判外の和解（私法上の和解）

　民法695条は、「和解は、当事者が互いに譲歩をしてその間に存する争いをやめることを約することによって、その効力を生ずる。」と規定しており、これが裁判外の和解の根拠条文です。民法は、この条文を第3編、第2章「契約」の第14節の冒頭におき、和解を13種類の典型契約の1つと位置付けています。

　民法696条は私人間の紛争を関係当事者が合意によって解決することを有効なものとして、その効果を肯定しています。和解契約は、裁判所の関与なしに締結することができるのです。

(2)　裁判上の和解

　これに対し、裁判所が関与して行われる和解を「裁判上の和解」と呼びますが、その中に「訴え提起前の和解（即決和解）」と「訴訟上の和解」とがあります。

(A)　訴え提起前の和解（即決和解）

　裁判上の和解のうち、訴訟係属を前提とせずに、簡易裁判所の関与の下に行われる和解を「訴え提起前の和解（即決和解）」と呼びます（法275条1項）。簡易裁判所が関与するとはいっても、当事者間で事実上成立している和解につき、各条項が当事者の真意に基づくものであるかどうか、公序良俗または強行法規に違反する条項はないかといったいわば公証上の関与にとどまるというのが実際です。[3]

　訴え提起前の和解（即決和解）は、訴訟係属を前提としないため、当然のこ

3　吉村徳重＝小島武司『注釈民事訴訟法(7)』（有斐閣・1995年）380〜385頁〔田中豊〕を参照。

432

とながら、訴訟の終了原因としての性質を有するものではありません。この点で訴訟上の和解とは性質を異にしますが、和解が成立した場合に調書が作成され（民訴規則169条）、その調書中の記載に確定判決と同一の効力が認められる（法267条）点で、訴訟上の和解と共通しています。

(B) 訴訟上の和解

「裁判上の和解」のうち、訴訟係属中の事件につき、裁判所が関与して行われる和解を「訴訟上の和解」と呼びます。民訴法89条は、「裁判所は、訴訟がいかなる程度にあるかを問わず、和解を試み、又は受命裁判官若しくは受託裁判官に和解を試みさせることができる。」と規定しています。同条は、訴訟手続がどの段階にあるか——主張整理段階、証拠調べ段階、結審までの主張と証拠の総括段階、結審後判決言渡しまでの段階——を問わず、裁判所が訴訟当事者に対して和解を勧める（裁判所のするこの行為を「和解勧試」といいます。）権限があることを明らかにしています。このように、訴訟上の和解は、受訴裁判所の主宰する訴訟手続の一環であり、3つの中では裁判所の関与する程度の最も高いものです。

また、民訴法265条1項は「裁判所又は受命裁判官若しくは受託裁判官は、当事者の共同の申立てがあるときは、事件の解決のために適当な和解条項を定めることができる。」と規定して、「裁判所等が定める和解条項」の制度を導入しました。これら明文の規定から、現行民訴法は、紛争が訴訟の提起に至った場合であっても、和解という紛争解決方式に対して積極的な評価をしていると理解することができます。

〔図2〕 和解の種類

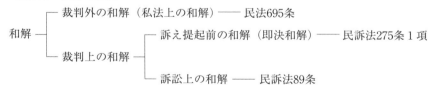

2．訴訟上の和解の性質

訴訟上の和解の性質をどう理解するかという点につき、学説は、一般に、①

第11章　判決によらない訴訟の終了

私法行為説（私法上の和解が訴訟の期日においてされるものであり、調書はこれを公認するにすぎないものとする考え方）、②訴訟行為説（私法上の和解とは全く異なる純然たる訴訟行為であるとする考え方）、③両性説（私法行為と訴訟行為の双方の性質を兼有する1個の行為であるとする考え方）、④並存説（私法行為と訴訟行為の2個の行為が並存しているとする考え方）の4説に大別されます。[4]

最2小判昭和31・3・30民集10巻3号242頁（以下「昭和31年最高裁判決」といいます。）は、「裁判上の和解は、その効力こそ確定判決と同視されるけれども、その実体は、当事者の私法上の契約であって契約に存する瑕疵のため当然無効の場合もある」と判断しました。この判断が訴訟行為説の立場からのものでないことは明らかであり[5]、一般に、最高裁判例の立場は、その他の3説のうち両性説に最も親和性が高いとみられています。[6]

ただし、近時は、法的性質論としていずれが相当であるかを判断する内在的な基準を見出し難いとして、法的性質論にどれだけの意義があるかについて疑問が提示されるに至っています。[7]

3．訴訟上の和解の効力

(1)　「確定判決と同一の効力」とは？

民訴法267条は「和解……を調書に記載したときは、その記載は、確定判決と同一の効力を有する。」と規定しています。同条にいう「確定判決と同一の効力」とは何かがここでの問題です。訴訟法上の効力として、執行力（民事執行法22条7号）を有することについては異論がありません。争われているのは訴訟終了効および既判力を肯定するかどうかについてであり、以下の3説に大別することができます。

第1は、民訴法267条の上記の文言を重視し、訴訟上の和解を判決代用物と

4　石渡哲「訴訟上の和解とその効力」民事訴訟法の争点〔第3版〕（1998年）260頁を参照。
5　最1小判昭和33・6・14民集12巻9号1492頁（以下「昭和33年最高裁判決」といいます。）もまた、訴訟上の和解が錯誤により無効となることを肯定し、その場合には実質的確定力を有しないと判断しています。
6　石川明「訴訟上の和解とその効力」民事訴訟法の争点〔新版〕（1988年）310頁を参照。
7　新堂373～374頁、垣内秀介「和解」長谷部由起子＝山本弘＝笠井正俊編著『基礎演習民事訴訟法〔第3版〕』（弘文堂・2018年）209頁を参照。

434

Ⅱ　訴訟上の和解

みて、判決と同様の訴訟終了効および既判力を肯定する立場です（既判力肯定説[8]）。

　第2は、実体法上の要件を備えた有効な訴訟上の和解に限って訴訟終了効および既判力を肯定する立場です（制限的既判力説[9]）。実体法上の無効原因・取消原因があるときは、訴訟上の和解は無効になり、訴訟終了効も既判力も発生しないという立場です。

　第3は、訴訟上の和解が当事者の意思に基礎をおくことを重視し、裁判所の関与によっても当事者の意思の瑕疵を排除することはできないから、その点についての実体法上の主張を遮断することは裁判を受ける権利（憲法32条）の侵害になりかねないとし、また、判決における場合と異なり、既判力の客観的範囲が不明確になり、既判力を肯定するのは既判力概念の拡散化を招くとして、既判力を否定する立場です（既判力否定説[10]）。訴訟終了効については、制限的既判力説と同様に解するようです。学説の多数説といってよいでしょう。

　判例の立場は、必ずしも明らかではありません。最大判昭和33・3・5民集12巻3号381頁は、「裁判上の和解は確定判決と同一の効力を有し既判力を有するものと解すべきであ（る）」と判示しましたが、この判示部分は主論とはいえない上[11]、そう解すべき理由の説示もなく、この判示部分をもって最高裁が上記の既判力肯定説を採用したものと即断することはできません[12]。

　昭和31年最高裁判決および昭和33年最高裁判決は、その文言どおりに受け取ると、**和解に実体法上の瑕疵がなければ実質的確定力を有し、実体法上の瑕疵があれば実質的確定力を有しないとの立場を採るものと読むことができますから、制限的既判力説に立つものと理解することができます**[13]。

8　兼子一『新修民事訴訟法体系〔増訂版〕』（酒井書店・1965年）309頁を参照。

9　菊井維大『民事訴訟法(下)〔補正版〕』（弘文堂・1968年）375頁、斎藤秀夫『民事訴訟法概論〔新版〕』（有斐閣・1982年）335頁を参照。

10　岩松三郎「民事裁判における判断の限界」同『民事裁判の研究』（弘文堂・1961年）99頁、三ケ月章『民事訴訟法（法律学全集35）』（有斐閣・1959年）444頁、新堂372〜373頁を参照。

11　この大法廷判決は特殊な事案におけるものであり、詳細は判決文に当たっていただきたいのですが、結論を述べますと、主論は、「罹災都市借地借家臨時処理法15条による裁判については、それが実質的理由によって賃借権設定申立を却下する裁判であっても、その既判力を否定すべきではない。」との判示部分（判決要旨三として掲げられた判示部分）です。

12　三宅多大「判解」最判解民〔昭和33年度〕40頁は、同旨をいうものと思われる。

第11章　判決によらない訴訟の終了

(2)　訴訟上の和解の瑕疵の主張方法

前記(1)のうちの既判力肯定説によると、実体法上または訴訟法上の理由によって和解が当然無効になることはなく、再審事由またはこれに準ずる事由のある場合に限って、再審またはこれに準ずる訴えによってのみ、和解の無効・取消しを求めることができるという結論に帰着します。

これに対し、判例は、訴訟上の和解の瑕疵の主張方法として、以下の3つの方法を認めています。

第1は、当事者の一方が期日指定の申立てをして、訴訟上の和解によって終了したとされている訴訟手続を続行する方法です。これは、無効原因のある訴訟上の和解は当然に無効であり、訴訟終了効もなかったことになると考えます。昭和33年最高裁判決は、この方法によった原審の手続を肯認しました。[14]

なお、期日指定の申立てを受けた裁判所は、まず主張されている瑕疵の有無を口頭弁論を開いて審理し、瑕疵があったと判断するときはさらに期日を指定して当該訴訟手続を続行し、瑕疵があったとはいえないと判断するときは訴訟終了宣言の終局判決（主文は、「訴訟上の和解により、訴訟は終了した。」というもの）をするというのが裁判実務の一般的扱いです。

第2は、当事者の一方が和解無効確認の訴え（別訴）を提起する方法です。[15]これは、訴訟上の和解に無効原因がある場合には既判力が生じないという考え方を前提にしています。

第3は、訴訟上の和解に給付を約する条項がある場合に、給付義務を負う当事者が請求異議の訴えを提起して、和解調書に基づく強制執行の不許を求める方法です。[16]

以上の3つの方法のいずれを選択すべきであるかは、訴訟上の和解の瑕疵が意思表示の瑕疵（錯誤、詐欺、強迫等）であるかそれ以外の瑕疵（代理権の欠缺等）であるかによるものではありません。

基本的には、訴訟上の和解の無効を主張する当事者の選択にゆだねられるこ

13　高田裕成「判批」民事訴訟法判例百選〔第4版〕（2010年）202頁を参照。

14　本判決以前に期日指定の方法によることを肯定したものとして、大決昭和6・4・22民集10巻388頁がある。

15　最1小判昭和38・2・21民集17巻1号182頁、大判大正14・4・24民集4巻195頁を参照。

16　大判昭和14・8・12民集18巻903頁を参照。

436

とになります。ただし、訴訟上の和解の無効を主張して別訴を提起した一方当事者の選択が相手方当事者に対して合理的な範囲を超えた負担になるといった例外的場合にどう対処すべきであるかについては考えておく必要があります[18]。また、前訴の原告が訴訟上の和解の無効を主張することによって前訴請求の全部認容を求めるというのであれば、期日指定の申立ての方法によるのが適切であり、和解無効確認の訴えを提起する方法によるのは適切とはいえません。和解無効確認の訴えが許容されるのは、当然のことながら、確認の利益（対象選択の適切性、紛争解決手段としての適切性、紛争の成熟性の３つの観点から検討される）が存する場合ですから、確認の利益によるスクリーニングは受けることになります。

4．訴訟上の和解の解除と訴訟終了効

前記３とは別の問題として、瑕疵なく訴訟上の和解が成立した場合において、その内容をなす私法上の契約が債務不履行等を理由として解除されたときに、当該訴訟上の和解による訴訟終了効に影響を及ぼすかどうかという問題があります。

(1) 最１小判昭和43・2・15民集22巻２号184頁を素材にした事案の概要

この点につき、最１小判昭和43・2・15（以下「昭和43年最高裁判決」といいます。）の事案を参考にして、時的因子を変更し事実関係を簡略にした事例を素材にして、検討することにしましょう。

--- 〈設例11-①〉 ---

①　Ｘは、本件土地Ｌ上に建物Ｈを所有してＬを占有するＹを被告として、平成23年11月８日、Ｌの所有権に基づき、Ｈ収去Ｌ明渡しを求める訴訟（前訴）を提起した。前訴の第１審係属中である平成26年11月２日、Ｘ・Ｙ間に次の内容の訴訟上の和解が成立した。

　ⓐ　Ｘは、Ｙに対し、Ｌを代金3000万円で売る。

　ⓑ　Ｙは、Ｘに対し、ⓐの代金を、平成27年２月、８月および平成28年２月の３回に分割して、各月の末日限り金1000万円ずつ支払う。

17　新堂375頁、上田徹一郎『民事訴訟法〔第６版〕』（法学書院・2009年）437頁を参照。

18　高橋宏志『重点講義民事訴訟法(上)〔第２版補訂版〕』（有斐閣・2013年）784頁を参照。

437

第11章　判決によらない訴訟の終了

ⓒ　Xは、Yに対し、ⓐの代金の完済と引換えにLの所有権移転登記
手続をする。

②　Yは、Xに対し、①ⓑの第1回分の1000万円の支払をしなかった。
そこで、Xは、Yに対し、平成27年7月30日、同1000万円を同年8月
10日限り支払うよう催告するとともに、その支払のないときは①ⓐの売
買契約を解除する旨の意思表示をした。Yがこれに従った支払をしな
かったため、Xは、Yを被告として、同年9月10日、再度、Lの所有権
に基づき、H収去L明渡しを求める訴訟（後訴）を提起した。

③　後訴につき、Yは、本案前の主張として、「訴訟上の和解は私法上の
和解契約が有効なことを条件として訴訟を終了させる合意をするもので
あるから、私法上の和解契約が解除されるならば、訴訟終了の合意もそ
の効力を生ずるに由なく前訴は係属していることになり、前訴事件につ
き期日指定の申立てをすべきところ、前訴と後訴はいずれも所有権に基
づいてLの返還を求めるものであるから、重複訴訟として後訴は却下
されるべきである。」と主張した。

④　第1審は、「当初から和解に取消原因が付着していた場合、和解が解
除条件付で成立した場合、解除権を留保した場合等は取消解除が生ずれ
ば、和解無効の場合と同じく訴訟の続行を認めてよかろうが、当初から
かかる原因が付着しないで有効に成立し、その後に発生した実体上の理
由、例えば不履行による解除（本件においてはXは正にYの和解条項不履
行を主張しているのである。）、履行不能による解除、合意による解除等に
より実体上の和解が消滅しても、かかる場合は訴訟終了の効果には影響
がなく、もはや旧訴の続行を認めることはできないと解するのが正当で
ある。けだし確定判決後、判決によって確定された法律関係に変動があ
っても訴訟終了の効果には何等の影響がないのと同じ状態だからであ
る。」と判示し、Yの本案前の主張を排斥した上で、Xの請求を認容す
る旨の判決をした。原審（控訴審）は、第1審判決の上記判示部分を引
用し、控訴を棄却した。Yが上告。[19][20]

19　鹿児島地判昭和36・9・27（民集22巻2号196頁に収録）。
20　福岡高宮崎支判昭和41・3・7（民集22巻2号211頁に収録）。

⑤ Yの上告理由は、原判決は訴訟上の和解に関する法令の解釈適用を誤ったものであるというに帰着する。

⑴ 後訴につき、訴訟物および請求原因事実を明らかにした上で、Yの重複訴訟に係る主張の意味と位置付けとを検討せよ。
⑵ Yの重複訴訟に係る主張の正否を検討せよ。訴訟上の和解に既判力を肯定する見解に立つとして、その帰結はどうなるか。
⑶ XがYの分割金債務不履行による解除の主張のほかに、「①の訴訟上の和解はYの欺罔によるものであるから、詐欺を理由に取り消す旨の意思表示をした」との主張を併せてしながら後訴を提起した場合において、Yが重複訴訟に当たるから却下すべきである旨の主張をしたとき、後訴の受訴裁判所はどのような判断をすべきであるかを検討せよ。

[関係図]

X
↓
平成23・11・8　X→Y　H収去L明渡請求訴訟（前訴）提起
平成26・11・2　訴訟上の和解（Lの売買を内容とする）成立
平成27・2・28　Yの分割金債務不履行
平成27・7・30　X→Y　分割金の支払催告＋停止期限付解除の意思表示
平成27・8・10の経過　訴訟上の和解の内容であるL売買契約解除
平成27・9・10　X→Y　H収去L明渡請求訴訟（後訴）提起
↓
Y

⑵ **最1小判昭和43・2・15の判断の概要**
最高裁は、以下のとおり判断し、Yの上告を棄却しました。

(ⅰ) 訴訟が訴訟上の和解によって終了した場合においては、その後その和

第11章　判決によらない訴訟の終了

解の内容たる私法上の契約が債務不履行のため解除されるに至ったとして
も、そのことによっては、単にその契約に基づく私法上の権利関係が
消滅するのみであって、和解によっていったん終了した訴訟が復活する
ものではないと解するのが相当である。

(ii)　したがって右と異なる見解に立って、本件の訴え提起が二重起訴に該
当するとの所論は採用し得ない。

(3)　後訴における Y の重複訴訟に係る主張の意味と位置付け

後訴の訴訟物として X が選択した請求権は、〈設例11-①〉②によると、前
訴と同じ所有権に基づく返還請求権としての本件土地 L の明渡請求権です。

その請求原因事実は、以下のとおりです。

―〈請求原因〉――――――――――――――――――――――――――――――――
(ア)　X は、本件土地 L を所有している。（○）

(イ)　Y は、L 上に本件建物 H を所有して L を占有している。（○）

後訴が前訴の重複訴訟に当たるとの Y の主張は、以下のとおりです。

―〈重複訴訟禁止に関する主張〉――――――――――――――――――――――――
(a)　X は、Y に対し、平成23年11月 8 日、後訴の訴訟物である L 所有権
に基づく返還請求権としての L 明渡請求権を行使する前訴を提起した。

(b)　前訴は、X と Y との間の平成26年11月 2 日の訴訟上の和解（内容の主
要部分は以下のとおり）によって終了した。

　　ⓐ　X は、Y に対し、L を代金3000万円で売る。

　　ⓑ　Y は、X に対し、ⓐの代金を、平成27年 2 月、 8 月および平成28
年 2 月の 3 回に分割して、各月の末日限り金1000万円ずつ支払う。

　　ⓒ　X は、Y に対し、ⓐの代金の完済と引換えに L の所有権移転登記
手続をする。

(c)　(b)の前訴の訴訟上の和解は、平成27年 8 月10日の経過をもって、その
内容をなす売買が Y の(b)ⓑの分割金支払債務の不履行を理由として解
除された。

(d)　よって、(b)の前訴の訴訟上の和解の成立による訴訟終了効は、さかの

440

ほってその効力を失ったから、前訴は現在も係属している。

後訴が重複訴訟であることは消極的訴訟要件であって、受訴裁判所の職権調査事項であるばかりか、その根拠となる事実について弁論主義の適用はなく、職権探知主義が適用になることについては、本書第6章Ⅲ2(3)に説明したとおりです。

したがって、上記の重複訴訟禁止に関するYの主張は、事実に関するものも含めて受訴裁判所の職権発動を促すものであり、これを「本案前の抗弁」と表現するのは不正確です。

(4) 訴訟上の和解が解除された場合の主張方法

訴訟上の和解が有効に成立した後に、その和解の内容をなす私法上の合意を、相手方の債務不履行や履行不能を理由として解除することができるかどうかが、まず問題になります。

判例はこれを肯定することで確定していますし[21]、昭和43年最高裁判決もこれを前提に、その先の問題について判断しています。訴訟上の和解に既判力を肯定する学説も、既判力によって遮断されるのは和解の陳述時を基準時とした権利義務関係の存否を争うことであって、基準時後に生じた事由による解除の主張が遮断されることはないとの理由で、これを肯定しており、現在ではこの点に異論がありません[22]。

そうすると、次の問題は、訴訟上の和解が解除された場合の主張方法いかんということになります。

昭和43年最高裁判決は、前訴の原告が訴訟上の和解の内容をなす私法上の合意を解除したことを理由として前訴と同一の訴訟物による後訴の提起が民訴法231条（現行民訴法142条）の禁止する重複訴訟に当たるかどうかが争われた事件において、後訴の提起が重複訴訟に当たらないとの結論を採ったものです。その理由は、私法上の合意が一方当事者の債務不履行によって解除されても、単に私法上の権利関係が民法545条1項の規定によって遡及的に消滅するのみであって、訴訟上の和解の成立によって発生した前訴の訴訟終了効までが遡及

21　大判大正9・7・15民録26輯983頁、最2小判昭和38・9・6集民67号495頁。

22　兼子・前掲書（注8）309頁を参照。

第11章　判決によらない訴訟の終了

的に消滅して前訴の手続が当然に復活するものではないというところにあると
理解することができます。[23]

　この理由によると、当事者が期日指定の申立てをしたとしても、前訴の手続
を復活させることは許されない——すなわち、解除を理由とする前訴事件の期
日指定の申立ては許されない——との結論に帰着するものと理解するのが素直
であると思われます。[24]

　しかし、昭和43年最高裁判決は、前訴の原告がその手続の続行を求めてした
期日指定の申立てを却下すべきかどうかを判断したものではありません。した
がって、厳密には、前訴の手続の当然復活を否定しただけであって、期日指定
の申立ての方法を否定した判例ということはできません。[25]

　訴訟上の和解が解除された場合、その後の紛争解決を常に別訴によらなけれ
ばならないのか、期日指定の申立てを経由しての旧訴の手続の続行によること
が許されるかにつき、実務的には、昭和43年最高裁判決を前述のように理解し
て期日指定の申立てを主張自体失当として却下するという扱いが一般的である
と思われますが、厳密には、いまだに判例のない分野として残されているとい
うことになります。[26]

　学説の多数説は、解除をめぐる紛争は前訴とは別個の新たな紛争であるから、
前訴が当然に復活すると解すべきではなく、和解無効確認の訴え、請求異議の
訴え等の別訴によるべきであるとしています。少数説として、訴訟上の和解に[27]

23　昭和43年最高裁判決は、訴訟上の和解の内容をなす私法上の合意が解除された場合には、訴訟終
　了効も遡及的に消滅し、前訴が当然に復活すると解していた大審院判例を変更したのです。大判昭
　和8・2・18法学2巻10号1243頁、大判昭和8・11・29裁判例(7)民273頁を参照。

24　奥村長生「判解」最判解民〔昭和43年度〕189頁は、同旨をいうものと思われます。

25　東京高決昭和61・2・26判時1186号64頁は、期日指定の申立てがされた場合には、口頭弁論期日を
　開いて契約解除により訴訟が復活する旨の主張に理由があるかどうかを検討し、同主張に理由がな
　いと判断するときは、判決により訴訟終了宣言をすべきであるとし、決定をもって期日指定の申立
　てを却下した原決定を違式の裁判として違法と判断しました。この東京高決は、訴訟上の和解の解
　除の場合においても期日指定の申立てを受けて旧訴の手続を続行するという方法をも許容している
　ようにみえますが、そのような立場に立つものであるかどうかは判然としません。

26　藤原弘道「訴訟上の和解の既判力と和解の効力を争う方法」後藤勇＝藤田耕三編『訴訟上の和解
　の理論と実務』（西神田編集室・1987年）499頁を参照。

27　小山昇「判批」民商59巻2号（1968年）295頁、伊藤眞「判批」法学協会雑誌86巻4号（1969年）
　497頁、船越隆司「判批」重判解〔昭和43年度〕97頁を参照。

II　訴訟上の和解

意思表示の瑕疵が存する場合におけると同様、訴訟終了効も当然に消滅するから、前訴事件の期日指定の申立てによるべきであるとする見解があります。[28]また、訴訟上の和解をその内容によって、通常型（従前の法律関係を量的に変更したにすぎない場合）と更改型（従前の法律関係を変更し、新たな法律関係を創設する場合）とに分け、前者には期日指定の方法が、後者には別訴提起の方法が適切であるとする見解もあります。[29]

(5)　意思表示の瑕疵と解除の双方を主張する場合の主張方法

　解除のみを主張する場合も前訴事件についての期日指定の申立てが許されるという立場を採るのであれば、意思表示の瑕疵と解除の双方を主張する場合については、原則として、主張する当事者において期日指定の申立てまたは別訴提起のいずれでも選択することができるということになります。

　意思表示の瑕疵を主張するには期日指定の申立てのみが許され、解除を主張するには、別訴提起のみが許されるという立場を採るとすると、やや問題が生じます。主位的主張がいずれであるかによって決する（すなわち、意思表示の瑕疵を主位的主張とする場合は、解除の主張を含めて期日指定の申立てにより、解除を主位的主張とする場合は、意思表示の瑕疵の主張を含めて別訴提起によるとする考え方）とする見解もあります。[30]しかし、選択的主張の場合は、どうすべきかの問題が必ず生じます。

　意思表示の瑕疵を主張する場合に、訴訟上の和解の無効を主張する当事者の選択にゆだねられるとする立場を採るのであれば、意思表示の瑕疵と解除の双方を主張する場合の主張方法も、それを主張する当事者の選択にゆだねられるとせざるを得ないと考えられます。

28　柏木邦良「判批」続民事訴訟法判例百選（1972年）200頁、松浦智紹「判批」民事訴訟法判例百選〔第2版〕（1982年）256頁を参照。

29　中野ほか・講義445頁〔河野正憲〕を参照。

30　高橋宏志『民事訴訟法概論』（有斐閣・2016年）244頁を参照。

443

Ⅲ 訴えの取下げ

1．訴えの取下げの意義・要件・効果

　訴えの取下げとは、原告が自分の提起した訴えの全部または一部を撤回する旨の意思表示をいいます（法261条1項）。

　訴えの取下げの要件は、①判決の確定前であること（法261条1項）、②被告が本案について訴訟行為をした後においては、被告の同意を得ること（同条2項本文）、③訴訟能力のある原告または特別の授権を受けた代理人がすること（法32条2項1号、55条2項2号）、の3つです。

　訴えの取下げの効果は、訴訟係属が当該訴えの提起時にさかのぼって消滅するというものです（法262条1項）。

2．訴えの取下げと意思表示の瑕疵との関係

　上記1の定義から明らかなように、訴えの取下げは、純然たる訴訟行為（いわゆる与効的訴訟行為）です。そして、訴訟行為については、行為の明確性と訴訟手続の安定性とが核心的価値と考えられるため、条件を付することは許されないし、民法の意思表示の瑕疵に関する規定の適用はないというのが判例の立場です。

　すなわち、最2小判昭和46・6・25民集25巻4号640頁は、「訴の取下は訴訟行為であるから、一般に行為者の意思の瑕疵がただちにその効力を左右するものではない」と明言しています。しかし、他方で、同判決は、「詐欺脅迫等明らかに刑事上罰すべき他人の行為により訴の取下がなされるにいたったときは、民訴法420条1項5号（現行民訴法338条1項5号）の法意に照らし、その取下は無効と解すべき」であると判示しています[31]。すなわち、判例は、再審に関する

---

[31]　その上で、同判決は、訴えの取下げの無効を主張するにつき、民訴法420条2項（現行民訴法338条2項）の規定する有罪判決の確定等の要件の具備を要しないとしました。これは、刑事上罰すべき他人の行為による自白の無効を主張するのに、同項の要件の具備を要しないとした最1小判昭和36・10・5民集15巻9号2271頁と同趣旨に出るものです。

Ⅲ　訴えの取下げ

規定の法意という論理によって、訴えの取下げを無効とすることを肯定します。
伝統的通説[32]も同じ立場です。これに対し、訴訟係属を遡及的に消滅させる訴
えの取下げについては、訴訟手続の安定よりも当事者の利益保護の価値を重視
すべきであるから、意思表示の瑕疵に関する民法の規定を類推適用するのが相
当であるという論理によって、訴えの取下げを無効とすることを認める有力説[33]
もあります。有力説のメリットは、訴えの取下げについても錯誤による無効の
主張を許すという結論を無理なく採ることができるところにあります。

　ただし、訴えの取下げにつき、主論として、錯誤による無効の主張を許さな
いとした判例が存するわけではありませんから、厳密には、この点に関する判
例の立場はオープンであるというべきでしょう。現に、外観尊重や手続安定の
要請の乏しい訴訟行為については、錯誤による無効の主張を許した判例があり
ます。[34]

3．終局判決後の訴えの取下げと再訴禁止効

　民訴法262条2項は、「本案について終局判決があった後に訴えを取り下げた
者は、同一の訴えを提起することができない。」と規定しています。

　前記1のとおり、被告が本案について訴訟行為をした後に訴えの取下げをす
るには、被告の同意を得ることを要することとされていますが、終局判決後で
あっても、その確定に至るまでの間は訴えの取下げをすることが許されていま
す。民訴法262条2項にいう「同一の訴え」の解釈・適用の問題を検討するの
に先立って、終局判決後の訴え取下げに対して再訴禁止という効果を導入した
民訴法の制度趣旨を明確にしておくことにしましょう。

　この点につき、一般には、原告が訴権を喪失するとの見解（訴権喪失説）、裁
判所の本案終局判決を無に帰せしめたことに対する制裁であるとの見解（制裁
説）、再訴の濫用を抑えることを目的とするとの見解（濫用説）、の3説が存す
ると説明されます。[35]しかし、これらの3説は、その内容自体から明らかなよう

32　兼子・前掲書（注8）294頁を参照。

33　新堂350頁、伊藤・前掲判批（注27）448頁、中野ほか・講義322頁〔河野正憲〕を参照。

34　最1小判昭和44・9・18民集23巻9号1675頁は、公正証書における執行受諾の意思表示につき、要
　素の錯誤による無効を認めました。ところで、改正民法95条は、要素の錯誤の効果を取消し可能と
　しました。

445

第11章　判決によらない訴訟の終了

に、同一レベルでの議論をしているものではなく、相互に対立する説明をするものでも、排他的な関係に立つものでもありません。特に、制裁説と濫用説は、説明の観点を異にするにすぎないものと思われます。

4．再訴が禁止される「同一の訴え」とは

そこで、再訴が禁止される「同一の訴え」の意義につき、最3小判昭和52・7・19民集31巻4号693頁（以下「昭和52年最高裁判決」といいます。）の事案をできる限り簡略にした〈設例11-②〉によって検討することにしましょう。

(1)　最3小判昭和52・7・19の事案の概要

――〈設例11-②〉――

① 本件土地Lの所有者であるXは、建物H₁の所有者であるY₁に対し、所有権に基づきH₁収去L明渡しを求めて訴え（前訴）を提起し、第1審で勝訴判決を得た。

② 前訴の控訴審において、Y₁は、建物賃借人Y₂による増改築の結果著しく状況が変更され、H₁は実在しなくなったと主張した。そこで、Xは、前訴をLについての賃借権不存在確認請求へと訴えの変更をし、勝訴判決を得て、同判決は確定した。

③ その後、Y₁は、L上に存する現建物H₂は自分の所有物であると主張するに至った。そこで、Xは、Y₁とY₂を被告として、Y₁に対してH₂収去L明渡しを、Y₂に対してH₂退去L明渡しを求めて訴え（後訴）を提起した。[36]

④ Y₁とY₂は、前訴の控訴審における訴えの交換的変更によって、変更前の前訴請求は終局判決があった後に取り下げられたのであるところ、後訴請求は民訴法237条2項（現行民訴法262条2項）にいう「同一ノ訴」に当たるから、却下されるべきであると主張した。

⑤ 後訴の第1審は、再訴禁止の要件としての「同一ノ訴」につき、訴訟物が同一であるだけでは足りず、訴えの利益・必要の点についても同一

35　牧山市治「判解」最判解民〔昭和52年度〕244頁を参照。

36　本文は、第1次請求のみを取り上げて検討するものです。第2次請求は、Y₁・Y₂に対して共同してH₂収去L明渡しを求めるものです。

Ⅲ　訴えの取下げ

であることを要するというべきであり、新たに同一の訴えを提起することを正当ならしめるに足りる事情の存するときは、再訴禁止の規定は適用されるべきではないとして、Y₁とY₂の上記の主張を排斥して、Xの請求を認容した[37]。Y₂のみが控訴。控訴審（原審）は、控訴を棄却した[38]。Y₂が上告。

⑥　Y₂の上告理由は、上記の主張を繰り返すものであるが、その上で、Y₂は、前訴における訴えの変更につき、収去すべき建物の表示が登記簿上の記載に一致しなくても、公簿上の記載の横に現況を併記することによって執行することが可能であるのに、訴えの変更によって取下げの効果を生ぜしめたのはX代理人の失態であるのに、原判決はこれを救済するための不当な解釈であると主張した。

(1)　Y₁に対する前訴と後訴につき、各訴訟物および各請求原因事実を明らかにした上で、前訴の控訴審における訴えの変更の訴訟法上の性質を検討せよ。

(2)　Y₁の再訴禁止に係る主張の正否を検討せよ。民訴法262条2項にいう「同一の訴え」に当たるかどうかをどのような判断枠組みで決するのが相当か。

(3)　Y₂は、後訴において再訴禁止に係る主張をすることができるのか。

37　大阪地判昭和50・2・19（民集31巻4号702頁に収録）。
38　大阪高判昭和51・8・18（民集31巻4号737頁に収録）。

447

[関係図]

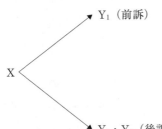

Y₁（前訴）　　H₁ 収去 L 明渡請求
　　　　　　　第1審判決：Xの請求認容
　　　　　　　控訴審での訴えの交換的変更により、L賃借権
　　　　　　　不存在確認請求に
　　　　　　　控訴審判決：Xの請求認容（確定）

Y₁・Y₂（後訴）　Y₁に対して H₂ 収去 L 明渡請求
　　　　　　　　Y₂に対して H₂ 退去 L 明渡請求

(2) 最3小判昭和52・7・19の判断の概要

昭和52年最高裁判決は、大要、以下のとおり判断しました。

(i) 民訴法237条2項（現行民訴法262条2項）は、①終局判決を得た後に訴えを取り下げることにより裁判を徒労に帰せしめたことに対する制裁的趣旨の規定であり、②同一紛争をむし返して訴訟制度をもてあそぶような不当な事態の生起を防止する目的に出たものにほかならず、旧訴の取下者に対し、取下げ後に新たな訴えの利益または必要性が生じているにもかかわらず、一律絶対的に司法的救済の道を閉ざすことをまで意図しているものではないと解すべきである。（①、②の付番は、筆者による。）

(ii) 同条項（現行民訴法262条2項）にいう「同一ノ訴」とは、単に当事者および訴訟物を同じくするだけではなく、訴えの利益または必要性の点についても事情を一にする訴えを意味し、たとえ新訴が旧訴とその訴訟物を同じくする場合であっても、再訴の提起を正当ならしめる新たな利益または必要性が存するときは、同条項の規定はその適用がないものと解するのが、相当である。

(iii) 原審の適法に確定したところによれば、……建物賃借人である Y₂ の

増築した建物は、民法242条本文の適用により、H_1 に従として附合し、H_2 となり、Y_1 の所有に帰したものというべく、かつ、控訴審においてされた訴えの交換的変更の場合には旧訴については訴えの取下げがあったものと認めるべきであるから、X の Y_1 に対する H_2 を収去してその敷地の明渡しを求める本件請求は、前記別件訴訟において取り下げられた請求とその訴訟物を同一にするものといわなければならない。

(iv) しかしながら、原審の確定した前記事実関係の下においては、X が建物の附合関係等につき誤認して前記のように訴えの変更をしたのには無理からぬところがあったものというべく、しかも、別件訴訟の確定後に至って、Y_1 が従前の主張を変えて建物（筆者注：Y_2 による増築部分を指す）は自己の所有であると主張するに至った以上、X としては、Y_1 を相手方として、H_2 を収去してその敷地を明け渡すべきことを求めるため本訴を提起し維持する新たな必要があるものというべきである。

（i）は、終局判決後の訴え取下げに対して再訴禁止という効果を導入した民訴法の制度趣旨（前記3参照）につき、最高裁の理解の仕方を示す説示部分です。その①において、旧民訴法237条2項の規定の趣旨を「制裁説」によって説明し、その②において、同項の規定の目的を「濫用説」によって説明しています。

その上で、最高裁は、同項の規定につき、旧訴の取下げ後に新たな訴えの利益または必要性が生じている場合には、一律に司法的救済の道を閉ざすことを意図するものではないとしています。

(3) Y_1 に対する前訴と後訴の訴訟物および請求原因事実、前訴の控訴審における訴えの変更の訴訟法上の性質

(A) Y_1 に対する前訴と後訴の訴訟物および請求原因事実

Y_1 に対する建物収去土地明渡請求の訴訟物をどう把握するかについては、争いがあります。大別すると、土地所有権に基づく返還請求権としての土地明渡請求権1個であるとする見解（旧1個説）、土地所有権に基づく妨害排除請求権としての建物収去請求権と土地所有権に基づく返還請求権としての土地明

---

39 本判決は、ここで最1小判昭和43・6・13民集22巻6号1183頁を参照判例として挙げています。

40 本判決は、ここで大判昭和16・3・26民集20巻6号361頁を参照判例として挙げています。

第11章　判決によらない訴訟の終了

渡請求権の2個であるとする見解（2個説）、土地所有権に基づく建物収去土地明渡請求権1個であるとする見解（新1個説）の3説があります。いずれの見解を採用するかを直接説示した最高裁判例はないものの、最高裁を含む民事裁判実務は旧1個説を前提にしており、通説も旧1個説であると理解されています。[41]

　本判決は、⑵⒤のとおり、参照判例として挙げた前掲（注39）最1小判昭和43・6・13の解釈論を原判決の確定した事実に当てはめて、増築部分がH₁に附合してH₂となった旨判断しています。この判断部分は、①H₂がY₁の所有に属することおよび②H₂とH₁との間に同一性が維持されていることを説示するものです。

　上記の旧1個説によれば、①の点のみによって前訴請求権と後訴請求権とが同一であるとの結論を導くことになり、上記の2個説または新1個説によれば、①および②の点を併せ考慮することによって前訴請求権と後訴請求権とが同一であるとの結論を導くことになるものと思われます。いずれにしても、⑵⒤の説示部分は、民訴法262条2項の規定の適用の前提になっています。

　結局、本判決によっても、最高裁が上記の3説のいずれの見解を前提にするのかを確かに判定することはできません。

　前訴の請求原因事実は、以下のとおりです。

〈前訴の請求原因〉

⑺　Xは、本件土地Lを現在所有する。（○）

⑷-1　H₁がL上に現在存在する。（×）

⑷-2　Y₁は、H₁をもと所有していた。（○）

　〈設例11-②〉②のとおり、Y₁は、前訴の控訴審において、「H₁は、増改築の結果著しく状況が変更された結果、実在しなくなった。」と主張しました。これは、請求原因⑷-1を否認するものであり、Xが訴えの変更をする直接のきっかけになった主張です。

　後訴の請求原因事実は、以下のとおりです。

41　司研・紛争類型別58〜59頁を参照。

Ⅲ　訴えの取下げ

―〈後訴の請求原因〉――――――――――――――――――――――――――
(ア)　Xは、本件土地Lを現在所有する。(○)

(イ)-1　H₂がL上に現在存在する。(○)

(イ)-2　Y₁は、H₂をもと所有している。(○)
―――――――――――――――――――――――――――――――――――

(B)　訴えの交換的変更と訴えの取下げ

　原告が訴えの提起時に特定した請求を訴訟係属後に変更することを訴えの変更といいます(法143条)が、訴えの変更には追加的変更(従来の請求を維持しつつ別個の請求を追加するもの)と交換的変更(従来の請求に代えて新たな請求を審判の対象にするもの)との2つの類型があります。

　訴えの交換的変更につき、最1小判昭和32・2・28民集11巻2号374頁は、新請求を追加して、その訴訟係属後に旧請求を取り下げるかまたは請求を放棄するものと解していますが、昭和52年最高裁判決は、前記(2)(iii)において、「控訴審においてされた訴の交換的変更の場合には旧訴については訴の取下があつたものと認めるべきである」と判示しています。

　これは、原告において旧請求を明示に放棄するのでない限り、控訴審での訴えの交換的変更は原則として訴えの取下げとして扱うべきであるとの考え方を表明するものと理解することができます。

　このように考えると、**控訴審において訴えの交換的変更があると、原則として訴えの取下げという訴訟行為があることになりますから、民訴法262条2項の規定する再訴禁止の適用問題が生じる**ということになります。

　後訴においてY₁・Y₂のした再訴禁止の主張は、以下のとおりです。

―〈再訴禁止の主張〉――――――――――――――――――――――――――
(a)　Xは、Y₁に対し、昭和○年○月、L所有権に基づく返還請求権を行使して、H₁収去L明渡しを求める前訴を提起し、第1審で勝訴判決を得た。

(b)　Xは、前訴の控訴審において、H₁収去L明渡請求からLについてのY₁の賃借権不存在確認請求へと訴えの交換的変更をした。

(c)　H₂収去L明渡しを求めるXのY₁に対する後訴の訴訟物は、L所有権に基づく返還請求権であって前訴の訴訟物と同一であるから、後訴の

451

第11章　判決によらない訴訟の終了

提起は、民訴法237条2項（現行民訴法262条2項）の再訴禁止の規定に
よって許されない。

　後訴が民訴法262条2項の再訴禁止の規定によって許されないものであるか
どうかの問題は、前記Ⅱ4(3)で扱った重複訴訟の問題と同様に考えるのが相当
でしょうから、消極的訴訟要件・職権調査事項・職権探知主義が適用になりま
す。そうすると、この主張もまた、受訴裁判所の職権発動を促すものであり、
「本案前の抗弁」と表現しないほうがよいと思われます。

(4)　民訴法262条2項にいう「同一の訴え」とは

　昭和52年最高裁判決は、前記(2)(ii)において、**禁止される「同一の訴え」につ
き、当事者および訴訟物の同一に加えて、訴えの利益または必要性の同一を要
する**旨判断しました。この判断部分が、本判決の法理判例としての主論であり、
民集の判決要旨として抽出されています。結局、前記(3)のY1・Y2のした再訴
禁止の主張を失当としたのです。

　ところで、前記(2)(iv)は、民集の判決要旨として抽出されていませんが、同(ii)
に宣明した法理を本件の具体的事案に適用した結果を示したものであり、事例
判例として位置付けることができます。

　昭和52年最高裁判決が前記(2)(ii)の結論を採る直接的な理由は、前記(2)(i)に説
示する再訴禁止の制度趣旨にあるのですが、このような結論を採る背景には、
民訴法262条2項の規定する終局判決後の再訴禁止という失権効が比較法的に
類をみない厳しいものであり、立法論として問題ありとする批判が存すること[42]
を知っておくと、上記の結論命題を理解するのが容易になります。[43]

　そこで、「訴訟物の同一性」についてはすでに検討しましたので、前記(2)(ii)
に説示された残りの「当事者の同一性」と「訴えの利益または必要性の同一
性」の順に検討してみることにしましょう。

---

[42]　牧山・前掲判解（注35）245〜246頁を参照。

[43]　最3小判昭和38・10・1民集17巻9号1128頁は、差戻し後の第1審における訴えの取下げには再
　　訴禁止の失権効が及ばないとしました。この判決も、本文のようなコンテクストで理解することが
　　できます。

Ⅲ　訴えの取下げ

(A)　当事者の同一性

〈設例11-②〉⑤のとおり、本件では、肝心の Y_1 は控訴・上告しておらず、Y_2 のみが控訴・上告しているのであり、X の Y_2 に対する H_2 退去 L 明渡しを求める訴えが民訴法262条 2 項の規定によって禁止されることがないのは、被告を異にする以上自明のものです。[44] すなわち、Y_2 が主張した上告理由は、自らに対する原判決の違法を主張するものではありませんから、そもそも上告理由にすることができません（主張自体失当）。

この点につき、昭和52年最高裁判決は判決理由中に触れるところがなく、担当調査官の解説にも何らの説明もありません。したがって、推測するしかほかに方法がありません。考えられる 1 つの説明の仕方としては、民訴法262条 2 項にいう「同一の訴え」の意義およびその適用に係る問題は、重要な割には実際にそう頻繁に争われる問題ではないので、最高裁は、将来の裁判実務を整序するため、あえて本件の Y_2 の上告理由を取り上げて判例にすることにしたというものです。[45]

このように、最高裁判例としてはやや強引に作られたものですが、最 2 小判昭和55・1・18判時961号74頁によって踏襲されており、現在も生きている判例です。

(B)　訴えの利益（必要性）の同一性とは

次に、前記(2)(ii)にいう「訴えの利益または必要性」とは何を意味するのかが問題です。裁判所（ないし訴訟制度を設営する国家）を煩わせるような利益の有無という側面からみた「訴えの利益」（いわば狭義の「訴えの利益」）のみを意味するのではなく、再度の応訴を強いられる被告の側にそれを甘受すべき事情が存するかどうかという側面からみた「訴えの必要性」（いわば広義の「訴えの利益」）を包含するものと理解すべきでしょう。[46]

44　Y_2 に対する H_2 収去 L 明渡しを求める第 2 次請求についても、民訴法262条 2 項の規定によって禁止されることがないのは当然です。昭和52年最高裁判決は、同項の規定によって禁止されるのが「当事者を同じくする訴え」であることを明言しています。

45　そうすると、本文(2)の(ii)(iii)の判断は、全て傍論というべきであるのかもしれません。しかし、最高裁がこれらの判断を理由にして上告棄却の主文を導くこととした以上、主論といってよいのでしょう。

46　牧山・前掲判解（注35）246頁、上田徹一郎「判批」重判解〔昭和52年度〕143頁、角森正雄「判批」民事訴訟法判例百選Ⅰ〔新法対応補正版〕（1998年）171頁は、同旨の指摘をしています。

453

第11章　判決によらない訴訟の終了

　そうすると、昭和52年最高裁判決は、前訴の原告に対して再訴禁止という制裁を課する合理的理由があるかどうかを検討し、それがあるといえない場合には後訴提起を許すという判断枠組みを採用しているということになりますから、再訴禁止の判断枠組みという観点からすると、前記3の「濫用説」に帰着します。

　昭和52年最高裁判決が前記(2)(iii)のように建物の附合に言及する目的の1つは、前訴と後訴における訴訟物の同一性を明らかにするところにあります。

　そして、より重要なもう1つの目的は、①本件における附合の成否は、微妙な問題を含んでいて必ずしも容易な判断ではないため、Xがこの判断を誤ってH₁収去L明渡請求を取り下げてLについての賃借権不存在確認請求に訴えを交換的に変更したのにも無理からぬところがあることを示し、かつ、②旧訴控訴審において、H₁は現存しておらず現存するH₂は自分の所有物ではないと主張していたY₁が、旧訴判決の確定後に、現存するH₂は自分の所有物であると真っ向から矛盾する主張を始めたという事実関係、すなわちXの新訴提起の直接の原因がY₁の矛盾挙動にあることを示すところにあります。

　これを、前記3の再訴禁止の制度趣旨との関係で整理してみると、上記①の事実は、Xのした前訴の取下げに濫用的側面がなく、Xに制裁を加える必要に乏しいことを示す具体的事実であり、上記②の事実は、民訴法2条に規定する訴訟上の信義則に反する行動をとったのはY₁の側であって、Xのする後訴の提起に濫用的側面がないことを示す具体的事実[47]。

　以上の分析によると、①本判決のいう「訴えの利益または必要性の同一性」は、「当事者の同一性」および「訴訟物の同一性」と異なって、規範的評価の性質を色濃く有すること、その結果、**②実際上、民訴法262条2項の規定の発動を求める当事者（被告）は、前訴請求の取下げが濫用というに足りることを示す評価根拠事実または新訴の提起が濫用というに足りることを示す評価根拠事実を主張・立証する必要があり、相手方当事者（原告）は、それらの評価障**

---

[47]　近藤完爾＝小野寺忍「判批」判タ357号（1978年）95頁は、取下げの動機が最重要かつ決定的メルクマールであると述べています。しかし、原告の内心の動機を探求するよりも、本文で説明したように、2つの観点から客観的事実関係に即して「訴えの利益又は必要性の同一性」の有無を検討するという方法が裁判所の安定した判断に資するものと思われます。

害事実を主張・立証する必要があるということです。[48]

Ⅳ 請求の放棄・認諾

1. 請求の放棄・認諾の意義と効果

請求の放棄とは、訴訟上の請求に理由がないことを自認する旨の期日（口頭弁論期日、弁論準備手続期日または和解期日）における原告の陳述をいいます。請求の認諾とは、訴訟上の請求に理由があることを認める旨の期日における被告の陳述をいいます。

民訴法267条は、請求の放棄または認諾を当事者の意思に基づく訴訟終了事由として位置付けており、その旨の調書記載が確定判決と同一の効力を有するものとしています（調書への記載は請求の放棄の成立要件ではなく、確認的な性質のものであって、請求の放棄は期日における当事者の口頭の陳述によって成立します）。すなわち、請求の放棄は請求棄却判決と同一の、請求の認諾は請求認容判決と同一の効力を有するということになります。

請求の放棄・認諾の法的性質につき、純粋の訴訟行為とする見解と実体法上の処分行為の性質をも有するとする見解とがあります。訴訟上の和解の法的性質に係る議論とほぼ同様のものですから、前記Ⅱ2を復習してください。

また、請求の放棄・認諾に既判力を肯定するかどうか、意思表示の瑕疵等をどのような方法で主張すべきかについても、訴訟上の和解におけるのと同様の議論があります。この点については、前記Ⅱ3、4を復習してください。

2. 請求の放棄・認諾の要件

請求の放棄と認諾は、訴えの取下げと異なり、前記1のとおり、訴訟物となった権利義務または法律関係を処分したのと同一の効力を生じさせるものですから、当事者が訴訟物についての処分権を有していることが要件になります。

処分権の有無が問題になる典型例として、人の身分関係があります。人の身

---

48 本文で主張・立証の必要に言及するのは、訴訟の動態を説明するものであって、民訴法262条2項の規定の発動につき弁論主義が適用されるとの趣旨をいうものではありません。

第11章　判決によらない訴訟の終了

分関係は当事者の自由処分を認めるべきではないという考え方から、人事訴訟については、原則として請求の放棄・認諾は許されていません（人事訴訟法19条2項）。しかし、離婚および離縁請求事件においては、請求の放棄・認諾が許されています（人事訴訟法37条1項本文、44条）。これは、実体法である民法が協議離婚・協議離縁を認める以上、請求の放棄・認諾を不適法とする理由はないとの考え方に基づくものです。[49]

　請求の放棄・認諾の要件とすべきであるかどうかが争われているものとしては、訴訟要件の具備を要するかどうかの問題があります。

　最2小判昭和30・9・30民集9巻10号1491頁は、相続放棄無効確認の訴えを不適法とした上、被告が口頭弁論において、相続放棄無効確認を求める請求について「原告の請求どおりの判決を求める。」と陳述しても、請求認諾の効力を生ずるものではないと判断しました。これは、確認の訴えのうちの確認の対象適格を欠く場合につき、請求認諾の要件を欠くとしたものです。

　通説もまた、請求の放棄が請求棄却の本案判決の効果を有し、請求の認諾が請求認容の本案判決の効果を有することから、訴訟要件の具備を要するとしています。しかし、近時、一般的に不要とする見解、訴訟要件ごとに当事者による処分可能性の有無によって区別する等の見解が提唱されていて、帰一するところがありません。[50]

　当事者の意思に基礎をおいた自主的紛争解決制度であるとはいえ、裁判所でされた請求の放棄・認諾が現在の紛争解決および将来の紛争予防に資するものであって、将来の紛争の種になることのないものが望ましいので、原則として訴訟要件の具備を要するとし、その点について受訴裁判所の審査を経るのが望ましいと考えられます。

---

[49]　最1小判平成6・2・10民集48巻2号388頁は、旧人事訴訟手続法10条1項の規定の解釈論として、離婚請求訴訟において請求放棄が許されるとの判断をしましたが、平成16年4月1日施行の人事訴訟法は、この点を立法的に解決しました。

[50]　以上につき、中野ほか・講義428頁〔河野正憲〕を参照。

456

第12章 司法権の限界と法律上の争訟

Ⅰ 司法権の限界

　憲法76条1項は、「すべて司法権は、最高裁判所及び法律の定めるところにより設置する下級裁判所に属する。」と規定して、裁判所の有する本質的権限を「司法権」という用語によって表現しています。裁判所の有するこの権限は、憲法32条の規定する国民の裁判を受ける権利に対応するものですから、裁判所は権限を有するばかりでなく、国民に対して裁判をする責務を負っています。

　裁判所法3条1項は、裁判所の有する本質的権限（司法権）が「一切の法律上の争訟」に及ぶとした上で、「法律上の争訟」というカテゴリーに属さない争訟（主張の対立）については、「法律において特に定める」ことがない限り、裁判所は裁判をする権限を有しないとしています。

　そこで、裁判所法3条1項にいう「法律上の争訟」は、裁判所の有する権限と裁判所が国民に対して負う責務の限界を画するための道具概念として重要な役割を果たしています。

Ⅱ 法律上の争訟の意義

　最高裁は、裁判所法3条1項にいう「法律上の争訟」につき、①当事者間の具体的な権利義務または法律関係の存否に関する争い（事件性）であって、②法令を適用することにより終局的に解決することのできる争い（法律性）であることを要するとの判断を繰り返しており、これが確定判例の立場になっています。

第12章　司法権の限界と法律上の争訟

　①は、当事者間に生じた具体的な権利義務または法律関係の存否をめぐる争いに対する審判をするのが裁判所の本質的役割であるとする考え方に基礎をおいています。裁判所は、当事者間の具体的な権利義務または法律関係の存否と離れて、抽象的に法令の違憲審査をする権限を有するものではありません。[2]

　①の要件は、原告の選択した訴訟物（請求権）に着目して判断することになります。しかし、具体的な権利義務または法律関係を訴訟物としているかどうかが一見して明らかであるかどうかが判然としない場合もあり、地方裁判所と高等裁判所とで判断が分かれるといった場合もないではありません。

　②は、当事者間の具体的な権利義務または法律関係の存否をめぐる争いの形をとっているものであっても、法令の解釈適用をすることによってはその結論を導くことができないものを裁判所の権限と責務から排除するのが裁判所の信頼を維持するゆえんであるとする考え方に基礎をおいています。[3]

　②の要件は、①の要件と異なり、当事者の主張・立証、すなわち当該事件において結論を導くために避けることのできない争点は何かに着目して判断することになります。しかし、訴訟物レベルの問題ではなく、争点レベルにまで降りた問題であるだけに、法令の解釈適用をすることによってはその結論を導くことができないと考えるべきであるかどうかに対立が生ずることが避け難く、判例の立場としては確定しているとはいうものの、学説上は決着をみたとはいえない流動的な状況にあります。

Ⅲ　宗教団体における紛争と法律上の争訟

1．問題の所在

　宗教団体は、宗教活動（信仰に関する活動）をするのが本来の目的ですが、それ以外に経済的・市民的色彩を有する活動（世俗的活動）をもしています。そこで、宗教法人法は、礼拝の施設を備える神社、寺院、教会等の団体で一定

1　最1小判昭和29・2・11民集8巻2号419頁。
2　最大判昭和27・10・8民集6巻9号783頁、最2小判昭和27・10・31民集6巻9号926頁。
3　最3小判昭和41・2・8民集20巻2号196頁。

458

Ⅲ　宗教団体における紛争と法律上の争訟

の要件を満たすものに法人格を取得することを認めています。そうすると、法人格を取得した宗教団体の活動には、宗教法人法の適用を受ける経済的・市民的色彩を有する活動と司法権が干渉すべきでない宗教活動とが併存することになります。ここに、宗教団体のかかわる種々の紛争について、法律上の争訟に当たるかどうかが問題になる素地があります。

2．最高裁判例の判断枠組み

　前記Ⅱの考え方を宗教団体における紛争に当てはめ、最高裁は、第1に、訴訟物レベルで宗教活動それ自体に関するものであるかどうかを検討します。そして、宗教上の地位の存否の確認や宗教団体内部における懲戒処分の効力の有無の確認を求める訴えは、訴訟物が宗教活動それ自体に関するものであるので、法律上の争訟に当たらないとします。

　第2に、最高裁は、訴訟物が宗教活動それ自体に関するものでない事件（すなわち、第1の関門を突破した事件）につき、当該事件の結論を導くために、その判断の過程において宗教上の教義・信仰の内容に立ち入らないと当該事件の結論を導くことができないかどうかを検討します。そして、当該事件の結論を導くために宗教上の教義・信仰の内容に立ち入らざるを得ない場合には、訴訟物よりも1つ下のレベルの争点レベルにおいて当該事件は法律上の争訟に当たらないとします。[4]

　それでは、以下、実際に頻繁に現れる紛争事例によって、これら2つのレベルの問題がどのように争われ、どのように解決されてきたかを具体的に検討することにしましょう。

4　本文の最高裁判例の判断枠組みにつき、田中豊「判解」最判解民〔平成7年度〕820～822頁を参照。

459

第12章　司法権の限界と法律上の争訟

Ⅳ　法律上の争訟の問題その1 ──訴訟物レベル──

1．住職の地位は法律上の地位か

(1)　最3小判昭和55・1・11民集34巻1号1頁の事案の概要

　最3小判昭和55・1・11〔種徳寺事件判決〕は、訴訟物レベルと争点レベルの双方について法律上の争訟性が争われたものです。事案を簡略化してその概要を整理すると、〈設例12-①〉のとおりです。

── 〈設例12-①〉──────────────────────

①　Xは、昭和31年3月28日、曹洞宗管長によりその末寺である種徳寺の住職に任命されたが、その後、妻以外の女性と親しく交際するようになり、昭和34年秋ころから、長期間寺を空け、葬儀・法要等の寺務檀務に支障を生ぜしめる行状があったことから、檀徒からXの罷免を求める歎願書が曹洞宗宗務庁に提出されるに至った。曹洞宗では、実情調査等の手続を経て、昭和38年4月23日、Xを種徳寺の住職として不適当であると判断し、罷免処分をした。

②　曹洞宗の宗制である曹洞宗寺院住職任免規程は、「寺院住職の任免は申請により管長が行う」とし、「住職が壇信徒の大多数から不信任の表示を受け、宗務庁で住職として不適当であると認めるときは、管長はこれを罷免することができる」としていた。また、Z（宗教法人種徳寺）の規則は、「代表役員は、曹洞宗の宗制により、この寺院の住職の職にあるものをもって充てる」としていた。

③　昭和38年中に、Xは、Y（宗教法人曹洞宗）を被告として、XがZの代表役員の地位にあることの確認を求める訴え（甲事件、旧請求）を提起した。他方、昭和45年になって、Zは、Xを被告として、所有権に基づき、境内地・本堂・庫裏・什器・備品等（本件各物件）の引渡しを求める訴え（乙事件）を提起した。

④　甲事件第1審は、最1小判昭和44・7・10民集23巻8号1423頁〔銀閣寺事件判決〕を引用して、Zを被告としない訴えは即時確定の利益を欠

き不適法であるとして、Xの訴えを却下した。乙事件第1審は、①の事実関係を認定した上で、曹洞宗のした罷免処分は手続的にも実体的にも瑕疵はなく、Xは種徳寺に居住して本件各物件を占有する権原を喪失するに至ったと判断し、Zの請求を認容した。[5]

⑤　Xは、甲・乙両事件判決に対して控訴し、甲事件につき、もとの訴えを取り下げた上で、住職の地位と代表役員の地位とは不即不離の関係にあるとし、住職の地位は単なる宗教上の地位にとどまらず法律上の地位であり、任免権者であるYが被告適格を有すると主張して、Xが種徳寺住職の地位にあることの確認を求める訴えを提起した（新請求）。控訴審は、甲事件に乙事件を併合して審理した。

⑥　控訴審は、甲事件につき、住職の地位は宗教的地位にとどまり、代表役員の地位を兼ねることがあっても、両者は別個独立のものであるから、住職の地位は法律上の判断事項に当たらないとして、訴えを却下した。そして、乙事件につき、第1審の判断を全て引用して、Xの控訴を棄却した。[6]

⑦　Xは、住職の地位が宗教的地位にとどまるとした甲事件原判決は法令の解釈適用を誤ったものであり、甲事件の訴えを不適法却下しながら、乙事件の訴えにつき、住職罷免をめぐる争いを法律的紛争として扱い、本案の判断をしたのには、理由齟齬の違法があると主張して、上告した。

(1)　甲事件における旧請求と新請求の各訴訟物が何かを明らかにした上で、それぞれにつき確認の訴えの対象適格を備えたものであるかどうかを検討せよ。

(2)　乙事件の主張・立証の構造を明らかにした上で、上記⑦のXの上告理由の正否を検討せよ。

5　甲事件につき横浜地小田原支判昭和45・10・16（民集34巻1号11頁に収録）、乙事件につき横浜地小田原支判昭和49・4・9（民集34巻1号29頁に収録）。
6　東京高判昭和51・4・28下民集27巻1〜4号240頁。

第12章　司法権の限界と法律上の争訟

（甲事件）X→Y　控訴審における請求：Xが種徳寺住職の地位にあることの確認
（乙事件）Z→X　本件各物件（境内地等）の引渡請求

(2) 最3小判昭和55・1・11の判断の概要

最3小判昭和55・1・11は、次のように判断し、甲・乙両事件とも原判決の判断を正当とし、Xの上告を棄却しました。

> (i) 原審の適法に確定したところによれば、曹洞宗においては、寺院の住職は、寺院の葬儀、法要その他の仏事をつかさどり、かつ教義を宣布するなどの宗教的活動における主宰者たる地位を占めるというのであり、この認定判断は本件記録に徴し是認し得ないものではない。
>
> (ii) このような事実関係等に照らせば、Xの新請求は、単に宗教上の地位についてその存否の確認を求めるにすぎないものであって、具体的な権利または法律関係の存否について確認を求めるものとはいえないから、かかる訴えは確認の訴えの対象となるべき適格を欠くものに対する訴えとして不適法であるというべきである。
>
> (iii) Xは、Yにおいては、住職たる地位と代表役員たる地位とが不即不離の関係にあり、種徳寺の住職たる地位はZの代表役員たり得る基本資格となるものであるということをもって、住職の地位が確認の訴えの対象となり得るもののように主張するが、両者の間にそのような関係があるからといって右訴えが適法となるものではない。
>
> (iv) ZのXに対する本件各物件（境内地等）の引渡請求事件は、種徳寺の住職たる地位にあったXがその包括団体である曹洞宗の管長によって右住職たる地位を罷免されたことにより本件各物件に対する占有権原を

喪失したことを理由として、所有権に基づき本件各物件の引渡しを求めるものであるから、Xが住職たる地位を有するか否かは、右事件における Z の請求の当否を判断するについてその前提問題となるものであるところ、住職たる地位それ自体は宗教上の地位にすぎないからその存否自体の確認を求めることが許されないことは前記のとおりであるが、他に具体的な権利または法律関係をめぐる紛争があり、その当否を判定する前提問題として特定人につき住職たる地位の存否を判断する必要がある場合には、その判断の内容が宗教上の教義の解釈にわたるものであるような場合は格別、そうでない限り、その地位の存否、すなわち選任ないし罷免の適否について、裁判所が審判権を有するものと解すべきであり、このように解することと住職たる地位の存否それ自体について確認の訴えを許さないこととの間には何らの矛盾もないのである。

　上記の説示のうち、(i)は、Xが原審において訴訟物とした「種徳寺の住職の地位」が独立して世俗的活動をすることのできる権限を有するものとはいえず、宗教的活動における主宰者たる地位にすぎないとした原判決の認定判断を是認したものであり、(ii)の結論を導く前提を確認する部分です。原判決は、種徳寺という具体的な仏教寺院における住職の地位についての認定判断をしたものであって、仏教寺院における住職の地位一般についての認定判断をしたものではありません。本最高裁判決が是認したのも、そのような原判決の認定判断にすぎないことを理解しておく必要があります。しかし、他の仏教寺院における住職の地位の性質決定についても参考になるものではあります。

　(ii)は、最 1 小判昭和44・7・10〔銀閣寺事件判決〕の示した判断枠組みを踏襲し、種徳寺の住職の地位の確認を求める訴えにつき、対象適格を欠くものとして不適法であるとの事例判断をしたものであり、本件の結論命題を示すものです。ただし、銀閣寺事件判決の民集の判示事項としては、この点が取り上げられていませんでした。そこで、民集は、この点を本最高裁判決の判示事項の第 1 として取り上げています。

　(iii)は、法人である Z の代表役員になるための基本資格であることが宗教上の地位の確認が許される理由にはならないことを明らかにし、最高裁として

第12章　司法権の限界と法律上の争訟

Xの上告理由に対する応答を示した部分です。法人であるZの代表役員の地位の存否が紛争の核心であるのであれば、XはZを被告としてZの代表役員の地位を訴訟物とすればよいのですから、(ⅲ)の判断は当然のものということができます。

(ⅳ)は、乙事件につき、訴訟物が宗教問題とは無関係である場合に、その結論を導く過程で宗教上の地位の存否についての判断をすることがおよそ許されないのかどうかについて、最高裁の判断を明らかにした部分です。本最高裁判決は、宗教上の教義の解釈にわたる判断をしなければならないような場合でない限り、判決理由中において宗教上の地位の存否についての判断をすることは許されるとの立場を採りました。すなわち、宗教上の教義の解釈問題に踏み込むことなく、世俗的事項を審理判断することによって宗教上の地位の存否について審理判断することができる場合には、裁判所の審判権が及ぶとしたのです。宗教上の地位自体が訴訟物である場合と宗教上の地位の存否が判決理由中の判断事項にすぎない場合とで扱いを変えても、背理ではないとの考え方を示しています。

(3)　法律上の争訟と主張・立証の構造

まず、甲事件について検討することにしましょう。

甲事件において、Xが選択した旧請求の訴訟物はXのZ（宗教法人種徳寺）の代表役員の地位であり、新請求の訴訟物はXの種徳寺の住職の地位です。

前記Ⅲ1のとおり、法人格を取得した宗教団体の活動には、宗教法人法の適用を受ける経済的・市民的色彩を有する活動（世俗的活動）と司法権が干渉すべきでない宗教活動とがあります。その組織を模式化して図示すると、次のようになります。

464

Ⅳ 法律上の争訟の問題その1 ——訴訟物レベル——

[模式図]

（宗教法人）
宗教法人法
包括宗教法人　　代表役員

被包括宗教法人　　代表役員

檀徒・信徒

（宗教団体）
宗制寺法
宗派　　管長

末寺　　　　　住職

檀徒・信徒

　宗教法人の代表役員は、法人を代表する機関ですから、その地位の存否について争いが生じている場合に、代表役員の地位を対象として確認の訴えを提起することができるのは当然です。そのような観点からすると、Ｘが旧請求の訴訟物として選択したＺの代表役員の地位は確認の訴えの対象適格を備えたものです。しかし、ＸはＺを被告としないでＹを被告としたのですが、これではＺに既判力を及ぼすことができないので、有効で適切な訴えということはできません。甲事件の第1審判決は、そのように判示して、旧請求を不適法として却下したのです。

　そこで、Ｘは、確認の訴えの対象を種徳寺の住職の地位とする新請求を提起したのですが、住職の地位は、宗制寺法に根拠を有するものであって、寺院の葬儀、法要その他の仏事をつかさどり、かつ教義を宣布するなどの宗教的活動における主宰者たる地位であり、世俗的活動における地位ではない（前記(i)のとおり）のですから、確認の訴えの対象適格を備えたものということはできません。すなわち、前記Ⅲ2の法律上の争訟の第1の関門を突破することができないのです。

　次に、乙事件について検討することにしましょう。

465

第12章　司法権の限界と法律上の争訟

　乙事件において、Ｚが選択した請求の訴訟物は、所有権に基づく返還請求権としての本件各物件の引渡請求権です。これが法律上の争訟の第１の関門を突破することができることは明らかです。

　Ｚの主張した請求原因事実は、以下のとおりです。

┌〈請求原因〉─────────────────────────────
│(ｱ)　Ｚは、本件各物件を現在所有している。
│(ｲ)　Ｘは、本件各物件を現在占有している。
└──────────────────────────────────────

　Ｘは、以下のとおり、占有正権原の抗弁を主張しました。

┌〈抗　弁──占有正権原〉─────────────────────
│(a)-1　Ｚの法人規則７条１項は、Ｚの代表役員は、曹洞宗の宗制により
│　　　この寺院の住職の地位にある者をもって充てる旨定めている。
│(a)-2　Ｘは、昭和31年３月28日、曹洞宗の宗制により、曹洞宗管長によ
│　　　って種徳寺の住職に任命された。
│(b)　Ｚは、Ｘに対し、昭和31年３月28日ころ、(a)に基づきＺの代表役員
│　　　としての職責を遂行する等の目的に資する手段として本件各物件を引き
│　　　渡した。
└──────────────────────────────────────

　(b)のように主張されたＸの占有正権原は、賃貸借契約、使用貸借契約等の典型契約に基づく権原ではなく、宗教法人の代表役員としての職責を遂行し、かつ宗教上の地位である住職としての職責を遂行するという目的に資するための手段としての権原であると構成すべきものであると思われます。すなわち、Ｚとの間の無名契約に基づく権原であり、したがって、住職の地位およびそれを前提とする宗教法人の代表役員の地位を失ったときは、当然に失うことになる権原であると理解するのが正しいでしょう。

　このような理解に基づき、Ｚは、占有正権原喪失の再抗弁を主張しました。

┌〈再抗弁──占有正権原喪失〉───────────────────
│(ｳ)-1　曹洞宗の宗制は、住職が檀信徒の大多数から不信任の表示を受け、
│　　　宗務庁で住職として不適当であると認めるときは、管長においてこれを
│　　　罷免することができる旨定めている。
└──────────────────────────────────────

466

IV 法律上の争訟の問題その1——訴訟物レベル——

(ウ)-2　Xは、妻以外の女性と親しく交際するようになり、昭和34年秋ころから、長期間寺を空け、葬儀・法要等の寺務檀務に支障を生ぜしめた。

(ウ)-3　(ウ)-2を理由として、檀徒からXの罷免を求める歎願書が曹洞宗宗務庁に提出されたため、所定の手続を経て、曹洞宗管長は、昭和38年4月23日、Xを種徳寺の住職の地位から罷免する旨の処分をした。

(ウ)の再抗弁事実は、Xが曹洞宗の宗制に定める実体的要件および手続的要件に従って住職の地位から罷免され、その結果、Zの代表役員の地位をも失ったため、本件各物件の占有正権原を失ったとの趣旨に出るものです。

以上の主張のうち、請求原因事実および抗弁事実には争いがなく、争いがあるのは、再抗弁事実の(ウ)-2、(ウ)-3であることが明らかです。

そして、乙事件における争点である(ウ)-2、(ウ)-3は、いずれも曹洞宗の宗教上の教義の内容やその解釈に立ち入ることなく、事実を認定することができ、かつ、罷免事由として相当であるかどうかを判断することができます。通常の民事事件における事実認定および法律判断と異なるところがないのであり[7]、裁判所の審判権が及ぶこととしても、裁判所の認定判断の信頼性を揺るがせることにはつながらないと考えることができます。

2．檀徒の地位は法律上の地位か

(1)　宗教法人における檀徒の地位

前記1の種徳寺事件では、宗教法人の代表役員の地位ではなく、その前提となる住職の地位が法律上の地位かどうかが争われました。これから取り上げる最3小判平成7・7・18民集49巻7号2717頁〔満徳寺事件判決〕は、檀徒の地位が宗教法人の代表役員の地位と同様、宗教法人の組織上の地位といえるかどうかについて判断したものです。

最3小判平成7・7・18の判断の概要は、以下のとおりです。

(i)　宗教法人法は、檀徒等の信者については、宗教法人の自主性を尊重し

7　吉井直昭「判解」最判解民〔昭和55年度〕9～10頁を参照。

第12章　司法権の限界と法律上の争訟

つつその最終的な意思決定に信者の意見が反映されるよう、宗教法人の一定の重要な行為につき、信者に対して公告をするものとしているが、信者と宗教法人との間の権利義務ないし法律関係について直接に明らかにする規定をおいていないから、檀徒等の信者の地位が具体的な権利義務ないし法律関係を含む法律上の地位ということができるかどうかは、当該宗教法人が同法12条1項に基づく規則等において檀徒等の信者をどのようなものとして位置付けているかを検討して決すべきこととなる。

(ii)　宗教法人Yにおいては、ⓐ檀信徒名簿が備え付けられていて、ⓑ檀徒であることがYの代表役員を補佐する機関である総代に選任されるための要件とされており、ⓒ予算編成、不動産の処分等のYの維持経営に係る諸般の事項の決定につき、総代による意見の表明を通じて檀徒の意見が反映される体制となっており、ⓓ檀徒によるYの維持経営の妨害行為が除名処分事由とされているのであるから、Yにおける檀徒の地位は、具体的な権利義務ないし法律関係を含む法律上の地位ということができる。

(i)は、檀徒等の信者の地位が法律上の地位ということができるかどうかについての判断の枠組みについて判示する部分です。本最高裁判決は、宗教法人ごとに規則等における信者の位置付けによって決するとの立場を明らかにしました。

(ii)は、(i)の判断枠組みを宗教法人Yに適用し、ⓐないしⓓの事実関係を抽出して、Yにおける檀徒の地位が法律上の地位に当たるとの結論を説示する部分です。法律上の地位に当たるかどうかが争われる今後の同種の紛争における主張・立証にとって、参考になるものです。本最高裁判決は、これら4つの要素の軽重についてふれていませんが、宗教法人と檀徒との間の法律関係という観点からして、このうちⓑとⓒの要素が比較的重要であると思われます。[8]

なお、本件においては、YによるXの除名処分の有効性が争われたのですが、Yの主張する処分理由は、XがYの活動の中心である住職を誹謗・中傷

8　田中・前掲判解（注4）834頁を参照。

468

する言動を繰り返して Y の維持経営を妨害したというものであり、除名処分の当否の判断の過程において宗教上の教義の内容や解釈に立ち入る必要がなかったのです。すなわち、本件は、専ら法律上の争訟の第 1 の関門を突破することができるかどうかが問題になったのであり、第 2 の関門は問題にならなかったのです。

(2)　宗教上の地位としての檀徒の地位は確定されないこと

最 3 小判平成 7・7・18の判断から明らかなように、檀徒の地位が法律上の地位に当たるとして既判力をもって確定されたのは、宗教法人における組織上の地位であって、宗教団体における宗教上の地位である檀徒の地位ではありません。

これは、宗教法人の代表役員の地位が既判力をもって確定されたとしても、宗教上の地位である住職の地位が確定されるものではないのと同じです。檀徒の場合には、前記 1(3)の模式図にみられるように、法律上の地位と宗教上の地位とで名称に差異がないため混同が生じやすいので、注意が必要です。

Ⅴ　法律上の争訟の問題その 2 ——争点レベル——

1．贈与の意思表示の錯誤と信仰の対象の価値等の判断

(1)　最 3 小判昭和56・4・7 民集35巻 3 号443頁の事案の概要

最 3 小判昭和56・4・7〔板まんだら事件判決〕は、不当利得返還請求訴訟において、信仰の対象の価値ないし宗教上の教義に係る争点についての判断が請求の当否を決するための前提問題になっているという場合に、法律上の争訟性が争われたものです。すなわち、この事件では、訴訟物は世俗的で具体的な不当利得返還請求権ですから、訴訟物レベルにおける問題はなく、争点レベルにおいて法律上の争訟性が争われました。事案を簡略化してその概要を整理すると、〈設例12-②〉のとおりです。

――〈設例12-②〉――

①　Y（創価学会）は、日蓮が弘安 2 年（1279年）10月12日に建立した「一閻浮提総与の御本尊（俗称「板まんだら」）」を本尊とし、日蓮正宗の教

第12章　司法権の限界と法律上の争訟

義に基づいて本尊の流布と儀式行事を行い、王仏冥合の理想実現のための業務を行うこと等を目的として設立された宗教法人である。

② 　Ｘら17名は、昭和40年10月当時、Ｙの会員であったところ、Ｙが、ⓐ本件寄付金は戒壇の本尊を安置するための正本堂建立の建設費用に充てることを目的とする、ⓑこの正本堂建立は、広宣流布達成の時期に当たる、と称して募集したので、1人当たり200万円ないし280万円を寄付したが、この寄付（贈与）は錯誤によるもので無効であるから、Ｙは法律上の原因なくして寄付金をＸらの損失において不当に利得したと主張して、寄付金合計541万8805円の返還を求める訴えを提起した。主張された錯誤の内容は、㋐板まんだらは偽物であることが寄付後に判明した、㋑Ｙは、昭和47年に正本堂が完成するや前言を翻して、正本堂建立によっても広宣流布はいまだ達成されないと言明した、の2点である。

③ 　第1審は、Ｙの本案前の主張を容れ、純然たる宗教上の争いが給付訴訟の前提問題として主張され、判決理由中の判断となるにすぎない場合であっても、裁判所の審判権の外にあるとして、本件訴えを却下した。[9]

④ 　これに対し、原審（控訴審）は、錯誤により無効であるかどうかの判断は、Ｘらの動機を含めた意思表示の内容と内心の意思との間に不一致があるかどうか、Ｙが募金の際に右の寄付金の動機となるような事実を表示して募金したかどうか、この不一致が宗教上の信仰の対象の真否、教義の解釈説明、堂宇の意義等について見解の相違があるからといってただちに民法上の要素の錯誤により寄付が無効になり、その結果Ｙの本件寄付金の利得に法律上の原因がないことになるかどうか等によって定められるべきであって、このような私法上の請求権の要件事実の成否について審理し、不当利得返還請求権の存否を判断することは当事者間の具体的な権利義務または法律関係の存否に関する紛争であり、法律を適用することによって終局的に解決するゆえんであって、本件寄付金返還請求権の行使が宗教上の信仰の対象の真否、教義の解釈説明、堂宇の意義等に関する争いを目的としたものであって、法令の適用によ

9 　東京地判昭和50・10・6判時802号92頁。

V　法律上の争訟の問題その2——争点レベル——

って解決に適さないものとして裁判所に審判権がないとすることはできない旨判示して、第1審判決を取り消し、本件を第1審に差し戻した。[10]

⑤　Yは、Xらの主張する錯誤の成否は、日蓮正宗の信仰・教義に関する理解と判断なしには判断できないから、本件が裁判所法3条にいう「法律上の争訟」に当たらないことは明らかであるとし、原判決には裁判所法3条の解釈適用を誤った違法があると主張して、上告した。

(1)　本件訴訟の請求原因事実を摘示し、法令の適用により解決することのできない争点があるかどうかを検討せよ。

(2)　法令の適用により解決することのできない争点がある場合、ⓐその訴訟は裁判所法3条にいう法律上の争訟に当たらないという見解と、ⓑ当該争点を持ち出した当事者の主張が主張自体失当になるという見解とがあり得る。いずれの見解を採るかによって、本件の結論がどのように異なることになるかを検討せよ。

[関係図]

Xら17名（Yのもと会員）

　　昭和40・10　板まんだら安置のための本堂建設費用の寄付
　　本件訴訟：不当利得金（寄付金）の返還請求の訴え

↓

Y（宗教法人創価学会）

(2)　最3小判昭和56・4・7の判断の概要

最3小判昭和56・4・7は、次のように判断し、原判決を破棄し、自判してXらの控訴を棄却しました。

(ⅰ)　裁判所がその固有の権限に基づいて審判することのできる対象は、裁判所法3条にいう「法律上の争訟」、すなわち当事者間の具体的な権利義務ないし法律関係の存否に関する紛争であって、かつ、それが法令の

10　東京高判昭和51・3・30判時809号27頁。

471

第12章　司法権の限界と法律上の争訟

適用により終局的に解決することができるものに限られる[11]。したがって、具体的な権利義務ないし法律関係の存否に関する紛争であっても、法令の適用により解決するのに適しないものは裁判所の審判の対象となり得ない、というべきである。

(ii)　これを本件についてみるに、錯誤による贈与の無効を原因とする本件不当利得返還請求訴訟においてXらが主張する錯誤の内容は、ⓐYは、戒壇の本尊を安置するための正本堂建立の建設費用に充てると称して本件寄付金を募金したのであるが、Yが正本堂に安置した本尊のいわゆる「板まんだら」は、日蓮正宗において「日蓮が弘安2年10月12日に建立した本尊」と定められた本尊ではないことが本件寄付の後に判明した、ⓑYは、募金時には、正本堂完成時が広宣流布の時に当たり正本堂は事の戒壇になると称していたが、正本堂が完成すると、正本堂はまだ三大秘法抄、一期弘法抄の戒壇の完結ではなく広宣流布はまだ達成されていないと言明した、というのである。要素の錯誤があったか否かについての判断に際しては、右ⓐの点については信仰の対象についての宗教上の価値に関する判断が、また、右ⓑの点についても「戒壇の完結」、「広宣流布の達成」等宗教上の教義に関する判断が、それぞれ必要であり、いずれも事柄の性質上、法令を適用することによっては解決することのできない問題である。

(iii)　本件訴訟は、具体的な権利義務ないし法律関係に関する紛争の形式をとっており、その結果信仰の対象の価値または宗教上の教義に関する判断は請求の当否を決するについての前提問題であるにとどまるものとされてはいるが、本件訴訟の帰趨を左右する必要不可欠のものと認められ、また、記録に表れた本件訴訟の経緯に徴すると、本件訴訟の争点および当事者の主張・立証も右の判断に関するものがその核心となっていると認められることからすれば、結局本件訴訟は、その実質において法令の適用による終局的な解決の不可能なものであって、裁判所法3条にいう法律上の争訟に当たらないものといわなければならない。

11　本最高裁判決は、前掲（注3）最3小判昭和41・2・8を引用しています。

472

Ⅴ　法律上の争訟の問題その2——争点レベル——

(ⅳ)　そうすると、Ⅹらの本件訴えが法律上の争訟に当たるとした原審の
判断には法令の解釈適用を誤った違法があるものというべきであり、そ
の違法は判決の結論に影響を及ぼすことが明らかであるから、論旨は理
由があり、原判決は破棄を免れない。これと結論を同じくする第1審判
決は正当であり、Ⅹらの控訴はこれを棄却すべきである。

　この判断のうち、(ⅰ)は、前記Ⅱのとおりの最高裁判例の立場を確認する部分
です。(ⅱ)は、贈与の無効原因についてのⅩらの主張が信仰の対象についての
宗教上の価値に関する判断または宗教上の教義に関する判断を要するものであ
って、法令の解釈適用によっては解決することのできない問題であることを、
争点の内容に即して説示する部分です。

　そして、(ⅲ)は、訴訟の結論を導くために回避することのできない争点（本最
高裁判決は、この趣旨を「帰すうを左右する必要不可欠のもの」または「その核心
となっている」と表現しています。）が法令の解釈適用によって解決すること
のできない問題である場合には、翻って、当該訴訟は裁判所法3条にいう法律上
の争訟に当たらないものとの性質を帯びることになるとの趣旨をいうものであ
り、本最高裁判決の結論命題を示す部分です。民集の判示事項、判決要旨にな
っています。(ⅳ)は、(ⅲ)の判断を前提として、本件のその後の処理についての判
断を示す部分です。

　以上の多数意見に対し、寺田治郎裁判官は、(ⅱ)の点については同一の見解を
採るとしながら、(ⅲ)の点につき、以下のとおりの意見を述べました。

(あ)　しかし、Ⅹらの本訴請求は、金銭の給付を求める請求であって、前
記宗教上の問題は、その前提問題にすぎず、宗教上の論争そのものを訴
訟の目的とするものではないから、本件訴訟は裁判所法3条1項にいう
法律上の争訟に当たらないものであるということはできず、本訴請求が
裁判所の審判の対象となり得ないものであるということもできない。

(い)　そして、このように請求の当否を決する前提問題について宗教上の判
断を必要とするため裁判所の審判権が及ばない場合には、裁判所は、当
該宗教上の問題に関するⅩらの錯誤の主張を肯認して本件金銭の給付

473

第12章　司法権の限界と法律上の争訟

> が無効であるとの判断をすることはできないこととなる（無効原因として単に錯誤があると主張するのみでその具体的内容を主張しない場合、錯誤に当たらない事実を錯誤として主張する場合等と同視される。）から、該給付の無効を前提とする X らの本訴請求を理由がないものとして請求棄却の判決をすべきものである。
>
> (う)　本件金銭の給付が無効であることを前提とする X らの本訴請求は、あらためて事実審理をするまでもなく理由のないことが X らの主張自体に徴し明らかであるから、かような場合には、原審としては、民訴法388条の規定を適用して事件を第１審に差し戻すのではなく、ただちに自ら請求棄却の判決をすべきであったのである。

　寺田裁判官の意見のうち、(あ)は、前提問題に裁判所の審判権が及ばない場合であっても、当該訴訟全体が法律上の争訟性を失うことはないとの立場を採ることをいう部分です。(い)は、その理由付けを説示する部分であり、宗教上の判断を必要とする前提問題については、裁判所はその判断を謙抑し、当該主張が主張自体失当である場合と同様に扱えば足りるとの立場を明らかにする部分です。(う)は、(い)の見解を本件訴訟に適用した場合にどうなるかの結論を示す部分です。

　それでは、次に、多数意見による場合と寺田裁判官の意見による場合とで、この種の紛争の処理の仕方がどのように変わるのかを、本件の主張・立証の構造を具体的に検討する作業を通してみてみましょう。

(3)　主張・立証の構造その１──本件における多数意見と寺田裁判官の意見との紛争解決上の相違──

　X ら17名が提示した本件訴訟の訴訟物は、不当利得に基づく利得金返還請求権です。前記(1)のとおり、これが法律上の争訟の第１の関門を突破することができることは明らかです。X ら17名のうちの１名につき、その請求原因事実を整理すると、以下のようになります。

┌─〈請求原因〉─────────────────────

(ア)　X は、Y との間で、昭和40年10月、X が Y に対して200万円（本件贈与金）を贈与する旨の契約を締結した。

V 法律上の争訟の問題その2——争点レベル——

(イ) Xは、Yに対し、昭和40年10月、(ア)の契約に基づき200万円を交付した。

(ウ) Xは、(ア)の契約の締結当時、ⓐ本件贈与金が戒壇の本尊を安置するための正本堂建立の建設費用に充てることを目的とする、ⓑこの正本堂建立によって広宣流布が達成される、と信じた。

(エ) ところが、(ウ)のⓐ、ⓑは、いずれも真実ではなかった。すなわち、ⓐ建立された正本堂に安置された「板まんだら」は偽物であり、ⓑ正本堂建立によっても広宣流布が達成されることはない。

(オ) Xは、Yに対し、(ア)の契約の締結時に、(ウ)のⓐ、ⓑの動機を表示した。

(カ) Xは、(ウ)のⓐ、ⓑが真実でないのであれば、(ア)の贈与の意思表示をすることはなかった。

Xは、不当利得返還請求の請求原因事実として、①Xの損失、②Yの利得、③①と②との間の因果関係、④Yの利得に法律上の原因がないことを示す事実、の4項目を主張する必要があります。[12]

本件においては、Xの贈与の意思表示が錯誤に基づくものであり、無効であるというのが、④の「法律上の原因がないこと」を示す事実ということになります。そして、本件において主張されている錯誤は動機の錯誤ですから、当該動機が明示または黙示にYに対して表示されていたことが必要です。[14]

(ア)(イ)は、①、②および③を主張するものです。(ウ)(エ)は、Xの贈与の意思表示に動機の錯誤があったことを主張するものです。(オ)は、動機の表示を主張し、(カ)は、当該錯誤の重要性（要素性。当該錯誤とXの贈与の意思表示との間に事実的因果関係が存すること）を主張するものです。

これらの請求原因事実のうち、(ア)(イ)(オ)(カ)の各点は、通常の民事訴訟において

---

12 最2小判昭和59・12・21集民143号503頁、判決起案の手引収録の「事実摘示記載例集」8頁を参照。

13 2020年4月1日施行の改正民法95条1項は、錯誤の効果を無効ではなく取消しとしましたから、この改正法によると、取消しの意思表示が要件事実の一つになります。

14 最2小判昭和29・11・26民集8巻11号2087頁、最1小判平成元・9・14判時1336号93頁。改正民法95条2項を参照。

475

主張・立証の対象になる命題であって、当事者間に争いがある場合（自白が成立しない場合）であっても、その点についての証拠調べをし、裁判官が認定判断することに問題はありません。

　しかし、㈦㈢の@の点は、「板まんだら」は日蓮の真筆かどうかという歴史的事実を問題にしているのではなく、Ｙの会員の信仰の対象である本尊の宗教上の価値を問題にしている主張であると把握すると、単なる事実認定の問題ではなく、裁判所が法令を適用することによっては解決することのできない問題についての判断を要することになります。また、㈦㈢の⑥の点は、「戒壇の完結」、「広宣流布の達成」といったＹの宗教上の教義の内容を確定することが、Ｘの贈与の意思表示に動機の錯誤があったかどうか、動機の錯誤があったとして当該錯誤が重要（要素）であったかどうかを判断する前提として必要な主張であると把握すると、裁判所が法令を適用することによっては解決することのできない問題についての判断を要することになります。

　そこで、司法裁判所としてこのような訴訟をどう取り扱うべきであるかが問題になります。

　多数意見も寺田裁判官の意見も、裁判所がこれらの点に立ち入って審理判断すべきでないと考えることに違いはありません。

　違いは、その後です。多数意見は、請求原因事実の一部に法令を適用することによっては解決することのできない問題が含まれている訴訟は、その結果、法律上の争訟性を失うとしますから、本件訴訟は不適法として却下されることになります。これに対し、寺田裁判官の意見は、請求原因事実の一部に裁判所が審理判断することのできない問題が含まれている結果、請求原因が主張自体失当である場合と同様に取り扱うべきであると考えますから、Ｘの請求は理由がないとして棄却されることになります。

　このようにみてきますと、不適法却下の主文になるか請求棄却の主文になるかの相違であって、多数意見によろうと寺田裁判官の意見によろうと、大勢に影響がないようにみえます。

　しかし、結論に大きな影響がある場合もありますので、次に、その点を検討してみましょう。

V　法律上の争訟の問題その2——争点レベル——

⑷　**主張・立証の構造その2**——**多数意見と寺田裁判官の意見とで紛争解決の結論に大きな相違がある場合**——

最3小判昭和56・4・7の事案は、贈与契約に基づいて履行した給付の返還を求めるものであったのですが、その事案を変えて、贈与契約に基づく債務の履行を求める事案ではどのような帰結になるのかを検討してみましょう。

── 〈設例12-③〉 ───────────────────

① 宗教法人Yは、その会員Xに対し、昭和40年10月に締結した贈与契約に基づき、本件贈与金200万円の支払を求める訴えを提起した。これに対し、Xは、〈設例12-②〉②のとおり主張して、Yの請求を棄却する旨の判決を求めた。

② 裁判所は、この事件につき、どのような判決をすべきであるか。最3小判昭和56・4・7の多数意見によるか寺田裁判官の意見によるかによって、結論に相違があるか。

③ この事件において、Xは、本件贈与契約は書面によらないものであるので、昭和42年7月7日、本件贈与契約の承諾の意思表示を撤回したとの主張も提出した。Yは、Xの撤回の意思表示については認めたものの、本件贈与契約が書面によるものであると主張し、X名義の署名押印のある「正本堂建立寄付申込証」と題する文書（本件贈与契約書）を提出した。Xは、本件贈与契約書の成立を否認し、署名はもちろん印影もXの印鑑によるものではないと主張した。

④ 証拠調べの結果、本件贈与契約書は、後日Xの了承を得ることができると考えたAの作成にかかるものであるが、結局、Xの了承を得ないままになったものであることが判明した。

⑴ 本件訴訟の主張・立証の構造を明らかにし、どこに法令の適用により解決することのできない争点があるかを検討せよ。

⑵ 裁判所は、この事件につき、どのような判決をすべきであるか。最3小判昭和56・4・7の多数意見によるか寺田裁判官の意見によるかによって、結論に相違があるか。

477

第12章　司法権の限界と法律上の争訟

　Ｙの提起したＸに対する訴訟の訴訟物は、贈与契約に基づく贈与金支払請求権です。ＸのＹに対する不当利得に基づく利得金返還請求権と同様、これが法律上の争訟の第１の関門を突破することができることは明らかです。その請求原因事実は、以下のとおりです。

〈請求原因〉

(ア)　Ｘは、Ｙとの間で、昭和40年10月、ＸがＹに対して200万円を贈与する旨の契約を締結した。

　Ｘは、これに対し、錯誤無効の抗弁を主張しました。

〈抗弁１——錯誤無効〉

(a)　前記(3)の(ウ)と同旨

(b)　前記(3)の(エ)と同旨

(c)　前記(3)の(オ)と同旨

(d)　前記(3)の(カ)と同旨

　最３小判昭和56・4・7の多数意見は、前記(3)のとおり、請求原因事実のみならず、抗弁事実の一部に法令を適用することによっては解決することのできない問題が含まれている訴訟は、その結果、法律上の争訟性を失うとするものです。したがって、本件訴訟においては法令を適用することによって解決することのできない問題が含まれているのは抗弁事実(a)(b)なのですが、前記(3)の場合と同様、ＹのＸに対する訴訟も不適法として却下されることになります。

　これに対し、寺田裁判官の意見によると、抗弁事実の一部に法令を適用することによって解決することのできない問題が含まれている場合には、抗弁を主張自体失当と取り扱うため、請求原因事実(ア)に争いのない本件請求は認容されることになります。

　このように、多数意見による限り、紛争当事者のいずれが原告になり被告になろうと、法令を適用することによって解決することのできない問題を含む事実の主張・立証責任をいずれの当事者が負うことになろうと、そのような問題を含む訴訟が法律上の争訟に当たらないとして却下されます。しかし、寺田裁判官の意見によると、そうではなく、法令を適用することによって解決するこ

478

V 法律上の争訟の問題その2——争点レベル——

とのできない問題を含む事実の主張・立証責任をいずれの当事者が負うかによって、当該事件の結論（判決主文）に大きな影響が出てくることになります。

いずれの考え方が裁判所に対して国民の寄せる期待（すなわち、公平中立な審理判断という期待）に沿うゆえんであるかは、なかなか難しい問題です。

ところで、〈設例12-③〉のように、法令を適用することによって解決することのできる問題とそうでない問題とが並存する場合には、裁判所は、どのような判断をすべきでしょうか。

〈設例12-③〉③のとおり、Xは、抗弁1とは別に、民法550条の規定に基づき、贈与の意思表示を撤回する旨の抗弁を主張しました。

┌─〈抗弁2——贈与の意思表示撤回〉──────────────
│ (e) Xは、Yに対し、昭和42年7月7日、本件贈与契約の承諾の意思表
│   示を撤回する旨の意思表示をした。
└──────────────────────────────

この抗弁に対し、Yは、民法550条の規定に基づき、贈与が書面による旨の再抗弁を主張しました。

┌─〈再抗弁——書面による贈与〉──────────────────
│ (キ) (ア)の贈与契約は、書面によるものである。
└──────────────────────────────

〈設例12-③〉③④によると、抗弁事実(e)に争いがなく、再抗弁事実(キ)の証明ができなかったというのですから、Yの請求は、抗弁1の成否にかかわりなく、抗弁2が採用されることによって棄却するしかないということになります。

したがって、このような場合には、抗弁1に立ち入ることなく結論を導くことができますから、多数意見によろうが寺田裁判官の意見によろうが、本案についての判断をし、Yの請求を棄却するとの判決をすることになります。

2．宗教問題についてのその他の解決方法の提案

最高裁としての宗教問題についての判断の枠組みは、以上のように確定しています。しかし、寺田裁判官の意見のほかにも、いくつかの他の解決方法が提案されています。

1つの提案は、訴訟の前提問題として宗教団体における懲戒処分の効力の有

479

第12章　司法権の限界と法律上の争訟

無が争われた事件における大野正男裁判官、佐藤庄市郎裁判官の反対意見およ[15]び三好達裁判官の反対意見[16]にみられるものであり、懲戒事由の存否について宗教団体の自律的な決定を尊重して請求の当否を判断すべきであるとするものです。この判断の仕方は、政党における内部紛争としての除名の効力の有無が争われた事件における最3小判昭和63・12・20判時1307号113頁[17]の判断の枠組みとほぼ同一のものと考えることができます。

　もう1つの提案は、同様に訴訟の前提問題として宗教団体における懲戒処分の効力の有無が争われた事件における大野正男裁判官の反対意見[18]にみられるものであり、ある者が懲戒権者である法主に選定されたかどうか（すなわち、旧法主の地位にあった者から「血脈相承」を受けたかどうか）が直接の争点になっている場合に、裁判所は、宗教問題である「血脈相承」それ自体を判断することなく、選定を推認させる間接事実（たとえば、就任の公表、披露、就任儀式の挙行など）の存否を主張・立証させることによって判断することが可能であるとするものです。

　それぞれの提案はそれなりの合理性を有するものであり、魅力的なものではあります。しかし、前者の自律的決定尊重論には、尊重すべき自律的決定をどの範囲のものとし、司法裁判権をどの範囲で行使すべきであるかという別の困難な問題を検討する必要がありそうです。すなわち、政党の党員に対する除名処分の当否につき、最3小判昭和63・12・20は、「右処分が一般市民としての権利利益を侵害する場合であっても、右処分の当否は、当該政党の自律的に定めた規範が公序良俗に反するなどの特段の事情のない限り右規範に照らし、右規範を有しないときは条理に基づき、適正な手続に則ってされたか否かによって決すべきであり、その審理も右の点に限られるものといわなければならない。」と判示しましたが、宗教団体における懲戒事由の存否についてもこれと

15　大野裁判官と佐藤裁判官の反対意見は、最3小判平成5・7・20判時1503号5頁におけるものです。この最高裁判決は、日蓮正宗末寺事件判決と呼称されています。

16　三好裁判官の反対意見は、最1小判平成5・11・25判時1503号18頁におけるものです。前掲（注15）最3小判平成5・7・20と同様、この最高裁判決も、日蓮正宗末寺事件判決と呼称されています。

17　この最高裁判決は、袴田事件判決と呼称されています。

18　最3小判平成5・9・7民集47巻7号4667頁におけるものです。この最高裁判決は、日蓮正宗管長事件判決と呼称されています。

480

V　法律上の争訟の問題その2——争点レベル——

同じ判断の枠組みでよいのかどうかは、困難な問題です。

　また、後者の間接事実推認説には、主要事実である宗教問題に立ち入ること
をせず、それをブラックボックスにしておきながら、主要事実を推認するのに
十分な間接事実が何であるのかをどうして決定することができるのかというき
わめて基本的な疑問を払拭することができません。

481

● 事項索引 ●

【数字】

10年の取得時効　*171*
１個説　*92*
20年の取得時効　*171*
２個説　*92,450*
２段の推定　*228*

【あ行】

按分説　*291,303*
遺言者の意思無能力　*416*
遺言者の生存中の遺言無効確認の訴え　*425*
遺言の変更可能性がないこと　*427*
遺言無効確認の訴え　*413*
遺言無能力　*428*
遺産確認請求　*10,11*
遺産確認の訴え　*322*
　　──と補充性の原則　*418*
　　──の確認の利益　*18*
　　──の原告適格　*18*
　　──の請求原因事実　*325*
遺産帰属性　*324*
　　──の確定　*419*
遺産分割の審判　*324,419*
遺産分割前の共有関係　*323*
　　──にあることの確認　*420*
遺産分割前の共有持分権の性質　*13*
意思主義　*219*
意思表示の瑕疵と解除の双方を主張する場合　*443*
意思無能力（遺言無能力）　*428*
板まんだら　*469*
一元説　*398*
一時金賠償方式　*53,97*
一時使用の再抗弁　*398*
一部請求訴訟　*289*
　　──と相殺の抗弁　*303*
　　──における過失相殺　*291*
一部請求訴訟後の残部請求の許否　*291*
一部請求の「明示」　*298*
一部請求をする理由についての陳述　*309*
一物一権主義　*33*
一部認容判決　*99*

一部判決　*283*
移転登記義務の不履行を理由とする売買契約の解除　*86*
違法収集証拠の証拠能力　*225*
医療過誤訴訟　*240*
請負契約に基づく報酬請求権　*183*
請負残報酬支払請求　*278*
内側説　*291,303*
訴え提起前の和解（即決和解）　*432*
訴えの交換的変更　*183,451*
訴えの追加的変更　*451*
訴えの取下げ　*444*
　　──と意思表示の瑕疵　*444*
訴えの利益（必要性）の同一性　*453*
訴えの利益に関する主張　*7*

【か行】

回顧的に過去の訴訟行為を評価する場面　*265*
介護費用　*53*
改正民法423条の５　*257,263*
回避することのできない争点　*473*
拡張解釈　*395*
確定判決が解決した紛争の範囲　*18*
確定判決によってした給付と不当利得返還請求または不法行為に基づく損害賠償請求　*36*
確定判決の既判力による法的安定の要請を考慮してもなお容認し得ないような特別の事情　*42*
確定判決の反射的効力　*70*
確認訴訟　*406*
確認対象の選択　*408*
確認の訴えの対象適格　*463,465*
確認の利益　*407*
過去の法律関係の確認　*418*
瑕疵修補に代わる損害賠償請求　*278*
貸出稟議書　*249*
仮定抗弁としての相殺の抗弁　*272*
株主総会決議取消しの訴え　*164*
仮差押命令の申立ての違法　*299*
完成した既判力　*393*
間接事実　*348*

事項索引【か行・さ行】

――と主要事実の区別　117
――についての自白　141
――または補助事実　116
間接事実推認説　481
期日指定の申立て　436
基準時後における形成権の行使　45
基準時後に発生した事実と既判力　50
規範的要件　110,237
――主要事実説と間接事実説　110
既判力　1
――ある判断と実質的に矛盾する損害賠償
　　請求　40
――とは異なる特殊な効力　366
――に関する主張　3,14,24,27,28,35
――の基準時　45
――の主観的範囲　57
既判力肯定説　435
既判力抵触の可能性　254
既判力否定説　435
客観的主張・立証責任　239
旧1個説　399,449
旧訴訟物理論　88
給付の訴えと債務不存在確認の訴え　266
境界確定の訴え　165
境界確定の訴え提起と係争地についての取得
　時効の中断効　166
共同して有する1個の所有権　317
共同所有関係　313
共同訴訟　316
――についての審判　340
共同訴訟人間の証拠共通の原則　341
共同訴訟人独立の原則　340
業務委託契約に基づく報酬支払請求権　296
共有権と共有持分権の異同　315
共有権に基づく妨害排除請求権　318
共有者間の訴訟　322
共有者の提起する訴訟　313
共有者を相手方とする訴訟　326
共有物分割訴訟　420
共有物分割の訴え　322
共有持分権と共有権の異同　315
共有持分権に基づく請求　321
共有持分権に基づく妨害排除請求権　133
共有持分を有することの確認　418
経験則の意義と機能　222

経済的・市民的色彩を有する活動　458
形式的形成訴訟　163
形式的証拠力　144,408
形成訴訟　164
係争物の譲渡　390
継続説　53
原告説　220
現在の法律関係の確認　324
検証義務　243
限定解釈説　248,253
限定的に審査するにとどめる方式　236
検認　409
権利関係の合一確定　382
権利抗弁　94
権利主張　113
権利主張参加　378
権利保護形式（給付、確認、形成のいずれの
　判決か）および順序　96
権利保護形式の種類等　96
権利保護の範囲　99
合意解除　86
――に基づく不当利得返還請求権　90
後遺障害による逸失利益　52
行為能力または意思表示の瑕疵に基づく取消
　し　22
効果裁量　236
公図　232
更正決定　392
後訴の提起の信義則違反　297
交通事故の被害者が他原因で死亡　50
口頭弁論終結後の承継人　58,392
高度の蓋然性　221
公平・中立な裁判官像　187
抗弁先行型　272,283
公法上の境界　164
異なる訴訟物を提示させることにつながる釈
　明　183
固有必要的共同訴訟　165,315,316,424

【さ行】

債権差押通知書　203
債権者代位権の転用形態　260
債権的登記請求権　25,326
最高裁への許可抗告制度　243
再審の訴え　37

483

事項索引【さ行】

再訴が禁止される「同一の訴え」 446
再訴禁止効 445
裁判外の和解（私法上の和解） 432
裁判上の和解 432
裁判所書記官の固有の職務権限 40
裁判所等が定める和解条項 433
裁判所に対する「もたれかかり」 204
裁判所の訴訟指揮 105
裁判所の続行命令 392
債務不存在確認の訴えと給付の訴え 266
裁量処分 235
詐害防止参加 378,389
詐欺による取消しの再抗弁 357,362
錯誤無効の抗弁 478
残額の請求 100
参加承継 391
参加的効力の客観的範囲 370,374,376
参加的効力の主観的範囲 371,374
参加的効力の主張 369
参加的効力の性質 363
暫定真実 159
三面訴訟説 383
事案解明義務 232,238
　——に違反したときの効果 241
事件性 457
時効中断の抗弁 172
自己査定資料 245
自己利用文書 244
事実上の推定 228
事実上の利害関係 358,376
事実審裁判所としての責任 212
事実認定 220
事実論 214
執行可能性の予測の不確実性 289
実質説・実体法説 66
実質的な証拠力 408
実体的判断代置方式 236
実体法上併存し得ない関係 353
実体法説 2,66,71,77
実体法レベルにおける公平 210
質的な一部認容判決 105
自働債権についての既判力の発生範囲 309
自白の拘束力 116,138
自白の撤回 139
司法権の限界 457

私法行為説 434
私法上の和解 432
死亡保険金支払債務の不存在確認請求 268
釈明義務違反 188
　——の考慮要素 210
釈明義務の行使を怠った違法 17
釈明権 174
　——の行使 95
釈明権限の範囲 177
釈明権行使の対象 175
釈明権行使の方法 175
釈明権行使の類型 176
釈明の類型と釈明義務の有無 209
借用書 216
主位的請求 292
宗教活動 458
宗教上の価値に関する判断 472
宗教上の教義に関する判断 472
宗教団体における宗教上の地位 469
宗教団体における紛争 458
宗教的活動における主宰者たる地位 463
宗教法人における組織上の地位 469
終局判決後の訴えの取下げ 445
住職の地位 460
自由心証主義 227
従前の訴訟状態に拘束される第三者 404
主観的・予備的併合 348
受継の申立て 392,394
主張・立証責任を負わない当事者の事案解明
　義務 232
主張・立証の実際に即して実質的に考察
　401
主張共通の原則 163
主張事実と認定事実の同一性 137
主張自体失当 287,320,329,347,471,474,
　476
主張と証拠の区別 116
主張と証拠の有機的関連 215,219
主張の補正と証拠の提出についての釈明
　202,206
受働債権についての既判力の発生範囲 309
受命裁判官 215
主要事実と間接事実の区別 117
主要事実ないし要件事実 116
順位変更の合意 197

事項索引【さ行】

準消費貸借契約に基づく貸金返還請求権
　216
準物権行為の独自性肯定説　143
準物権行為の独自性否定説　142
商業帳簿　232
消極的確認の訴え　406
消極的釈明　209
消極的訴訟要件（訴訟障害）　262
承継人に固有の攻撃防御方法の提出　404
証拠価値　227
証拠提出義務　243
証拠と主張の有機的関連　215,219
証拠能力　223
　　違法収集証拠の――　225
　　反対尋問を経ない供述の――　223
証拠の提出と主張の補正についての釈明
　202,206
証拠の提出についての釈明　196
証拠力　227
証書真否確認の訴え　408
　　――と意思無能力　412
使用貸借契約解除の再抗弁　161
使用貸借契約の終了に基づく目的物返還請求
　権　160,162
承諾請求権　387
証人義務　243
勝敗逆転の蓋然性　210
消費貸借契約に基づく貸金返還請求権
　142,216,304
情報（証拠）偏在型訴訟　232,239
商法512条に基づく報酬支払請求権　296
証明度　221
証明の必要性　202
証明力　227
　　――と成立の真正の関係　147
書証　227
職権証拠調べの禁止　117
職権探知　4
職権探知主義　115
職権調査事項　4
処分権主義　84
　　――および弁論主義の例外　163
　　――と不利益陳述　88
処分権主義違反　123
処分証書　147,219,228

除名処分の有効性　468
書面によらない贈与の撤回　23
書面による贈与の再抗弁　479
所有権一部移転登記請求　10,11
所有権侵害の不法行為に基づく損害賠償請求
　権　367
所有権喪失の抗弁　14,128,135,361,423
所有権に基づく物権的登記請求権　386
所有権に基づく返還請求権　29,93,149,160,
　259,333,345,367,399,440,466
所有権に基づく妨害排除請求権　23,29,61,
　120,128,158,170,356,361
自律的決定尊重論　480
事例判例　452
新1個説　450
信義則違反または権利濫用に当たることを理
　由とした請求異議　55
真正な登記名義回復を原因とする所有権移転
　登記手続を求める訴え　59
真正の争点　211
新訴訟物理論　88
真の争点　215
審判対象の同一性　265
審判の重複による不経済　254
推定に対する反証　197
請求異議の訴え　46,51,436
　　――の事由　211
請求認容金額の予測の不確実性　289
請求の放棄・認諾　455
制限的既判力説　435
政治的・政策的裁量　236
生成中の既判力　393
正当事由の補完材料　108
制度的効力・手続保障説　2
成立の真正　144,197,219
　　――と証明力との関係　147
責問権の放棄または喪失　224
積極的確認の訴え　406
積極的釈明　209
積極否認　133,134,159,218,325,374,428
切断説　53,98
せり上がり　44,182
善解　94,186,193
先行自白候補　312
前訴確定判決に基づく強制執行の不許　46

485

事項索引【さ行・た行】

専属管轄である職分管轄　*382*
前訴の先決問題についての判断　*29*
前訴の訴訟終了効　*441*
専門技術的裁量　*236*
　　──を伴う行政処分の取消訴訟　*234*
占有権原の抗弁　*161*
占有正権原喪失の再抗弁　*466*
占有正権原の抗弁　*346,400,466*
相殺権の行使　*23*
相殺の抗弁　*211*
　　──と一部請求訴訟　*303*
　　──と重複訴訟禁止の原則　*271*
　　仮定抗弁としての──　*272*
争点効　*63*
争点整理　*214*
争点整理表　*215*
相当程度の蓋然性　*221*
贈与契約に基づく贈与金支払請求権　*478*
贈与の意思表示撤回の抗弁　*479*
贈与の意思表示の錯誤　*469*
即時確定の利益　*425*
訴訟係属の有無および後訴の提起　*271*
訴訟行為説　*434*
訴訟行為の合理的解釈　*386*
訴訟材料新提出の釈明　*196,202,209*
訴訟終了原因　*431*
訴訟終了宣言の終局判決　*436*
訴訟承継主義　*391*
訴訟承継の種類　*391*
訴訟承継の承継人　*392*
訴訟上の信義則　*225*
訴訟上の信義則違反　*295*
訴訟上の相殺の意思表示　*283*
訴訟上の和解　*432*
　　──の解除　*437*
訴訟手続の中断　*392*
訴訟の結果と訴訟物　*355*
訴訟の結果についての利害関係　*354*
訴訟引受けの申立て　*394*
訴訟費用金額　*289*
訴訟物との実体的条件関係説　*354*
訴訟物の異同　*85*
訴訟物の実質的同一性　*269*
訴訟物の先決関係　*19*
訴訟物の同一性　*9*

訴訟物の矛盾関係　*33*
訴訟物非限定説　*354*
訴訟物理論　*85*
訴訟法説　*2,71*
訴訟要件　*297*
即決和解　*432*
外側説　*102,291,303*
　　──と既判力　*308*
　　──による抗弁事実　*311*
損害費目を特定しての請求　*301*

【た行】

第1段の推定　*201,228*
　　──に対する反証　*201*
第2段の推定　*201,229*
代表役員の地位　*464*
代物弁済予約の完結に基づく債権的登記請求
　　権　*386*
対立当事者間の証拠共通の原則　*341*
他主占有の抗弁　*159*
多数当事者紛争　*313*
立退料　*105*
建物買取請求権　*46,91*
建物収去土地明渡しを求める場合の訴訟物
　　92
建物所有目的の抗弁　*398*
檀徒の地位　*467*
単なる事情　*310*
　　──としての付随的陳述　*104*
重複訴訟　*438*
重複訴訟禁止　*254*
　　──の原則の類推適用　*278*
賃借権譲渡の承諾　*91*
賃借権の確認　*336*
賃貸借契約上の目的物返還債務の履行遅滞に
　　基づく損害賠償請求権　*368*
賃貸借契約に基づく賃料請求権　*368*
賃貸借契約の終了に基づく目的物返還請求権
　　108,398
通常共同訴訟　*316,322,340*
通常共同訴訟人間の主張共通　*345*
定期金賠償方式　*97*
抵当順位変更登記抹消登記手続請求　*197*
抵当権に基づく妨害排除請求権　*200*
適格承継説（形式説・訴訟法説）　*67*

486

事項索引【た行・な行・は行】

手続上の不経済と不安定とが生ずる危険 335

手続法レベルにおける公平 210

手渡し釈明 185

伝聞証拠排除原則 223

展望的に判定する場面 266

同一の訴え 446,452

動機の錯誤 475

登記保持権原の抗弁 152,200,356

当事者間の公平 210

当事者恒定主義 390

当事者相対効の原則 57

当事者適格 165,259,325

──の移転 393,402

当事者の機会主義的行動 79

当事者の誤解 212

当事者の主張の合理的解釈 193

当事者の同一性 255

同時審判申出共同訴訟 348

同時履行の抗弁 113

同時履行の抗弁権の存在効果 89

同時履行の抗弁権または留置権 92

当然承継 391

──の原因事実 399

当然の補助参加 342

特段の事情 296,298

独立当事者参加訴訟 257,377

土地所有権の範囲の確認を求める訴訟 165

【な行】

内部文書性 248

──の要件 250

二者択一の問題設定 376

二重譲渡事例の独立当事者参加 383

認定事実と主張事実の同一性 137

【は行】

敗訴の責任分担 366

売買契約に基づく債権的登記請求権 384, 386

売買契約に基づく代金支払請求権 181, 276,374

判決釈明 186

判決書の必要的記載事項 376

判決要旨 243

判示事項 243

反対意見 16

反対尋問を経ない供述の証拠能力 223

比較考量説 249

引受承継 391

引換給付判決 105

被告説 220

被告の応訴の煩 254

被参加人（主たる当事者） 353

筆跡鑑定の申出 197

筆跡の対照 200

必要的共同訴訟 316,340

非当然承継 391

罷免処分 460

評価根拠事実 110

評価障害事実 110

表示主義 219

表裏一体論（ないし不可分一体論） 32

不可分債権 321

不可分債務 328,334,338

物権的登記請求権 330

物権変動的登記請求権 28,386

物証 243

不動産の二重譲渡 134

不当利得に基づく利得金返還請求権 474

不当利得返還請求権としての所有権移転登記抹消登記請求権 26

不当利得返還請求訴訟 469

不法行為に基づく損害賠償請求 299,345, 350

不明瞭をただす釈明 190,209

付郵便送達 37,38,39

不利益性 248

──の要件 252

不利益陳述 154

──と処分権主義 88

不利益変更禁止の原則 164

文書提出義務 243

──の一般義務化 243

文書の形式的証拠力 227

文書の実質的証拠力 227,231

文書の成立の真正 227

紛争解決機能 421,424

紛争解決手段としての適切さ 417

紛争の実効的解決 402

487

事項索引【は行・ま行・や行・ら行・わ行】

紛争の主体たる地位の移転　393,402
紛争の主体たる地位の承継　68
紛争の成熟性　411,424
紛争の相対的解決　78
紛争の適正迅速な解決　397
紛争の統一的解決　77,78,83
紛争の抜本的解決　211
分別の利益　182
並存説　434
別個の訴訟物にわたる釈明権限　177
別訴先行型　272,276,278,281
返還約束　216
変更判決　97
弁済の抗弁　204,206
弁論主義　115
　　――および処分権主義の例外　163
　　――の３つの規律　116
弁論主義違反　123
　　――の違法　17
弁論準備手続　215
　　――の結果陳述　215
弁論の分離　283
弁論の併合　158
報告文書　232
報酬債権　296
法定解除に基づく原状回復請求権　90
法定証拠法則　229
法定訴訟担当　260
法律関係（権利義務）の移動　390
法律関係を証する書面　408
法律行為の無効の確認　413
法律上の事実推定　230
法律上の争訟　457,471,472,476,478
法律上の利害関係　358,375
法律性　457
法律論　214
法理判例　452
傍論　242
保険契約に基づく死亡保険金支払請求権　269
補充性の原則　417
　　遺産確認の訴えと――　418
保証契約に基づく保証債務履行請求権　181,183
保証債務の附従性　78

補助参加　353
補助参加人（従たる当事者）　353
補助事実の自白　144
補助事実または間接事実　116
補足意見　16
保存行為　321
本案の起訴命令の申立て　299
本案の抗弁　339
本案前の抗弁　339
本案前の再抗弁　8

【ま行】

民法545条に基づく原状回復請求　86
民法703条等の規定する不当利得返還請求　88
民法上の法律行為を含まない遺言　414
申立ての上限を画するための陳述　104
黙示の意思表示　110
　　――主要事実説と間接事実説　110
黙示の解約の意思表示　110
黙示の解約申入れ　107
目的論的拡張解釈　402
持分権移転登記請求の請求原因事実　325

【や行】

要件裁量　236
要件事実ないし主要事実　116
よって書き　182
予備的請求　292
予備的請求原因　112
予備的請求原因事実　129,339
予備的反訴　281

【ら行】

リーガル・リサーチ　214
利益の二重取り　212
留置権または同時履行の抗弁権　92
領収書　232
領収証書　203
両性説　434
類似必要的共同訴訟　316
連帯の特約　182

【わ行】

和解勧試　433
和解無効確認の訴え　436

判例索引【昭和】

● 判例索引 ●

（判決言渡日順）

［明治］

大判明治35・10・15民録 8 輯 9 巻87頁··· *329*
大判明治36・ 9・ 8 民録 9 輯951頁··· *172*
大判明治41・ 9・25民録14輯931頁··· *322*
大判明治42・ 4・30民録15輯439頁··· *172*
大判明治42・ 5・28民録15輯528頁··· *20,23*
大判明治43・11・26民録16輯764頁··· *23*

［大正］

大判大正 4 ・ 9・29民録21輯1520頁·· *312*
大判大正 9 ・ 7・15民録26輯983頁··· *441*
大判大正10・ 3・18民録27輯547頁··· *321*
大判大正10・ 6・13民録27輯1155頁·· *321*
大連判大正12・ 6・ 2 民集 2 巻345頁··· *164*
大判大正14・ 3・20民集 4 巻141頁·· *20,23*
大判大正14・ 4・24民集 4 巻195頁·· *436*

［昭和］

大決昭和 6 ・ 4・22民集10巻388頁··· *436*
大判昭和 6 ・11・24民集10巻12号1096頁·· *8*
大判昭和 7 ・ 1・26民集11巻169頁·· *94*
大判昭和 8 ・ 2・18法学 2 巻10号1243頁·· *442*
大判昭和 8 ・ 9・29民集12巻2408頁·· *23*
大判昭和 8 ・11・29裁判例(7)民273頁·· *442*
大判昭和11・10・ 6 民集15巻1771頁·· *133*
大判昭和14・ 5・16民集18巻 9 号557頁·· *260*
大判昭和14・ 8・12民集18巻903頁·· *436*
大判昭和15・ 7・10民集19巻1265頁·· *166*
大判昭和15・ 7・26民集19巻1395頁·· *366*
大判昭和16・ 3・26民集20巻 6 号361頁·· *449*
大判昭和17・ 7・ 7 民集21巻740頁·· *318*
福岡高判昭和24・ 4・27（民集 4 巻11号563頁に収録）····································· *119*
最 3 小判昭和25・ 2・28民集 4 巻 2 号75頁··· *227*
最 2 小判昭和25・11・10民集 4 巻11号551頁··· *118*
最 2 小判昭和27・ 1・18民集 6 巻 1 号 1 頁··· *107*
名古屋地判昭和27・ 9・17（民集 9 巻13号1910頁に収録）································· *30*
最大判昭和27・10・ 8 民集 6 巻 9 号783頁··· *458*
最 2 小判昭和27・10・31民集 6 巻 9 号926頁··· *458*
最 1 小判昭和27・11・20民集 6 巻10号1004頁·· *408*
最 1 小判昭和27・11・27民集 6 巻10号1062頁·· *95,186*
最 2 小判昭和27・12・ 5 民集 6 巻 7 号1117頁··· *224*

489

判例索引【昭和】

最 2 小判昭和28・ 1 ・30民集 7 巻 1 号99頁‥‥‥‥‥‥‥‥‥‥‥‥‥‥‥ *111*
最 2 小判昭和28・ 3 ・ 6 民集 7 巻 4 号267頁‥‥‥‥‥‥‥‥‥‥‥‥‥‥ *107*
名古屋高判昭和28・ 3 ・30（民集 9 巻13号1915頁に収録）‥‥‥‥‥‥‥ *30*
最 2 小判昭和28・ 9 ・11集民 9 号901頁‥‥‥‥‥‥‥‥‥‥‥‥‥‥‥‥ *117*
最 1 小判昭和28・10・15集 7 巻10号1083頁‥‥‥‥‥‥‥‥‥‥‥‥‥‥ *408*
最 1 小判昭和29・ 2 ・11民集 8 巻 2 号419頁 ［16］‥‥‥‥‥‥‥‥‥‥ *458*
最 2 小判昭和29・11・26集 8 巻11号2087頁 ［108］‥‥‥‥‥‥‥‥‥‥ *475*
最 1 小判昭和29・12・16集 8 巻12号2158頁 ［114］‥‥‥‥‥‥‥‥‥‥ *417*
最 3 小判昭和30・ 5 ・31集 9 巻 6 号793頁 ［51］‥‥‥‥‥‥‥‥ *15,420*
最 2 小判昭和30・ 9 ・30民集 9 巻10号1491頁 ［101］‥‥‥‥‥‥‥‥‥ *456*
最 1 小判昭和30・12・ 1 民集 9 巻13号1903頁 ［126］‥‥‥‥‥‥ *29,63*
最 3 小判昭和30・12・26民集 9 巻14号2082頁 ［138］‥‥‥‥‥‥‥‥‥ *430*
最 2 小判昭和31・ 3 ・30民集10巻 3 号242頁 ［15］‥‥‥‥‥‥‥‥‥‥ *434*
最 1 小判昭和31・ 5 ・10民集10巻 5 号487頁 ［27］‥‥‥‥‥‥‥‥‥‥ *321*
最 2 小判昭和31・ 5 ・25民集10巻 5 号577頁 ［34］‥‥‥‥‥‥‥‥‥‥ *141*
最 2 小判昭和31・ 7 ・20民集10巻 8 号965頁 ［58］‥‥‥‥‥‥‥‥‥‥ *81*
最 1 小判昭和31・10・ 4 集10巻10号1229頁 ［74］‥‥‥‥‥‥‥ *413,425*
最 2 小判昭和31・12・28民集10巻12号1639頁 ［102］‥‥‥‥‥‥‥‥‥ *164*
最 2 小判昭和32・ 2 ・ 8 集11巻 2 号258頁 ［16］‥‥‥‥‥‥‥‥‥‥‥ *224*
最 1 小判昭和32・ 2 ・28民集11巻 2 号374頁 ［25］‥‥‥‥‥‥‥‥‥‥ *451*
最 3 小判昭和32・ 3 ・26民集11巻 3 号543頁 ［33］‥‥‥‥‥‥‥‥‥‥ *224*
最 2 小判昭和32・ 5 ・10民集11巻 5 号715頁 ［42］‥‥‥‥‥‥‥‥‥‥ *137*
最 2 小判昭和32・ 6 ・ 7 民集11巻 6 号948頁 ［51］‥‥‥‥‥‥‥‥‥‥ *290*
最 3 小判昭和32・ 7 ・ 9 民集11巻 7 号1203頁 ［67］‥‥‥‥‥‥‥‥‥ *224*
最 1 小判昭和32・10・31民集11巻10号1779頁 ［101］‥‥‥‥‥‥‥‥‥ *232*
最 3 小判昭和32・12・24民集11巻14号2322頁 ［127］‥‥‥‥‥‥‥‥ *85*
最大判昭和33・ 3 ・ 5 民集12巻 3 号381頁 ［19］‥‥‥‥‥‥‥‥‥‥‥ *435*
最 2 小判昭和33・ 3 ・ 7 民集12巻 3 号469頁 ［22］‥‥‥‥‥‥‥‥‥‥ *312*
最 3 小判昭和33・ 3 ・25民集12巻 4 号589頁 ［29］‥‥‥‥‥‥‥‥‥‥ *417*
福岡高宮崎支判昭和33・ 3 ・31（民集15巻11号2874頁に収録）‥‥‥‥‥ *327*
最 1 小判昭和33・ 6 ・14民集12巻 9 号1492頁 ［68］‥‥‥‥‥‥‥‥‥ *434*
最 3 小判昭和33・ 7 ・ 8 民集12巻11号1740頁 ［81］‥‥‥‥‥‥‥‥‥ *124*
最 3 小判昭和33・ 7 ・22民集12巻12号1805頁 ［86］‥‥‥‥‥‥‥‥‥ *321*
最 2 小判昭和33・ 9 ・19民集12巻13号2062頁 ［101］‥‥‥‥‥‥‥‥‥ *392*
東京高判昭和33・10・ 7 （民集17巻 2 号314頁に収録）‥‥‥‥‥‥‥‥‥ *330*
最 2 小判昭和34・ 2 ・20民集13巻 2 号209頁 ［15］‥‥‥‥‥‥‥‥‥‥ *290*
最 1 小判昭和34・ 3 ・26民集13巻 4 号493頁 ［23］‥‥‥‥‥‥‥‥‥‥ *332*
最 1 小判昭和34・ 9 ・17民集13巻11号1372頁 ［74］‥‥‥‥‥‥‥‥‥ *312*
最 3 小判昭和34・ 9 ・22民集13巻11号1426頁 ［76］‥‥‥‥‥‥‥‥‥ *238*
盛岡地遠野支判昭和35・ 6 ・14（民集20巻 7 号1317頁に収録）‥‥‥‥‥ *155*
大阪地判昭和35・ 6 ・30（民集20巻 4 号553頁に収録）‥‥‥‥‥‥‥‥‥ *126*
最 3 小判昭和36・ 2 ・28民集15巻 2 号324頁 ［17］‥‥‥‥‥ *91,95,186*
最 1 小判昭和36・ 6 ・22民集15巻 6 号1651頁 ［75］‥‥‥‥‥‥‥‥‥ *89*
鹿児島地判昭和36・ 9 ・27（民集22巻 2 号196頁に収録）‥‥‥‥‥‥‥‥ *438*
最 1 小判昭和36・10・ 5 民集15巻 9 号2271頁 ［105］‥‥‥‥‥‥‥‥‥ *444*

490

判例索引【昭和】

福岡地判昭和36・11・14（民集20巻 3 号488頁に収録）・・・・・・・・・・・・・・・・・・・・・・・・・・・・・・・・・・ *394*
最 3 小判昭和36・12・12民集15巻11号2778頁［135］・・・・・・・・・・・・・・・・・・・・・・・・・・・ *21,23,45*
最 2 小判昭和36・12・15民集15巻11号2865頁［138］・・・・・・・・・・・・・・・・・・・・・・・・・・・・・・・ *326*
最 1 小判昭和37・ 4 ・12集民60号167頁 ・・・ *82*
最 1 小判昭和37・ 5 ・24民集16巻 5 号1157頁［102］・・・・・・・・・・・・・・・・・・・・・・・・・・・・・・ *55*
最 2 小判昭和37・ 8 ・10民集16巻 8 号1720頁・・・・・・・・・・・・・・・・・・・・・・・・・・・・・・・・・ *102,290*
大阪高判昭和37・12・18（民集20巻 4 号557頁に収録）・・・・・・・・・・・・・・・・・・・・・・・・・・・・・・ *126*
最 2 小判昭和38・ 1 ・18民集17巻 1 号 1 頁［ 1 ］・・・・・・・・・・・・・・・・・・・・・・・・・・・・・・・・・・ *166*
最 1 小判昭和38・ 2 ・21民集17巻 1 号182頁［14］・・・・・・・・・・・・・・・・・・・・・・・・・・・・・・・・ *436*
最 3 小判昭和38・ 3 ・12民集17巻 2 号310頁［26］・・・・・・・・・・・・・・・・・・・・・・・・・・・・・・・・ *330*
仙台高判昭和38・ 7 ・19（民集20巻 7 号1318頁に収録）・・・・・・・・・・・・・・・・・・・・・・・・・・・ *155*
最 3 小判昭和38・ 7 ・30集民67号141頁 ・・ *231*
最 2 小判昭和38・ 9 ・ 6 集民67号495頁 ・・ *441*
最 3 小判昭和38・10・ 1 民集17巻 9 号1128頁［65］・・・・・・・・・・・・・・・・・・・・・・・・・・・・・・ *452*
最 3 小判昭和38・10・15民集17巻 9 号1220頁［67］・・・・・・・・・・・・・・・・・・・・・・・・・・・・・・ *164*
盛岡地花巻支判昭和39・ 1 ・13（民集20巻 7 号1399頁に収録）・・・・・・・・・・・・・・・・・・・ *139*
最 1 小判昭和39・ 1 ・23集民71号271頁 ・・ *358*
福岡高判昭和39・ 2 ・21（民集20巻 3 号496頁に収録）・・・・・・・・・・・・・・・・・・・・・・・・・・・・・・ *395*
最 3 小判昭和39・ 5 ・12民集18巻 4 号597頁［33］・・・・・・・・・・・・・・・・・・・・・・・・・・・・・・ *228*
最 2 小判昭和39・ 6 ・26民集18巻 5 号954頁［56］・・・・・・・・・・・・・・・・・・・・・・・・・・・・・・ *188*
最 2 小判昭和39・11・13判時396号40頁 ・・ *124*
京都地判昭和40・ 1 ・21金判293号11頁 ・・ *106*
仙台高判昭和40・ 2 ・24（民集20巻 7 号1405頁に収録）・・・・・・・・・・・・・・・・・・・・・・・・・・・ *140*
最 2 小判昭和40・ 4 ・ 2 民集19巻 3 号539頁［35］・・・・・・・・・・・・・・・・・・・・・・・・・・・ *21,23,45*
浦和地判昭和40・10・ 5 （民集25巻 7 号893頁に収録）・・・・・・・・・・・・・・・・・・・・・・・・・・・・・・ *314*
東京高判昭和40・11・17（民集22巻 3 号623頁に収録）・・・・・・・・・・・・・・・・・・・・・・・・・・・・・・ *333*
最 3 小判昭和41・ 2 ・ 8 民集20巻 2 号196頁［14］・・・・・・・・・・・・・・・・・・・・・・・・・・・・・・ *458*
最大判昭和41・ 3 ・ 2 民集20巻 3 号360頁［18］・・・・・・・・・・・・・・・・・・・・・・・・・・・・・・・・・・ *419*
最 2 小判昭和41・ 3 ・ 4 民集20巻 3 号406頁［25］・・・・・・・・・・・・・・・・・・・・・・・・・・・・・・・・ *189*
福岡高宮崎支判昭和41・ 3 ・ 7 （民集22巻 2 号211頁に収録）・・・・・・・・・・・・・・・・・・・・・ *438*
最 3 小判昭和41・ 3 ・22民集20巻 3 号484頁［112］・・・・・・・・・・・・・・・・・・・・・・・・・・・ *67,393*
最 3 小判昭和41・ 4 ・12民集20巻 4 号548頁［32］・・・・・・・・・・・・・・・・・・・・・・・・・・・・・・ *125*
最 3 小判昭和41・ 4 ・12民集20巻 4 号560頁［27］・・・・・・・・・・・・・・・・・・・・・・・・・・・・・・ *158*
最 2 小判昭和41・ 5 ・20集民83号579頁 ・・ *164*
大阪高判昭和41・ 5 ・31下民集17巻 5 ・ 6 号452頁 ・・・・・・・・・・・・・・・・・・・・・・・・・・・・・・ *106*
最 1 小判昭和41・ 6 ・ 2 判時464号25頁 ・・ *66*
最 1 小判昭和41・ 9 ・ 8 民集20巻 7 号1314頁［72］・・・・・・・・・・・・・・・・・・・・・・・・・・・・・・ *154*
最 1 小判昭和41・ 9 ・22民集20巻 7 号1392頁［67］・・・・・・・・・・・・・・・・・・・・・・・・・・・・・・ *138*
東京高判昭和42・ 2 ・17（民集25巻 7 号897頁に収録）・・・・・・・・・・・・・・・・・・・・・・・・・・・・・・ *314*
最 2 小判昭和42・ 2 ・23民集21巻 1 号169頁［118］・・・・・・・・・・・・・・・・・・・・・・・・・・・・・・ *389*
最 1 小判昭和42・ 3 ・23集民86号669頁 ・・・・・・・・・・・・・・・・・・・・・・・・・・・・・・・・・・・・・・・ *15,121*
最 2 小判昭和42・ 4 ・ 7 民集21巻 3 号572頁［29］・・・・・・・・・・・・・・・・・・・・・・・・・・・・・・ *237*
最 2 小判昭和42・ 6 ・16判時489号50頁 ・・ *124*
名古屋地判昭和42・ 8 ・22（民集23巻 7 号1166頁に収録）・・・・・・・・・・・・・・・・・・・・・・・・・・・ *191*
最 2 小判昭和42・ 8 ・25判時496号43頁 ・・ *392*

491

判例索引【昭和】

最大判昭和42・9 ・27民集21巻 7 号1925頁［82］‥‥‥‥‥‥‥‥‥‥‥‥‥‥‥ *382*
最 3 小判昭和42・10・24判時501号66頁‥‥‥‥‥‥‥‥‥‥‥‥‥‥‥‥‥‥‥‥‥ *111*
最 3 小判昭和42・12・26民集21巻10号2627頁［114］‥‥‥‥‥‥‥‥‥‥‥‥‥‥ *164*
最 1 小判昭和43・ 2 ・15民集22巻 2 号184頁［22］‥‥‥‥‥‥‥‥‥‥‥‥‥‥ *437*
最 2 小判昭和43・ 2 ・16民集22巻 2 号217頁［33］‥‥‥‥‥‥‥‥‥‥‥‥‥‥‥ *220*
最 2 小判昭和43・ 2 ・22民集22巻 2 号270頁［34］‥‥‥‥‥‥‥‥‥‥‥‥‥‥‥ *165*
最 2 小判昭和43・ 3 ・ 8 民集22巻 3 号551頁［35］‥‥‥‥‥‥‥‥‥‥‥‥‥‥ *348*
最 2 小判昭和43・ 3 ・15民集22巻 3 号607頁［37］‥‥‥‥‥‥‥‥‥‥‥‥‥‥ *333*
最 1 小判昭和43・ 3 ・28判時518号49頁‥‥‥‥‥‥‥‥‥‥‥‥‥‥‥‥‥‥‥‥‥ *260*
最 1 小判昭和43・ 6 ・13民集22巻 6 号1183頁［49］‥‥‥‥‥‥‥‥‥‥‥‥‥ *449,450*
最 2 小判昭和43・ 8 ・ 2 民集22巻 8 号1558頁［79］‥‥‥‥‥‥‥‥‥‥‥‥‥‥ *143*
最 1 小判昭和43・ 9 ・12民集22巻 9 号1896頁［72］‥‥‥‥‥‥‥‥‥‥‥‥‥‥ *342*
名古屋高判昭和43・ 9 ・25 （民集23巻 7 号1171頁に収録）‥‥‥‥‥‥‥‥‥‥‥‥ *191*
最大判昭和43・11・13民集22巻12号2510頁［114］‥‥‥‥‥‥‥‥‥‥‥‥‥‥‥ *173*
最 1 小判昭和44・ 6 ・24判時599号48頁‥‥‥‥‥‥‥‥‥‥‥‥‥‥‥‥‥‥‥‥‥‥ *63*
最 3 小判昭和44・ 6 ・24民集23巻 7 号1156頁［90］‥‥‥‥‥‥‥‥‥‥‥‥‥ *189,212*
最 3 小判昭和44・ 7 ・ 8 民集23巻 8 号1407頁［73］‥‥‥‥‥‥‥‥‥‥‥‥‥‥‥ *42*
最 1 小判昭和44・ 7 ・10民集23巻 8 号1423頁［74］‥‥‥‥‥‥‥‥‥‥‥‥‥ *460,463*
最 1 小判昭和44・ 9 ・18民集23巻 9 号1675頁［56］‥‥‥‥‥‥‥‥‥‥‥‥‥‥ *445*
東京高判昭和44・10・ 3 （民集24巻 5 号424頁に収録）‥‥‥‥‥‥‥‥‥‥‥‥‥ *336*
最 2 小判昭和45・ 1 ・23判時589号50頁‥‥‥‥‥‥‥‥‥‥‥‥‥‥‥‥‥‥‥‥‥ *341*
最 2 小判昭和45・ 5 ・22民集24巻 5 号415頁［15］‥‥‥‥‥‥‥‥‥‥‥‥‥‥ *336*
最 1 小判昭和45・ 6 ・11民集24巻 6 号516頁［33］‥‥‥‥‥‥‥‥ *17,177,212*
最大判昭和45・ 6 ・24民集24巻 6 号712頁［28］‥‥‥‥‥‥‥‥‥‥‥‥‥‥ *18,189*
最 2 小判昭和45・ 7 ・24民集24巻 7 号1177頁［80］‥‥‥‥‥‥‥‥‥‥‥‥‥‥‥ *290*
横浜地小田原支判昭和45・10・16 （民集34巻 1 号11頁に収録）‥‥‥‥‥‥‥‥‥ *461*
最 1 小判昭和45・10・22民集24巻11号1583頁［46］‥‥‥‥‥‥‥‥‥‥ *363,373*
福島地郡山支判昭和45・11・24金判370号 7 頁‥‥‥‥‥‥‥‥‥‥‥‥‥‥‥‥‥‥ *257*
名古屋地判昭和46・ 5 ・11 （民集27巻 6 号715頁に収録）‥‥‥‥‥‥‥‥‥‥‥‥‥ *59*
最 2 小判昭和46・ 6 ・25民集25巻 4 号640頁［30］‥‥‥‥‥‥‥‥‥‥‥‥‥‥‥ *444*
最 3 小判昭和46・ 6 ・29判時636号50頁‥‥‥‥‥‥‥‥‥‥‥‥‥‥‥‥‥‥‥‥‥ *134*
最 1 小判昭和46・10・ 7 民集25巻 7 号885頁［60］‥‥‥‥‥‥‥‥‥‥‥ *313,321*
名古屋高判昭和46・11・25 （民集27巻 6 号723頁に収録）‥‥‥‥‥‥‥‥‥‥‥‥‥ *59*
最 1 小判昭和46・11・25民集25巻 8 号1343頁［56］‥‥‥‥‥‥‥‥‥‥‥‥‥ *105*
最 1 小判昭和46・12・ 9 民集25巻 9 号1457頁［43］‥‥‥‥‥‥‥‥‥‥‥‥‥‥ *165*
最 3 小判昭和47・ 2 ・15民集26巻 1 号30頁［37］‥‥‥‥‥‥‥‥‥ *413,415,427*
仙台高判昭和47・ 5 ・24金判370号 4 頁‥‥‥‥‥‥‥‥‥‥‥‥‥‥‥‥‥‥‥‥‥ *257*
最 1 小判昭和48・ 4 ・ 5 民集27巻 3 号419頁［51］‥‥‥‥‥‥‥‥‥‥‥ *291,307*
最 3 小判昭和48・ 4 ・24民集27巻 3 号596頁［10］‥‥‥‥‥‥‥‥‥‥‥ *254,256*
最 1 小判昭和48・ 4 ・21民集27巻 6 号712頁［65］‥‥‥‥‥‥‥‥‥‥ *58,66,68*
東京地八王子支判昭和48・ 8 ・ 7 金判526号18頁‥‥‥‥‥‥‥‥‥‥‥‥‥‥‥‥ *147*
松山地大洲支判昭和49・ 2 ・27高民集27巻 3 号326頁、金判513号12頁‥‥‥‥‥‥ *73*
横浜地小田原支判昭和49・ 4 ・ 9 （民集34巻 1 号29頁に収録）‥‥‥‥‥‥‥‥‥ *461*
最 3 小判昭和49・ 6 ・28民集28巻 5 号666頁［ 4 ］‥‥‥‥‥‥‥‥‥‥‥‥‥‥‥‥ *82*
高松高判昭和49・ 7 ・29高民集27巻 3 号319頁、判時763号53頁‥‥‥‥‥‥‥‥‥ *73*

492

判例索引【昭和】

大阪地判昭和50・2・19（民集31巻4号702頁に収録）··············· *447*
最1小判昭和50・3・13民集29巻3号233頁［13］··············· *378*
最1小判昭和50・6・12判時783号106頁··············· *230*
東京地判昭和50・10・6判時802号92頁··············· *470*
最2小判昭和50・10・24民集29巻9号1417頁［47］··············· *221*
最2小判昭和50・11・7民集29巻10号1525頁［50］··············· *420*
最3小判昭和51・3・30判時814号112頁··············· *354*
東京高判昭和51・3・30判時809号27頁··············· *471*
東京高判昭和51・4・28下民集27巻1～4号240頁··············· *461*
東京高判昭和51・7・20判時839号76頁··············· *147*
大阪高判昭和51・8・18（民集31巻4号737頁に収録）··············· *447*
最1小判昭和51・10・21民集30巻9号903頁［32］··············· *72*
最3小判昭和51・10・26週間自動車保険新聞昭和52年5月18日号··············· *97*
最2小判昭和52・4・15民集31巻3号371頁［15］··············· *144*
最2小判昭和52・6・20集民121号63頁··············· *48*
東京高判昭和52・7・15判時867号60頁··············· *225*
名古屋高判昭和52・7・19（民集34巻2号134頁に収録）··············· *131*
最3小判昭和52・7・19民集31巻4号693頁［21］··············· *446*
最1小判昭和53・3・23判時886号35頁··············· *82*
松山地判昭和53・4・25判時891号38頁··············· *233*
最3小判昭和53・7・25判時909号45頁··············· *101*
津地判昭和54・3・7（民集34巻5号752頁に収録）··············· *20*
最3小判昭和55・1・11民集34巻1号1頁［1］··············· *460*
最2小判昭和55・1・18判時961号74頁··············· *453*
最1小判昭和55・2・7民集34巻2号123頁［7］··············· *130*
名古屋高判昭和55・3・27（民集34巻5号760頁に収録）··············· *21*
最3小判昭和55・4・22判時968号53頁··············· *152*
仙台高判昭和55・5・30判タ419号112頁··············· *378*
最1小判昭和55・10・23民集34巻5号747頁［25］··············· *19,45*
最3小判昭和56・4・7民集35巻3号443頁［14］··············· *469*
最3小判昭和57・3・30民集36巻3号501頁［19］··············· *45*
最3小判昭和57・4・27判時1046号41頁··············· *137*
最1小判昭和57・7・1民集36巻6号891頁［28］··············· *318*
大阪高判昭和57・11・26判例集未登載··············· *167*
最3小判昭和58・10・18民集37巻8号1121頁［29］··············· *165*
神戸地判昭和59・5・18判時1135号140頁··············· *226*
高松高判昭和59・12・14判時1136号3頁··············· *233*
高松高判昭和59・12・14判時1136号42～52頁··············· *242*
最2小判昭和59・12・21集民143号503頁··············· *475*
最2小判昭和60・3・15判時1168号66頁··············· *378*
東京地判昭和60・8・29判時1196号129頁··············· *271*
京都地判昭和60・12・13金判962号28頁··············· *379*
東京高決昭和61・2・26判時1186号64頁··············· *442*
最1小判昭和61・3・13民集40巻2号389頁［9］··············· *15,18,323,418*
最2小判昭和62・2・6判時1232号100頁··············· *97*

493

判例索引【平成】

東京高判昭和62・6・29東高民時報38巻4～6号50頁‥‥‥‥‥‥‥‥‥‥‥‥‥‥‥‥‥‥ *273*
最3小判昭和63・3・15民集42巻3号170頁［7］‥‥‥‥‥‥‥‥‥‥‥‥‥‥‥‥‥‥‥ *276*
最3小判昭和63・12・20判時1307号113頁‥‥‥‥‥‥‥‥‥‥‥‥‥‥‥‥‥‥‥‥‥‥ *480*

［平成］

東京地判平成元・2・16判時1334号211頁‥‥‥‥‥‥‥‥‥‥‥‥‥‥‥‥‥‥‥‥‥‥ *6*
最3小判平成元・3・28民集43巻3号167頁［5］‥‥‥‥‥‥‥‥‥‥‥‥‥ *18,325,424*
最3小判平成元・3・28判時1393号91頁‥‥‥‥‥‥‥‥‥‥‥‥‥‥‥‥‥‥‥‥‥‥ *166*
最1小判平成元・9・14判時1336号93頁‥‥‥‥‥‥‥‥‥‥‥‥‥‥‥‥‥‥‥‥‥‥ *475*
最2小判平成3・3・22民集45巻3号293頁［7］‥‥‥‥‥‥‥‥‥‥‥‥‥‥‥‥‥‥ *112*
大阪高判平成3・4・25金判962号23頁‥‥‥‥‥‥‥‥‥‥‥‥‥‥‥‥‥‥‥‥‥‥ *380*
東京地判平成3・5・22判時1400号84頁‥‥‥‥‥‥‥‥‥‥‥‥‥‥‥‥‥‥‥‥‥‥ *38*
最3小判平成3・12・17民集45巻9号1435頁［27］‥‥‥‥‥‥ *255,272,281,283*
東京地判平成3・12・17判時1413号62頁‥‥‥‥‥‥‥‥‥‥‥‥‥‥‥‥‥‥‥‥‥‥ *378*
最1小判平成4・9・10民集46巻6号553頁［15］‥‥‥‥‥‥‥‥‥‥‥‥‥‥‥‥‥‥ *42*
最1小判平成4・10・29民集46巻7号1174頁［19］‥‥‥‥‥‥‥‥‥‥‥‥‥‥‥‥ *233*
東京高判平成5・3・3判時1456号101頁‥‥‥‥‥‥‥‥‥‥‥‥‥‥‥‥‥‥‥‥‥‥ *36*
最3小判平成5・7・20判時1508号18頁‥‥‥‥‥‥‥‥‥‥‥‥‥‥‥‥‥‥‥‥‥‥ *230*
最3小判平成5・7・20判時1503号5頁‥‥‥‥‥‥‥‥‥‥‥‥‥‥‥‥‥‥‥‥‥‥ *480*
最3小判平成5・9・7民集47巻7号4667頁［32］‥‥‥‥‥‥‥‥‥‥‥‥‥‥‥‥ *480*
最1小判平成5・11・25判時1503号18頁‥‥‥‥‥‥‥‥‥‥‥‥‥‥‥‥‥‥‥‥‥‥ *480*
最1小判平成6・2・10民集48巻2号388頁［9］‥‥‥‥‥‥‥‥‥‥‥‥‥‥‥‥‥‥ *456*
最3小判平成6・9・27判時1513号111頁‥‥‥‥‥‥‥‥‥‥‥‥‥‥‥‥‥‥‥‥‥‥ *378*
大阪地判平成6・10・28判タ865号256頁‥‥‥‥‥‥‥‥‥‥‥‥‥‥‥‥‥‥‥‥‥‥ *425*
最3小判平成6・11・22民集48巻7号1355頁［29］‥‥‥‥‥‥ *103,291,306,308*
最3小判平成7・3・7民集49巻3号893頁［13］‥‥‥‥‥‥‥‥‥‥‥‥‥‥‥‥‥‥ *424*
大阪高判平成7・3・17判時1527号107頁‥‥‥‥‥‥‥‥‥‥‥‥‥‥‥‥‥‥‥‥‥‥ *426*
最3小判平成7・7・18集民176号491頁‥‥‥‥‥‥‥‥‥‥‥‥‥‥‥‥‥‥‥‥‥‥ *165*
最3小判平成7・7・18民集49巻7号2717頁［34］‥‥‥‥‥‥‥‥‥‥‥‥‥‥‥‥ *467*
千葉地判平成7・10・19判タ937号264頁‥‥‥‥‥‥‥‥‥‥‥‥‥‥‥‥‥‥‥‥‥‥ *285*
最2小判平成7・12・15民集49巻10号3051頁［42］‥‥‥‥‥‥‥‥‥‥‥‥‥‥‥‥ *45*
最1小判平成8・2・22判時1559号46頁‥‥‥‥‥‥‥‥‥‥‥‥‥‥‥‥‥‥‥ *196,209*
東京高判平成8・4・8判タ937号262頁‥‥‥‥‥‥‥‥‥‥‥‥‥‥‥‥‥‥‥‥‥‥ *283*
最1小判平成8・4・25民集50巻5号1221頁［15］‥‥‥‥‥‥‥‥‥‥‥‥‥‥‥‥ *53*
最2小判平成8・5・31民集50巻6号1323頁［18］‥‥‥‥‥‥‥‥‥‥‥‥‥‥‥‥ *53*
東京地判平成8・9・5判タ959号269頁‥‥‥‥‥‥‥‥‥‥‥‥‥‥‥‥‥‥‥‥‥‥ *293*
東京高判平成9・1・23（民集52巻4号1187頁に収録）‥‥‥‥‥‥‥‥‥‥‥‥ *293*
最3小判平成9・2・14民集51巻2号337頁［9］‥‥‥‥‥‥‥‥‥‥‥‥‥‥‥‥‥‥ *279*
最2小判平成9・3・14判時1600号89頁‥‥‥‥‥‥‥‥‥‥‥‥‥‥‥‥‥‥‥‥‥ *9,16*
最大判平成9・4・2民集51巻4号1673頁［23］‥‥‥‥‥‥‥‥‥‥‥‥‥‥‥‥‥‥ *341*
最2小判平成9・5・30判時1605号42頁‥‥‥‥‥‥‥‥‥‥‥‥‥‥‥‥‥‥‥‥‥‥ *153*
最3小判平成9・7・15民集51巻6号2581頁［39］‥‥‥‥‥‥‥‥‥‥‥‥‥‥‥‥ *279*
最1小判平成10・4・30民集52巻3号930頁［20］‥‥‥‥‥‥‥‥‥‥‥‥‥‥‥‥ *272*
最2小判平成10・6・12民集52巻4号1147頁［25］‥‥‥‥‥‥‥‥‥‥‥‥‥ *291,303*
最1小判平成10・9・10判時1661号81頁‥‥‥‥‥‥‥‥‥‥‥‥‥‥‥‥‥‥‥‥‥‥ *36*

494

判例索引【昭和・平成】

東京地判平成11・3・26判時1788号144頁 ··· *267*
最2小判平成11・6・11判時1685号36頁 ··· *425*
東京高判平成11・6・16判時1692号68頁 ··· *215*
最3小判平成11・11・9民集53巻8号1421頁［29］ ································· *166*
最2小決平成11・11・12民集53巻8号1787頁［33］ ······························ *246*
最1小判平成11・12・20民集53巻9号2038頁［39］ ························ *50,56,98*
最1小判平成12・2・24民集54巻2号523頁［4］ ·································· *424*
最2小判平成12・7・7民集54巻6号1767頁［24］ ································ *341*
最3小判平成12・7・18判時1724号29頁 ··· *221*
最1小決平成12・12・14民集54巻9号2709頁［35］ ···························· *249*
最1小決平成13・1・30民集55巻1号30頁［3］ ································ *358,373*
東京高判平成13・1・31判時1788号136頁 ··· *267*
最3小判平成13・3・27判例集未登載 ··· *268*
最2小決平成13・12・7民集55巻7号1411頁［30］ ···························· *249*
最3小判平成14・1・22判時1776号67頁 ··· *371*
東京地判平成14・4・25判時1793号140頁 ··· *290*
東京高判平成15・7・29判時1838号69頁 ··· *98*
岐阜地判平成15・11・8金判1233号20頁 ··· *203*
大阪高判平成15・12・24金判1251号39頁 ··· *279*
東京地判平成16・1・26判時1847号123頁 ··· *5*
最1小判平成16・3・25民集58巻3号753頁［10］ ···························· *266*
名古屋高判平成16・7・15金判1233号18頁 ··· *204*
最2小決平成16・11・26民集58巻8号2393頁［36］ ·························· *249*
最1小判平成17・7・14判時1911号102頁 ··················· *202,209,210,212*
最1小決平成17・11・10民集59巻9号2503頁［36］ ·························· *250*
最2小決平成18・2・17民集60巻2号496頁［11］ ·························· *246,250*
東京高決平成18・3・29金判1241号2頁 ··· *246*
最2小判平成18・4・14民集60巻4号1497頁［22］ ···················· *278,283*
東京地決平成18・8・18金判1282号65頁 ··· *245*
東京高判平成19・1・10金判1282号63頁 ··· *246*
最2小決平成19・11・30民集61巻8号3186頁［32］ ······················ *245*
最1小判平成20・7・10判時2020号71頁 ··· *298*
最3小決平成20・11・25民集62巻10号2507頁［26］ ······················ *247*
最1小判平成23・11・24判時2161号21頁 ··· *230*

　最高裁判例の後ろに付された ［　］ の番号は、最高裁判所判例解説民事篇における解説掲載番号となります。
　ゴシック体は、設例の素材となった判例となります。

495

〔著者略歴〕

田 中　　豊（たなか　ゆたか）

[略　歴]

　1973年東京大学法学部卒業、1977年ハーバード大学ロー・スクール修士課程修了（LL.M.）、1975年裁判官任官、東京地方裁判所判事、司法研修所教官（民事裁判担当）、最高裁判所調査官（民事事件担当）等を経て1996年弁護士登録（東京弁護士会）

司法試験考査委員（民事訴訟法　1988年〜1989年／民法　1990年）

新司法試験考査委員（2006年11月〜2007年10月）

慶應義塾大学法科大学院教授・客員教授（2004年4月〜2019年3月）

[主要著書]

　『衆議のかたち——アメリカ連邦最高裁判所判例研究（1993〜2005）』（共著、東京大学出版会・2007年）、『事実認定の考え方と実務』（民事法研究会・2008年）、『債権法改正と裁判実務——要件事実・事実認定の重要論点』（編著、商事法務・2011年）、『債権法改正と裁判実務Ⅱ——要件事実・事実認定の重要論点』（編著、商事法務・2013年）、『和解交渉と条項作成の実務』（学陽書房・2014年）、『衆議のかたち2——アメリカ連邦最高裁判所判例研究（2005〜2013）』（共著、羽鳥書店・2017年）、『民事訴訟判例　読み方の基本』（日本評論社・2017年）、『法律文書作成の基本〔第2版〕』（日本評論社・2019年）、『判例でみる音楽著作権訴訟の論点80講』（編著、日本評論社・2019年）、『紛争類型別事実認定の考え方と実務〔第2版〕』（民事法研究会・2020年）、『論点精解 改正民法』（弘文堂・2020年）

[主要論文]

　「間接侵害——判例形成と立法」ジュリスト1449号（2013年）49頁、「著作権侵害の証拠」ジュリスト1456号（2013年）110頁、「外国主権免除法と商業的活動の例外」法律のひろば70巻1号（2017年）51頁、「情報検索サービス事業者に対する検索結果の削除請求」コピライト58巻685号（2018年）2頁、「服飾デザインと著作権法による保護」法律のひろば72巻2号（2019年）52頁

論点精解　民事訴訟法〔改訂増補版〕
――要件事実で学ぶ基本原理

平成30年 9 月19日　第 1 刷発行
令和 2 年12月 3 日　第 2 刷発刊

定価　本体4,000円＋税

著　　　者　田中　豊
発　　　行　株式会社　民事法研究会
印　　　刷　株式会社　太平印刷社

発 行 所　株式会社　民事法研究会
　　　　　〒150-0013　東京都渋谷区恵比寿 3-7-16
　　　　　〔営業〕　TEL 03(5798)7257　FAX 03(5798)7258
　　　　　〔編集〕　TEL 03(5798)7277　FAX 03(5798)7278
　　　　　http://www.minjiho.com/　info@minjiho.com

落丁・乱丁はおとりかえします。　ISBN978-4-86556-243-9 C3032 ￥4000E
カバーデザイン　袴田峯男

▶当事者の主張・立証活動により裁判官はいかなる心証を形成し、判断・認定に至るかを解明！

事実認定の考え方と実務

田中 豊 著

Ａ５判・272頁・定価　本体2,300円＋税

▷▷▷▷▷▷▷▷▷▷▷▷▷▷▷▷▷▷▷▷▷ 本書の特色と狙い ◁◁◁◁◁◁◁◁◁◁◁◁◁◁◁◁◁◁◁◁◁

▶訴訟代理人が主張を正確に裁判官に伝えるための留意点について、過去の裁判例の認定
判断を請求原因、抗弁、再抗弁等の各段階ごとに分析して、明示！

▶事実認定が裁判のプロセスの中でどのように機能しているかを明らかにするとともに、
事実に関する争点を、主張・立証責任の分配を前提とした要件事実論によって分析し、
いかなる主張・立証活動をすれば有利な事実認定を導けるかを徹底的に教示！

▶過去の裁判例において、裁判官がいかなる事実認定をし、それが当事者の主張・立証と
どう相関していたのかを分析し、それがいかに判決書に表現されているかまで網羅！

▶元裁判官であり、現在弁護士として活躍し、法科大学院で教鞭をとる著者が、その経験
と理論に基づいて、具体的かつ実践的に著した関係者待望の労作！

▶民事裁判にかかわる弁護士、司法書士、裁判官はもとより、司法修習生、これから法曹
をめざす法科大学院生には、判決文読み解きのテキストとして最適！

❖❖❖❖❖❖❖❖❖❖❖❖❖❖❖❖❖❖❖ 本書の主要内容 ❖❖❖❖❖❖❖❖❖❖❖❖❖❖❖❖❖❖❖

第1章	事実認定に前提を成す原理	第3節　補助事実としての機能
第2章	直接証拠による事実認定	第4章　事実認定と要件事実論
第1節	文書（契約書）による事実認定	第5章　事実認定と判決書における表現
第2節	供述（証人の証言、当事者の供述）による事実認定	方法
第3章	間接証拠による事実認定	
第1節	間接証拠による事実認定の構造	
第2節	いわゆる間接反証の成否	

発行　民事法研究会

〒150-0013　東京都渋谷区恵比寿3-7-16
（営業）TEL. 03-5798-7257　FAX. 03-5798-7258
http://www.minjiho.com/　info@minjiho.com

民法（債権関係）改正および民法等（相続法）改正に対応して改訂！

紛争類型別
事実認定の考え方と実務
〔第2版〕

田中　豊　著

A5判・322頁・定価　本体3,300円＋税

▶民法（債権関係）改正および民法等（相続法）改正に対応させて3年ぶりに改訂！
▶裁判官のなすべき正確な事実認定と訴訟代理人の主張・立証活動のあり方を紛争類型別に分けて解説！
▶裁判官および弁護士としての豊富な経験を踏まえ、論理と経験則とを複合的に組み合わせ「可視化させた」渾身の1冊！

本書の主要内容

第1章　売　買
1. 売買契約の成立
2. 売買契約の当事者
3. 売買契約の対象──目的物
4. 成立した契約の性質──売買か賃貸借か

第2章　消費貸借
1. 消費貸借契約の成立
2. 消費貸借契約の当事者
3. 借受金債務の消滅

第3章　賃貸借
1. 賃貸借か使用貸借か
2. 不動産に関する無償使用の合意の成立の存否
3. 土地の無償利用の法律関係

第4章　土地の所有権をめぐる紛争
1. 所有権の範囲の認定
2. 取得時効における「所有の意思」の認定
3. 二重譲渡における「背信的悪意者」の認定

第5章　相続をめぐる紛争
1. 遺言者の遺言能力の認定
2. 遺言の解釈
3. 遺産分割協議書の真否の認定

発行　民事法研究会

〒150-0013　東京都渋谷区恵比寿3-7-16
（営業）TEL. 03-5798-7257　FAX. 03-5798-7258
http://www.minjiho.com/　info@minjiho.com

■法科大学院生・司法試験予備試験生に向けてわかりやすさを追究した解説！

新版　完全講義　入門編
民事裁判実務の基礎
―要件事実・事実認定・法曹倫理・保全執行―
〔第2版〕

大島眞一　著

A5判・約540頁・定価　本体3,800円＋税

▷▷▷▷▷▷▷▷▷▷▷▷▷▷▷▷▷▷▷ **本書の特色と狙い** ◁◁◁◁◁◁◁◁◁◁◁◁◁◁◁◁◁◁◁

▶ 訴訟構造・訴訟物を理解し、要件事実・事実認定の基礎知識を学び、法曹倫理の重要ポイントまで解説した実践講義！

▶ 新たに保全執行手続を加筆したほか、2020年施行の改正民法にも完全対応！

▶ 主として法科大学院生、司法試験予備試験受験生、司法書士（簡裁訴訟代理権）に向けてわかりやすさを追求した代理人としてスタートラインに立つための1冊！

本書の主要内容

第Ⅰ部　基本構造・訴訟物
第1講　民事訴訟の基本構造
第2講　訴訟物

第Ⅱ部　要件事実
第3講　要件事実総論
第4講　売買に関する請求1
第5講　売買に関する請求2
第6講　貸金・保証に関する請求
第7講　不動産明渡しに関する請求
第8講　不動産登記に関する請求
第9講　賃貸借に関する請求
第10講　動産・債権譲渡等に関する請求

第Ⅲ部　事実認定
第11講　事実認定総論
第12講　書証

第Ⅳ部　民事保全・執行
第13講　民事保全・執行

第Ⅴ部　法曹倫理
第14講　法曹倫理1
第15講　法曹倫理2

第Ⅵ部　演習問題
第16講　演習問題

発行　民事法研究会

〒150-0013　東京都渋谷区恵比寿3-7-16
（営業）TEL. 03-5798-7257　FAX. 03-5798-7258
http://www.minjiho.com/　info@minjiho.com

事例に学ぶシリーズ

相談から裁判外交渉、訴訟での手続対応と責任論、損害論等の論点の分析を書式を織り込み解説！

事例に学ぶ損害賠償事件入門
―事件対応の思考と実務―

損害賠償事件研究会　編 （Ａ５判・394頁・定価 本体3600円＋税）

刑の一部執行猶予制度、公判前整理手続に付する請求権等新たな制度を織り込み改訂！

事例に学ぶ刑事弁護入門〔補訂版〕
―弁護方針完結の思考と実務―

弁護士　宮村啓太　著 （Ａ５判・214頁・定価 本体2100円＋税）

典型契約・非典型契約をめぐる成立の存否、解約の有効性、当事者の義務等の事件対応を解説！

事例に学ぶ契約関係事件入門
―事件対応の思考と実務―

契約関係事件研究会　編 （Ａ５判・386頁・定価 本体3300円＋税）

最新の家庭裁判所の運用、改正民法、家事事件手続法、成年後見制度利用促進法等に対応し改訂！

事例に学ぶ成年後見入門〔第２版〕
―権利擁護の思考と実務―

弁護士　大澤美穂子　著 （Ａ５判・255頁・定価 本体2300円＋税）

人損・物損事故の相談から事件解決までの手続を、代理人の思考をたどり、書式を織り込み解説！

事例に学ぶ交通事故事件入門
―事件対応の思考と実務―

交通事故事件研究会　編 （Ａ５判・336頁・定価 本体3200円＋税）

労働保全、労働審判、訴訟、相談対応、任意交渉、集団労使紛争等の紛争解決手続と思考過程を解説！

事例に学ぶ労働事件入門
―事件対応の思考と実務―

労働事件実務研究会　編 （Ａ５判・366頁・定価 本体3200円＋税）

発行　民事法研究会

〒150-0013　東京都渋谷区恵比寿3-7-16
（営業）TEL03-5798-7257　FAX 03-5798-7258
http://www.minjiho.com/　　info@minjiho.com

民事裁判の実践的手引書

要件事実の基本書として広く活用されるロングセラー！民法（債権関係）改正完全対応版！

要件事実の考え方と実務〔第4版〕

加藤新太郎 著 （A5判・458頁・定価 本体3800円＋税）

最新の判例を織り込み各種文書の証拠開示基準の理論的・実務的検証をさらに深化させた決定版！

文書提出命令の理論と実務〔第2版〕

山本和彦・須藤典明・片山英二・伊藤 尚 編 （A5判上製・672頁・定価 本体5600円＋税）

現役裁判官が当事者、代理人の納得する紛争解決の考え方とノウハウを提示した待望の書！

和解・調停の手法と実践

田中 敦 編 （A5判上製・699頁・定価 本体7000円＋税）

訴訟実務の必修知識・ノウハウ、訴訟実務の現場、実情等をわかりやすく解説！

実戦 民事訴訟の実務〔第5版〕
─必修知識から勝つための訴訟戦略まで─

升田 純 著 （A5判・621頁・定価 本体4700円＋税）

最新の法令・判例、簡裁実務を踏まえた標準プラクティスブックの最新版！

簡裁民事事件の考え方と実務〔第4版〕

加藤新太郎 編 （A5判・627頁・定価 本体4800円＋税）

迅速・的確に訴状をはじめとした訴訟関係書類の作成が実現できる実践的手引書！

簡裁民事訴訟事件要件事実マニュアル

園部 厚 著 （A5判・596頁・定価 本体5500円＋税）

発行 民事法研究会 〒150-0013 東京都渋谷区恵比寿3-7-16
（営業）TEL 03-5798-7257 FAX 03-5798-7258
http://www.minjiho.com/ info@minjiho.com